Die Steuerung und Kontrolle von Leistungsbeziehungen

Eine agenturtheoretische und institutionalistische Untersuchung in der deutschen Bauwirtschaft

Dissertation

zur Erlangung des Grades eines Doktors

der Wirtschaftswissenschaften

eingereicht an der

Wirtschafts- und Sozialwissenschaftlichen Fakultät der

Universität Augsburg

vorgelegt von

Dipl.-Kfm. Martin Matzke

Augsburg, im Mai 1999

Erstgutachter: Prof. Dr. Mark Ebers

Zweitgutachter: Prof. Dr. Dr. h.c. Adolf G. Coenenberg

Vorsitzender der mündlichen Prüfung: Prof. Dr. Michael Heinhold

Tag der mündlichen Prüfung: 5. August 1999

Martin Matzke

Steuerung und Kontrolle von Leistungsbeziehungen

Eine agenturtheoretische und institutionalistische Untersuchung in der deutschen Bauwirtschaft

Mit einem Geleitwort
von Prof. Dr. Mark Ebers

Springer Fachmedien Wiesbaden GmbH

Die Deutsche Bibliothek - CIP-Einheitsaufnahme

Matzke, Martin:
Steuerung und Kontrolle von Leistungsbeziehungen : eine agenturtheoretische und institutionalistische Untersuchung in der deutschen Bauwirtschaft / Martin Matzke.
Mit einem Geleitw. von Mark Ebers.

(Gabler Edition Wissenschaft)
Zugl.: Augsburg, Univ., Diss., 1999
ISBN 978-3-8244-7174-4 ISBN 978-3-322-99258-1 (eBook)
DOI 10.1007/978-3-322-99258-1

Lektorat: Brigitte Siegel / Stefanie Brich

http://www.gabler.de
http://www.duv.de

ISBN 978-3-8244-7174-4

Geleitwort

Das Buch von Martin Matzke zielt darauf zu bestimmen, welche Steuerungs- und Kontrollinstrumente Unternehmungen unter welchen Bedingungen einsetzen (sollten), um ihre Leistungsbeziehungen zu externen (aber auch internen) Zulieferern erfolgreich abzuwickeln. Er leitet seine Antworten auf diese Frage aus einer differenzierten agenturtheoretischen Analyse der Problematik sowie einer umfangreichen, sorgfältig konzipierten und durchgeführten empirischen Untersuchung von 212 Leistungsbeziehungen in der deutschen Bauwirtschaft ab, die sich korrelations- und regressionsanalytischer Verfahren bedient. Über ihren pragmatisch gestaltungsorientierten Beitrag zum erfolgreichen Management von Leistungsbeziehungen hinaus bietet die Arbeit einen wichtigen Beitrag zur Theorieentwicklung in der Organisationsforschung als sie bestehende Forschungslücken überzeugend schließt.

Bislang hat die einschlägige organisationstheoretische Forschung ein eher undifferenziertes Bild der Steuerungs- und Kontrollmechanismen gezeichnet, welche Unternehmungen zur Steuerung ihrer Leistungsbeziehungen einsetzen. Die grobe Unterscheidung marktlicher und hierarchischer Beziehungen dominiert die Veröffentlichungen. Im Gegensatz dazu entwickelt Martin Matzke in seiner Arbeit eine sehr feine Konzeptualisierung von Steuerungs- und Kontrollmechanismen, die er aus der Controlling-Literatur ableitet. Dabei unterscheidet er nicht nur verschiedene Instrumente, wie beispielsweise Planung, persönliche Steuerung, Budgetierung und verschiedene Verfahren der Entlohnung, sondern auch unterschiedliche Ausprägungen dieser Instrumente: ob sie ihre Steuerungsleistung dadurch erbringen, daß sie die Informationsbasis des Auftraggebers (und damit seine Steuerungs- und Kontrollfähigkeit) verbessern oder dem Auftragnehmer Anreize setzen, die übertragene Leistung im Sinne des Auftraggebers zu erfüllen. Hierdurch wird es Martin Matzke möglich, sehr viel präzisere als bisher in der Literatur vorzufindende Aussagen darüber zu formulieren, unter welchen Bedingungen bestimmte Steuerungsformen erfolgreich eingesetzt werden können.

Als theoretische Basis seiner Analyse legt Martin Matzke zum einen die Prinzipal-Agent-Theorie zugrunde. Die entwickelten, fast durchweg neuartigen Hypothesen schließen bestehende Forschungslücken. So bezieht er zum Beispiel Aspekte ein, welche in der bisherigen Forschung zwar als bedeutend erkannt wurden, ja, wie die Risikoneigung der Akteure sogar expliziter und wichtiger Bestandteil der Grundaussagen der Prinzipal-Agent-Theorie sind, jedoch nur sehr selten empirisch überprüft wurden. Darüber hinaus erfaßt und testet er empirisch als einer der wenigen Forscher explizit auch die Erfolgswirkungen verschiedener Formen der Steuerung und Kontrolle von Leistungsbeziehungen. Die Untersuchung von Martin Matzke stellt somit in erheblichem Umfang eine innovative Eigenleistung dar und repliziert nicht einfach ältere Forschungshypothesen und -designs.

Ein weiterer höchst innovativer und erkenntnisträchtiger Beitrag der Arbeit von Martin Matzke besteht darin, die der Agenturtheorie entlehnte Argumentation mit einer zu kontrastieren, die nicht wie die Prinzipal-Agent-Theorie auf ökonomische Effizienzkalküle rekurriert, sondern die Gestaltung von Steuerungs- und Kontrollsystemen institutionalistisch zu begründen sucht. Die institutionalistische Kernthese lautet, daß Auftraggeber Steuerungs- und Kontrollsysteme nicht unter Bezug auf ökonomische Kosten- und Leistungskalküle gestalten, sondern aufgrund äußerer Anpassungszwänge, normativen Legitimationsdrucks oder schlicht die Gestaltungsentscheidungen anderer Akteure imitieren. Im Kontrast zum Gros der bisherigen Forschung überprüft Martin Matzke die Thesen institutionalistischer Ansätze dabei nicht an gemeinnützigen oder staatlichen, sondern an privatwirtschaftlichen Organisationen. Dies ist insofern bedeutend, als vielfach behauptet wird, daß institutionalistische Einflüsse vor allem dann virulent würden, wenn der Konkurrenzmechanismus ausgeschaltet ist.

Inhaltlich betrachtet zeichnet sich die Arbeit von Martin Matzke durch eine Reihe innovativer Beiträge zur Praxis der effizienten Steuerung und Kontrolle von Leistungsbeziehungen aus. Gestalter erhalten wichtige, theoretisch und empirisch überzeugend erarbeitete Hinweise darauf, unter welchen Bedingungen sie welche Controllinginstrumente erfolgreich zur Steuerung und Kontrolle interner und externer Leistungsbeziehungen einsetzen können. In Hinblick auf die Theorieentwicklung überwindet die Arbeit einige Defizite der Agenturtheorie und des Institutionalismus. Insbesondere bietet die Arbeit von Martin Matzke eine sehr viel genauere und differenziertere Analyse und Erklärung der Erfolgswirksamkeit von Steuerungs- und Kontrollinstrumenten als die bisherige organisationstheoretische Forschung. Die Zusammenführung der agenturtheoretisch und der institutionalistisch begründeten Einflußfaktoren ergibt, daß die aus den beiden sehr unterschiedlichen Theorierichtungen abgeleiteten Hypothesen nicht in einem Verhältnis der Substitutionskonkurrenz zueinander stehen, sondern sich vielmehr fruchtbar ergänzen. Für die weitere Theoriediskussion in der Organisationsforschung ist dies ein bedeutender Befund. Ich bin daher zuversichtlich, daß die Arbeit sowohl der Praxis als auch der Organisationsforschung wichtige Impulse geben wird.

Prof. Dr. Mark Ebers

Vorwort

Zur Entstehung und dem Abschluß einer wissenschaftlichen Schrift tragen vielfältige Bedingungen und immer mehrere Menschen bei. Anspruch und Anstrengungen, Höhen und Tiefen, Zuspruch und Kritik, Hilfe und Barrieren wechseln im Zeitablauf.

Ich bedanke mich sehr herzlich bei allen, die - in sehr unterschiedlichen Formen - dazu beigetragen haben, die vorliegende Arbeit zu beginnen, zu erstellen und zu beschließen. Widmen möchte ich die Arbeit in Dankbarkeit meinen Eltern.

Martin Matzke

Inhaltsverzeichnis

Abbildungsverzeichnis

Tabellenverzeichnis

Abkürzungsverzeichnis

AIS	Accounting Information System
Anmerk. d. Verf.	Anmerkung des Verfassers
ARGE	Arbeitsgemeinschaft
ARGEN	Arbeitsgemeinschaften
BGB	Bürgerliches Gesetzbuch
BWI-Bau	Betriebswirtschaftliches Institut der Bauindustrie
CAPM	Capital Asset Pricing Model
DGB	Deutscher Gewerkschaftsbund
DIN	Deutsche Industrie-Norm
DIW	Deutsches Institut für Wirtschaftsforschung
ed.	edition
Ed.	Editor
Eds.	Editors
EN	Euro-Norm
EU	Europäische Union
e.V.	eingetragener Verein
FuE	Forschung und Entwicklung
H.	Heft
Hrsg.	Herausgeber
HOAI	Honorarordnung für Architekten und Ingenieure
i.d.R.	in der Regel
ifo	Institut für Wirtschaftsforschung
i.e.S.	im engeren Sinne
IG Metall	Industriegewerkschaft Metall
ISO	International Standardization Organization
i.w.S.	im weiteren Sinne
Jg.	Jahrgang
KMO-Kriterium	Kaiser-Meyer-Olkin-Kriterium
LISREL	Linear Structural Relationship
MIS	Management Information System
MSA-Wert	Measure-of-Sampling-Adequacy-Wert
NATO	North Atlantic Treaty Organization
o.S.	ohne Seitenangabe
SCRDT	Stanford Center for Research and Development in Teaching
Sp.	Spalte
SPSS	Superior Performing Software Systems (ursprünglich: Statistical Package for the Social Sciences)
pp.	pages
UNO	United Nations Organization
U.S.A.	United States of America
VDI	Verein Deutscher Ingenieure
VOB/A	Verdingungsordnung für Bauleistungen, Allgemeine Bestimmungen für die Vergabe von Bauleistungen
VOB/B	Verdingungsordnung für Bauleistungen, Allgemeine Vertragsbedingungen für die Ausführung von Bauleistungen
VOB/C	Allgemeine Technische Vertragsbedingungen für Bauleistungen

Vol.	Volume
VOL	Verdingungsordnung für Leistungen
WTO	World Trade Organization

1 Einleitung

Die Unternehmungen in der deutschen Bauwirtschaft bewegen sich in einem sehr schwierigen wirtschaftlichen Umfeld. Die Komplexität der Aufgabenstellungen nimmt zu, die Inhalte und die Durchführung der baulichen Wertschöpfung haben sich verändert und verändern sich weiter und die Konkurrenzintensität in der Branche ist sehr hoch. Die Folge ist eine insgesamt sehr angespannte Ertragslage der einzelnen Unternehmungen in der Branche.

Neben einer Vielzahl strategischer Maßnahmen wie z.B. das Ausweichen auf ausländische Baumärkte, Diversifikationen in baunahe Segmente, Kooperationen oder Fusionen können vor allem operative Maßnahmen zu einer Verbesserung der Ertragslage und damit zur Sicherung des Bestands einer Unternehmung beitragen. Ein hohes Potential, diese Ziele auch zu erreichen, liegt in der Optimierung der Abwicklung von Bauprojekten, welche die originäre Wertschöpfung von Bauunternehmungen darstellen. Da in ein Bauprojekt viele unterschiedliche Leistungserbringer involviert sind, wird das Optimieren der Abwicklung von Bauprojekten in hohem Ausmaß durch eine effiziente Steuerung und Kontrolle der Leistungsbeziehungen bestimmt.

Die vorliegende Arbeit untersucht die Einflußbedingungen auf die Steuerung und Kontrolle von Leistungsbeziehungen in Bauprojekten. Darüber hinaus wird auch die Erfolgswirksamkeit der spezifischen Ausgestaltung des Steuerungs- und Kontrollsystems in Abhängigkeit von diesen Einflußbedingungen analysiert. Damit leistet die Untersuchung einen Beitrag für ein wirksames Baumanagement als Voraussetzung für den ökonomischen Erfolg von Bauunternehmungen.

1.1 Problemstellung und Zielsetzung der Untersuchung

Der ökonomische Austausch von Gütern und Dienstleistungen läßt sich grundsätzlich in zwei unterschiedliche Welten trennen:

1) in den Austausch bereits produzierter Güter (klassischer "Quid-pro-quo-Tausch") bzw. den Austausch von Gütern, die zwar noch nicht produziert sind, die aber nach Erstellung die identischen Eigenschaften haben wie ein bei Vertragsschluß vorhandenes Modell[1] und

2) in den Austausch von Gütern und Dienstleistungen, die erst nach Vertragsschluß erstellt werden und keinem vorhandenen Modell gleichen – aus Produktions- und Ergebnissicht stellen sie Unikate dar.

Während in Fall 1) keinerlei Einflußnahme des Auftraggebers auf den Produktionsprozeß notwendig ist, die Leistung ist erbracht bzw. orientiert sich eins zu eins an einer bereits erbrachten Leistung, muß in Fall 2) der Auftraggeber den Produktionsprozeß in die Vertrags-

1 Beispiele dafür sind industrielle Massengüter wie Schrauben, Automobile, Kleidung etc.

gestaltung mit einbeziehen: im Zuge dessen ist die gewünschte Leistung zu spezifizieren und es ist ein Vertrag[2] zur Erstellung, Bewertung und Abnahme der Leistung auszuhandeln und zu etablieren. Vor diesem Hintergrund sieht sich der Auftraggeber mit der Problematik konfrontiert, die vertragliche Beziehung – deren wesentlicher Bestandteil der Produktionsprozeß selbst ist – optimal zu steuern und zu kontrollieren.

Die mit Fall 2) beschriebene Situation kennzeichnet die Leistungsbeziehungen, welche im Rahmen der Erstellung eines Bauwerkes abgewickelt werden. Um ein Bauwerk zu errichten, wird ein Bauprojekt durchgeführt, im Rahmen dessen eine oder mehrere Bauunternehmungen als z.B. Generalunternehmer oder Generalübernehmer auftreten und dabei vielfältige Leistungsbeziehungen mit sogenannten Nach- und Subunternehmern eingehen. Innerhalb der vertraglichen Beziehungen ist eine für den Erfolg bzw. Mißerfolg derartiger Leistungsbeziehungen entscheidende Aufgabe die Steuerung und Kontrolle der Nach- und Subunternehmer als Leistungserbringer.

Die erfolgreiche Steuerung und Kontrolle von Leistungsbeziehungen in Bauprojekten hängt wiederum von unterschiedlichen Bedingungen und Einflußfaktoren ab. Ein erstes Problem ist die exakte Spezifizierung der Bauleistung hinsichtlich quantitativer und qualitativer Leistungsmerkmale – infolge bestimmter grundlegender Charakteristika von Bauleistungen bzw. -dienstleistungen ist dies jedoch so gut wie unmöglich. Eine Steuerungs- und Kontrollaufgabe ist daher, die gewünschte Leistung schrittweise zu spezifizieren und den daraus entstehenden Steuerungs- und Kontrollbedarf des Generalunter- bzw. Generalübernehmers abzuschätzen. Aber selbst wenn die zu erbringende Leistung gut spezifiziert werden kann, ist die vertragliche Abbildung der Leistungserstellung und die darauf aufbauende Bewertung des Leistungsergebnisses in der Regel nur unzureichend möglich, denn zu viele weitere Einflußbedingungen können zusätzlich den Leistungserstellungsprozeß und das Leistungsergebnis noch beeinflussen. Beispiele hierfür sind das Know-how des Generalunter- bzw. Generalübernehmers als Auftraggeber, das Leistungsvermögen und der Leistungswillen des Leistungserbringers, die Komplexität des Leistungserstellungsprozesses, die Interdependenzen zwischen unterschiedlichen Bauleistungen in einem Bauprojekt, die Wahrnehmungen und Informationsverarbeitungskapazitäten der Akteure oder das soziale und gesellschaftliche Umfeld.

Diese vielfältigen Einflußfaktoren bestimmen die Steuerung und Kontrolle von Leistungsbeziehungen in Bauprojekten. Daraus ergibt sich die **generelle Problemstellung der Arbeit**:

Unter welchen Einflußbedingungen ist welche Form der Steuerung und Kontrolle von Leistungserbringern in Bauprojekten vorzufinden und erfolgreich?

[2] Es handelt sich hierbei um einen Vertrag im weiteren Sinne, der nicht nur anhand juristischer Merkmale beschrieben werden kann.

An dieser generellen Problemstellung orientieren sich mehrere **Zielsetzungen der Arbeit.** Die theoretische und baupraxis-orientierte Erklärung sowie die anschließende empirische Überprüfung des Systems zur Steuerung und Kontrolle von Leistungserbringern in Bauprojekten soll dazu dienen, drei unterschiedliche, jedoch miteinander in Verbindung stehende und ineinandergreifende Erkenntnisziele zu befriedigen: ein betriebswirtschaftlich-pragmatisches, ein spezifisch-organisationstheoretisches und ein allgemein-organisationstheoretisches Erkenntnisziel.

1. Das **betriebswirtschaftlich-pragmatische** Erkenntnisziel:

   In der deutschen Bauwirtschaft hat sich in den vergangenen zehn Jahren ein starker Wandel vollzogen. Veränderte Rahmenbedingungen, ein deutlich rückläufiger und sich auf der Nachfrageseite verändernder Absatzmarkt,[3] eine Vielzahl von Innovationen hinsichtlich Bautechniken, -maschinen und -materialien, ein verstärkter Konkurrenzdruck durch das Auftreten neuer, vor allem ausländischer Anbieter (begünstigt durch den sich weiter wandelnden EU-Binnenmarkt und Globalisierungstendenzen), Unternehmensfusionen und -zusammenbrüche etc. haben dazu beigetragen, daß sich bei der Planung und Durchführung von Bauprojekten und in der Zusammenarbeit zwischen den beteiligten Akteuren zum Teil erhebliche Bewegungen und Wandlungen ergeben haben.

   Von solchen Entwicklungen ist auch die Steuerung und Kontrolle von Leistungserbringern in Bauprojekten betroffen – diese hat sich sowohl in den Anforderungen als auch in den dafür zur Verfügung stehenden Instrumenten gegenüber früher verändert. Die damit verbundenen Herausforderungen wurden von einzelnen Unternehmungen der Branche bereits erkannt; um jedoch betriebswirtschaftlich-pragmatisch erfolgreich darauf reagieren zu können, müssen bezüglich der Steuerung und Kontrolle von Leistungserbringern folgende Fragen und Zusammenhänge näher beleuchtet werden: *"Welches Steuerungs- und Kontrollinstrumentarium steht zur Verfügung und wie wirken die einzelnen Mechanismen?"*, *"Von welchen Bedingungen hängt die Anwendung des Instrumentariums ab?"* und schließlich *"Unter welchen Bedingungen ist welche Ausgestaltung des Steuerungs- und Kontrollsystems erfolgversprechend?"* Mit der Klärung dieser Fragestellungen soll die vorliegende Arbeit das betriebswirtschaftlich-pragmatische Erkenntnisziel erfüllen, denn letztlich trägt eine erfolgreiche Steuerung und Kontrolle von Leistungsbeziehungen wesentlich zu dem Erfolg eines Bauprojektes und damit zu dem Gesamterfolg einer Bauunternehmung bei.

2. Das ***spezifisch*-organisationstheoretische** Erkenntnisziel:

   Die Untersuchung der nicht rein marktlichen Zusammenarbeit zwischen Unternehmungen hat sich in der jüngeren Vergangenheit als ein außerordentlich wichtiges und daher vielbe-

---

[3] Das Sonderkonjunkturereignis "Aufbau Neue Länder Ost" hat diese Veränderungen nur kurz hinausgezögert und mittelfristig sogar einige Probleme weiter verschlimmert, z.B. das der Überkapazitäten in der Branche.

achtetes Teilgebiet der Management- und Organisationsforschung herauskristallisiert. Trotz einer steigenden Anzahl von Publikationen auf diesem Gebiet überwiegen Beiträge, die nicht empirischen Forschungen entspringen. Diese nicht-empirischen Arbeiten haben gleichwohl wesentlich dazu beigetragen, daß die besonderen Charakteristika und die Problematik von Interorganisationsbeziehungen erkannt wurden und sorgten darüber hinaus für wichtige Erkenntnisse und Ideen – beispielsweise welche Kategorisierungen für Beziehungen zwischen Unternehmungen hilfreich sein können, welche Bedingungsfaktoren Interorganisationsbeziehungen beeinflussen, welche Auswirkungen sich durch eine Zusammenarbeit ergeben können, wie die Akteure auf der Mikro-Ebene agieren und vieles mehr. Empirische Arbeiten können helfen, diese Betrachtungen zu stützen, und steuern darüber hinaus weitere wertvolle Erkenntnisse bei (vgl. zur Forschung von Interorganisationsbeziehungen u.a. Nohria/Eccles 1992; Auster 1994; Buckley 1994; Ebers 1997a; Oliver/Ebers 1998).

Zwar existiert bereits eine Anzahl empirischer Arbeiten, welche sich mit der Überprüfung interorganisatorischer Fragestellungen beschäftigen, jedoch scheint es aufgrund des Ungleichgewichts konzeptioneller und beschreibender Arbeiten gegenüber empirischen Untersuchungen geboten, den empirischen Zweig der Erkenntnisgewinnung stärker zu betonen; denn nur empirische Forschungen vermögen aufzeigen, inwieweit theoretische Zusammenhänge auch eine Bedeutung in der Realität besitzen.

Neben der *Abbildung spezifischer interorganisatorischer Beziehungen mittels des Systems der eingesetzten Steuerungs- und Kontrollmechanismen* (der konzeptionelle Teil der Arbeit) beinhaltet daher das hier angestrebte spezifisch-organisationstheoretische Erkenntnisziel auch die Überprüfung der abgeleiteten Aussagen mittels einer eigenen Erhebung (der empirische Teil der Arbeit). Diese Untersuchung soll zeigen, unter welchen Bedingungen die Anwendung welchen Systems von Steuerungs- und Kontrollmechanismen als erfolgreich bzw. nicht erfolgreich angesehen werden kann. Denn insbesondere die *erfolgswirksamen (bzw. kostenwirksamen) Folgen von Interorganisationsbeziehungen* in der Praxis finden in der Organisationsforschung noch zu geringe Beachtung (Ebers 1997b: 33).

3. Das ***allgemein*-organisationstheoretische** Erkenntnisziel:

Organisationstheorien sind "das Salz in der Suppe" für diejenigen, welche sich mit Organisationen beschäftigen. Sind diese doch Ergebnis und zugleich Werkzeug zur Beantwortung der grundlegenden Fragen "Wozu gibt es Organisationen?", "Was sind Merkmale von Organisationen?", "Warum gibt es so viele unterschiedliche Formen von Organisationen und organisatorischem Handeln?", "Welche Organisationsform ist unter welchen Bedingungen die 'richtige'?" und viele einfache und komplexere Fragestellungen mehr. Aus diesem Grunde sind auch die organisationstheoretischen Einzelbetrachtungen und Diskussionen sehr zahlreich und vielfältig. In den letzten beiden Jahrzehnten hat sich jedoch eine fruchtbare wissenschaftliche Diskussion um einige zentrale organisationstheoretische Strömungen herum entwickelt und so die organisationstheoretische Erkenntnisentwicklung in einer bestimmten Weise kanalisiert (vgl. beispielsweise Frese 1992; Reed/Hughes 1992; Scott 1992, 1995; Kieser 1995; Schoppe et al. 1995; Ortmann/Sydow/Türk 1997).[4]

Die vorliegende Arbeit setzt sich mit zwei wichtigen und kontrovers diskutierten organisationstheoretischen Strömungen auseinander: der Agenturtheorie als Vertreterin der Neuen Institutionenökonomie (ein an technisch-rationalen Effizienzkriterien ausgerichteter Ansatz) und der Theorie des Institutionalismus (ein soziologisch-verhaltenstheoretisch orientierter Ansatz). Ein weiteres Ziel der Arbeit ist es, *beide Theorien und ihr Verhältnis zueinander zu beleuchten und durch die empirische Untersuchung der hier gestellten Forschungsfrage ihre bereits in anderen Forschungszusammenhängen gezeigte Relevanz und Aussagekraft zu bestätigen, zu relativieren oder abzulehnen* (vgl. zur Notwendigkeit solcher Forschungen Zucker 1987: 460; Eisenhardt 1988: 506; Conlon/Parks 1990: 621; Abell 1995: 14; Tolbert/Zucker 1996: 186).

Dieses wichtige dritte Erkenntnisziel der Arbeit schließt den Kreis zu dem betriebswirtschaftlich-pragmatischen Erkenntnisziel – denn Organisationstheorien eignen sich auch trefflich, konkrete Aussagen über die Ausgestaltung von Organisationen und organisatorischen Beziehungen zu gewinnen (vgl. Nienhüser 1989; Kieser 1995).

Die nachfolgende Abbildung 1.1 verdeutlicht nochmals den Zusammenhang zwischen der übergeordneten Problemstellung der Arbeit und den daraus abgeleiteten Zielsetzungen und ihre Umsetzung.

---

4 Trotz aller Probleme, die eine Fokussierung mit sich bringen kann – Theorien müssen simplifizieren und bilden eben immer nur einen Ausschnitt der Realität –, ist eine solche sehr notwendig, will die organisationstheoretische Forschung nicht in Unüberschaubarkeit und (gewünschter?) Theorieninkompatibilität und -gegnerschaft versinken.

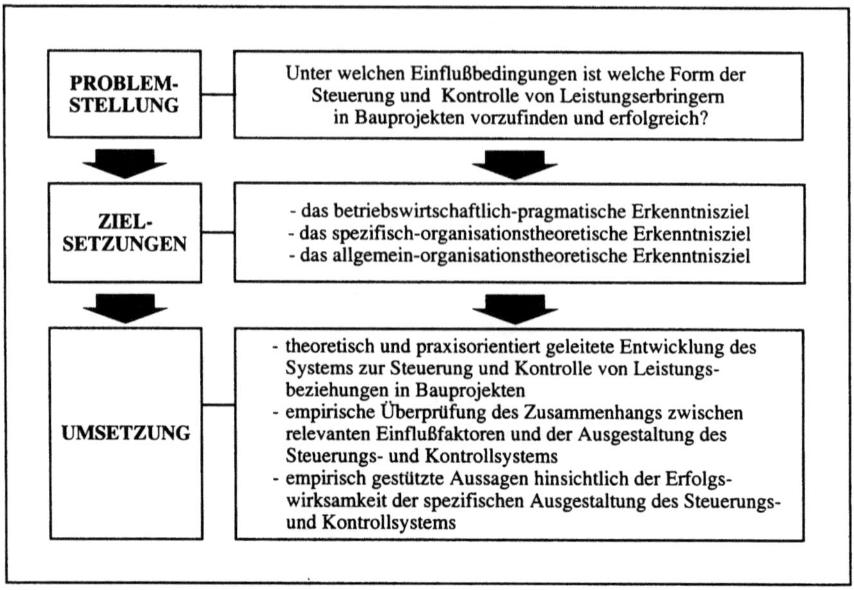

Abbildung 1.1: Konzeption der Arbeit

1.2 Rahmen und Gang der Untersuchung

Die Arbeit gliedert sich in fünf Kapitel (vgl. Abbildung 1.2). Das einleitende *Kapitel 1* zeigt die Problemstellung und die damit verbundenen Zielsetzungen der Untersuchung auf. Daran schließt sich ein kurzer Abriß hinsichtlich der aktuellen Situation und Charakteristika der deutschen Bauwirtschaft an. Eine allgemeine Darstellung zu dem Aufbau, der Organisation und dem Management von Bauprojekten, welche den Forschungsgegenstand der Arbeit bilden, beendet die einleitenden Ausführungen.

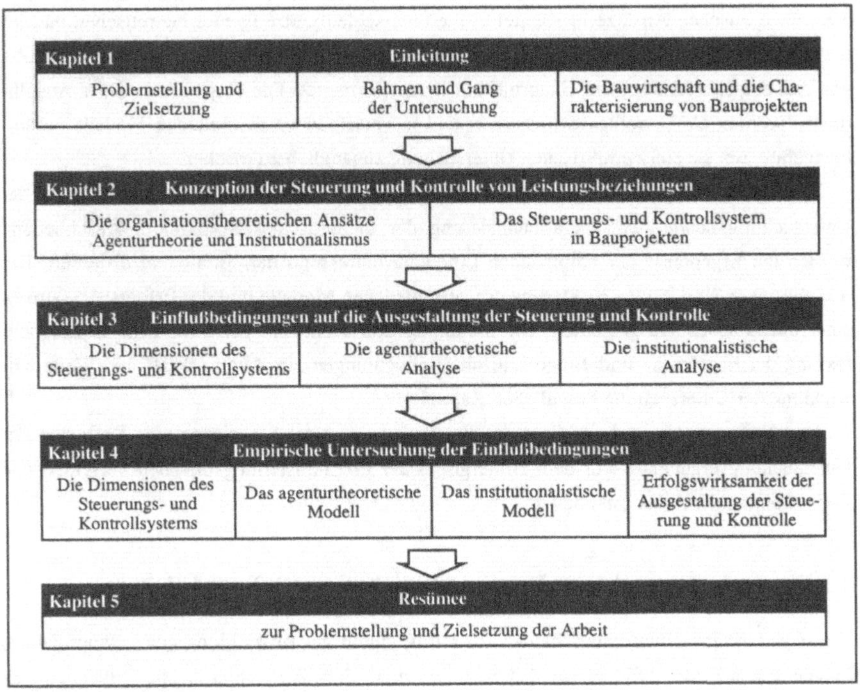

Abbildung 1.2: Gang der Untersuchung

Kapitel 2 legt die notwendigen Grundlagen zur Untersuchung der Problemstellung. Erstens werden darin die relevanten organisationstheoretischen Ansätze der Agenturtheorie und des Institutionalismus erörtert, anschließend kritisch beurteilt und gegenübergestellt, um Inhalte, Stärken und Schwächen sowie Divergenzen und Konvergenzen der in ihren Annahmen und Schlußfolgerungen unterschiedlichen Theorien aufzuzeigen. Zweitens wird die Thematik der Steuerung und Kontrolle in der betriebswirtschaftlichen Forschung (verhaltenswissenschaftliche Ansätze, System-, Kontingenztheorie, Controlling-Konzeptionen, Neue Institutionenökonomie) diskutiert. Damit sollen die über verschiedene organisationstheoretische Ansätze differierenden Sichtweisen aufgezeigt und der Forschungsstand zu Steuerung und Kontrolle erarbeitet werden.

Auf diesen theoretischen Betrachtungen aufbauend wird drittens das an der bauwirtschaftlichen Praxis orientierte System zur Steuerung und Kontrolle von Leistungsbeziehungen in Bauprojekten konzipiert. Dabei werden die spezifischen Steuerungs- und Kontrollinstrumente in ihrem Aufbau und in ihren Wirkungen ausführlich dargelegt. Kapitel 2 schließt mit den Betrachtungen hinsichtlich der Erfolgswirksamkeit des Steuerungs- und Kontrollsystems.

In *Kapitel 3* werden, aufbauend auf den ausführlichen Darstellungen der beiden verwendeten theoretischen Ansätze in Kapitel 2, die unterschiedlichen agenturtheoretischen und institutionalistischen Einflußbedingungen auf die Ausgestaltung der Steuerung und Kontrolle von Leistungsbeziehungen in Bauprojekten herausgearbeitet. Die Ergebnisse dieser Ausführungen werden als Hypothesen formuliert und in verschiedene theoretische Modelle zusammengefaßt, um sie einer empirischen Untersuchung zugänglich zu machen.

Einleitend erfolgt in *Kapitel 4* die Beschreibung der Konzeption und Durchführung der Untersuchung sowie der Operationalisierung der theoretischen Konstrukte. Anschließend werden die Ergebnisse der empirischen Erhebung umfassend dargestellt und diskutiert. Die Ausführungen sind in eine Erörterung der verschiedenen Modelle und der Erfolgswirksamkeit einer spezifischen Ausgestaltung der Steuerung und Kontrolle getrennt. Eine Zusammenfassung der Ergebnisse und einige kritische Betrachtungen zur Aussagekraft und Weiterentwicklung der Untersuchung beschließen Kapitel 4.

Den Endpunkt der Arbeit bildet das Resümee in *Kapitel 5*, welches eine Reflexion der Untersuchungsergebnisse vor dem Hintergrund der Problemstellung und den verschiedenen Zielsetzungen der Arbeit beinhaltet.

1.3 Das Forschungsobjekt: Leistungsbeziehungen in Bauprojekten

Die physische Erstellung eines Bauwerkes erfolgt durch die Abwicklung eines Bauprojektes. Solche Bauprojekte stellen zwar das zentrale Glied aller Wertschöpfungsaktivitäten in der Bauwirtschaft dar, es existieren jedoch auch weitere, einem Bauprojekt vorgelagerte und nachgelagerte Wertschöpfungsaktivitäten. Zur Einordnung und Abgrenzung von Bauprojekten und den direkt daran beteiligten Akteuren als originärer Betrachtungsgegenstand dieser Arbeit gegenüber den anderen Wertschöpfungsaktivitäten in der Bauwirtschaft sollen im nachfolgenden die deutsche Bauwirtschaft und die Besonderheiten der Bauproduktion, der involvierten Akteure und des Ablaufs von Bauprojekten kurz dargestellt werden.

1.3.1 Die deutsche Bauwirtschaft

Die Abgrenzung und Beschreibung der Branche Bauwirtschaft in Deutschland ist uneinheitlich. Dies gilt sowohl für die Begriffswahl als auch die Subsumierung verschiedener Leistungen unter einer Begriffsdefinition (Mantscheff 1986: 11ff.; Klemmer 1998: 9). Übergreifend können darin zwei Grundvorstellungen hinsichtlich der Abgrenzung der Branche identifiziert werden (vgl. Abbildung 1.3).

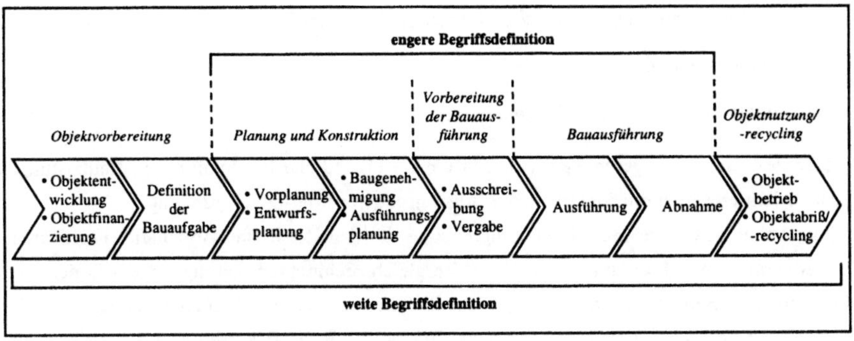

Abbildung 1.3: Die bauwirtschaftliche Wertschöpfungskette (vgl. Bauer 1995: 8; Klemmer 1998: 72f.)

Die *weite* Begriffsdefinition schließt alle direkt und indirekt mit der Planung, Errichtung, Erhaltung und Nutzung von Bauwerken befaßten Wirtschaftssubjekte mit ein. Damit wird eine gesamte, mit Bauwerken in Verbindung zu bringende Wertschöpfungskette abgebildet, die neben den die originären Bauleistungen erbringenden Unternehmungen aus dem Bauhaupt-, Bauhilfs- und Ausbaugewerbe auch Planungsunternehmungen (Architektur- und Ingenieurbüros), Sachverständige und Prüfer, Finanzierungsunternehmungen (Banken, Immobilienfonds etc.), Zulieferer von Baustoffen und Fertigteilen, Hersteller von Baumaschinen, Softwareunternehmungen (zur Entwicklung von Software zur Objektplanung und Konstruktion) und Bauwerksbetreiber (Bauträger, Wohnungsbaugesellschaften etc.) umfaßt (Schmidt 1980: 2; Schäfer 1993: 40; Rußig/Deutsch/Spillner 1996: 11). Die nach dieser Definition sehr heterogene Zusammensetzung der Beteiligten in der Bauwirtschaft wirft einige Abgrenzungs- und Interpretationsprobleme auf, insbesondere hinsichtlich der Zuordnung von Unternehmungen, welche Finanzierungs-, Vermarktungs-, Nutzungs- oder Zulieferleistungen erbringen und bei denen bauwirtschaftliche Leistungen nur einen Teil ihres gesamten Leistungsspektrums ausmachen.

Die *engere* Begriffsdefinition orientiert sich an der Planung und Ausführung von Bauleistungen. Die physische Erstellung eines Bauwerkes (= Bauproduktion) steht hier im Mittelpunkt. Neben dem Begriff der Bauwirtschaft werden in solchen definitorischen Abgrenzungen auch die Bezeichnungen Baugewerbe oder Bauindustrie verwandt (Mantscheff 1986: 12; Syben 1996: 1). Zur Bauwirtschaft sind demgemäß Wirtschaftssubjekte zu zählen, die folgende Leistungen erbringen (vgl. Mantscheff 1986: 14; Rußig/Deutsch/Spillner 1996: 7f.; Hauptverband der Deutschen Bauindustrie e.V. 1997a: Vf.):

- Planungs- und Konstruktionsleistungen,
- Bauproduktion: Bauhauptgewerbe (z.B. Erdarbeiten, Rohbau-, Maurer-, Zimmer-, Betonarbeiten), Ausbaugewerbe (z.B. Dachdecker, Sanitär, Elektro, Maler, Fensterbauer) und Bauhilfsgewerbe (z.B. Transportleistungen, Bodenuntersuchungen),
- Baustoffproduktion und -handel,
- Montagebau (Stahl- und Fertigbauten).

Da im Zentrum der engeren Begriffsdefinition die eigentliche Produktion von Bauleistungen steht, orientieren sich die nachfolgenden Ausführungen an dieser Abgrenzung.

In Abhängigkeit der gewählten Eingrenzung der deutschen Bauwirtschaft werden unterschiedliche Kennzahlen und statistische Vergleichsrechnungen herangezogen, welche die ökonomische Bedeutung und die Interdependenzen zu anderen Branchen aufzeigen sollen (vgl. u.a. Knechtel 1992: 20ff.; Schäfer 1993: 42ff.; Rußig/Deutsch/Spillner 1996: 42ff.; Hauptverband der deutschen Bauindustrie e.V. 1997a). So betrug im Durchschnitt von 1991 bis 1996 der Anteil der Bauwirtschaft am gesamten Bruttoinlandsprodukt in den alten Bundesländern 5,3 % bzw. in den neuen Bundesländern 15,4 %; auf der Verwendungsseite wurden 11,2 % (alte Bundesländer) bzw. 34 % (neue Bundesländer) des Bruttoinlandsproduktes für Bauinvestitionen verwandt. Darüber hinaus waren 1996 ca. 2,9 Mio. Erwerbstätige in der Bauwirtschaft beschäftigt, was einen Anteil von fast 10 % an allen Erwerbstätigen bedeutet. Für das Jahr 1990 wurde eine gesamtwirtschaftliche Multiplikatorwirkung für Bauinvestitionen von 2,4 errechnet, das heißt, daß aus einer Zunahme des Bauvolumens von 1 Mrd. DM mittelfristig das gesamtwirtschaftliche Güteraufkommen um ca. 2,4 Mrd. DM ansteigt (für die Beschäftigung allein wurde eine Multiplikatorwirkung von ca. 1,9 ermittelt) (Hauptverband der Deutschen Bauindustrie e.V. 1997b: Grafik 4).

Neben dieser quantitativen Bedeutung besitzt die Bauwirtschaft auch einen hohen allgemeinen gesellschaftlichen Stellenwert, indem durch sie Wohngebäude, Gewerbebauten und Verkehrswege errichtet werden, die zur Erfüllung wichtiger elementarer Lebensgrundlagen dienen. Dadurch hat die Bauwirtschaft auch einen großen Einfluß auf die Natur, die Landschaft sowie die Siedlungs- und Raumstruktur des Landes. Insgesamt wird die Bauwirtschaft vielfach als Schlüsselsektor oder volkswirtschaftlicher Konjunkturmotor bezeichnet (Knechtel 1992: 17; Schäfer 1993: 41f.; Rußig/Deutsch/Spillner 1996: 40).

Zur Differenzierung von Bauleistungen können zwei unterschiedliche Kategorien herangezogen werden: erstens die Bausparten ("Was wird gebaut?") und zweitens die Produzentengruppen ("Wer erbringt welche Bauleistung?"). Die folgende Abbildung 1.4 zeigt die Aufteilung der gesamten Bauleistungen in Deutschland des Jahres 1996 auf die verschiedenen Bausparten und Produzentengruppen.[5]

Abbildung 1.4: Bauleistungen in Deutschland 1996 (vgl. Hauptverband der Deutschen Bauindustrie e.V. 1997b: Grafik 3)

Über die verschiedenen Produzentengruppen hinweg ist ein typisches Merkmal der Bauwirtschaft, daß eine vergleichsweise sehr große Anzahl kleiner und mittlerer Unternehmungen am Markt auftreten. Syben (1996: 2) schätzt ihre Zahl auf bis zu 150.000 Unternehmungen, Rußig/Deutsch/Spillner (1996: 43) zählen 219.000 Unternehmungen. Genauere Angaben sind jedoch nur für das Bauhauptgewerbe zu finden[6] – dort wurden 1995 ca. 85.000 Unternehmungen gezählt (Hauptverband der Deutschen Bauindustrie e.V. 1997a: 12). Über die Hälfte der Unternehmungen sind dabei in mehr als einer Bausparte tätig (Rußig/Deutsch/Spillner 1996: 45). Obwohl weniger als 5 % aller Unternehmungen des Bauhauptgewerbes über 500 Mitarbeiter beschäftigen und damit dort weniger als 9 % aller Erwerbstätigen im Bauhauptgewerbe arbeiten, lag der Umsatzanteil dieser Unternehmungen 1996 bei über 15 % (Hauptverband der Deutschen Bauindustrie e.V. 1997a: 17c-18a). Insgesamt ist jedoch der Konzentrationsgrad in

---

5 Die Daten wurden vom Deutschen Institut für Wirtschaftsforschung (DIW) erhoben. Sie enthalten zusätzlich zu den im Rahmen der volkswirtschaftlichen Gesamtrechnung erhobenen Daten des Statistischen Bundesamtes auch Bauleistungen in Form von Instandsetzungsleistungen und militärischen Bauten (Hauptverband der Deutschen Bauindustrie e.V. 1997b: Grafik 3).

6 1987 wurde letztmals eine umfassende Erhebung durchgeführt, nach der ca. 173.000 Unternehmungen des Bauhaupt- und Ausbaugewerbes in der deutschen Bauwirtschaft tätig waren (Hauptverband der Deutschen Bauindustrie e.V. 1997b: Grafik 10).

der deutschen Bauwirtschaft als eher gering zu betrachten (Schäfer 1993: 44; Klemmer 1998: 12).

Neben der fragmentierten Branchenstruktur weist die deutsche Bauwirtschaft weiterhin die folgenden generellen Charakteristika und aktuellen Entwicklungen auf:

- Eine stagnierende bis sinkende Nachfrage im bauwirtschaftlichen Bereich, sowohl durch die privaten und privatwirtschaftlichen Nachfrager als auch insbesondere durch die öffentliche Hand, bestimmt mittelfristig die Baukonjunktur in Deutschland (Diederichs 1996a: 52; Hauptverband der Deutschen Bauindustrie e.V. 1997b: Grafik 17, 22).

- Es herrscht ein starker Verdrängungswettbewerb aufgrund der Vielzahl von Anbietern, der bestehenden Überkapazitäten und des teilweise erfolgreichen Eindringens ausländischer Konkurrenten (Bauer 1995: 666; Klemmer 1998: 1, 62). Ungünstige Kostenstrukturen, z.B. wegen des hohen Personalkostenanteils an den Gesamtkosten (Knechtel 1992: 65f.; Hauptverband der Deutschen Bauindustrie e.V. 1997b: Grafik 11, 16), verstärken diese Problematik. Die Folge sind vergleichsweise geringe und darüber hinaus weiter sinkende Umsatzrenditen (Dresdner Bank 1998: o.S.).

- Die deutsche Bauwirtschaft weist einen geringen und weiterhin sinkenden Internationalisierungsgrad auf. Dieser Trend ist gepaart mit der generellen Schwierigkeit für deutsche Unternehmungen, in ausländische Märkte einzudringen, da diese traditionell sehr stark regionalisiert sind (Schäfer 1993: 71; Klemmer 1998: 12). Zudem existieren Probleme beim Wettbewerb um große Projekte im Ausland, denn deutsche Baukonzerne weisen im Vergleich zu ausländischen Konzernen eine vergleichsweise geringe Größe auf (Diederichs 1996a: 49).

- Die gesamte Bauwirtschaft wird durch relativ starke konjunkturelle Schwankungen bestimmt, die mittel- bis langfristige Planungen erschweren und Investitionen hemmen. Ungünstig wirken sich in diesem Zusammenhang auch die geringe Eigenkapitalquote der Bauunternehmungen und die Liquiditätsrisiken aufgrund zu leistender Vorfinanzierungen von Bauprojekten aus (Diederichs 1996a: 55; Marhold 1996: 318).

- Die Bauwirtschaft weist sinkende Innovationsraten sowohl in bau- und verfahrenstechnischer als auch organisatorischer Hinsicht auf. Zudem herrschen traditionell geprägte Produktionsweisen vor, die auch weiterhin bestimmend bleiben werden (Syben 1991: 99f.). Daraus folgen u.a. geringe oder sogar negative Produktivitätssteigerungsraten (Hauptverband der Deutschen Bauindustrie e.V. 1997b: Grafik 15).

Aus dieser sowohl für die gesamte Bauwirtschaft als auch für die überwiegende Anzahl der in der Branche tätigen Konzerne und Einzelunternehmungen angespannten ökonomischen Situation, die sich mittelfristig eher noch verschlechtern denn verbessern dürfte (Dresdner Bank

1998: o.S.), ergibt sich die Notwendigkeit strategischer und operativer Maßnahmen in verschiedensten unternehmerischen Bereichen.

Beispiele solcher Maßnahmen, die in der jüngsten Vergangenheit sowohl theoretisch diskutiert als auch in der Unternehmungspraxis umgesetzt werden, sind die Entwicklung und Anwendung eines bauspezifischen Marketings (Marhold 1996: 328ff.), das Vordringen von Bauunternehmungen in neue Marktsegmente, z.B. Projektentwicklung, Betreiben von Bauwerken, Public Private Partnership (Refisch 1993: 40; Diederichs 1996c: 355ff.; Mayer 1996: 31), und ausländische Märkte (Mayer 1996: 31; Rußig/Deutsch/Spillner 1996: 249f.), neuartige Formen der Finanzierung von Bauprojekten (Schäfer 1993: 255), verschiedene Formen der Kooperation zwischen Unternehmungen (Klemmer 1998: 140), Fusionen von Unternehmungen (Knechtel 1992: 64) oder die intensive Auseinandersetzung mit der Problematik der Leistungstiefenoptimierung (Eigen- versus Fremderstellung von Bauleistungen) (Klemmer 1998: 88f.).

Schließlich bergen auch organisatorische Maßnahmen ein hohes Potential zur Verbesserung der ökonomischen und technologischen Leistungsfähigkeit und damit der Wettbewerbsfähigkeit von Bauunternehmungen. In diesem Bereich werden Anstrengungen unternommen in Form von Optimierungen der innerbetrieblichen Schnittstellen (Droege/Siegmund-Schultze 1994: 32f.; Dressel/Reinfelder 1997: 25ff.), durch die Umsetzung von Qualitätsmanagementsystemen (Jungwirth 1995: 1; Brandenberger/Ruosch 1996: 100ff.), mittels Veränderungen in der Aufbau- und Ablauforganisation der Unternehmungen (Refisch 1993: 51f.; Poppy 1995: 14; Diederichs 1996b: 104ff.) oder durch eine verbesserte Abwicklung und ein effizienteres Schnittstellenmanagement zwischen den verschiedenen Leistungserbringern innerhalb von Bauprojekten (Refisch 1993: 32; Rußig/Deutsch/Spillner 1996: 289).

1.3.2 Aufbau und Organisation von Bauprojekten

> "Ein Bauprojekt ist eine zeitlich und leistungsmäßig abgegrenzte Aufgabe, welche die Planung, Projektierung und nutzungsbereite Erstellung bzw. Veränderung einer baulichen Anlage beinhaltet. Dabei wird als Anlage eine Gesamtanlage im Sinne eines physischen Systems verstanden. Die bauliche Anlage kann neben den rein bautechnischen Elementen (Baukörper, Bauhüllen) auch verfahrenstechnische und natürliche Elemente umfassen." (Scheifele 1991: 5).

In Abhängigkeit von der Art bzw. späteren Nutzung des Bauwerkes werden Bauprojekte den verschiedenen Bausparten zugeordnet und darin wiederum differenziert. So wird beispielsweise im Hochbau nach Verwaltungsgebäuden, Industrie- und Produktionsgebäuden, Sport- und Freizeitanlagen oder Energie- und Entsorgungsprojekten unterschieden oder im Tiefbau nach Straßenbau, Schienenwegebau oder Tunnelbau (Sommer 1994: 5; Brandenberger/Ruosch 1996: 12; Hauptverband der Deutschen Bauindustrie e.V. 1997a: XIVff.). Weiterhin werden neben allgemeinen Merkmalen von Projekten wie z.B. die permanente und zeitlich begrenzte

Zusammenarbeit oder die projektspezifische Zusammensetzung und Organisation der Beteiligten die folgenden besonderen Spezifika von Bauprojekten hervorgehoben (vgl. zum folgenden Refisch 1975: 242ff.; Casson 1987: 153f.; Rösel 1994: 21; Marhold 1996: 316ff.; Klemmer 1998: 10f.):

- der Absatz der Leistung erfolgt vor der Leistungserstellung (= Bereitstellungsgewerbe),
- die Kapazitäten müssen ständig vorgehalten werden, da eine Fertigung auf Lager nicht möglich ist,
- schwer zu beherrschende Risiken wie die der Witterung oder der Bodenbeschaffenheit beeinflussen die Bauausführung,
- Bauprojekte besitzen aufgrund relativ hoher singulärer finanzieller Volumina in der Regel eine große Bedeutung für die meisten Beteiligten,
- durch eine Vielzahl aufeinander abzustimmender Einzelmaßnahmen herrscht eine hohe Komplexität vor,
- es existieren strenge zeitliche Begrenzungen,
- da Bauwerke grundsätzlich verschiedenartig sind, kann Know-how von einem Projekt auf ein anderes nur sehr schwer übertragen werden; dadurch sind auch Erfahrungskurveneffekte nur begrenzt realisierbar.

Auch die grundsätzlichen Arten des Bauens spielen für die Organisation und Steuerung von Bauprojekten eine Rolle. Das *handwerkliche* Bauen (z.B. Mauern, Dacheindeckung) basiert auf dem überwiegenden Einsatz menschlicher Arbeitskraft und läßt einen vergleichsweise großen Raum für direkte Korrekturen bei der Bauausführung; exakte Planungen treten dabei mehr in den Hintergrund. *Industrialisiertes* Bauen beruht auf dem verstärkten bis fast ausschließlichen Einsatz von mechanischen Einrichtungen und standardisierten Techniken, z.B. Bauweise mit Stahlbeton. Planungen, Normen und Abstimmungen sind hier von großer Bedeutung, wenngleich auch fast immer handwerkliche Elemente in den Bauprozeß mit eingehen. Das *industrielle* Bauen unterscheidet sich vom industrialisierten Bauen durch den verstärkten Einsatz vorgefertigter Bauwerksteile (z.B. Fertighäuser, vorinstallierte Räume). Das Bauprojekt dient dann lediglich dem Zusammenfügen der unterschiedlichen Fertigteile (Kühn 1991: 30-32; Rösel 1994: 44-47; Bauer 1995: 496ff.).

Diese erste Charakterisierung von Bauprojekten muß um weitere wichtige und für die Untersuchung besonders relevante beschreibende Merkmale erweitert werden: die Projektbeteiligten, den Projektablauf, die vertraglichen Beziehungen zwischen den Beteiligten und das Management von Bauprojekten.[7]

Projektbeteiligte

Projektbeteiligte sind zum einen der Leistungsempfänger (Bauherr, Auftraggeber oder Klient genannt), die verschiedenen Leistungserbringer, staatliche Behörden (z.B. Bauaufsichtsämter) und indirekt am Projekt Beteiligte bzw. davon Betroffene wie Finanzierende (z.B. Banken) und sonstige Interessengruppen (z.B. Anlieger oder die das Bauwerk nutzende Bevölkerung) (vgl. dazu und zum folgenden Sommer 1994: 7-11; Bauer 1995: 26ff.; Brandenberger/Ruosch 1996: 46-53; Leimböck/Heinlein 1996: 111ff.; Syben 1996: 3-6).

Der *Bauherr* gibt ein Bauwerk in Auftrag und zahlt dafür. Darüber hinaus gehört in der Regel die Beschaffung des Baugrundes, die Finanzierung und die Bestimmung der späteren Nutzung in seinen Verantwortungsbereich. Bei größeren Bauprojekten handelt es ich zumeist um einen erfahrenen Auftraggeber, der bereits mehrere Bauprojekte abgewickelt hat (im Unterschied zu einem einmaligen privaten Hausbau). Ein weiteres Differenzierungskriterium ist, ob der Auftraggeber das Bauwerk nach Vollendung selbst nutzt, z.B. Wohnungsbaugesellschaften, öffentliche Auftraggeber, Industrie- und Handelsunternehmungen, oder es verkauft, z.B. Bauträger.

Eine wichtige Gruppe von Leistungserbringern bilden die *bauplanenden Unternehmungen bzw. Personen (Architekten und Bauingenieure), Gutachter und verschiedene Fachingenieure.* Sie sind für Aufgaben wie die Planung, Gestaltung, Konstruktion, Bauvorbereitung oder die übergreifende Koordination des Projektablaufs zuständig. Bei Hochbauten sind aufgrund der gestalterischen Elemente zumeist Architekturbüros für die Planung und Koordination zuständig, bei Bauwerken mit konstruktivem Schwerpunkt (Brücken, Tunnel etc.) überwiegend Ingenieurbüros.

Die zweite Gruppe von Leistungserbringern ist die der *bauausführenden Unternehmungen des Bauhaupt- und Ausbaugewerbes.* Sie erstellen und bearbeiten das gesamte Bauwerk oder bestimmte Teilbereiche. Dazu gehören beispielsweise Erdarbeiten, die Erstellung des Rohbaus und Tragkonstruktionen, der Ausbau von Gebäuden (z.B. Elektro, Sanitär, Heizung, Dachkonstruktion, Außenanlagen) oder spezielle technische Installationen (z.B. Sicherheitseinrichtungen, Kommunikationssysteme). Dieser Gruppe werden in erster Linie die "klassischen" Bauunternehmungen und bauhandwerklichen Betriebe zugeordnet.

Zulieferunternehmungen für Material, Geräte, Fertigteile oder Inneneinrichtungen bilden eine dritte Gruppe von Leistungserbringern. Deren Hauptleistung und damit ihr Produktionsprozeß wird allerdings räumlich außerhalb des eigentlichen Bauprojektes erbracht.

---

7 Neben der Steuerung und Kontrolle von Austauschbeziehungen in Bauprojekten existieren weitere wichtige Problembereiche, beispielsweise hinsichtlich der Baustelleneinrichtung, der gesamten Projektablaufplanung und -organisation oder des Einsatzes von Maschinen, Materialien etc. (Aßmann 1984; Scheifele 1991; Sommer 1994; Bauer 1995; Brandenberger/Ruosch 1996).

Eine letzte, direkt an einem Bauprojekt beteiligte Gruppe ist die der *Genehmigungsbehörden, Prüfingenieure und die Träger öffentlicher Belange* (z.B. Energieversorgungsunternehmungen, Umweltschutzbehörden). Ihre Aufgabe ist es, zu überwachen, daß gesetzliche Bestimmungen eingehalten und öffentliche Interessen nicht verletzt werden (Rösel 1994: 108ff.; Sommer 1994: 45ff.). Eine besondere Stellung kommt dabei dem Prüfingenieur zu, der zwar vom Auftraggeber engagiert und entlohnt werden muß, aber von diesem unabhängig die konstruktiven und technischen Gegebenheiten des Bauwerks prüft, was eine Voraussetzung für die Baugenehmigungen durch die zuständigen Genehmigungsbehörden ist. Der Prüfingenieur muß aber nicht nur als Kontrolleur auftreten, sondern kann bereits zu Beginn des Bauprojektes in die Planungen miteingebunden werden und fungiert dann auch als Berater des Auftraggebers bzw. der planenden Auftragnehmer (Syben 1996: 19).

Projektablauf

Der einfache Ablauf eines Bauprojektes beginnt damit, daß ein Auftraggeber, z.B. die öffentliche Hand, privatwirtschaftliche Unternehmungen oder Einzelpersonen, eine Bauaufgabe formuliert. Grundlagen einer solchen Aufgabenformulierung sind vorangegangene Problemanalysen und Zielfestlegungen ("Was soll aus welchem Grund gebaut werden?") sowie erste Standortanalysen, Wirtschaftlichkeitsberechnungen, Finanzierungsmöglichkeiten und Planungsideen (Sommer 1994: 21-27; Brandenberger/Ruosch 1996: 17-20). Die so bereits klarer umrissene Bauaufgabe wird dann in Zusammenarbeit mit externen Beratern (Architekten, Ingenieurbüros) weiter ausgearbeitet. Die Planer und Fachingenieure setzen die Bauidee in Pläne, Berechnungen und Leistungsverzeichnisse um.[8] Die Pläne und Berechnungen müssen den Genehmigungsbehörden unterbreitet werden. Erst nach dessen Freigabe kann die eigentliche Bautätigkeit beginnen. Die Planer und Fachingenieure beauftragen die ausführenden Unternehmungen mit der Erstellung des Bauwerks nach den ausgearbeiteten Vorgaben und Plänen und verfolgen die Realisierung; manchmal übernimmt solche Beauftragungen auch der Bauherr. Das Bauprojekt ist mit der Abnahme der Bauleistungen durch die Behörden und den Bauherrn bzw. nach der Erfüllung etwaiger Gewährleistungsansprüche beendet (Rösel 1992: 25ff.; Refisch 1993: 42; Sommer 1994: 6f., 20ff.; Bauer 1995: 6ff.; Brandenberger/Ruosch 1996: 31-37); (vgl. auch oben Abbildung 1.3: die engere Begriffsdefinition beinhaltet den idealtypischen Ablauf eines Bauprojektes).

Innerhalb des Ablaufs eines Bauprojekts wird der organisatorischen Ausgestaltung des Projektes, der Termin- und Einsatzplanung und -überwachung, der operativen Projektsteuerung und der Steuerung und Kontrolle der verschiedenen vertraglichen Vereinbarungen zwischen den Projektbeteiligten eine besondere Beachtung zuteil (Rüping 1984: 39ff.; Scheifele

---

8 Im Gegensatz dazu planen und konkretisieren öffentliche Auftraggeber bzw. große Unternehmungen Bauprojekte häufig selbst – denn aufgrund der wiederholten Durchführung von Baumaßnahmen verfügen diese oftmals über entsprechende eigene Fachabteilungen (Brandenberger/Ruosch 1996: 41).

1991: 25; Rösel 1992: 28-52; Refisch 1993: 27f.; Sommer 1994: 6f.; Bauer 1995: 29ff.). Gerade im Kontext der vertraglichen Regelungen zwischen den Beteiligten ist die folgende nähere Erläuterung der Vertragsanbahnung (= die Möglichkeiten der Ausschreibung des gesamten Bauprojektes bzw. von Teilbereichen) wichtig, da hier bereits ein großer Teil der vertragsrelevanten Inhalte bestimmt wird.[9]

Es existieren drei verschiedene Formen der Vergabe von Bauleistungen. Bei der *freihändigen Vergabe* wird ein Auftrag direkt und ohne ein förmliches Verfahren an einen bestimmten Auftragnehmer vergeben. Dieses Verfahren findet meist bei Produkten oder Verfahren Anwendung, die keinem oder nur einem geringen Wettbewerb ausgesetzt sind. Wird eine gezielte Aufforderung zur Abgabe eines Angebotes an wenige Anbieter abgegeben, dann handelt es sich um eine *beschränkte Ausschreibung*. In der Regel wird hier eine Zusammenarbeit mit Anbietern angestrebt, zu denen bereits gute, langjährige Beziehungen bestehen. Bei einer *öffentlichen Ausschreibung* wird eine Aufforderung zur Angebotsabgabe an alle potentiellen Leistungsanbieter ausgesprochen. Je nach Wettbewerbssituation, persönlichen Präferenzen des Auftraggebers und insbesondere technischen, qualitativen und terminlichen Ansprüchen wird eine der Vergabearten gewählt, wobei innerhalb eines Bauprojektes auch verschiedene Arten Anwendung finden können (Rösel 1992: 25; Syben 1996: 6).[10]

Häufig werden schon vor der Ausschreibung eines Bauprojektes oder bestimmter Teilleistungen sogenannte Verdingungsunterlagen erstellt. In diesen erfolgt eine mehr oder minder umfassende und detaillierte Leistungsbeschreibung, z.B. bezüglich der Art der Leistung, Vorschriften der Ausführung, einzusetzende Materialien in Qualität und Quantität, zugrundezulegende technische Maßstäbe und Anforderungen etc.[11] Darüber hinaus werden darin bereits auch allgemeine und spezielle Vertragsbedingungen rechtlicher Art wie Ausführungstermine, Gewährleistungsbedingungen oder Vertragsstrafen festgelegt. Im allgemeinen sind die Verdingungsunterlagen nach den VOB-Vorschriften[12] erstellt[13] und dienen nach der Schließung eines Vertrages als Erfüllungsrahmen – denn die VOB-Vorschriften bieten eine detaillierte Beschreibung der zu erfüllenden Leistung in Qualität und Quantität und stützen sich dabei u.a.

---

9 Vgl. zur Darstellung und Erläuterung des unterschiedlichen Ablaufs und der vertraglichen Beziehungen von Bauprojekten in anderen Ländern Casson (1987), Winch/Campagnac (1995), Pietroforte (1997).

10 Für öffentliche Auftraggeber schreibt die VOB/A § 3 (Verdingungsordnung für Bauleistungen, Teil A: Allgemeine Vertragsbedingungen für die Vergabe von Bauleistungen) die Vergabeart vor (Rösel 1992: 25).

11 So kann eine Teilleistung durchaus mehrere hundert verschiedene Leistungspositionen aufweisen (Lessmann et al. 1990: 61).

12 Die VOB-Vorschriften gliedern sich auf in VOB/A (Verdingungsordnung für Bauleistungen, Teil A: Allgemeine Vertragsbedingungen für die Vergabe von Bauleistungen), VOB/B (Verdingungsordnung für Bauleistungen, Teil B: Allgemeine Vertragsbedingungen für die Ausführung von Bauleistungen) und VOB/C (Verdingungsordnung für Bauleistungen, Teil C: Allgemeine technische Vertragsbedingungen für Bauleistungen) (Rösel 1992: 17).

13 Dies ist kein Muß, denn grundsätzlich müssen sich Verträge in der Bauwirtschaft "nur" nach den bauunspezifischen Bestimmungen des Bürgerlichen Gesetzbuches (BGB) richten (Rösel 1994: 47; Jungwirth 1995: 125).

auf ausgearbeitete, allgemeine akzeptierte Normen nach der Deutschen Industrienorm (DIN) (Rösel 1992: 28ff.; Bauer 1995: 45ff.; Jungwirth 1995: 125f.; Syben 1996: 7ff.).[14] Damit wird der Wunsch von Auftraggebern nach verläßlichen Richtlinien, hohen Qualitätsstandards und der Verteilung von Risiken unterstützt (Derks 1996b: 250f.).[15]

Analog zu den VOB-Vorschriften existiert als Grundlage für Verträge von Planungsleistungen die HOAI (Honorarordnung für Architekten und Ingenieure). Darin ist unter anderem festgelegt, welche Inhalte in Verträgen wie bestimmt werden können, welche Leistungen wie abzugelten sind (z.B. mittels Honorartafeln) oder welche Rechte und Pflichten den Vertragsparteien erwachsen können (Rösel 1994: 51ff.; Sommer 1994: 108ff.).[16] Schließlich gibt es auch für die Lieferung von Baustoffen, Maschinen etc. ein eigenes Vorschriftenwerk, die VOL (Verdingungsordnung zur Vergabe von Lieferungen). Außer bei öffentlichen Bauprojekten müssen diese Vorschriftenwerke zwar nicht zwingend angewandt werden, trotzdem werden sie häufig auch bei privatwirtschaftlichen Vertragsbeziehungen ganz oder zumindest für Teilleistungen zugrundegelegt (Talaj 1993: 187).[17] Das liegt vor allem darin begründet, daß diese Vertragsvorschriften allgemein anerkannt sind, sie sehr gut die Besonderheiten der Bauobjekterstellung widerspiegeln und einen hohen Detaillierungsgrad aufweisen. So kann Mißverständnissen vorgebeugt, Verhandlungskosten können gesenkt und auch die Durchsetzungsmöglichkeiten von Ansprüchen können verbessert werden. Zudem sind Ergänzungen und Abänderungen der Regelungen möglich, welche von den Vertragsparteien auch häufig vorgenommen werden (Sommer 1994: 114).

Vertragliche Beziehungen zwischen den Beteiligten

Zusätzlich zur bilateralen Vertragsgestaltung zwischen dem Bauherrn als Auftraggeber und einem Auftragnehmer ist das Gefüge der vertraglichen Beziehungen in einem Bauprojekt von großer Bedeutung, denn innerhalb eines Projektes sind fast immer mehrere verschiedene Auftragnehmer mit unterschiedlichen singulären Beziehungen zum Auftraggeber und zu anderen Auftragnehmern beteiligt.[18]

---

14 Vgl. ausführlich zu Inhalten und Interpretationen der VOB/A, B und C Mantscheff (1981), Döbereiner/Cuypers (1993), Leimböck/Heinlein (1996).

15 Zusätzlich werden durch die Anwendung der VOB als Vertragsgrundlagen weitere Ziele verfolgt wie z.B. die Zerlegung eines Bauprojektes in kleine auszuführende Lose, damit auch Unternehmungen kleinerer und mittlerer Größe die Möglichkeit besitzen, an Ausschreibungen großer Bauprojekte aussichtsreich teilzunehmen (Syben 1996: 10).

16 Vgl. ausführlich zu Inhalten und Interpretationen der HOAI Leimböck/Heinlein (1996).

17 Obwohl auch in anderen Ländern Standardisierungen von Verträgen und technischen Vorgaben existieren (vgl. z.B. Pietroforte 1997: 75f.), hebt sich das deutsche System generell durch seine Breite und Tiefe der Regelungen und seine große Akzeptanz durch die Beteiligten davon ab.

18 An der Erstellung sehr großer Bauprojekte können Hunderte von unabhängigen Unternehmungen beteiligt sein.

Ein Bauprojekt stellt ein Vertragsgeflecht unterschiedlicher bilateraler Verträge dar, die sowohl auf einer Funktionsbereichsebene als auch auf einer vertikalen Beziehungsebene voneinander differenziert werden können. Beteiligte sind auf der einen Seite der Auftraggeber (Bauherr) und auf der anderen Seite die Auftragnehmer (Architekten, Fachingenieure, Techniker/sonstige Spezialisten und Gutachter, Rohbau-, Ausbau- und Zulieferunternehmungen).[19] Zur besseren Differenzierung kann ein Bauprojekt in die Funktionsbereichsebenen Bauobjektplanung und Bauausführung unterteilt werden (vgl. Abbildung 1.5) (Schmidt 1980: 32; Refisch 1993: 28).

In Abbildung 1.5 wird zugleich die einfachste Form der Auftragsvergabe dargestellt, die *geteilte Vergabe von Bauaufträgen nach Fachlosen.* Der Auftraggeber steht mit fast allen Leistungserbringern, mit Ausnahme stark untergeordneter Fachlose wie z.B. der Zulieferung von einfachen Baumaterialien, direkt in Vertragsbeziehungen. Damit ergibt sich für den Auftraggeber die Notwendigkeit, mit vielen verschiedenen Vertragspartnern zu verhandeln. Er muß über entsprechendes Fachwissen in unterschiedlichsten Baubereichen und über angemessene Managementkapazitäten zur Steuerung und Kontrolle des Bauprojektes verfügen. Der Einsatz solcher Ressourcen kann jedoch zumindest partiell durch eine Delegation der Planung und Steuerung von Teilleistungen an Vertragspartner, z.B. Architekten, reduziert werden (Schmidt 1980: 41; Sommer 1994: 12f.; Bauer 1995: 34, 36f.; Brandenberger/Ruosch 1996: 55f.).

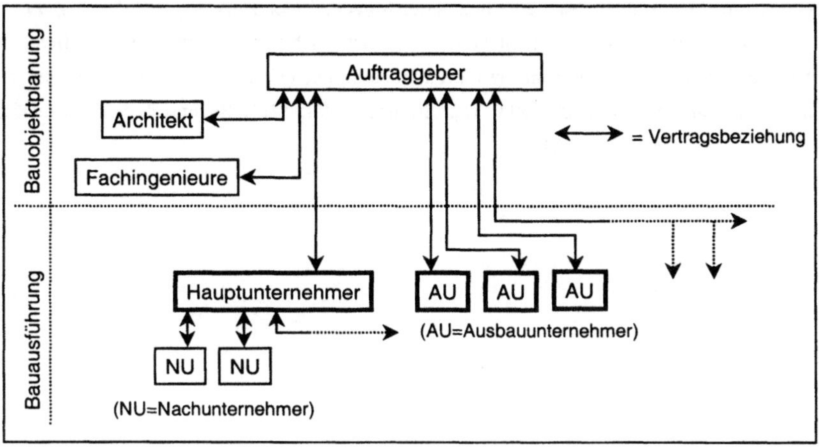

Abbildung 1.5: Geteilte Vergabe von Aufträgen nach Fachlosen (Refisch 1993: 28)

19 Darin kommt auch der allgemein sehr hohe Spezialisierungsgrad in der Bauwirtschaft zum Ausdruck – viele Unternehmungen konzentrieren sich im Rahmen eines singulären Bauprojektes auf die Ausführung einer ganz bestimmten Teilleistung (z.B. Design- oder Planungsleistungen, Statikberechnungen, Aushub-, Rohbau-, Maurerleistungen, Pflastern, Klimaanlageninstallationen usw.).

Aus den qualitativen und quantitativen Anforderungen an die Ausführung und das Ergebnis eines Bauprojektes ergeben sich für den Auftraggeber Risiken in organisatorischer, terminlicher und qualitativer Hinsicht und damit eine Gefährdung seiner ökonomischen Situation. Dieser Zusammenhang ist besonders relevant bei großen und/oder technologisch bzw. bezüglich der Bauausführung sehr anspruchsvollen Bauprojekten. Gerade Auftraggeber, die nicht ständig gleichartige Bauprojekte abwickeln, sind davon in erhöhtem Maße betroffen. Aus diesem Grunde haben sich besondere Formen der vertraglichen Beziehungen in der Bauwirtschaft entwickelt, damit vor allem die Kosten-, Termin- und Qualitätsrisiken des Auftraggebers gemindert werden können: solche (Teil-)Generalunternehmer und Generalübernehmer bieten dem Auftraggeber über die eigentliche bauliche Leistungserbringung hinausgehende spezifische Dienstleistungen an (Schmidt 1980: 44; Refisch 1993: 30; Sommer 1994: 10).

Der *Generalunternehmer* übernimmt im Bereich der Bauausführung entweder einen Teil der Leistungen als Gesamtleistung (= Teil-Generalunternehmer) oder die gesamte Bauausführung, auch als schlüsselfertige Erstellung bezeichnet (vgl. Abbildung 1.6). Es handelt sich dabei um eine Bauunternehmung, die selbst einen Teil der Gesamtleistung erbringt, z.B. den Rohbau, und den Rest wiederum an weitere Unterauftragnehmer (= Nach- oder Subunternehmer) vergibt. Je nach vertraglicher Vereinbarung können diese Nachunternehmer selbst abermals Unteraufträge vergeben. Entscheidend ist, daß der Generalunternehmer gegenüber dem Auftraggeber in vollem Umfang für die gesamte Bauleistung verantwortlich ist, also auch für die von ihm beauftragten Nachunternehmerleistungen.[20] Der Entwurf, die Planung und die Konstruktion obliegen jedoch nicht dem Generalunternehmer, sondern werden direkt zwischen dem Auftraggeber und anderen Projektbeteiligten (Architekten, Fachingenieure etc.) vertraglich vereinbart (Refisch 1993: 31f.; Sommer 1994: 14ff.; Bauer 1995: 35, 38f.; Kehrberg 1996: 388; Syben 1996: 21).

[20] Es können allerdings ganz bestimmte Risiken weiterhin beim Auftraggeber verbleiben, z.B. das Baugrundrisiko (Tragfähigkeit, Kontaminierung etc.) oder Risiken aus Baugenehmigungen (Brandschutz-, Umweltschutzauflagen etc.) (Sommer 1994: 10).

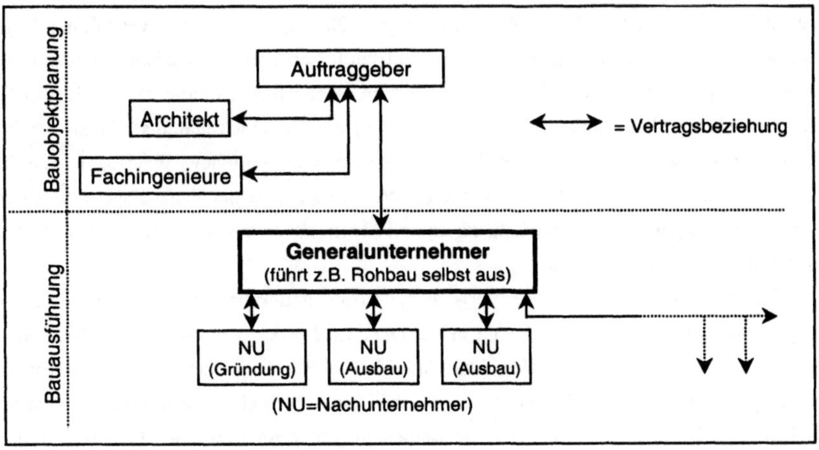

Abbildung 1.6: Generalunternehmerschaft (Refisch 1993: 31)

Der Vorteil dieser vertraglichen Konstruktion liegt für den Auftraggeber darin, daß er bezüglich der Bauausführung statt mit vielen Auftragnehmern nur mit einem eine vertragliche Beziehung eingeht. Zudem übernimmt der Generalunternehmer für ihn verschiedene Risiken, beispielsweise Preis-, Termin- und Gewährleistungsrisiken (Schmidt 1980: 44; Refisch 1993: 32; Sommer 1994: 10).[21] Trotz der Risikoübernahme besitzt die Generalunternehmerschaft auch Vorteile für den Auftragnehmer: er hat die Möglichkeit, durch ein effizientes Baumanagement und entsprechende Vertragsverhandlungen und -gestaltungen mit den Nachunternehmern Arbitragegewinne zu erwirtschaften. Auch die eigenen Produktionskapazitäten des Generalunternehmers können dadurch besser gesteuert und ausgelastet werden, da er fallweise Make-or-Buy-Entscheidungen treffen kann (Schmidt 1980: 41; Chau/Walker 1994: 6; Sommer 1994: 11; Syben 1996: 22). Ein weiterer wichtiger Vorteil liegt darin begründet, daß Auftraggeber in ihren Ausschreibungen für schlüsselfertige Projekte zumeist bewußt Raum für Veränderungen in gestalterischer, konstruktiver und ausführungstechnischer Hinsicht lassen. Der Generalunternehmer kann so durch eigene Vorschläge Baukosten und -zeiten reduzieren oder die Nutzungseigenschaften eines Bauwerkes verbessern. Dies begünstigt entweder seine eigene Ertragslage oder erhöht zumindest seine Chancen, einen Auftrag überhaupt erst erteilt zu bekommen (Refisch 1993: 34; Kehrberg 1996: 393f.).

Der Gedanke der Risikoübernahme und des Ausbaus von Dienstleistungen durch einen Generalunternehmer wird in der Vertragskonstruktion der *mitplanenden Generalunternehmerschaft* weiter fortgeführt. Hier schreibt der Auftraggeber das Bauprojekt in Form einer funktionalen Leistungsbeschreibung aus, was bedeutet, daß beispielsweise der Zweck, die vorge-

---

[21] Denn üblicherweise werden Festpreise und Festtermine (mit Konventionalstrafen) vereinbart (Refisch 1993: 32).

sehene Nutzung oder bestimmte Anforderungen an Fläche, Volumen und Gestaltung dargelegt werden, eine klassische konkrete Planung mit baulichen und technischen Vorgaben mittels einer konstruktiven Leistungsbeschreibung jedoch nicht erfolgt (Simons 1983: 27). Der Generalunternehmer übernimmt somit auch einen Teil der Bauobjektplanung (Syben 1996: 10). Auf diese Weise werden weitere Risiken auf den Generalunternehmer übertragen, es eröffnen sich ihm jedoch auch erweiterte Chancen der Verbesserung seiner Ertragslage mittels eigener Vorschläge, organisatorischer Maßnahmen und Arbitragegewinne (Casson 1987: 157; Refisch 1993: 36f.; Sommer 1994: 18).

Die Entwicklung weg von der vorgegebenen Bauausführung hin zur Integration der Bauobjektplanung findet ihren Endpunkt in der *Generalübernehmerschaft (= Totalunternehmer, Bauträger oder Projektentwickler)* (vgl. Abbildung 1.7). Der Generalübernehmer tritt schon zu Beginn der Planung in das Bauprojekt ein oder entwickelt eigene Bauprojekte, ohne jedoch selbst Bauleistungen auszuführen – die Bauleistungen werden an einen Generalunternehmer und/oder einzelne Nachunternehmer vergeben.[22] Er führt zusätzliche Dienstleistungen für den Auftraggeber aus, beispielsweise die Suche nach einer Investitionsmöglichkeit oder einem Baugrundstück, die Finanzierung oder die Nutzung und Betreibung des Bauobjektes, und liefert dem Auftraggeber zu einem fixen Termin ein schlüsselfertiges, funktionsgerechtes Bauwerk (Diederichs 1994: 56; Brandenberger/Ruosch 1996: 62f.; Kehrberg 1996: 388-393).

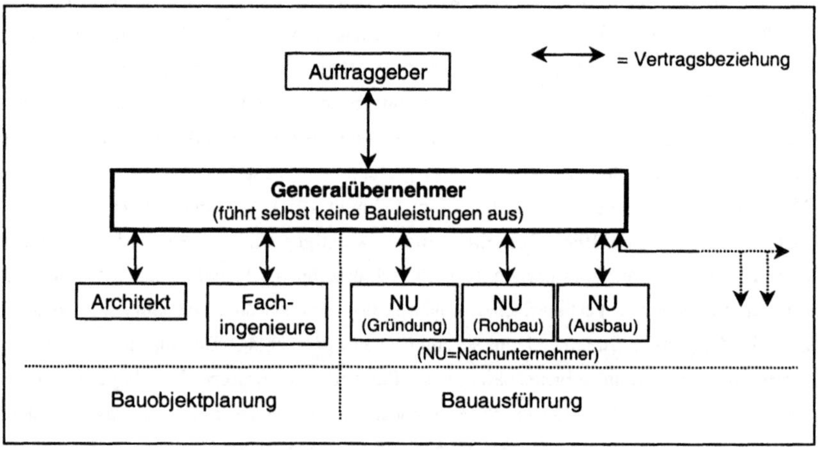

Abbildung 1.7: Generalübernehmerschaft (Refisch 1993: 38)

22 Im Gegensatz zum Generalunternehmer handelt es sich bei Generalübernehmern zumeist um Architektur- oder Planungsbüros, die nicht über eigene Baukapazitäten verfügen. Dadurch werden die physischen Bauleistungen fast immer an Dritte vergeben. Der Generalübernehmer kann daher eventuelle Arbeitsengpässe nicht mit eigenen Kapazitäten ausgleichen und verfügt im allgemeinen nur über ein geringes Know-how bezüglich der Bauausführung (Refisch 1993: 33f.).

Im Vergleich zu einem Generalunternehmer muß ein Generalübernehmer weitere Risiken tragen, z.B. in Form von Standort- oder Vermarktungsrisiken (Refisch 1993: 44), es eröffnen sich ihm jedoch auch zusätzliche Gewinnchancen aus den verschiedenen Wertschöpfungsstufen des gesamten Bauprojekts (Diederichs 1995: 45). Im Extremfall hat der Auftraggeber fast keine Einflußnahme mehr auf das Bauprojekt und seine Beziehung zu dem Generalübernehmer wird auf die Überwachung der Einhaltung grundlegender Vertragsinhalte und Zahlungsströme reduziert. Solche Vertragskonstellationen sind vor allem bei reinen Investorenprojekten, zumeist über geschlossene Immobilienfonds, vorzufinden (Sommer 1994: 19; Bauer 1995: 35; Syben 1996: 26f.).

Eine Besonderheit der Bauwirtschaft stellt die sogenannte Arbeitsgemeinschaft (ARGE) dar. Diese bildet sich durch den Zusammenschluß mehrerer Unternehmungen, zumeist in einer Gesellschaft des bürgerlichen Rechts (nach § 705 BGB), welche nur zum Zweck der Erstellung eines bestimmten Bauwerks bzw. eines Bauwerkteils gegründet und nach der Abwicklung des Projekts wieder aufgelöst wird (Maurer 1994: 166; Leimböck/Heinlein 1996: 123; Rußig/Deutsch/Spillner 1996: 56).[23] Vor allem bei größeren Bauvorhaben sind solche Arbeitsgemeinschaften vorzufinden, denn deren Hauptzweck liegt in der Verteilung von Risiken (und ergo auch des Gewinns) auf mehrere Unternehmungen und der gegenseitigen Ergänzung komplementärer Bauleistungen und Ressourcen (Knechtel 1992: 62; Klemmer 1998: 22). Die ARGE-Partner haften zwar gegenüber dem Auftraggeber gesamtschuldnerisch, die verschiedenen Leistungen der einzelnen Unternehmungen werden jedoch im Innenverhältnis aufgeteilt (Kühn 1991: 18f.; Rösel 1992: 78). Dementsprechend sind im Innenverhältnis von ARGEN grundsätzlich gleiche Vertragsstrukturen wie bei der geteilten Vergabe von Bauaufträgen oder der Generalunter-/Generalübernehmerschaft vorzufinden. In der Form von ARGEN abzuwickelnde Bauprojekte setzen sich dann aus federführenden ARGE-Partnern, nachgeordneten ARGE-Partnern und sonstigen Nach- und Subunternehmern zusammen (Maurer 1994: 168-170).

1.3.3 Das Management der Beziehungen in Bauprojekten

Eines der Hauptproblembereiche von Bauprojekten ist das vielfältige Vertrags- und Beziehungsgeflecht zwischen den unterschiedlichen Bauprojektbeteiligten. Eine erste Ordnung erfolgt dadurch, daß die Abwicklung des Projektes in der Form einer Einzelvergabe, General-unter- oder Generalübernehmerschaft festgelegt wird. Darin wird das übergeordnete Bauprojektmanagement einem bzw. mehreren wenigen Akteuren zugeordnet. Jedoch bestehen weitere vertragliche Beziehungen, die nicht auf der superioren Ebene des Bauprojektmanagements gesteuert und kontrolliert werden. Um solche Beziehungen handelt es sich, wenn Nach-

---

23 Schließen sich Unternehmungen der gleichen Wertschöpfungsstufe zu einer Arbeitsgemeinschaft zusammen, dann handelt es sich um sogenannte horizontale ARGEN, vertikale ARGEN werden durch Unternehmungen aus verschiedenen Wertschöpfungsstufen gebildet (Schmidt 1980: 42f.).

unternehmer weitere Unteraufträge vergeben – zum Beispiel können bei der Erstellung des Rohbaus die Maurerarbeiten in Lohnarbeit an einen Subunternehmer vergeben werden oder ein Planungsbüro erteilt einen Auftrag für eine spezifische statische Berechnung an ein Statikbüro. Derartige vergebene Leistungen sind eigentlich Bestandteil des Vertrages des Nachunternehmers mit dem Generalunter- bzw. Generalübernehmer. Für die vertragsgerechte Ausführung ist somit alleinig der Nachunternehmer verantwortlich und es besteht keine direkte vertragliche Beziehung zwischen dem Generalunter-/Generalübernehmer und dem letzten Unterauftragnehmer (vgl. Abbildung 1.8) (Chau/Walker 1994: 5; Schütt 1996: 16).

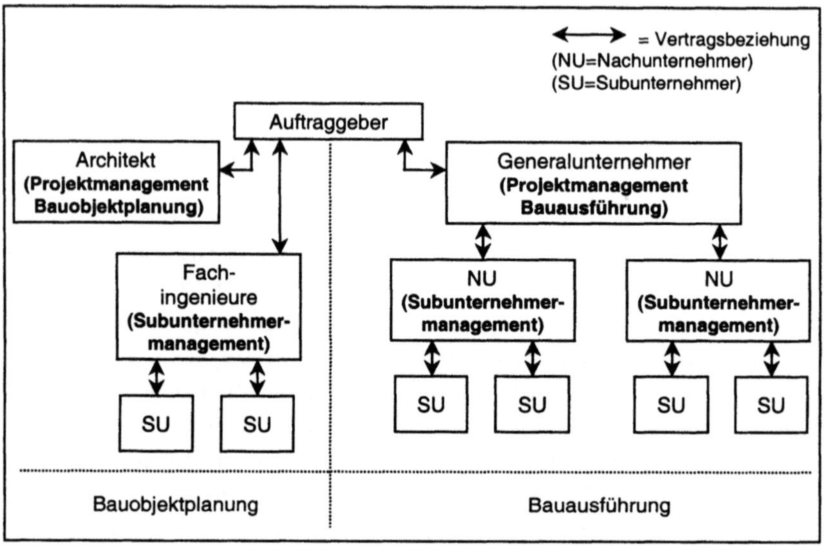

Abbildung 1.8: Bauprojektmanagement und Subunternehmermanagement

Das *Bauprojektmanagement (= Bauprojektleitung)*, d.h. das übergeordnete Management der Planung und Ausführung (Rösel 1994: 100, 212), ist eng an den Projektablauf geknüpft. Es können in Abhängigkeit von den vertraglichen Beziehungen zwischen den Projektbeteiligten unterschiedliche Aufgabenverteilungen und Verantwortlichkeiten festgelegt werden. Bei der geteilten Vergabe von Bauaufträgen nach Fachlosen (vgl. Abbildung 1.5) liegt das Projektmanagement in der Hand eines der beteiligten Unternehmungen (in der Regel ein Architektur- oder Ingenieurbüro), welches dann sehr eng mit dem Auftraggeber zusammenarbeitet. Im Falle der Generalunternehmerschaft in den verschieden möglichen Ausprägungen (vgl. Abbildung 1.6) ist in unterschiedlichen Bereichen des Bauprojektes ein Projektmanagement vorzufinden, z.B. ein mehr auf die Bauobjektplanung und weniger auf die Ausführung ausgerichtetes Management durch ein Architekturbüro und gleichzeitig ein ausschließlich auf die Bauausführung abgestelltes Projektmanagement durch den Generalunternehmer. Daher sind innerhalb eines Bauprojektes oftmals mehrere Projektmanager (Baumanager, Oberbauleiter, Bauleiter) tätig. Bei einer Generalübernehmerschaft (vgl. Abbildung 1.7) ist wiederum das Projektmanagement in einer Hand konzentriert (Rösel 1994: 51; Bauer 1995: 29f.; Brandenberger/Ruosch 1996: 55-63).

Hauptgegenstand des übergeordneten Bauprojektmanagements ist neben dem Aufbau einer geeigneten Projektorganisation, der allgemeinen Abwicklung des Vertragswesens und vielfältigen direkten und indirekten Koordinationsleistungen zwischen den unterschiedlichen Projektbeteiligten (Auftraggeber, Planer, ausführende Unternehmungen, Genehmigungsbehörden, zukünftige Nutzer etc.) die Steuerung und Kontrolle der einzelnen spezifischen Vertragsbeziehungen (Beardsworth et al. 1988: 608-619; Sommer 1994: 2; Kluenker 1996: 19f.). Aufgrund der umfangreichen Aufgaben des vom Charakter her übergeordneten Bauprojektmanagements und der allein durch die Anzahl der Beziehungen bedingten Gleichartigkeit einiger Beziehungen, z.B. wegen deutlicher Überlappungen hinsichtlich der Art der auszuführenden Leistung, ist hier die Steuerung und Kontrolle der Beziehungen stärker standardisiert und damit über mehrere Bauprojekte hinweg gleichförmiger. Beispiele dafür sind die Baustelleneinrichtung oder die Verfolgung von Zahlungseingängen. Eine individuelle Anpassung der Steuerung und Kontrolle an Bauprojekte bzw. an spezifische Vertragspartner erfolgt in geringerem Umfang als bei der Steuerung von Subunternehmerleistungen. Im übergeordneten Bauprojektmanagement werden verstärkt standardisierte Steuerungs- und Kontrollinstrumente eingesetzt und der Informationsfluß und die Kommunikation zwischen den Vertragspartnern erfolgt formaler (Rösel 1994: 135).

Die Steuerung und Kontrolle durch das *Subunternehmermanagement* hingegen ist dadurch gekennzeichnet, daß der Steuernde weniger Beziehungen parallel zu koordinieren und zu überwachen hat. Zudem sind solche Subunternehmerleistungen oftmals eng an die eigene Bauleistung des Steuernden gekoppelt. Damit entstehen zwangsläufig häufigere und räumlich nähere Kontakte zwischen den Beteiligten und die Steuerung und Kontrolle wird vergleichsweise individueller auf die spezifische Leistung und den Vertragspartner ausgerichtet. Der Informationsfluß und die Kommunikation zwischen den Vertragspartnern erfolgt intensiver, sowohl in informaler als auch formaler Weise (Rösel 1994: 100ff.; Syben 1996: 22). Darüber hinaus findet ein Nachunternehmermanagement hauptsächlich in den Bereichen der sekundären operativen Bauausführung statt – Qualitäts- und Kostenprobleme werden in diesem Bereich besonders beklagt und die Forderung nach einer umfassenderen Steuerung und Kontrolle ist die Folge (Heine 1996: 298).

Neben der Betrachtung der unterschiedlichen Ebenen des Beziehungsmanagements kann auch die Differenzierung in interne und externe Vertragspartner eine Bedeutung besitzen – denn oftmals werden interne Abteilungen anders gesteuert und kontrolliert als externe Vertragspartner (Krippaehne/McCullouch/Vanegas 1992: 163; Heine 1996: 300). In der jüngeren Vergangenheit der Bauwirtschaft ist jedoch bei mittleren und großen Bauunternehmungen im

Zuge der Make-or-Buy-Diskussion eine Verlagerung weg von der traditionell vorherrschenden Selbsterstellung hin zum Kauf von Leistungen festzustellen. Wohl damit in Zusammenhang stehend sind aber auch gleichzeitig Veränderungen in der organisatorischen Einordnung eigener, interner Leistungserbringer zu ersehen: planende und bauausführende Einheiten werden immer weniger als Abteilungen oder Funktionsbereiche geführt, sondern vermehrt als Profit Center oder zumindest als Cost Center (Refisch 1993: 51; Mayer 1996: 41).

Formaljuristisch differieren zwar die Vereinbarungen und Verträge von internen Leistungsbeziehungen gegenüber externen, inhaltlich sind jedoch weitaus weniger Unterschiede auszumachen, z.B. bezüglich der Rechte und Pflichten der Vertragspartner, der Kalkulation von Risiken und insbesondere hinsichtlich der Kosten- und Ergebnisverteilung (Heine 1996: 300ff.). Damit hat sich auch die Steuerung und Kontrolle interner Leistungserbringer bei der Abwicklung von Bauprojekten verändert. Die Folge ist, daß interne und externe Leistungsbeziehungen in zunehmendem Maße ähnlich bis gleich gesteuert und kontrolliert werden, d.h., daß sich auch die eingesetzten Instrumente zur Steuerung und Kontrolle interner und externer Beziehungen immer weniger voneinander unterscheiden.

2 Theoretische und baupraxisorientierte Konzeption der Steuerung und Kontrolle von Leistungsbeziehungen in Bauprojekten

Angesichts der großen Vielfalt an betriebswirtschaftlichen und insbesondere organisationstheoretischen Arbeiten und Erkenntnissen zu Steuerung und Kontrolle ist es notwendig, diese Thematik ausführlicher aufzuarbeiten. Die Aufarbeitung dient dazu, zusammen mit der vorangestellten Erläuterung der in dieser Arbeit verwandten Organisationstheorien, das für den Untersuchungsgegenstand relevante System zur Steuerung und Kontrolle von Leistungsbeziehungen in seinen Inhalten, seiner Funktionsweise und den daraus resultierenden Mechanismen und Instrumenten zu beschreiben und zu begründen.

2.1 Agenturtheorie und Institutionalismus: zwei organisationstheoretische Ansätze

Wie umfangreich die verwendeten theoretischen Ansätze darzustellen sind, wird von verschiedenen Faktoren beeinflußt. Zunächst ist es von Relevanz, wie lange dieser Ansatz bereits in der Wissenschaft diskutiert wird und wie groß die Anzahl von stützenden, insbesondere empirischen Arbeiten ist. Handelt es sich dabei um einen bereits sehr weit entwickelten Ansatz, dann ist zwar eine detaillierte Darstellung (vom Arbeitsaufwand abgesehen) relativ einfach zu bewältigen, aber mit hoher Wahrscheinlichkeit kann dann auch auf eine Anzahl von Arbeiten verwiesen werden, die dies bereits geleistet haben. Dies ist zwar im Falle der Agenturtheorie festzustellen, jedoch bezüglich des Ansatzes des Institutionalismus zu verneinen.

Weiterhin spielt eine Rolle, wieviele verschiedene Konzeptionen und Sichtweisen einzelner Bestandteile eines Ansatzes existieren (= Homogenität/Heterogenität in Aufbau und Anwendung der Theorie), denn je mehr davon im Schrifttum zu finden sind, desto stärker scheint eine umfangreiche Aufarbeitung sinnvoll, um den Kern des Ansatzes herauszuarbeiten und forschungsspezifisch Anwendbares von weniger Anwendbarem zu trennen. Es bestehen sowohl in der Agenturtheorie als auch im Institutionalismus unterschiedliche Konzeptionen und Sichtweisen, insbesondere hinsichtlich bestimmter Einzelaspekte der Theorien. Ein geordneter Überblick wird weiterhin durch den Umstand erschwert, daß in beiden Theorien eine zunehmende Anzahl an empirischen Arbeiten mit teilweise sehr unterschiedlichen Forschungsfragen, -methoden und Schlußfolgerungen zu konstatieren ist.

Auch die hier vorliegende theoretische und empirische Forschungsarbeit beschäftigt sich mit einer eigenständigen und in Teilbereichen neuartigen Fragestellung, die in einen spezifischen Kontext eingebettet ist. Ein wichtiger Bestandteil einer empirischen Arbeit ist auch immer, wie mit der Theorie umgegangen wird. Um diesen Umgang transparent werden zu lassen, ist eine entsprechend allgemeine und umfassendere Erörterung der benutzten Theorie(n) notwendig.

Aus den obigen Begründungen heraus werden in dieser Arbeit die verwendeten Theorien vergleichsweise umfangreich dargestellt. Die Darstellungen sind wie folgt gegliedert: 1. Erkenntnisziel der Theorie, 2. Annahmen und Problemstellungen, 3. Schlußfolgerungen aus der Problemstellung bzw. Problemlösungen sowie 4. kritische Beurteilung des Ansatzes.

2.1.1 Der Ansatz der Agenturtheorie

Die Agenturtheorie ist neben den Ansätzen der Theorie der Verfügungsrechte und der Transaktionskostentheorie ein **Ansatz der Neuen Institutionenökonomie**[24] und beschäftigt sich damit, sogenannte Agenturprobleme aufzuzeigen und zu lösen. Im engeren Sinne wurde der Begriff der "agency problems" zu Beginn der 70er Jahre erstmalig verwandt (Spence/Zeckhauser 1971: 380; Ross 1973: 134; Jensen/Meckling 1976: 309),[25] um die Problematik der Delegation von Aufgaben unter Einbezug von divergierenden Zielsetzungen der Beteiligten zu veranschaulichen. Diesen Überlegungen war ein Aufweichen bzw. Verwerfen der neoklassischen Annahme der vollkommenen Rationalität vorausgegangen, was zuerst zur Theorie der Verfügungsrechte (Property Rights Theory) (vgl. Alchian/Demsetz 1972; Furubotn/Pejovich 1974; Grossman/Hart 1986; Hart/Moore 1990) und im Anschluß daran auch zur Agenturtheorie (Theory of Agency – dieser Begriff wurde erstmalig von Ross (1973) verwandt) und dem Ansatz der Transaktionskostentheorie (Transaction Cost Economics) führte.

Auf diesen gemeinsamen Anfängen und Wurzeln aufbauend entwickelten sich **zwei grundlegende Strömungen** agenturtheoretischer Forschungsansätze (Jensen 1983: 334ff.; Eisenhardt 1989:59; Baiman 1990: 342): Der normativ ausgerichtete Forschungszweig, die sogenannte Principal-Agent Theory, bedient sich einer mathematisch formulierten und vergleichsweise abstrakten Konstruktion von Vertragsmodellen, um Agenturprobleme und deren Lösung darzustellen. Das Hauptaugenmerk wird darin auf die Modellierung optimaler Anreizsysteme gelegt. Der demgegenüber in geringerem Ausmaß formalisierte positive –eigentlich positivistische – Forschungszweig (Positive Agency Theory) sucht den Erkenntnisgewinn zu Agenturproblemen in einer deskriptiven Forschungskonzeption, die an den in der Realität vorzufindenden Vertragsbedingungen und -typen orientiert ist. Dem Einsatz von Steuerungs- und Kontrollmechanismen zur Verhinderung opportunistischen Verhaltens wird in diesem Ansatz die meiste Beachtung zuteil. Indem Agenturprobleme unter spezifischen Umweltbedingungen aufgezeigt und empirisch überprüft werden, lehnt sich dieser Forschungszweig eng an die traditionelle Organisationsforschung an (Ebers/Gotsch 1995: 195).

Die nachfolgende allgemeine Darstellung der Agenturtheorie orientiert sich grundsätzlich am positiven Forschungszweig. Da jedoch starke Interdependenzen zwischen den beiden

[24] Vgl. zur allgemeinen Darstellung und Diskussion der Neuen Institutionenökonomie Hart (1989), Terberger (1993), Ebers/Gotsch (1995), Williamson (1995), Richter/Furubotn (1996).

[25] Wegbereitende Vorarbeiten wurden von Simon (1951), Arrow (1971) und Alchian/Demsetz (1972) zur Problematik der Risiko- und Ergebnisbestimmung und -verteilung geleistet.

unterschiedlichen agenturtheoretischen Ausrichtungen bestehen und bei der Formulierung der Forschungshypothesen auch auf Sichtweisen und Erkenntnisse aus dem normativen Zweig zurückgegriffen wird, werden verschiedene Arbeiten der normativen Agenturtheorie ebenfalls in die Darstellung miteinbezogen.

2.1.1.1 Erkenntnisziel der Agenturtheorie

Die Agenturtheorie beschäftigt sich prinzipiell mit allen Austauschbeziehungen (Agenturen), in denen eine Partei, der Auftraggeber bzw. Prinzipal, einer anderen Partei, dem Auftragnehmer bzw. Agenten, eine Aufgabe zur Ausführung überträgt. Grundlage der Beziehung ist ein Vertrag, mit dem entsprechend der gestellten Aufgabe und den Bedingungen der Auftragserfüllung die Rollen der Beteiligten verteilt und weitere spezifische Regelungen festgelegt werden. Solche Regelungen betreffen beispielsweise die Zielsetzung der Aufgabe, Modalitäten der physischen Leistungserbringung, die Bereitstellung von Produktionsfaktoren, Kontroll- und Informationsrechte oder die Verteilung des Ergebnisses bzw. die Vergütung des Agenten. Der Agent wählt auf der Basis dieses Vertrages und unter Berücksichtigung eigener Präferenzen bestimmte Handlungen aus. Damit beeinflußt er durch das erreichte Ergebnis den Nutzen des Prinzipals und gleichzeitig auch seinen eigenen Nutzen, vor allem in Form von Einkommen (Shavell 1979: 55; Baiman 1982: 162f.; Pratt/Zeckhauser 1985: 2ff.; Levinthal 1988: 155).

Als Ausgangspunkt für die Entwicklung der Agenturtheorie ist die **Theory of the Firm** (Jensen/Meckling 1976: 306f.) als eine bestimmte vertragliche Beziehung zu sehen, die von Alchian/Demsetz (1972: 794)[26] wie folgt definiert wird: " The essence of the classical firm is identified here as a contractual structure with: 1) joint input production; 2) several input owners; 3) one party who is common to all the contracts of the joint inputs; 4) who has rights to renegotiate any input's contract independently of contracts with other input owners; 5) who holds the residual claim; and 6) who has the right to sell his central contractual residual status." Ausgehend von dieser typischen Arbeitgeber-Arbeitnehmer-Beziehung fassen Jensen/Meckling (1976: 309f.) Vertragsbeziehungen weiter: "Contractual relations are the essence of the firm, not only with employees but with suppliers, customers, creditors, etc." und folgern schließlich "It [die Agenturbeziehung, Anmerk. d. Verf.] exists in all organizations and in all cooperative efforts – at every level of management in firms..."

Die **Motivation** des Prinzipals, solche Agenturbeziehungen einzugehen, liegt darin, die Ressourcen des Agenten in Form von Spezialkenntnissen oder -fähigkeiten, Informationsvorsprüngen oder der Bereitstellung zusätzlicher Kapazitäten zu nutzen. Zusätzlich können auch Zwänge oder das Streben nach legitimierenden Aktionen Gründe für Agenturbeziehungen

[26] Diese Arbeit sowie die Beiträge von Ross (1973), Arrow (1974), Jensen/Meckling (1976), Mirrlees (1976), Holmström (1979), Shavell (1979) und Fama (1980) können als grundlegend für die Entwicklung der Agenturtheorie angesehen werden.

sein.[27] Für den Agenten liegt die Motivation in der ökonomischen Nutzung seiner Ressourcen, um ein Einkommen zu erzielen. Aber auch sekundäre Ziele können eine Rolle spielen, beispielsweise die Reputation zu verbessern oder Fähigkeiten und Kenntnisse zu erweitern (Baiman 1982: 162; Pratt/Zeckhauser 1985: 2f.; Hart/Holmström 1987: 75).

Mit diesen grundsätzlich positiven Folgen für die Beteiligten sind aber auch entsprechende Anforderungen und Probleme verbunden, deren Begegnung die expliziten oder impliziten vertraglichen Vereinbarungen dienen. Für den Prinzipal ist es wichtig, daß er die gewünschte Leistung im Rahmen der vereinbarten Kompensation erhält, für den Agenten ist es wichtig, daß er eine seiner Leistung mindestens entsprechende Kompensation erhält.

Ausgehend von einem neo-klassisch intendierten Menschenbild (= Verfolgung von Eigeninteressen, eingeschränkte Rationalität etc.) entstehen Agenturprobleme dadurch, daß beide Parteien unterschiedliche Interessen und Risikopräferenzen besitzen, über nicht-identische Informationen hinsichtlich der vertraglichen Beziehung verfügen und Unsicherheiten bezüglich gegenwärtiger oder zukünftiger Zustände existieren (Arrow 1985: 38ff.; Levinthal 1988: 155f.; Eisenhardt 1989: 60ff.).

Daraus läßt sich das generelle **Erkenntnisziel** agenturtheoretischer Betrachtungen ableiten: die Bestimmung optimaler bzw. effizienter Vertragskonstruktionen für Agenturbeziehungen unter Berücksichtigung der zentralen Ausgangsbedingungen einer Agenturbeziehung in Form von divergierenden Interessen und Präferenzen, Informationsasymmetrien und Unsicherheit.

Wie bereits erwähnt, existieren zwei grundlegende Strömungen agenturtheoretischer Forschung, der normative und der positive Zweig. Beide beschäftigen sich mit der Lösung der Agenturproblematik und greifen dabei auf die gleiche Erklärungsfigur und Grundannahmen zurück, jedoch unterscheiden sie sich in ihrem Erklärungsfokus und ihrer wissenschaftlichen Vorgehensweise (Jensen 1983: 334f.). Wie beide Strömungen zusammenspielen, ist für ein umfassendes Verständnis der Theorie und insbesondere der vielen unterschiedlichen Forschungsarbeiten der letzten 25 Jahre von Bedeutung.

Im Mittelpunkt der **normativen Agenturtheorie** steht die Modellierung eines optimalen Vertrages. Dabei wird ein besonderes Augenmerk auf die sorgfältige Bestimmung der Modellannahmen gelegt, die mathematisch-logisch abgeleitet werden. Die Modelle der normativen Agenturtheorie weisen daher einen vergleichsweise hohen Abstraktionsgrad auf. Die Vorteile dieser Vorgehensweise sind eindeutige Schlußfolgerungen und ein höherer Informationsgehalt als ihn die positive Agenturtheorie aufweisen kann (Jensen 1983: 334; Antle 1989: 106; Eisenhardt 1989: 60; Baiman 1990: 344). Obwohl mittlerweile viele unterschiedliche Agenturmodelle für verschiedene Arten von Agenturbeziehungen existieren, in denen vor

[27] Zwang als Ursache kann beispielsweise in dem Heranziehen von gesetzlich vorgeschriebenen Leistungen von Notaren, Gutachtern oder Behörden vorliegen; das Streben nach Legitimation als Motiv für eine Agenturbeziehung ist beispielsweise bei Beziehungen zwischen Unternehmungsleitungen und Unternehmensberatern zu finden.

allem die Annahmen hinsichtlich der Entscheidungssituationen variiert werden, bleibt der Hauptvorwurf an die Aussagen der normativen Agenturtheorie bestehen: die vergleichsweise geringe Übereinstimmung zwischen den Modellen und den in der Realität vorzufindenden Vertragsgestaltungen (Arrow 1985: 49f.; Baiman 1990: 345; Müller 1995: 72; Tosi/Katz/ Gomez-Mejia 1997: 585). Die mathematische Klarheit und die dafür notwendige Einschränkung der Prämissen stehen in Kontrast zu den komplexen Bedingungen sozialen Handelns.[28] Jensen (1983: 320) stellt dazu fest: "Therefore, normative propositions are never refutable by evidence."

Die **positive** Agenturtheorie ist auf die Beschreibung und Erklärung realer Vertragskonstruktionen zur Lösung der Agenturproblematik ausgerichtet. Wie bereits oben ausgeführt, orientiert sich dabei die positive Agenturtheorie grundsätzlich an den Annahmen und Erklärungsfiguren der normativen Agenturtheorie. Im Gegensatz zum normativen Zweig der Agenturtheorie arbeitet der positive Zweig jedoch weniger mit formalen Modellen und Analysen, sondern betont die empirische Überprüfung von in der Realität zu beobachtenden Verträgen (Jensen 1983: 334f.; Eisenhardt 1989: 59f.; Baiman 1990: 349).[29]

Trotz gegenseitiger, zum Teil heftiger Kritik an den unterschiedlichen Forschungszweigen sind **beide Richtungen** wichtig, um den Ansatz der Agenturproblematik zur Erklärung von ökonomischen und nicht-ökonomischen Vertragsbeziehungen und Institutionen als eigenständige theoretische Konzeption innerhalb der Neuen Institutionenökonomie auszubauen, zu verfeinern und damit zu festigen. Der *positive* Forschungszweig legt den Grundstein, indem (1) Agenturprobleme und deren Einflußfaktoren und (2) die verschiedenen möglichen Vertragsschemata in der Realität bestimmt werden. Daran schließt sich die Zielsetzung des *normativen* Zweiges an, (3) effiziente Verträge unter gegebenen Situationen entscheidungslogisch-mathematisch zu konstruieren (Eisenhardt 1989: 60). Diese Vorgehensweise und die gemeinsame Erkenntnisgewinnung aus beiden Strömungen macht sich wiederum die *positive* Agenturtheorie bei der (4) Konstruktion von Hypothesen und deren empirischen Überprüfung zunutze (vgl. Abbildung 2.1).

Gerade aufgrund der vielfältigen Forschungsarbeiten in unterschiedlichen Kontexten und mit verschiedenen Theorieinterpretationen und Verknüpfungen findet ein gegenseitiges Befruchten der beiden Forschungszweige statt. Da die positive Agenturtheorie einen relativ geringen Formalisierungsgrad aufweist, kann die Beachtung entscheidungslogischer Grundlagen und modellierter Zusammenhänge einen großen Nutzen bei der Generierung von Forschungshypothesen bedeuten und zudem eine wertvolle Hilfestellung bei der Interpretation der Ergebnisse empirischer Arbeiten leisten. Vice versa stellt jedoch der durch empirische Forschungs-

---

[28] Vgl. für eine ausführliche Darstellung und Diskussion der normativen Agenturtheorie Baiman (1982: 161ff., 1990: 342ff.), Jensen (1983: 334ff.), Eisenhardt (1989: 60ff.), Müller (1995: 61ff.) und Richter/Furubotn (1996: 201ff.).

[29] Eine ausführliche Erörterung der Kritik am positiven Forschungszweig der Agenturtheorie erfolgt in Kapitel 2.1.3.

arbeiten generierte Bezug zur organisatorischen Realität und dem Handeln von Individuen für die Modellierung und Interpretation von Vertragsschemata in der normativen Agenturtheorie ein nützliches, bisher jedoch so gut wie nicht beachtetes Moment dar (Blickle-Liebersbach 1990: 8; Kiener 1990: 4).[30] Trotz theoretischer Vorbehalte von Vertretern der jeweiligen Richtung lassen es die Interdependenzen und der gegenseitige Nutzen beider Forschungszweige geboten erscheinen, in agenturtheoretischen Forschungsarbeiten beide Richtungen zu beachten.[31]

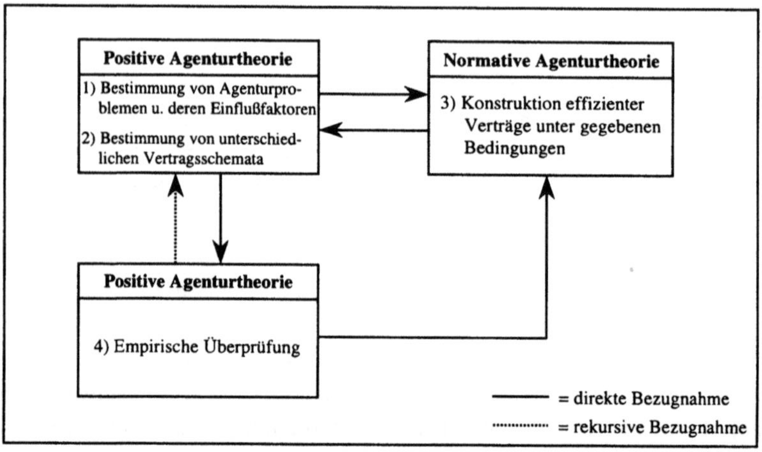

Abbildung 2.1: Zusammenwirken zwischen positiver und normativer Agenturtheorie

Das gemeinsame Haupterkenntnisinteresse der zwei agenturtheoretischen Konzeptionen ist die Lösung von Agenturproblemen mittels der Konstruktion eines agenturtheoretisch optimalen Vertrages. Vorab muß jedoch geklärt werden,

- was ein agenturtheoretischer Vertrag ist,
- welche Kriterien bestimmen, wann ein Vertrag effizient ist und

30 Auf eine wissenschaftstheoretische Diskussion über Nutzen und Mängel der unterschiedlichen Theoriekonzeptionen soll an dieser Stelle verzichtet werden (vgl. dazu die Ausführungen von Jensen 1983: 319ff.). Einer Verschmelzung beider Strömungen kann aufgrund wissenschaftstheoretischer und forschungspragmatischer Unvereinbarkeiten nicht das Wort geredet werden.

31 In Darstellungen beider Strömungen (vgl. Baiman 1982, 1990; Eisenhardt 1989; Nilakant/Rao 1994; Müller 1995) und in der Herleitung und Konstruktion agenturtheoretischer Variablen in empirischen Arbeiten kommen diese Interdependenzen zum Ausdruck bzw. werden teilweise explizit angesprochen (vgl. z.B. Levinthal 1988: 182; Antle 1989: 106; Bergen/Dutta/Walker 1992: 7, 12f.; Beatty/Zajac 1994: 313f.; Tosi/Katz/Gomez-Mejia 1997: 585; Bloom/Milkovich 1998: 284f.). Auch Jensen (1983: 335f.) führt aus, daß beide Ansätze ihre schwachen und guten Seiten besitzen und die eine Forschungsrichtung der jeweils anderen weiterhelfen könnte. Dieses gegenseitige Befruchten wird als fortdauernder Prozeß angesehen, der maßgeblich von empirischen Bemühungen geprägt ist. Jensen (1983: 336) bezeichnet diese Vorgehensweise als originären scientific process.

- welche Agenturprobleme auftreten können.

Diese Prämissen bilden die Grundlage, um zu bestimmen, unter welchen Bedingungen welche konkreten Maßnahmen und Mechanismen zur Lösung von Agenturproblemen eingesetzt werden können.

2.1.1.2 Grundzüge des agenturtheoretischen Vertragskonzeptes

Das Eingehen und die Abwicklung einer Agenturbeziehung erfordert einen entsprechenden Rahmen und Manifestation, den **Vertrag**. Dabei wird zumeist nicht zwischen Agentur[32] und Vertrag als unterschiedliche Dimensionen differenziert: die Agenturbeziehung wird durch den Vertrag reflektiert, d.h. ein agenturtheoretisch optimaler Vertrag beinhaltet und regelt alle für die Agentur relevanten Bedingungen, Aktionen und deren Folgen.[33] Jensen/Meckling (1976: 310f.) prägen die Vorstellung von "...organizations are simply *legal fictions which serve as a nexus for a set of contracting relationships among individuals*." Solche vertraglichen Beziehungen können sich auf alle denkbaren Partner innerhalb und außerhalb einer Organisation beziehen, wobei diese Partner wiederum selbst Organisationen oder auch Individuen sein können, z.B. privatwirtschaftliche Unternehmungen, öffentliche Körperschaften wie Universitäten oder Krankenhäuser, Staatsregierungen, Gewerkschaften, Kanzleien oder einzelne Arbeitnehmer. Agenturtheoretisch sind somit alle Beziehungen einer Organisation als ein jeweiliger Vertrag zu interpretieren (Ross 1973: 134; Jensen/Meckling 1976: 10; Fama 1980: 290; Hart/Holmström 1987: 75).

Ursprünglich wurde diese Konzeption von Jensen/Meckling (1976: 310f.) zur Charakterisierung von Organisationen entwickelt, in der eine Unternehmung nur "...one form of legal fiction..." darstellt. Aufgrund der universellen Logik (vgl. Jensen/Meckling 1976: 311 und Jensen 1983: 326f.) wurde diese Konzeption sehr schnell als allgemeingültig für alle ökonomischen und nicht-ökonomischen Beziehungen akzeptiert, unabhängig von betrachteten Ebenen oder fiktiven Bezeichnungen wie die der Organisation oder Institution: "Examples of agency are universal." (Ross 1973: 134; vgl. auch Arrow 1985: 38f.; Levinthal 1988: 156f.; Richter/Furubotn 1996: 164f. und ein sehr anschauliches Beispiel aus den Anfängen der Menschheit bei Pratt/Zeckhauser 1985: IX). Diese Sichtweise der Spezifizierung von Beziehungen und Beteiligten kann sicherlich als Hauptgrund für die äußerst vielseitigen Anwendungsmöglichkeiten der Agenturtheorie gesehen werden.

In der Agenturtheorie wird das Konzept Vertrag sehr allgemein benutzt, in dem von einer "metaphor of a contract" (Eisenhardt 1989: 58) ausgegangen wird. Danach beinhaltet ein Vertrag alle expliziten und impliziten, schriftlichen und nicht-schriftlichen, vor und während

---

32 Für eine kurze Darstellung der Herkunft und Entwicklung der Begriffe Agentur, Prinzipal und Agent vgl. Weißenberger (1997: 141f.).

33 Zur Diskussion der Unterschiede zwischen Agentur und Vertrag vgl. Schanze (1987: 462ff.).

der Beziehung getroffenen Vereinbarungen zur Begründung, Durchführung und Beendigung einer Agenturbeziehung, z. B. Rechte, Pflichten, Zuständigkeiten, Anpassungsmechanismen oder die Verteilung des Ertrages (White 1985: 189-191; Schanze 1987: 467f.; Bergen/Dutta/ Walker 1992: 2; Ebers/Gotsch 1995: 196).[34] Damit ist der Begriff des Vertrages äußerst weit gefaßt. Dies hat zur Folge, daß zwar einerseits ein breiter Raum für sehr unterschiedliche und sehr weit in Details vordringende Einzelbetrachtungen von Agenturbeziehungen geschaffen wird; andererseits ist es aber dadurch quasi unmöglich, Verträge in ihrer in der Realität existierenden und theoretisch möglichen Komplexität vollständig zu erfassen.[35]

Solche Einwände beiseite lassend geht das Vertragsverständnis agenturtheoretischer Konzeption in einem ersten Schritt von dem Idealbild der Klassik aus: ein Agenturvertrag ist die Widerspiegelung des vollkommenen Tausches. Aber genausowenig wie in der Realität die Bedingungen des vollkommenen Tausches (vollkommene Information, rationales Verhalten der Akteure, beliebige Teilbarkeit der Güter, unendlich schnelle Anpassungsgeschwindigkeit etc. (Henderson/Quandt 1983: 139-141; Schumann 1987: 177f.)) vorgefunden werden können, ebensowenig ist ein agenturtheoretisch vollkommener Vertrag vorzufinden bzw. überhaupt theoretisch modellierbar. Dies führte in einem zweiten Schritt zur grundlegenden Annahme des unvollständigen Vertrages:[36] Ein agenturtheoretischer Vertrag ist der Rahmen für die Abwicklung der Agenturbeziehung, in dem die Bedingungen, der Ablauf und das Ergebnis der Anstrengungen und Aktionen des Agenten letztlich **nur unvollständig geregelt** werden können.[37] Die Lückenhaftigkeit ist auf die folgenden Annahmen zurückzuführen (vgl. Stiglitz 1974: 242f.; Jensen 1983: 325f.; Baiman 1990: 345; Müller 1995: 65):

- Sowohl der Prinzipal als auch der Agent verfügen nur über eine begrenzte Kapazität der Informationsaufnahme, -verarbeitung und -speicherung. Dies hat zur Folge, daß bei Vertragserstellung nur ein unvollständiger Informationsstand bezüglich aller Bedingungen der

---

34 "...the theory can also applied to any mutual agreement governing some aspect of subsequent behavior." (Bergen/Dutta/Walker 1992: 2).

35 Dies bedeutet eine offene Flanke gegenüber Kritikern der Agenturtheorie, die beklagen, der Komplexität von Verträgen sowie weiteren wichtigen Faktoren wie Vertrauen, Reputation, zeitliche Wirkungen etc. würde keine bzw. zu geringe Beachtung geschenkt (Nilakant/Rao 1994: 667; Tosi/Katz/Gomez-Mejia 1997: 585). Dagegen kann jedoch eingewandt werden, daß erstens die agenturtheoretische Forschung gerade durch weitere Forschungsarbeiten darum bemüht ist, diese Lücke zu schließen und zweitens diese Konzeption lediglich einen Rahmen setzt, innerhalb dessen erst sinnvolle agenturtheoretische Aussagen hergeleitet werden müssen und es ergo nicht Ziel des Ansatzes ist, eine universelle, alle situativen Konditionen beachtende Konzeption eines Vertragsschemas zu erstellen.

36 Die Agenturtheorie schließt damit an die Konzeptionen impliziter und relationaler Verträge an. Die Anfänge der Theorie relationaler Verträge gehen auf Macaulay (1963) zurück; danach wurde dieses Konzept von Goldberg (1976) und Williamson (1976) für die Wirtschaftswissenschaften aufgegriffen. Vgl. darüber hinaus zur Darstellung und Diskussion von unterschiedlichen Vertragsschemata Macneil (1978), Williamson (1985: 68ff.) und Coleman (1988).

37 Diese Argumentation ist ein Kernstück der Differenzierung zwischen einer streng neo-klassischen und einer neo-institutionalistischen Sichtweise von Verträgen (Williamson 1988: 570; Terberger 1994: 64ff.). Weitere divergierende Annahmen bezüglich der Akteure und der Umwelt lassen die Neue Institutionenökonomie weiter von der Neo-Klassik wegrücken, wenngleich die Wurzeln und das grundlegend gleiche Weltbild hinsichtlich ökonomischer Interaktion erhalten bleiben.

Leistungserstellung vorherrschen kann, zum Beispiel bezüglich möglicher Wege der Leistungserstellung, des Einsatzes von Ressourcen oder der Meßbarkeit des erbrachten Ergebnisses.

- Die Agenturtheorie geht prinzipiell von ex ante zu bestimmenden Verträgen aus – die Durchführung der Agenturbeziehung erfolgt zu einem späteren Zeitpunkt (Baiman 1990: 342; Seal 1993: 58). Dadurch entsteht eine Unbestimmtheit in bezug auf zukünftige Veränderungen und Zustände. Aus diesem Grund muß ein ex-ante konstruierter Agenturvertrag zwangsweise unvollständig bleiben.
- Schließlich würde selbst bei einem vollständigen Informationsstand der Akteure und der Möglichkeit der vollkommenen Vorhersehbarkeit zukünftiger Umweltzustände der Entwurf eines vollkommenen, weil alles berücksichtigenden Vertrages unterbleiben. Die Kosten eines perfekten Vertrages wären wohl nur in den seltensten Fällen ökonomisch zu rechtfertigen, da ab einem bestimmten Punkt die Kosten zusätzlicher Aushandlungen und Etablierungen von Vertragsbestandteilen deren Nutzen übersteigen würden.

Agenturverträge rechtlich durchzusetzen ist in Anlehnung an die Vorstellungen impliziter und relationaler Vertragskonzepte nicht zwingend notwendig (Richter/Furubotn 1996: 171, 173), denn abgesehen von rechtlichen Regelungen und ihrer Erzwingung können agenturtheoretische Verträge in bestimmtem Ausmaß auch implizit, informell und damit nicht rechtsverbindlich sein. Die Durchsetzung solcher Verträge stützt sich hier auf weitergehende, außerrechtliche Sanktionen oder Regelungen, beispielsweise durch Selbstverpflichtungsvereinbarungen, Geiseln in Form von spezifischen Investitionen, Austausch von Geschenken, tit-for-tat-Strategien, Schiedsgerichten, Regulierungsbehörden oder kulturellen Bedingungen (Williamson 1985: 167ff.; Richter/Furubotn 1996: 171-180).

Die Annahme, daß ein agenturtheoretischer Vertrag unvollständig ist, stellt allein noch kein Problem dar, solange nicht weitere Annahmen hinzugefügt werden: die den Akteuren zugeschriebenen Charakter- und Verhaltenseigenschaften und die Bedingungen der Vertragsabwicklung. Bevor jedoch damit der Kern der Theorie berührt wird – die Agenturprobleme und deren Begegnung durch den Agenturvertrag – soll das Entscheidungskriterium, wann eine Vertragsgestaltung überhaupt einer anderen, alternativen vorzuziehen ist, aufgezeigt werden.

Ein agenturtheoretischer Vertrag reflektiert die effiziente Abwicklung und Organisation einer Agenturbeziehung vor dem Hintergrund auftretender Agenturprobleme. Ein absolut optimaler Vertrag (= Pareto-optimal) im Sinne einer first-best solution kann nur dann zustande kommen, wenn keine Agenturprobleme vorliegen, also beispielsweise die Akteure die gleichen Ziele anstreben und über identische Informationen verfügen (Baiman 1982: 162). Dann entstehen auch keine der sogenannten **Agenturkosten**, welche das Effizienzkriterium der Theorie darstellen (Pratt/Zeckhauser 1985: 17; Spremann 1987: 7f.; Levinthal 1988: 165f.).

Aufgrund der Abkehr von den Annahmen der Klassik ist aber nur ein relativ optimaler Vertrag (second-best solution) zu realisieren.[38] Grundsätzlich sind dabei mehrere unterschiedliche Vertragsalternativen denkbar. Welche Alternative die relativ vorteilhaftere ist, wird über das Konzept der Agenturkosten bestimmt. Ziel ist es, die Vertragsalternative mit den geringsten Agenturkosten zu wählen bzw. Vertragsschemata mit minimierten Agenturkosten zu entwerfen (Jensen/Meckling 1976: 308f.; McGuire 1988: 8; Nilakant/Rao 1994: 653).[39]

Grundsätzlich können drei unterschiedliche Arten von Agenturkosten identifiziert werden (Jensen/Meckling 1976: 308f.; Fama/Jensen 1983: 304; Jensen 1983: 331; Pratt/Zeckhauser 1985: 3):

- Steuerungskosten des Prinzipals:[40] Diese Kosten entstehen dem Prinzipal durch die aus dessen Sicht notwendige Steuerung des Agenten zur erwünschten Erfüllung der Aufgabe. Neben klassischen Überwachungs- und Kontrollaufwendungen zur Feststellung der eingebrachten Ressourcen und erzielten Ergebnisse des Agenten sind darunter auch Steuerungsbemühungen mittels Anreizsysteme wie Budgets, Prämien oder variable, ergebnisabhängige Entlohnungsformen zu subsumieren. Innerhalb der Kosten für ergebnisabhängige Entlohnungsformen spielen die Risikoausgleichskosten eine wichtige Rolle: diese entstehen dadurch, daß der Agent bei der Übernahme von Risiken aufgrund von Umweltunsicherheiten eine Risikoprämie fordert (Levinthal 1988: 165).

  Prinzipiell besteht eine Trade-off-Beziehung zwischen den Steuerungskosten und den Risikoausgleichskosten, denn bei optimaler Risikoverteilung zwischen den Akteuren würden keine Steuerungskosten anfallen. Erst eine suboptimale Risikoverteilung führt zur Notwendigkeit von Lenkungsmaßnahmen und Kontrollen und damit zu Steuerungskosten (Demski/Feltham 1978: 340; McGuire 1988: 8).

- Garantiekosten (Kautionskosten) des Agenten: Dem Agenten entstehen Kosten dafür, daß er nicht ausschließlich seine Eigeninteressen verfolgt. Er erlegt sich so eine Selbstbeschränkung auf, beispielsweise durch Rechenschaftsberichte, Bürgschaften, Gewährleistungsversprechen oder durch das Akzeptieren von Vertragsstrafen (= sogenannte bonding costs) (Spremann 1988: 620).

---

[38] Aus diesem Grunde werden die Agenturkosten auch als agency loss bezeichnet (Pratt/Zeckhauser 1985: 3).

[39] Ein gemäß der Agenturtheorie optimaler Vertrag ist der, der den Nutzen für beide Parteien (Prinzipal und Agent) maximiert – de facto wird aber in den meisten agenturtheoretischen Arbeiten eine Nutzenmaximierung des Prinzipals eindeutig betont. Der effizienteste Vertrag ist dann der, der den größten Nutzen für den Prinzipal erbringt, also dessen Agenturkosten minimiert. Der Nutzen des Agenten bzw. die ihm entstehenden Agenturkosten werden nicht oder nur am Rande in die Argumentation miteinbezogen (Levinthal 1988: 155; Bergen/Dutta/Walker 1992: 2).

[40] Der üblicherweise in der Literatur verwandte Begriff der monitoring costs ist zu eng gefaßt: auch Jensen/Meckling (1976: 308) erweitern, wenn auch nur in einer Fußnote, die monitoring costs in die umfassendere Sichtweise der controlling costs.

- Residualkosten:[41] Der Prinzipal erleidet einen Wohlfahrtsverlust, wenn in seinem Sinne die Handlungen und Entscheidungen des Agenten nicht optimal sind. Die Höhe dieses Wohlfahrtsverlustes wird theoretisch durch die Differenz des fiktiven Ergebnisses im Sinne einer first-best solution und der realisierten Aufgabenerfüllung (second-best solution) bestimmt.

Diese drei Arten von Agenturkosten entstehen primär ex post des Vertragsabschlusses, jedoch sind darin auch Kosten enthalten, die in der Anbahnungsphase einer vertraglichen Beziehung anfallen, sogenannte ex ante-Agenturkosten. Dabei handelt es sich beispielsweise um Kosten der Suche und Auswahl eines geeigneten Agenten (screening costs) oder Kosten des Agenten, die ihm durch sein Anbieten am Markt bzw. bei einem spezifischen Prinzipal entstehen (signaling costs) (Atkinson/Feltham 1982: 265; McGuire 1988: 8; Bergen/Dutta/Walker 1992: 6). In einige Modelle des normativen Zweiges der Agenturtheorie (vgl. z.B. Spence 1973; Baiman/Evans 1983) werden solche Kosten explizit einbezogen, in empirischen agenturtheoretischen Untersuchungen wurden diese bisher jedoch wenig beachtet.[42] Die Agenturkosten verursachenden Agenturprobleme ex ante der Vertragsschließung können aber sehr wohl einen Einfluß auf die Vertragsgestaltung ausüben (vgl. dazu später die Hypothesen 2a - 2d in Kapitel 3.2.1).

Jensen/Meckling (1976: 308) betonen, daß die Steuerungs- und Garantiekosten sowohl pekuniärer als auch nicht-pekuniärer Art sein können. Da letztlich die Summe der drei angeführten Kostenarten als Effizienzkriterium bestimmt, ob ein Vertragsschema einem anderen vorzuziehen ist, wird das Konzept der Agenturkosten angegriffen, um damit die Aussagekraft der Agenturtheorie allgemein in Frage zu stellen. Die folgende **Kritikpunkte** spiegeln diese Diskussion wider:

(1) Agenturkosten seien nicht mit einem Konkurrenzgleichgewicht vereinbar, weil in einem solchen Fall aufgrund symmetrischer Informationen kein Agenturproblem mehr bestünde. Mithin könne auch die Existenz von Agenturbeziehungen als Institutionen in einem Konkurrenzgleichgewicht nicht erklärt werden (Schneider 1987: 486f.).

Für die normative Agenturtheorie wurde dieses Argument zumindest in einer CAPM-Welt entkräftet (Neus 1989: 487f.). Im Rahmen der positiven Agenturtheorie kann entgegengehalten werden, daß dieser Zweig gerade davon ausgeht, daß *kein* Konkurrenzgleichgewicht besteht, also eine first-best solution aufgrund der getroffenen Annahmen nicht realisierbar ist. Für alle Fälle ohne Konkurrenzgleichwicht ist eine agenturtheoretisch-empirische Erklärung somit theoretisch möglich und das Konzept der Agenturkosten nicht

[41] Diese Kosten werden auch als Residual*verlust* bezeichnet, was den Charakter und vor allem die Ursache dieser Größe wohl besser bezeichnet (Jensen/Meckling 1976: 308).

[42] McGuire (1988: 8) bemängelte dies bereits vor zehn Jahren – seitdem wurde diese empirische Forschungslücke jedoch nicht geschlossen.

in Abrede zu stellen – und für alle Fälle mit Konkurrenzgleichgewicht ist eine agenturtheoretisch-empirische Erklärung nicht nötig.[43]

(2) Herausragendes Charakteristikum von Kosten sei deren Meßbarkeit. Folglich müßten auch Agenturkosten meßbar (= zählbar) sein. Dies sei jedoch zumindest im positiven Zweig der Agenturtheorie nicht möglich, da die Verwendung quantitativer Größen auch nur in einem quantitativen Modell sinnvoll sei (Schneider 1987: 482). Dieser Kritikpunkt ist für die Aussagekraft normativer Agenturmodelle ohne Belang, da durch die Verwendung von Nutzenniveaus eine quantitative Messung nicht vonnöten ist.

In jedem Fall aber seien die Residualkosten nicht zu ermitteln, da diese weder aus der Sicht des Prinzipals bestimmbar seien (dieser kenne gerade eben nicht die Aktionen, die für ihn ein Wohlfahrtsmaximum bedeuten würden), noch könne ein Agent trotz Informationsvorsprung aufgrund von Unsicherheit und vor Kenntnis des Ergebnisses ex ante das Wohlfahrtsmaximum des Prinzipals bestimmen. Die Residualkosten seien ergo überhaupt nicht meßbar, da eine first-best solution nicht bestimmt werden könne (Schneider 1987: 485).

Die Kritik stellt im Kern auf eine Sichtweise der absoluten Lösung agenturtheoretischer Fragestellungen ab. In der Tat kann solches ein empirisch ausgerichteter Ansatz wie die positive Agenturtheorie, im Gegensatz zum normativen Zweig der Agenturtheorie, nicht leisten. Aber dies entspricht auch nicht der wissenschaftstheoretischen Vorgehensweise dieses Forschungszweiges, denn ein empirisch ausgerichteter Ansatz kann Problemlösungen immer nur in einen relativen Raum einordnen. Folgt man der Erkenntnistheorie des Kritischen Rationalismus, dann ist gerade die Hauptforderung für die empirische Überprüfung postulierter Sachverhalte deren Falsifizierbarkeit (Popper 1973: 47ff., 198ff., 219ff.). Eine absolute Lösung kann dieses Kriterium niemals erfüllen.

Eine Diskussion um die Sinnhaftigkeit des Konzeptes der Agenturkosten muß für beide Zweige der Agenturtheorie streng getrennt geführt werden. Dies wird jedoch oftmals nicht beachtet und mündet dann beispielsweise in der Feststellung, daß die Agenturtheorie vor einem Dilemma stünde: entweder Beschränkung auf ungenaue Tendenzaussagen in der positiven Agenturtheorie oder formal richtige Aussagen mit geringem Realitätsbezug in der normativen Agenturtheorie (Picot 1991: 155).

Die positive Agenturtheorie stellt auf die ökonomische Selektion von ineffizienten Vertragslösungen ab (Fama 1980: 289) – Jensen (1983: 331) bezeichnet dies explizit als "survival of the fittest". Für die positive Agenturtheorie geht es daher gar nicht um die Meßbarkeit der Agenturkosten – die absolute Höhe spielt keine Rolle. Vielmehr stellen die Agenturkosten

[43] Abgesehen davon könnte ein Befürworter der positiven Agenturtheorie im Sinne einer Gegenkritik an dem Modell des Konkurrenzgleichgewichts fordern: "Wenn es möglich wäre, ein Konkurrenzgleichgewicht außerhalb einer Modellwelt aufzuzeigen, könnte man dieses empirisch untersuchen und damit eine Falsifikation der positiven Agenturtheorie bewirken!"

lediglich das Kriterium zur Erklärung der Wahl eines bestimmten vertraglichen Arrangements unter bestimmten Bedingungen dar.[44] Denn wenn erklärt werden kann, daß die Agenturkosten das kritische Auswahlkriterium zur Bestimmung einer Vertragskonstellation sind, und weiterhin eine theoriekonforme, deduktive Ableitung einer vermuteten Vertragsgestaltung erfolgt, dann ist eine empirische Bestätigung des abgeleiteten Sachverhalts der *vorläufige* Beweis dafür, daß die Theorie richtig ist – mithin ist auch das Effizienzkriterium bestätigt.[45] Eine Kritik kann dann nur noch erfolgen mittels a) einer Offenlegung von Mängeln der relevanten empirischen Untersuchung, b) einer weiteren empirischen Überprüfung, die dieses vorläufige Ergebnis nicht bestätigt oder c) indem aufgezeigt wird, daß auch der Einfluß weiterer Faktoren relevant ist, welche einem *konkurrierenden* Effizienzkriterium unterliegen.

2.1.1.3 Charakterisierung der Vertragspartner

Wie alle organisationstheoretischen Konzepte, deren Fokus auf soziale Interaktionen zwischen Individuen oder in Institutionen zusammengefaßte Gruppen von Individuen gerichtet ist,[46] muß auch die Agenturtheorie grundlegende Annahmen hinsichtlich der Charakteristika der sozial Interagierenden treffen. Dies geschieht zum einen, um den Geltungsbereich der Theorie abzugrenzen, und zum anderen erwachsen aus diesen Annahmen erst relevante Probleme, deren Abbildung, Erklärung und Lösung der Ansatz zum Gegenstand hat. Das zugrundeliegende Menschenbild ist sehr wichtig für das übergreifende Verständnis einer Theorie und ist daher neben der Ausarbeitung und Diskussion der inneren Logik eines Ansatzes auch der herausragendste Grund kritischer Reflexionen und Ablehnungen (vgl. dazu Kapitel 2.1.3).

Der positive Zweig der Agenturtheorie weicht in der Charakterisierung der Vertragspartner von dem normativen Zweig teilweise erheblich ab, z.B. wird in der normativen Agenturtheorie eine vollkommene Rationalität der Akteure unterstellt, in der positiven eine eingeschränkte

---

44 Das relative Verhältnis der Agenturkosten wird als Auswahlkriterium gewählt – entsprechend begründet, könnte auch z.B. die Planetenkonstellation zum Zeitpunkt des Vertragsabschlusses als Kriterium gewählt werden!

45 Daß sich logisch abgeleitete positive Zusammenhänge (vorläufig) empirisch bewähren müssen, ist nach der Theorie des Kritischen Rationalismus eine Grundvoraussetzung für die Formulierung von Erklärungs- und Gestaltungsaussagen (Popper 1973: 8). Die Güte von ökonomischen Hypothesen hängt nach Friedman (1953: 14ff.) sogar generell von der empirischen Bestätigung der daraus formulierten Vorhersagen ab – eine empirische Überprüfung postulierter Sachverhalte und theoretischer Zusammenhänge ist danach unerläßlich.

46 Mit dieser Charakterisierung wird ein Streitpunkt bezüglich der generellen Sichtweise von Organisationen angesprochen: sind Organisationen in ihrem Verhalten wie legal fictions bzw. markets anzusehen, deren Handlungsweisen nicht den von Individuen gleichen (Jensen/Meckling 1976: 311; Jensen 1983: 327) oder handeln Organisationen letztlich wie Individuen bzw. soziale Gruppen nach wechselnden Motivationen und Intentionen, die nur einer Synthese unterschiedlicher individueller Vorstellungen bzw. den Vorstellungen von Handlungsführern entsprechen? Die erste Sichtweise wird von den frühen und vor allem normativ ausgerichteten agenturtheoretischen Arbeiten eingenommen, die zweite wird sehr stark durch neuere Arbeiten der positiven Agenturtheorie gestützt und kommt auch vermehrt in den aktuellen Diskussionen hinsichtlich Anwendungsgrenzen und Erweiterungen der Theorie (z.B. zu Vertrauen, Reputation oder Lernen) zum Ausdruck (vgl. Perrow 1986a: 235f.; Mitnick 1992: 87; Nilakant/Rao 1994: 655; Barringer/Milkovich 1998: 311).

Rationalität. Bestimmte Annahmen des positiven Zweiges lassen somit eine Lösung mittels mathematischer Modellierung gar nicht zu. Der positiven Agenturtheorie folgend können die Agenturpartner, seien es nun Individuen oder Organisationen, übergreifend wie folgt charakterisiert werden:

Eingeschränkte Rationalität

Im Gegensatz zu den hypothetisch konstruierten Entscheidungssubjekten der Klassik und Neoklassik verfügen die Akteure nur über begrenzte Ressourcen zur Informationsbeschaffung, -verarbeitung und Planung (Arrow 1985: 37). Diese Ressourcen (...hauptsächlich die des Prinzipals...) sind nicht ausreichend, das Informationsbedürfnis der Akteure zu befriedigen, was wiederum in der ökonomischen Realität von Austauschbeziehungen stets ineffiziente Handlungen (= nicht optimale Handlungen im Sinne eines fiktiven Idealzustandes) zur Folge hat. Die Akteure sind sich dieses Zustandes durchaus bewußt und versuchen mittels eigener Aktionen und vertraglicher Regelungen, Informationsdefizite zu überwinden bzw. negative Folgen, die aus diesen Defiziten entstehen könnten, einzudämmen (Baiman 1982: 155; Pratt/ Zeckhauser 1985: 4f.). Dies wiederum verursacht Agenturkosten, z.B. in Form von Kontroll- oder Garantiekosten. Die Annahme der begrenzten Rationalität ist allein jedoch noch nicht hinreichend, Agenturprobleme zu begründen, dazu bedarf es weiterer Annahmen bezüglich des Handelns der Akteure.

Individuelle Nutzenmaximierung

Die Partner in einer Agenturbeziehung streben nach der Befriedigung ihrer individuellen Nutzenfunktionen, welche nicht nur pekuniären Ursprungs, z.B. Geld oder materielle Ressourcen, sein müssen, sondern ebenso gut einen nicht-pekuniären Nutzen, z.B. Macht, Image oder Selbstverwirklichung, beinhalten können (Jensen/Meckling 1976: 312; Hart 1989: 1758f.). Dabei wird davon ausgegangen, daß die Nutzenfunktionen in ihrem Niveau und/oder ihrer Zusammensetzung voneinander verschieden sind, so daß zwangsläufig Widersprüche bei der Erreichung der unterschiedlichen Nutzenfunktionen von Prinzipal und Agent entstehen. Denn selbst bei der Annahme eines identischen Nutzen*niveaus* der beiden Akteure würde die divergierende Zusammensetzung der dieses Nutzenniveau bestimmenden Nutzen*funktionen* eine konfliktfreie Agenturbeziehung nicht zulassen. Diese Verhaltensannahme wird in der Literatur auch generell als Interessendivergenz, Interessenkonflikt oder Zielkonflikt bezeichnet (Jensen/ Meckling 1976: 308; Levinthal 1988: 156; Kosnik/Bettenhausen 1992: 312).

Die Zielkonflikte aufgrund verschiedener Nutzenfunktionen können unterschiedlichen Ausmaßes sein, was bedeutet, daß die zur Lösung in Frage kommenden vertraglichen Vereinbarungen und Mechanismen sowohl in ihrer Art als auch in der eingesetzten Intensität variieren können. Daß grundsätzlich Zielkonflikte vorhanden sind, kann anschaulich am Beispiel von agenturtheoretischen Untersuchungen zu Entlohnungsformen von abhängig Beschäftigten illustriert werden: dem Agenten wird hier eine grundsätzliche Arbeitsaversion (als wichtiges

Element zur Maximierung seines Nutzens) unterstellt und dem Prinzipal eine grundsätzliche Haltung zur optimalen Ausnutzung der Arbeitskraft des Agenten (Basu et al. 1985: 273; Levinthal 1988: 181).

Weiterhin beruhen die den Akteuren zugeschriebenen individuellen Nutzenfunktionen auf ex ante definierbaren, gegebenen Präferenzen, die im Zeitablauf eine hohe Stabilität aufweisen (Baiman 1990: 343). Kurzfristige, nicht triviale Änderungen der angenommenen Präferenzen und damit Nutzenfunktionen der Akteure (in Niveau und/oder Zusammensetzung) können daher ein Problem bei der vertraglichen Ausgestaltung von Agenturbeziehungen darstellen. Grundsätzlich ist eine vertragliche Berücksichtigung solcher Kontingenzen möglich, jedoch erhöht dies einerseits die Komplexität der vertraglichen Gestaltung und birgt andererseits die Gefahr in sich, daß widersprüchliche Vertragsinhalte zustande kommen. Aus diesem Grunde werden gegebene, stabile Präferenzen unterstellt (Baiman 1990: 343; Bergen/Dutta/Walker 1992: 4).

Ein anderes, wenn auch ähnliches Problem bei der Ausgestaltung agenturtheoretischer Vertragskonstruktionen ist die gleichzeitige Berücksichtigung mehrerer verschiedener Präferenzen eines Akteurs. Hier steigt ebenfalls potentiell die Komplexität vertraglicher Regelungen und die Gefahr widersprüchlicher Vertragsinhalte. Die agenturtheoretische Beachtung dieser Problematik kommt darin zum Ausdruck, daß nurmehr eine Präferenz einbezogen wird – in der Regel handelt es sich dabei um Präferenzen wie z.B. die der Einkommensmaximierung oder die der Arbeitsaversion (Jensen/Meckling 1976: 314; Levinthal 1988: 181). Die Berücksichtigung mehrerer Präferenzen eines Akteurs findet aufgrund der damit verbundenen Komplexität in positiven agenturtheoretischen Arbeiten wenig Aufmerksamkeit.

Zweckrationale Handlungen

Eine weitere wichtige Annahme besteht darin, daß den Akteuren bei der Verfolgung ihrer individuellen, nutzenoptimierenden Ziele eine zweckrationale Handlungsweise unterstellt wird (Baiman 1982: 155; Perrow 1986a: 232). Damit erfolgt eine direkte Verknüpfung der möglichen Handlungen der Akteure mit den von ihnen präferierten Zielen: die Akteure beschränken sich auf solche Handlungen, die nur diesen Zielen dienen. Eine bessere Antizipierbarkeit von zukünftigen Aktionen ist die Folge, was wiederum die ex ante-Vertragsgestaltung einer Austauschbeziehung erleichtert.

Agenturtheoretisch ist Zweckrationalität in ein ökonomisch-rationales Weltbild eingebettet. Entsprechend schwieriger, wenn auch keinesfalls ausgeschlossen, ist die Berücksichtigung von nicht-pekuniären Präferenzen (Jensen/Meckling 1976: 312), die in Intensität und Form zwischen unterschiedlichen Akteuren stark differieren können – damit können sich auch die Vorstellungen zweckrationaler Handlungsweisen stark voneinander unterscheiden.

Opportunismus

Eine zentrale Verhaltensannahme der Agenturtheorie ist die der potentiellen Neigung der Akteure, sich opportunistisch zu verhalten. Opportunistisches Verhalten eines Akteurs geht per definitionem immer zu Lasten des anderen Akteurs – vor die Wahl zweier Alternativen gestellt, wird ein Akteur die Alternative mit dem für ihn größten Nutzen wählen, unabhängig von einem Nutzengewinn oder -einbußen anderer Akteure (Baiman 1982: 162; Hart/Holmström 1987: 76). Dies bedeutet, daß ein Akteur die von ihm angestrebte Nutzenoptimierung auch mittels Verhaltensweisen wie dem Verzerren, Verschleiern und Verbergen von Informationen, schlichtes Lügen, Stehlen oder Betrügen[47] zu verwirklichen sucht. Demgemäß muß einem Agenten auch potentiell unterstellt werden, daß er nicht nur versucht, Informationsvorsprünge gegenüber dem Prinzipal opportunistisch auszunutzen, sondern daß er mittels opportunistischer Praktiken gar danach strebt, Informationsasymmetrien erst zu schaffen.

Agenturtheoretisch sind zwei unterschiedliche Zeiträume zu unterscheiden, innerhalb derer opportunistische Verhaltensweisen auftreten können: vor Vertragsschluß bietet sich für die Akteure die Möglichkeit, ihre wahren Absichten bezüglich der Austauschbeziehung zu verbergen. Der Prinzipal kann z.B. Kontingenzen der Aufgabenstellung oder sein generelles Entlohnungspotential verschweigen, der Agent kann seine Fähigkeiten und Kenntnisse falsch darstellen oder aufgrund seines Spezialisierungsvorteils relevante Aufgabencharakteristika nicht oder falsch darstellen. In dieser Anbahnungsphase einer Beziehung spielen Such-, Selektions- und Verhandlungsaufwendungen sowie Garantieversprechungen eine besondere Rolle (Levinthal 1988: 177; Bergen/Dutta/Walker 1992: 6).

Nach Vertragsschluß besteht die Gefahr, daß die vor Vertragsschluß geschaffenen Handlungsspielräume und die im Verlauf der Leistungserstellung neu entstandenen Quellen für opportunistisches Verhalten durch die Akteure eigennutzenmaximierend ausgenutzt werden. Um dies vor allem aus der Sicht des Prinzipals zu verhindern bzw. adäquat zu sanktionieren, werden Informations-, Überwachungs- und Anreizmechanismen eingesetzt (Holmström 1979: 74; Baiman 1982: 165; Levinthal 1988: 179).

Opportunistisches Verhalten kann sowohl vom Prinzipal als auch vom Agenten ausgehen (Baiman 1990: 362). In agenturtheoretischen Betrachtungen wird jedoch fast ausschließlich die Perspektive des Prinzipals gewählt, so daß die Gefahr des Opportunismus auf den Agenten bezogen wird (Levinthal 1988: 155; Kosnik/Bettenhausen 1992: 311; Rüdiger 1998: 33). Diese Gefahr ist für den Prinzipal zu jedem Zeitpunkt einer Vertragsbeziehung vorhanden. Der Prinzipal kann versuchen, dem Problem auf zwei verschiedenen Wegen zu begegnen: indem er einerseits den Agenten vor opportunistischen Handlungen abschreckt (mittels Möglichkeiten der Aufdeckung von opportunistischen Handlungen in Verbindung mit wirksamen Sankti-

---

47 In der Erläuterung seiner Feststellung des "...self-interest seeking with guile..." liefert Williamson (1985: 47) eine umfassende Definition des Begriffes Opportunismus in Austauschbeziehungen.

onsdrohungen) oder indem er andererseits durch entsprechende Anreizmechanismen den Nutzen des Agenten an seinen eigenen Nutzen koppelt.

2.1.1.4 Agenturprobleme und deren Begegnung

Informationsdefizite und eine ungleiche Informationsverteilung zwischen den Akteuren sind die Hauptdeterminanten von Agenturproblemen und lassen die Information als zentralen Bestimmungsfaktor hervortreten: "The problem acquires only interest when there is uncertainty at some point and, in particular, when the information available to the two participants is unequal." (Arrow 1985: 37). Als vorausgehende, notwendige (allerdings nicht hinreichende) Bedingung ist jedoch zu beachten, daß grundsätzlich Interessendivergenzen zwischen dem Prinzipal und dem Agenten bestehen müssen, denn ohne Interessendivergenzen und eigennutzenmaximierendem Verhalten der Beteiligten könnten die Akteure die ihnen zur Verfügung stehenden Informationen jederzeit teilen und somit die Agenturprobleme überwinden (Baiman 1982: 162; Levinthal 1988: 156). Die Interessendivergenzen sind auf die Charaktereigenschaften der Akteure zurückzuführen.

Agenturprobleme lassen sich in zwei grundlegende Problembereiche aufspalten, die aus einer zeitorientierten Betrachtung von Agenturbeziehungen abgeleitet werden können. Der Zeitpunkt des Vertragsschlusses zwischen den Austauschpartnern bestimmt die Abgrenzung der beiden Problembereiche voneinander (vgl. Abbildung 2.2).

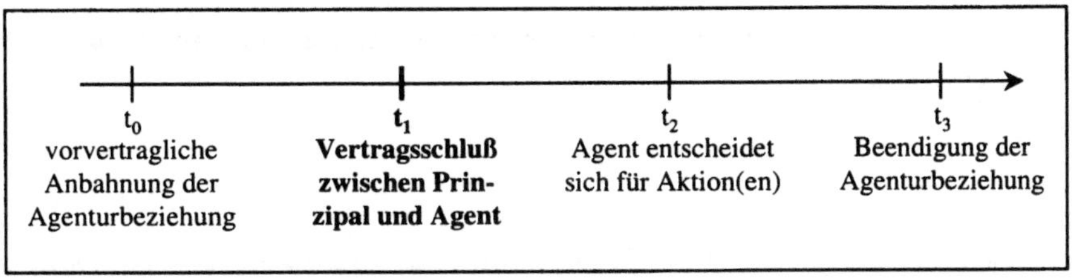

Abbildung 2.2: Zeitliche Darstellung der Agenturproblematik

Die Einteilung von Agenturproblemen in solche *vor* und solche *nach* Abschluß des Vertrages, der zum Zeitpunkt t_1 erfolgt, geht auf Arrow (1985: 38ff.) zurück und wird von diesem als

Probleme der *hidden information* und der *hidden action* bezeichnet.[48] Die vorvertraglichen Agenturprobleme werden von einem großen Teil der Literatur auch als adverse selection und die nach Vertragsschluß als moral hazard bezeichnet (Atkinson/Feltham 1982: 264, 273; Baiman 1982: 163; Hart/Holmström 1987: 76; Levinthal 1988: 156, 177; Kreps 1990: 577f.). Darüber hinaus werden in der Literatur auch die Begriffe hidden characteristics anstatt hidden information und hidden effort bzw. hidden knowledge anstatt hidden action verwandt (Hart/ Holmström 1987: 76; Spremann 1990: 566; Picot 1991: 152; Weißenberger 1997: 148).[49] Während die Einteilung adverse selection/moral hazard die eigentliche Agenturproblematik ausdrückt (= nicht zu verhinderndes opportunistisches Verhalten), beschreiben die Begriffe hidden information/hidden action die Ursachen der Agenturproblematik (= Informationsasymmetrien und deren Bedingungen) und damit auch die mittels eines Agenturvertrages zu lösenden relevanten Kontingenzen.

(1) Informationsasymmetrien ex ante des Vertragsschlusses (t_0-t_1)

Vor Beginn des Vertragsschlusses können Informationsungleichheiten auftreten, welche die Auswahl des Vertragspartners beeinflussen.[50] Der Prinzipal benötigt für die Auswahl des geeignetsten verfügbaren Agenten Informationen bezüglich

- der Charakteristika der durch den Agenten auszuführenden Aufgabe, sowohl hinsichtlich der Ergebniseigenschaften als auch in bezug auf die Relation "Mittel/Weg - Ziel" zur Erreichung des gewünschten Ergebnisses,
- der optimalen Eigenschaften, die ein Agent zur Ausführung dieser Aufgabe besitzen sollte,

---

48 Picot (1991: 151f.) greift, zumindest im deutschsprachigen Raum, sprachverwirrend und ohne zu erkennenden Nutzen in diese Begrifflichkeiten ein, indem er das als hidden action bekannte Agenturproblem in hidden information und hidden action unterteilt und das als hidden information bekannte Agenturproblem in hidden characteristics umbenennt. Picot/Reichwald/Wigand (1996: 49) führen zusätzlich unter dem Begriff hidden intention das Problem des hold up in Form transaktionsspezifischer Investitionen in die Agenturtheorie ein. Ob diese Theorievermengung in der wissenschaftlichen Diskussion an Relevanz gewinnen wird, darf aufgrund der Fraglichkeit eines theoretischen Mehrwertes für agenturtheoretische Betrachtungen angezweifelt werden: die vertragliche Lösung der klassischen Agenturproblematik (Überwindung von Informationsasymmetrien) beinhaltet bereits die Problematik des hold up.

49 Die unterschiedliche Begriffsverwendung in agenturtheoretischen Arbeiten erschwert teilweise die Interpretation der Aussagen. Beispielsweise unterscheidet zwar Arrow (1985: 38f.) hidden information von hidden action und setzt diese zu adverse selection und moral hazard in Verbindung, seine weiteren Ausführungen lassen jedoch eine davon abweichende Unterteilung der Agenturproblematik erkennen.

50 In der normativen Agenturtheorie wird diese Situation in Form von sogenannten hidden information models abgebildet und zu lösen gesucht. Auch wenn diese Arbeit primär an der Sichtweise der positiven Agenturtheorie ausgerichtet ist, helfen diese Modelle doch, die Problematik besser zu ergründen (Jensen 1983: 335; Terberger 1993: 99ff.). Vgl. zu hidden information models Spence (1973: 361ff.), Levinthal (1988: 177ff.), Schoppe et al. (1995: 184ff.), Richter/Furubotn (1996: 217ff.).

- der tatsächlich vorhandenen Eigenschaften eines zur Auswahl stehenden Agenten (Pratt/Zeckhauser 1985: 20; Eisenhardt 1989: 61; Bergen/Dutta/Walker 1992: 6).

Ohne Kenntnisse hinsichtlich der Eigenschaften einer auszuführenden Aufgabe ist es für den Prinzipal schwierig, die Aufgabe ausreichend zu beschreiben und damit in einem ersten Schritt die Menge geeigneter Agenten deutlich einzugrenzen. Somit steht eine mehr oder minder gute Umschreibung des erwarteten Ergebnisses im Vordergrund. Konkrete Beschreibungen der Ausführung und der notwendigen zu leistenden Inputs sind aufgrund von Erfahrungs- und Spezialisierungsvorteilen des Agenten – weswegen eine Beziehung mit diesem in den meisten Fällen ja erst angestrebt wird – ex ante des Vertragsschlusses weniger relevant.

Es ist davon auszugehen, daß ein Prinzipal möglichst alle erhältlichen Informationen bei der Auswahl des Agenten in maximal möglicher Weise berücksichtigt – der Prinzipal trennt die vorhandene Menge an Agenten in solche, die potentiell für eine Aufgabenausführung in Frage kommen, und solche, die aufgrund seines vorhandenen, wenn auch lückenhaften, Wissens um die Aufgabencharakteristika von Beginn an ausscheiden.[51] Eine zusätzliche Bedeutung erlangen diese Informationsasymmetrien nach Vertragsschluß in Form der Hidden-action-Problematik.

Aber selbst wenn ein Prinzipal sowohl über gute Kenntnisse in Hinsicht auf Ergebniseigenschaften und -aussehen, Aufgabencharakteristika oder notwendige Eigenschaften eines zukünftigen Agenten verfügt, ist immer noch eine weitere Problematik evident: verfügt ein bestimmter Agent über die gewünschten Eigenschaften, kennt der Agent die zukünftigen Kontingenzen der Aufgabenausführung (Produktionsbedingungen) bzw. ist er überhaupt gewillt, die Aufgabe im Sinne des Prinzipals auszuführen (Hart/Holmström 1987: 79ff.; Levinthal 1988: 177f.; Bergen/Dutta/Walker 1992: 6; Müller 1995: 66)? Agenturtheoretisch bieten sich drei verschiedene Möglichkeiten an, dem Problem zu begegnen: screening, signaling und self-selection.

Screening drückt das Bestreben des Prinzipals aus, zusätzliche Informationen über einen potentiellen Agenten zu gewinnen. Diese Informationen sollen dazu dienen, die Fähigkeiten, Kenntnisse und möglichen Verhaltensweisen eines Agenten besser einschätzen zu können. Beispiele für eine Screening-Strategie sind die Nutzung von Auskunftsagenturen, dem Einholen von Meinungen und Gutachten von bereits mit diesem Agenten in Austauschbeziehungen stehenden anderen Prinzipalen oder eine persönliche Begutachtung der Ergebnisse vergangener Arbeiten des Agenten (Bergen/Dutta/Walker 1992: 6; Stump/Heide 1996: 432).[52] Eine Alternative zu screening besteht auch darin, einen Agenten nicht ex ante zu begutachten,

---

[51] Beispielsweise wird ein Prinzipal für die Ausführung von Erdarbeiten von vorneherein Maler- oder Dachdeckerunternehmungen als ungeeignete Agenten selektieren.

[52] Gut zu zeigen ist dies auch im Bereich von Agentenbeziehungen zu Angestellten: hier erfolgt ein screening über vorzulegende Zeugnisse, Assessment Center oder Einstellungsgespräche (Bergen/Dutta/Walker 1992: 6).

sondern seine Fähigkeiten und sein Verhalten erst im Verlauf der Beziehung durch eigene Beobachtungen in Erfahrung zu bringen. Trotz offenkundiger Nachteile ist eine solche Alternativstrategie unter Umständen dann sinnvoll, wenn ein screening ex ante nicht möglich bzw. nur unter sehr hohen Kosten zu realisieren ist. Insgesamt besteht ein trade-off zwischen den Kosten des screening und den Kosten der Auswahl eines falschen Agenten (Atkinson/Feltham 1982: 265).

Grundsätzlich ist eine Screening-Strategie um so sinnvoller, je größer die Variationen in den Fähigkeiten und dem Verhalten potentieller Agenten sind, je größer die potentiellen Verluste eines Prinzipals durch die Auswahl eines falschen Agenten sind oder je weniger kostenintensiv ein screening durchgeführt werden kann (Bergen/Dutta/Walker 1992: 6). Ein Problem ergibt sich jedoch dann, wenn ein screening nicht durchführbar bzw. mit sehr hohen Kosten verbunden ist und zudem eine Strategie des "Eigene-Erfahrungen-Sammelns" aufgrund potentiell sehr hoher Wohlfahrtsauswirkungen auf den Prinzipal nicht sinnvoll ist. Diese Konstellation ist in der Literatur auch als "market-for-lemons-Situation" bekannt und wurde von Akerlof (1970) erstmalig formuliert. Insbesondere unter dieser Konstellation gewinnen zwei weitere mögliche Strategien, vorvertragliche Informationsasymmetrien zu vermindern, an Relevanz: signaling und self-selection.

Im Gegensatz zu screening geht **signaling** von dem potentiellen Agenten selbst aus; dieser versucht dem Prinzipal zu zeigen, daß er die gewünschten Fähigkeiten und Kenntnisse besitzt und auch willens ist, die Aufgabe im Sinne des Prinzipals auszuführen. Beispielsweise kann ein Agent eine Kostprobe seines Könnens geben oder Referenzprojekte vorführen. Zwar verfügt der Prinzipal somit in einem ersten Schritt über weitere agentenbezogene Informationen, allerdings besteht für einen ungeeigneten Agenten immer noch die Möglichkeiten, durch falsche oder unvollständige Signale seine tatsächlichen Fähigkeiten zu verschleiern. Aus diesem Grund ist es für einen Prinzipal sinnvoll, solche Signale von Agenten zu bevorzugen, die von einem ungeeigneten Agenten nicht oder nur unter relativ hohen Kosten falsch dargestellt werden können, z.B. die Abgabe einer Vorabstudie der Aufgabenausführung. Denn sowohl für einen geeigneten wie auch ungeeigneten Agenten müssen die Kosten eines signaling geringer sein als der Nutzen aus einer durch dieses signaling zustande gekommenen Beziehung – und diese Differenz ist um so geringer, je weniger geeignet ein Agent für eine Aufgabe ist. Somit dient signaling nicht nur als Darstellungsmöglichkeit für potentiell geeignete Agenten, sondern auch der Abschreckung potentiell ungeeigneter Agenten (Atkinson/Feltham 1982: 265; Levinthal 1988: 178; Kreps 1990: 625ff.).

Die dritte Strategie, einen geeigneten Agenten auszuwählen, besteht für den Prinzipal darin, potentiellen Agenten die Möglichkeit der eigenen Wahl des Eintritts in eine Austauschbeziehung zu geben: die sogenannte Strategie der **self-selection**. Hierbei geht es um die Festlegung von (Vor-)Leistungen, die ein Agent zu erbringen hat, um in den Genuß der eigentlichen Rendite aus dieser Austauschbeziehung zu gelangen. Es handelt sich dabei jedoch nicht um Leistungen im Sinne eines signaling, die keiner Kompensation durch den Prinzipal unterliegen, sondern um bereits vertraglich abgesicherte Leistungen. Zum Beispiel könnte ein Prinzipal festlegen, daß ein potentieller Agent erst ein Qualifizierungsprogramm absolvieren muß, um danach in die eigentliche Austauschbeziehung eintreten zu können. Die damit verbundenen sunk costs eines potentiellen Agenten bewirken dahingehend eine self-selection, als daß ein ungeeigneter Agent ein solches Programm erst gar nicht zu absolvieren bereit ist bzw. vorzeitig beendet. Eine weitere Form der self-selection kann darin bestehen, im Vertrag Strafen für Schlechtleistungen zu fixieren. So werden ungeeignete Agenten ebenfalls potentiell ferngehalten (Demski/Feltham 1978: 341; Levinthal 1988: 178; Bergen/Dutta/Walker 1992: 7; Stump/Heide 1996: 432).

Genauer betrachtet stellen signaling und self-selection nichts anderes als spezifische Investitionen in Form von sunk costs für einen zukünftigen Agenten dar.[53] Im Unterschied zu transaktionskostentheoretischen Betrachtungen erwächst agenturtheoretisch jedoch daraus kein Hold-up-Problem für die Austauschbeziehung selbst – die spezifischen Investitionen dienen der vorvertraglichen Auswahl eines Agenten. Nach Vertragsschluß spielen spezifischeInvestitionen in *agenturtheoretischen* Fragestellungen keine Rolle mehr; dann ist relevant, die Informationsasymmetrien zwischen den Partnern zu überwinden. Gegenstand dieser Betrachtungen ist die richtige Ausführung und Bewertung zu erbringender Agentenleistungen, nicht die Absicherung gegen opportunistische Erpressungstaktiken (z.B. die Nicht-Ausführung der Leistung oder das Erpressen einer höheren Entlohnung als die vereinbarte).[54]

Trotz aller Möglichkeiten, vorvertragliche Informationsasymmetrien zu reduzieren und geeignete Agenten auszuwählen, ist eine First-best-Lösung im Sinne einer optimalen Leistungsausführung nicht gewährleistet. Denn die in der Regel heterogene Struktur der Gruppe möglicher Agenten läßt in einem ersten Schritt nur Gruppierungen in mehr geeignete, weniger geeignete und ungeeignete Agenten zu (Spence 1973: 357f.; Pratt/Zeckhauser 1985: 20). Innerhalb der Gruppe der am besten geeigneten Agenten ist eine genauere Differenzierung nicht oder nur unter unverhältnismäßig hohen Kosten möglich. Die Auswahl eines bestimmten Agenten aufgrund unvollständiger Informationen bleibt somit zwangsweise unbefriedigend – beispielsweise existiert noch immer das Problem, ob der ausgewählte Agent in dieser Beziehung gewillt ist, ein optimales Anstrengungsniveau zu leisten. Dieser Zustand ist jedoch nicht als der eines unlösbaren Residuums von Problemen anzusehen, sondern stellt agenturtheore-

---

53 Trotz unterschiedlicher theoretischer Interpretation kommt hierin auch die verwandtschaftliche Beziehung der Agenturtheorie zum Transaktionskostenansatz innerhalb der Neuen Institutionenökonomie zum Ausdruck (vgl. Williamson 1988: 572).

54 Vgl. zum Hold-up-Problem innerhalb der Transaktionskostentheorie Williamson (1985: 57ff.), Alchian/Woodward (1987: 113ff.), Ebers/Gotsch (1995: 212f.). Darüber hinaus wird in dieser Argumentation nochmals die Kritik an der Einführung des Hold-up-Problems in die Agenturtheorie durch Picot (1991: 151f.) und Picot/Reichwald/Wigand (1996: 49) sichtbar.

Es soll allerdings nicht negiert werden, daß eine Betrachtung von spezifischen Agenturbeziehungen unter besonderer Berücksichtigung von transaktionsspezifischen Investitionen sehr wohl zu einem Erkenntnisgewinn beitragen könnte – dabei muß jedoch deutlich betont werden, daß mit einer solchen Argumentation die Modellwelt der Agenturtheorie verlassen wird und eine Theorievermengung bzw. ein partieller Theorievergleich stattfindet.

tisch die Ausgangsbasis für weitere Lösungsmechanismen ex post der Agentenauswahl und des Vertragsschlusses dar.

(2) Informationsasymmetrien ex post des Vertragsschlusses (t_1-t_3)

Nachdem ein Agent ausgewählt und ein Vertrag geschlossen wurde, wirft eine andere Kategorie von spezifischen Informationsasymmetrien zwischen Prinzipal und Agent Probleme für den Prinzipal auf. In dieser Phase nimmt der Agent die Leistungsausführung auf, wählt aus den möglichen Aktionen zur Leistungserstellung eine oder mehrere aus, führt diese durch und erzielt ein Leistungsergebnis. Hinsichtlich des Leistungserstellungsprozesses bestehen für den Prinzipal Informationsdefizite, welche das grundsätzliche Problem der hidden action begründen. Dies bedeutet, daß die Aktionen des Agenten und/oder das erzielte Ergebnis nicht bzw. nur unvollständig nachvollziehbar und bewertbar sind und der Agent diesen Umstand zu opportunistischem Verhalten (shirking) ausnutzen kann (Demski/Feltham 1978: 339; Arrow 1985: 38; Eisenhardt 1989: 61).[55] Informationsasymmetrien können in verschiedener Form vorliegen (vgl. zum folgenden Baiman 1982: 162ff.; Arrow 1985: 38f.; Eisenhardt 1989: 61f.; Bergen/Dutta/Walker 1992: 3):

- Der Prinzipal kennt nicht das notwendige Ausmaß einzubringender Ressourcen bzw. das optimale Anstrengungsniveau des Agenten, das ein quantitativ und qualitativ gewünschtes Ergebnis gewährleisten kann.
- Die tatsächlichen Leistungen (Handlungen und Ressourcen-Inputs) des Agenten können durch den Prinzipal nur unvollständig beobachtet und bewertet werden.
- Der Prinzipal kann das Leistungsergebnis (Output) nur unvollständig beobachten und bewerten.

Diese verschieden möglichen Formen ungleicher Informationsverteilung können in einer Agenturbeziehung in unterschiedlichem Ausmaß ausgeprägt sein und weisen oftmals zusätzlich untereinander Interdependenzen auf.[56] In der Literatur nimmt unter diesen Informationsasymmetrien die Betrachtung der Handlungen und eingesetzten Ressourcen des Agenten eine bevorzugte Stellung ein: "The most typical hidden action is the effort of the agent." (Arrow 1985: 38).[57]

---

55 In der normativen Agenturtheorie wird diese Situation in Form von sogenannten hidden action models abgebildet und zu lösen gesucht – vgl. zu hidden action models MacDonald 1984: 418ff.; Hart/Holmström 1987: 79ff.; Levinthal 1988: 157ff.; Kreps 1990: 577ff.

56 So berechnet beispielsweise Müller (1995: 67) 64 theoretisch unterscheidbare Informationsverteilungskonstellationen für Informationsasymmetrien nach Vertragsschluß; unter Einbezug von Informationsasymmetrien vor Vertragsschluß ergeben sich danach 256 verschiedene Informationsverteilungskonstellationen.

57 Dies ist auch an dem sehr hohen Anteil von Hidden-action-Modellen in der normativen Agenturtheorie zu erkennen (Hart/Holmström 1987: 76; Levinthal 1988: 156) bzw. liegt in dem Ursprung der Formulierung von Agenturproblemen (vgl. Alchian/Demsetz 1972: 778-783; Ross 1973: 134ff.).

Im Zusammenspiel einer oder mehrerer dieser Informationsasymmetrien mit den aus der Charakterisierung der Akteure abgeleiteten Interessendivergenzen entsteht nun ein unterschiedlich hohes Ausmaß der Gefahr opportunistischen Verhaltens durch den Agenten, der über ein Mehr an Informationen verfügt.[58] Der Agent könnte diese Informationen zwar grundsätzlich dem Prinzipal zugänglich machen (Williamson 1985: 47-50), aufgrund der getroffenen Verhaltensannahmen (Eigennutzenmaximierung, Zweckrationaliät, Opportunismus etc. – vgl. Kapitel 2.1.1.3) unterläßt er dies zu seinem eigenen Vorteil jedoch. Der damit bestehenden Gefahr opportunistischen Verhaltens gilt es aus der Sicht des Prinzipals durch entsprechende vertragliche Vereinbarungen zu begegnen. Hierzu bieten sich agenturtheoretisch zwei grundsätzliche Wege an (vgl. zum folgenden Atkinson/Feltham 1982: 279ff.; Baiman 1982: 163; Eisenhardt 1985: 136, 1989: 60; Anderson/Oliver 1987: 79):

1) Der Prinzipal versucht mit Hilfe von Kontroll- und Informationssystemen Kenntnisse über das Verhalten und die Aktionen des Agenten zu erlangen, um diese Informationen dann als Grundlage für die Beurteilung und Entlohnung bzw. Sanktionierung des Agenten zu verwenden. Dadurch entsteht für den Agenten ein Anreiz, seine Verhaltensweisen und seinen Ressourceneinsatz an den Interessen des Prinzipals auszurichten. Diese Art der Vertragsgestaltung wird als **input-orientiert** (oder auch verhaltens- bzw. überwachungsorientiert) bezeichnet.

2) Alternativ dazu kann der Prinzipal versuchen, eine Interessenangleichung dadurch zu erzielen, daß er den Agenten in Abhängigkeit der von ihm erbrachten fertigen Leistungen (Output) beurteilt und entlohnt bzw. sanktioniert. Somit wird eine **output-orientierte** (bzw. ergebnisorientierte) Steuerung und Kontrolle geschaffen.

Diese zwei grundlegenden Alternativen, ex post auftretenden Informationsasymmetrien zu begegnen, stellen die Extrema der vertraglichen Lösungsmöglichkeiten dar. In Abhängigkeit des Ausmaßes auftretender Informationsasymmetrien können Verträge beide Alternativen simultan berücksichtigen und lassen sich somit als Kontinuum vertraglicher Lösungsmöglichkeiten abbilden (Anderson/Oliver 1987: 87; Sappington 1991: 52; Roth/O'Donnell 1996: 683) (vgl. Abbildung 2.3). Welche vertraglichen Steuerungs- und Kontrollmechanismen Anwendung finden und wie diese ausgestaltet werden, ist sehr eng mit der Art der betrachteten spezifischen Agenturbeziehung verbunden, z.B. Arbeitgeber-Arbeitnehmer-Beziehungen, Eigentümer-Manager-Beziehungen oder Beziehungen zwischen Organisationen.

[58] Existiert mindestens eine dieser Informationsasymmetrien, dann entsteht bei bestehender Interessendivergenz zwischen den Akteuren bereits ein zu lösendes Agenturproblem. Zusätzlich kann davon ausgegangen werden, daß mit zunehmendem Einbezug unterschiedlicher Informationsasymmetrien die Komplexität der vertraglichen Gestaltung zunimmt.

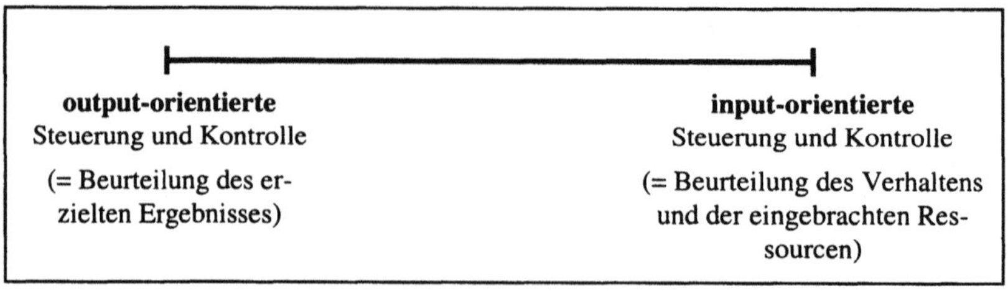

Abbildung 2.3: Alternative vertragliche Lösungsmöglichkeiten von ex post-Informationsasymmetrien

Zusätzlich zu den bisher ausgeführten Informationsasymmetrien zwischen den Akteuren kann eine weitere Unsicherheit die vertragliche Gestaltung einer Beziehung beeinflussen: die Umweltunsicherheit. Denn auch wenn jeweils der Ressourceneinsatz und das Leistungsergebnis sehr gut beurteilt werden können, so kann noch immer unzureichend bestimmbar sein, ob das Ergebnis eine direkte Folge der Anstrengungen des Agenten war oder ob günstige bzw. ungünstige Umweltbedingungen das Ergebnis herbeiführten (Baiman 1982: 164; Eisenhardt 1989: 61; Govindarajan/Fisher 1990: 262).

Für den Agenten besteht in diesem Fall das Risiko, daß trotz eines optimalen Niveaus des Ressourceneinsatzes kein aus der Sicht des Prinzipals adäquates Leistungsergebnis erzielt werden kann. In einer solchen Konstellation würde eine *output*-orientierte Steuerung und Entlohnung für den Agenten ein Risiko darstellen, denn der Prinzipal überträgt in dieser Vertragskonstellation die Umweltunsicherheit auf ihn. Für den Prinzipal wiederum bedeutet dies, daß er dem Agenten für die Übernahme solcher Risiken eine Risikoausgleichsprämie in Form einer potentiell höheren Entlohnungsmöglichkeit anbieten muß (Risikoausgleichskosten) (Demski/Feltham 1978: 340; Spremann 1990: 582). Die Alternative einer *input*-orientierten Steuerung und Entlohnung läßt keine Risikoausgleichskosten anfallen – diesen stehen jedoch potentiell höhere Steuerungs- und Kontrollkosten des Prinzipals gegenüber. Zudem muß der Prinzipal das Risiko eines suboptimalen Ergebnisses aufgrund ungünstiger Umweltbedingungen selbst tragen (Eisenhardt 1985: 137; Baiman 1990: 343; Lassar/Kerr 1996: 616). Ein grundlegendes Entscheidungsproblem in Agenturbeziehungen ist somit die Risikoallokation zwischen den Akteuren (Demski/Feltham 1978: 340; Fama 1980: 291; Levinthal 1988: 161). Für eine optimale Risikoallokation muß ferner als notwendige Bedingung vorausgesetzt werden, daß die Verhandlungsmacht zwischen den Akteuren ausgeglichen ist, da sonst ein Akteur die Risikoallokation zu seine Gunsten verschieben kann (Perrow 1986b: 14; Oviatt 1988: 215).

Weiterhin kann davon ausgegangen werden, daß jeder Akteur eine individuelle Neigung besitzt, Risiken einzugehen (Anderson/Oliver 1987: 79; Eisenhardt 1989: 65; Baiman 1990: 343). Diese Neigung wird im Kontext des situativen Hintergrunds des einzelnen Akteurs bestimmt und geht insofern in ihrem Ursprung teilweise über die singuläre Agenturbeziehung hinaus. Innerhalb der spezifischen Austauschbeziehung beeinflussen die verschiedenen Risikoneigungen jedoch die Vertragsgestaltung. Dies kann gut am Beispiel von Agenturbeziehungen zwischen Arbeitgebern und angestellten Arbeitnehmern illustriert werden: dem Arbeitgeber als Prinzipal wird meist eine Risikoneutralität unterstellt, da er in der Regel mehrere Beschäftigte hat und somit multiple Einkommensquellen besitzt, sein Existenzrisiko also durch Schlechtleistungen eines einzelnen Arbeitnehmers relativ gering ist. Einem Arbeitnehmer als Agenten wird hingegen üblicherweise eine Risikoaversion unterstellt, da er keine bis sehr geringe Risikodiversifikationsmöglichkeiten besitzt (er kann seine Arbeitskraft zumeist nur einmal verkaufen) und er somit bei einem Einkommensausfall in seiner Existenz bedroht ist (Basu et al. 1985: 272; Levinthal 1988: 155f.; Baiman 1990: 343; Milgrom/Roberts 1992: 188).

In die Problembetrachtung müssen somit die Risiko- und Einkommenspräferenzen der Akteure miteinbezogen werden. Je nach Risikoneigung der Akteure können so auch die korrespondierenden Agenturkosten variieren – beispielsweise wird einem risikoaversen Agenten für die Übernahme eines bestimmten Risikogrades eine ceteris paribus höhere Risikoausgleichsprämie offeriert werden müssen als einem risikoneutralen Agenten (Basu et al. 1985: 286; Milgrom/Roberts 1992: 187).

Zusammenfassend läßt sich eine agenturtheoretische Vertragsbeziehung durch vier zentrale Merkmale kennzeichnen (vgl. Abbildung 2.4):

- Bestimmte *Verhaltensannahmen* (Menschenbild) implizieren eine prinzipielle *Interessendivergenz* und unterschiedliche *Risikopräferenzen* der Akteure. Daher wird der Agent grundsätzlich nicht deckungsgleich mit den Interessen des Prinzipals handeln.

- Die Vorgänge innerhalb der Beziehung entziehen sich aufgrund von *Informationsasymmetrien* und *Umweltunsicherheiten* einer vollständigen Beurteilung durch den Prinzipal.

- Dem dadurch grundsätzlich entstehenden Problem, daß Handlungen und Ergebnisse den Interessen des Prinzipals zuwiderlaufen, muß mittels einer *vertraglichen Bestimmung und Absicherung* bestmöglichst begegnet werden.

- Das Effizienzkriterium zur Bestimmung eines unter den gegebenen Bedingungen optimalen Vertrages sind die *Agenturkosten*.[59]

59 ...die in Betrachtungen der positiven Agenturtheorie nicht quantitativ bestimmt werden müssen.

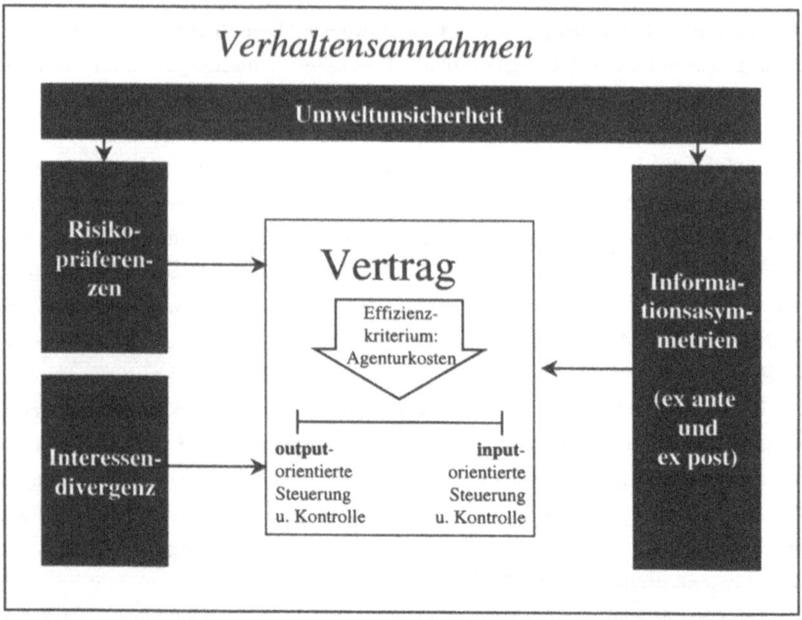

Abbildung 2.4: Einflußfaktoren agenturtheoretischer Vertragsbeziehungen

2.1.2 Der Ansatz des Institutionalismus

Die Entstehung, Verbreitung und Weiterentwicklung des Institutionalismus[60] ist sehr eng mit einer bestimmten Gruppe von Wissenschaftlern verbunden, die diesen Ansatz im Kontext eines Forschungsprogrammes entwickelten.[61] Darauf aufbauend wurden in den 80er und 90er Jahren eine weitere Anzahl theoretischer und empirischer Arbeiten von unterschiedlichen Forschern und Forschergruppen durchgeführt, die dazu beitrugen, den Ansatz in seiner theoretischen Formulierung und Ausgestaltung weiter zu entwickeln und dessen Relevanz durch Überprüfungen in verschiedenen Kontexten – vorläufig – zu bestätigen.

Ähnlich wie in der Agenturtheorie haben sich auch innerhalb dieses Ansatzes unterschiedliche Forschungsrichtungen entwickelt, die sich jedoch weniger in ihrer grundsätzlichen theoretischen Logik unterscheiden, sondern vielmehr darin, welche Elemente in welchem Untersuchungskontext eine Rolle spielen bzw. welchen theoretischen Abgrenzungen und Definitionen die jeweiligen Autoren und Forschergruppen zugeneigt sind. Es handelt sich somit mehr um einen empirisch-kognitiven als um einen grundsätzlich theoretischen Disput.

Mit den ersten Arbeiten zur Formulierung des Institutionalismus als theoretischem Ansatz sind auch zahlreiche empirische Forschungsarbeiten mit unterschiedlichsten Betrachtungsgegenständen und verschiedenen Interpretationen institutionalistischer Zusammenhänge und Erklärungsschemata entstanden. Die teilweise stark divergierenden Interpretationen rühren neben den spezifischen Forschungskontexten aus dem Umstand, daß auch theoretische Arbeiten zum Institutionalismus sehr unterschiedliche Argumentationen und Interpretationen liefern. Daraus hat sich ein Facettenreichtum empirischer Arbeiten entwickelt, der einerseits nur schwierig überblickt werden kann, der aber andererseits durch die Ergebnisse der unter-

---

60 Zur Unterscheidung von anderen theoretischen Ansätzen (Institutionenökonomie, politischer Institutionalismus, "alter" Institutionalismus etc.) wird diese Theorie auch vielfach als Neuer Institutionalismus oder Neo-Institutionalismus bezeichnet (Scott 1987: 493-501; DiMaggio/Powell 1991a: 1-5; Greenwood/Hinings 1996: 1022). Vgl. auch zur Differenzierung zwischen "altem" und "neuem" Institutionalismus Greenwood/Hinings (1996) und Selznick (1996).

61 Das Forschungsprogramm "Environment for Teaching" an der Stanford University, Stanford Center for Research and Development in Teaching (SCRDT), diente zu Beginn der 70er Jahre der Erforschung des Verhaltens und der Methoden von Lehrern an Schulen in den U.S.A. Als relevante Einflußfaktoren wurden die Organisation innerhalb der Schulen und deren Beziehungen zu anderen Schulen, Institutionen etc. (generell als educational problems bezeichnet) angenommen. Ursprünglich war die theoretische Fundierung dieses Programms an die damals dominierenden Ideen der Kontingenzforschung angelehnt: die Art des Unterrichts hänge von Faktoren wie der relevanten Technologie und der direkten Aufgabenumwelt ab. Diese Annahmen bestätigten sich jedoch nur teilweise und so widmete sich die Forschergruppe (die maßgeblichen Personen waren E. G. Cohen, T. E. Deal, J. W. Meyer, B. Rowan und W. R. Scott) im Laufe der Jahre immer mehr den diese Schulen beeinflussenden Aufgabenumwelten und generellen Umwelten.

Die wichtigsten Erkenntnisse des Forschungsprogrammes und damit auch die Grundstruktur und -idee für die Formulierung der Theorie des Institutionalismus waren: 1) Schulen stellen Systeme dar, deren Elemente nur lose miteinander verbunden sind, 2) diese Elemente sind offen und werden unterschiedlich von den sie umgebenden Umwelten beeinflußt und 3) Schulen reflektieren in ihrer Struktur die kulturellen Werte, Normen und Regeln ihrer Umwelten (Scott 1995: X), (vgl. ausführlich zur Entstehung, Zusammensetzung und Zusammenarbeit dieser Forschergruppe Meyer/Scott 1983a: 7ff. und Scott 1995: IXff.). Aus dem Forschungsprogramm heraus entstand eine Anzahl von Veröffentlichungen (vgl. u.a. Deal/Meyer/Scott 1975; Cohen et al. 1976, 1979; Meyer/Scott/Deal 1983), die erste grundlegende institutionalistische Arbeit aus den Ergebnissen dieses Programmes stellt jedoch die von Meyer/Rowan (1977) dar.

schiedlichen Arbeiten dazu beiträgt, den Institutionalismus insgesamt als theoretischen Ansatz weiter zu formulieren und zu verfestigen. Die Theorie des Institutionalismus befindet sich in einem noch unabgeschlossenen Zustand, worauf folgende Indikatoren hinweisen:

1) Die vergleichsweise große Anzahl von neueren Arbeiten, die versuchen, den Institutionalismus als Theorie darzustellen und den Stand der Forschung aufzuarbeiten und zu gliedern (vgl. u.a. Scott 1987, 1994b, 1995; Zucker 1987, 1988a; DiMaggio/Powell 1991a; Jepperson 1991; Tolbert/Zucker 1996).

2) Die bevorzugte Wahl der Veröffentlichung in Sammelbänden, in denen a) ältere, grundlegende Arbeiten, b) die Theorie diskutierende Beiträge und c) neue empirische Forschungsarbeiten unterschiedlichster Betrachtungsgegenstände zusammengefaßt werden. Zugleich werden in diesen Sammelbänden auch teilweise gegensätzliche Positionen vertreten (vgl. Meyer/Scott 1983a; Thomas et al. 1987; Zucker 1988b; Powell/DiMaggio 1991b; Scott/Meyer 1994b; Scott/Christensen 1995).

3) Die Vielzahl von Arbeiten, die sich mit einer Gegenüberstellung des Institutionalismus mit anderen organisationstheoretischen Ansätzen beschäftigt, um dadurch explizit die Unterschiede zu diesen Theorien herauszuarbeiten (vgl. u.a. Zucker 1987; Eisenhardt 1988; Greening/Gray 1994; Scott 1994a; Abell 1995; Pouder 1996; Barringer/Milkovich 1998). Darin werden auch Gemeinsamkeiten der unterschiedlichen Theorien aufgezeigt, welche von Gegnern des Institutionalismus dahingehend interpretiert werden, daß der Institutionalismus kein eigenes theoretisches Gebäude entwirft, sondern nur Elemente aus bereits vorhandenen Theorien aufgreift und umdeutet (Aldrich 1992: 26f.; Palmer/Jennings/Zhou 1993: 125f.).

Der Institutionalismus stellt einen sehr offenen Ansatz dar, dessen theoretische Grenzziehung hinsichtlich der möglichen Einflußfaktoren auf Organisationen noch nicht abgeschlossen erscheint. Dadurch vermittelt die Theorie des Instutionalismus ein vergleichsweise uneinheitliches und unfertiges Bild (DiMaggio/Powell 1991a: 1; Kraatz/Zajac 1996: 813). Aus diesen Gründen sollen zur Darstellung des Ansatzes die folgenden Schwerpunkte gesetzt werden:

- die Erläuterung der *Basisidee* und der in den Arbeiten verwandten *Begrifflichkeiten*,
- die Darstellung der unterschiedlichen *Ebenen* institutionalistischer Prozesse,
- das Aufzeigen der *Mechanismen* und Auswirkungen institutioneller Prozesse bei der Entstehung und Veränderung von *Organisationen* als Institutionen,
- die kritische Diskussion der Theorieannahmen unter Einbezug bisheriger empirischer Forschungsarbeiten.

2.1.2.1 Erkenntnisziel und Grundzüge des institutionalistischen Erklärungskonzeptes

Die oben angesprochene Forschergruppe baute ihr ursprüngliches Verständnis zur Erklärung von Organisationen darauf auf, daß Aufgabenmerkmale, technisches Know-how oder vorhandene Ressourcen als die Gründe für das Aussehen von Organisationsstrukturen und das Verhalten in Organisationen anzusehen sind (Meyer/Scott 1983a: 8f.; Scott 1995: XIV). Diese Sichtweise beruht auf der in den 70er Jahren vorherrschenden Meinung, daß eine rationale und formale Organisationsstruktur am besten den an eine moderne Organisation gestellten Anforderungen zu entsprechen vermag (Meyer/Rowan 1977: 360; Meyer/Scott 1983a: 8f.). Im Laufe ihrer Forschungen kamen sie jedoch zu dem Schluß, daß sowohl die Umwelten der von ihnen untersuchten Organisationen als auch die Organisationen untereinander Einfluß ausübten. Damit wurden die eingangs dieser Forschungen unterstellten Einflußfaktoren und vor allem deren einseitige Wirkungsrichtung wieder in Frage gestellt (Meyer/Scott 1983a: 9).[62]

Das Erkenntnisziel des Institutionalismus ist erstens darauf gerichtet, zu zeigen, daß institutionalisierte Umwelten bzw. Teile aus diesen Umwelten auf eine Organisation einwirken und deren Strukturen und Verhalten beeinflussen – dies ist der *Prozeß der Institutionalisierung*. Zweitens geht es um die Fragestellung, welche institutionalisierten Umwelten in welcher Weise auf Organisationen wirken – hier wird die *Art und Vielfalt von institutionalistischen Einflüssen* auf Organisationen untersucht (vgl. u.a. Meyer/Rowan 1977; Zucker 1977; Meyer/Scott/Deal 1983; Powell 1985; Scott 1987; DiMaggio/Powell 1991a, 1991b). Schließlich wird drittens in neueren Arbeiten dieses Ansatzes die Frage aufgeworfen, wie Organisationen dem Einfluß institutionalisierter Umwelten aktiv begegnen können – die *Reaktionen von Organisationen* auf den Druck und die Anforderungen ihrer institutionalistischen Umwelten stehen hier im Mittelpunkt (vgl. u.a. Tolbert/Zucker 1983; Oliver 1991; Goodstein 1994; Barringer/Milkovich 1998).

Um den Ansatz des Institutionalismus zu beschreiben, verbindet Zucker (1977, 1983, 1987) übergreifend diese Fragestellungen. Danach ist der Zusammenhang zwischen einer institutionalisierten Umwelt und einer Organisation zentral mit dem Konzept der *Institutionalisierung* verbunden, welches sowohl den Prozeß des Einwirkens auf Organisationen beschreibt als auch den Zustand der Einbettung in eine Umwelt, deren Bestehen und Regeln als selbst-

[62] Einige Arbeiten von Max Weber werden als die eigentliche Grundlage beider Konzeptionen zur Erklärung von modernen Organisationsstrukturen angesehen (Meyer/Rowan 1977: 342f.; DiMaggio/Powell 1991b: 63). Sein Bürokratiemodell (1972) begründet die Entstehung rationaler, formaler Strukturen dadurch, daß diese Organisationsstrukturen überragende Fähigkeiten zur Koordination und Kontrolle komplexer Umwelten besitzen. Der weitere Ausbau dieses Grundgedankens durch die Arbeiten der Kontingenzforscher bestätigte diesen Zusammenhang (vgl. z.B. Woodward 1970; Blau/Schoenherr 1971). Auf der anderen Seite wurde jedoch ein weiterer wichtiger Gedanke Webers vernachlässigt: die rationalen, formalen Strukturen müssen auch durch ihre Umwelt legitimiert sein (Weber 1972: 126). Denn werden solche Strukturen nicht von der sie umgebenden, überlebensnotwendigen Umwelt akzeptiert, können sie sich auch nicht als erfolgreich erweisen. Die einfache Annahme der per se gegebenen Vorteilhaftigkeit rationaler, formaler Strukturen muß somit fallengelassen werden, denn in einem vorgelagerten Schritt muß nun erst überprüft werden, ob eine Struktur überhaupt eine Legitimität besitzt bzw. ob andere, in diesem Sinne nicht-rationale Einflußfaktoren ebenfalls eine relevante Legitimität und Rolle aufweisen.

verständlich und nicht mehr zu hinterfragen akzeptiert werden. Eine *Institution* ist jedoch erst dann als solche anzusehen, wenn sie *Legitimität* besitzt, also als allgemein anerkannt gelten kann. Denn Legitimität ist eine notwendige Voraussetzung dafür, daß Organisationen überhaupt danach streben, sich gemäß den Vorschriften bzw. dem Vorbild anderer Institutionen zu verhalten. Dieses Bestreben (= der Prozeß der Institutionalisierung) führt dazu, daß Organisationen zu den sie beeinflussenden institutionellen Umwelten *isomorph* werden, d.h., sie gleichen sich an (Isomorphismus bezeichnet den Zustand der Einbettung von Organisationen in die Umwelt). Warum Organisationen diese Anpassung vollziehen, wird damit begründet, daß so die *Überlebenswahrscheinlichkeit* der Organisation erhöht wird oder eine *Alternative nicht bekannt* ist bzw. nicht in Erwägung gezogen wird (Meyer/Rowan 1977: 348ff.; Zucker 1977: 728, 1983: 5f., 1987: 443f.).

Diese kurze Zusammenfassung der grundlegenden Idee und des Gedankenganges des Institutionalismus bedarf jedoch einer genaueren Betrachtung der Herleitungen aus vorangegangenen Forschungen, Begrifflichkeiten und Annahmen. Dazu müssen insbesondere die theoretischen und empirischen Arbeiten der 90er Jahren miteinbezogen werden, denn in diesen wird die grundlegende Konzeption kritisch diskutiert und weiterentwickelt.

Herleitungen aus früheren Forschungsarbeiten

Der Ansatz des Institutionalismus wurde in seiner ersten Formulierungsphase Mitte der 70er Jahre von sehr frühen Arbeiten zu Institutionen aus verschiedenen Disziplinen beeinflußt, z.B. der Nationalökonomie, der Philosophie, den Politikwissenschaften und der Soziologie (vgl. den kurzen Abriß bei Scott 1995: 1-15). Noch stärker wirkten jedoch die Arbeiten der ersten Organisationstheoretiker, vor allem die der Vertreter verhaltensorientierter Ansätze, auf das Entstehen des Institutionalismus ein. Sie lieferten wichtige Ideen und Bausteine, um einzelne Grundannahmen und Elemente zu verstehen und zu formulieren.

Einer der Wegbereiter war Max Weber mit seinen Analysen zu Bürokratien und verschiedenen weiteren Arbeiten zu Gesellschafts- und Weltbildern und zu Rationalität und Herrschaftsformen (Weber 1924, 1972). Weber entwirft darin einerseits das Bild rational geführter und ausgerichteter Institutionen, andererseits betont er jedoch auch die Notwendigkeit der Legitimität solcher Institutionen bzw. der Personen, welche die Institutionen maßgeblich bestimmen (Weber 1924: 1ff.; vgl. auch Meyer/Rowan 1977: 342f.; Meyer/Boli/Thomas 1987: 24f.).

Ebenfalls von den Arbeiten Webers geleitet, entwirft Selznick ein institutionalistisches, prozeßorientiertes Bild sozialen Handelns, in dem soziale Handlungen in ihrem Kontext betrachtet werden müssen und durch "commitments enforced by institutionalization" (Selznick 1949: 256) bestimmt werden: "Because organizations are social systems, goals or procedures tend to achieve an established, value-impregnated status. We say that they become institutionalized." (Selznick 1949: 256f.). Auch Selznick bringt bereits den Prozeß der Institutionalisierung mit den von Organisationen angewandten, rationalen Technologien in Verbindung, indem er betont, daß Organisationen mit präzisen Zielen und gut entwickelten Technologien weniger von Institutionalisierungsprozessen betroffen sind als Organisationen, die in diesem Sinne weniger reif sind (Selznick 1957: 74ff.).

Parsons (1960a: 21) betont Institutionalisierung nicht als Prozeß sondern als Zustand. Er verweist ebenfalls darauf, daß die Legitimität des institutionalistischen Umfeldes vorhanden sein muß und daß eine institutionalistische Anpassung (Isomorphismus) zu einer entsprechend besseren Ressourcenausstattung führt (Parsons 1960a: 57). Auch Parsons sieht das Problem von Dysfunktionalitäten zwischen rationalen Technologien und Anforderungen aus dem institutionalistischen Umfeld: aus diesem Grund entwirft er das Konzept einer vertikal differenzierten Organisationsstruktur, die neben einer Produktions- und einer Managementebene als technologisch, rationale Ebenen auch eine institutionalistische Ebene beinhaltet, die für eine Anpassung der Organisation an Anforderungen aus dem sozialen Umfeld (z.B. dem Staat oder der Gesellschaft) sorgt und die Organisation zu einem Teil des institutionalistischen Umfeldes werden läßt (Parsons 1960b: 63f.).

Eine weitere, für die Theorie des Institutionalismus sehr wichtige Reihe von Forschungsarbeiten stellen die von Simon, March und Cyert dar (March/Simon 1958; Cyert/March 1963; Simon 1965). Ihre Studien zu menschlichem Entscheidungsverhalten als bestimmendem Faktor der Bestandssicherung und Anpassung von Organisationen zeigten, daß Entscheidungen nur auf einer begrenzten Rationalität beruhen, daß Entscheidungsprobleme einer sehr subjektiven Wahrnehmung der Situation unterliegen und daß Entscheidungen oftmals mehr aufgrund des bloßen Befolgens von Regeln anstatt rationaler Erwägungen hinsichtlich der Konsequenzen zustande kommen (March/Simon 1958: 141; Simon 1965: 80f.). Die Folgen daraus sind, daß Entscheider verstärkt auf Routinen, Regeln, kognitive Schemata etc. zurückgreifen. Diese Schlußfolgerung stellt auch eine der Hauptannahmen der Theorie des Institutionalismus dar (DiMaggio/Powell 1991a: 19; Scott 1995: 22).

Der Entstehungszeitraum des Institutionalismus deckt sich mit dem Aufkommen der Ansätze der Neuen Institutionenökonomie, zu denen auch die Agenturtheorie gehört. Die Neue Institutionenökonomie ist gewissermaßen das ökonomische Pendant des soziologisch ausgerichteten Ansatzes des Institutionalismus (welcher auch von Scott (1995: 29) als Neo-Institutional Theory in Sociology bezeichnet wird). Von den bis dahin vorherrschenden Organisationstheorien unterscheidet sich die Neue Institutionenökonomie stark durch die Rückkehr zu einem (modifizierten) rationalen Verständnis von Organisationen. Wie bereits in Kapitel 2.1.1 ausgeführt, beruht deren Erklärung der Entstehung, Ausgestaltung und des Agierens von Organisationen auf neo-klassischen, mikroökonomischen Annahmen und orientiert sich an Beurteilungskriterien wie Kosten oder ökonomischem Erfolg. Die Eigenschaften der Akteure sind ebenfalls mikroökonomisch gekennzeichnet, was vor allem Interessendivergenzen und opportunistisches Handeln intendiert. Ganz anders ist das Weltbild des Neo-Institutionalismus soziologischer Prägung: hier wird das Handeln der Akteure durch Institutionen und Institutionalisierungsprozesse determiniert, wobei auch rationales Verhalten eine Rolle spielen kann, jedoch nur über den Umweg der Institutionalisierung (Meyer/Rowan 1977: 346).[63]

Institution und Institutionalisierung

"...we may say that the theory of institutions is the sociological counterpart of the theory of competition in economics." (Lachmann 1971: 68). Damit wird der zentrale Stellenwert ausgedrückt, den der Begriff der Institution für die Aussagenlogik des Institutionalismus hat. Jedoch werden diese Begrifflichkeiten in verschiedenen soziologischen Denkschulen auch sehr unterschiedlich verwandt: "This conceptual variety and vagueness is striking." (Jepperson 1991: 143), so daß vorab mittels einer kurzen Darstellung ein Grundverständnis dafür zu schaffen ist, wie die verschiedenen Begriffe im Institutionalismus verwendet werden.

Der Terminus Institutionalisierung wird nach soziologischer Hermeneutik auch im Institutionalismus in einem doppelten Sinne verstanden: 1) als Zustand und 2) als Prozeß (Meyer/Rowan 1977: 341; Zucker 1977: 728, 1983: 2; DiMaggio/Powell 1991a: 9; Jepperson 1991: 145; Aldrich 1992: 21):

1) Eine **Institution** ist ein Bedeutungssystem, in welchem ein gemeinsames Verständnis über die Gültigkeit und Angemessenheit von Regeln, Programmen und Handlungen vorherrscht und das dadurch eine Gesamtheit zusammenhängender Handlungen und Handlungsmuster ergibt (Zucker 1983: 2; Meyer/Boli/Thomas 1987: 13; Jepperson 1991: 145; Scott 1994: 56). Institutionen sind als Rahmen aufzufassen, innerhalb dessen Programme ablaufen und bestimmte Regeln gelten; Institutionen verkörpern somit programmierte Aktionen oder allgemeine, gleiche Reaktionen in bestimmten Situationen (Berger/Luckmann 1969: 56ff.). Die Handlungen bzw. Handlungsmuster sind sozialen Ursprungs, d.h. es wird explizit betont, daß individuelles Verhalten und Agieren eine ausschließlich subjektive Bedeutung besitzen (Jepperson, 1991: 146; Scott 1994a: 57f.).[64] Wenn Handlungen nur subjektiven Charakters sein können, so ist auch generell eine abweichende Bedeutung dieser Handlungen für andere Personen oder Institutionen möglich. Daher kann eine Institution erst dann als solche bezeichnet werden, wenn mehrere Personen bzw. Gruppen den gleichen Handlungen die gleiche Bedeutung beimessen und so eine gemeinsame Interpretation und ungeteilte Meinungen zu Handlungen besitzen (Scott 1994a: 58).

   Es muß in diesem Zusammenhang auch die ausdrückliche Bedeutung des Kontextes hervorgehoben werden, in den eine Institution eingebettet ist: was in einer spezifischen Umgebung eine Institution darstellt, kann in einem anderen Kontext eine Institution mit

---

63 Vgl. zur Einordnung der Theorie des Institutionalismus gegenüber verwandten und konkurrierenden theoretischen Ansätzen Zucker (1987: 457ff.), Jepperson (1991: 153ff.), Tolbert/Zucker (1996: 179ff.), Barringer/ Milkovich (1998: 308ff.).

64 Bereits Max Weber betonte die subjektive Bedeutung von Handlungen (Weber 1972). Auch andere Soziologen beziehen sich immer wieder ausdrücklich auf diese Grundeigenschaft sozialen Handelns und dessen Interpretation (vgl. beispielsweise Berger/Luckmann 1969; Geertz 1973; Berger/Kellner 1981; Smircich 1983).

unterschiedlicher Bedeutung darstellen bzw. gar keine institutionelle Bedeutung besitzen (Scott 1987: 507f.; Jepperson/Meyer 1991: 218f.; Powell 1991: 198f.). Zum Beispiel hatte die in den jeweiligen Verfassungen verankerte Institution "freie, geheime und gleiche Wahlen" in der ehemaligen Deutschen Demokratischen Republik eine andere institutionelle Bedeutung als in der Bundesrepublik Deutschland, oder eine Universität als Institution hat landesweit einen anderen Stellenwert als Institution als für die Stadt, in der sie angesiedelt ist (= Zentralität von Institutionen) (Jepperson 1991: 146).

Für Institutionen lassen sich sehr unterschiedliche Beispiele anführen: Unternehmungen, Präsidentschaften, die Ehe, Verträge, Versicherungen, Wahlen u.v.m. Alle diese Institutionen können in der einen oder anderen Form als so unterschiedliche Dinge wie Produktionssysteme, soziale Programme oder "Drehbücher" charakterisiert werden. Deren gemeinsames Moment ist, daß sie einen stabilen Rahmen für wiederholbare Handlungen darstellen (Zucker 1987: 444; Jepperson 1991: 144f.). Institutionen sind ein soziales Muß und ein vorgegebenes Muster, welches einen bestimmten Status erreicht hat. Ein wesentlicher Indikator dafür ist, daß bei einem Kontakt oder einer Teilnahme an dieser Institution die Einhaltung von Regeln, Programmen und ähnlichem überwacht, belohnt oder sanktioniert wird.

Die Stabilität von Institutionen bedarf einer ständig wiederholten, systematischen und regelgeleiteten Ausführung und Reproduktion der sie begründenden Handlungen, wobei die Reproduktion eine Art Selbstverständlichkeit darstellt und nicht eine ständig neu überdachte und abgewogene Handlung. Dies unterscheidet eine Institution von anderen sozialen Verhaltensmustern ohne institutionelle Bedeutung (Jepperson 1991: 148). Daher sind die Institutionen, die nur sehr selten in großen Zeitabständen aktiviert werden, in erhöhtem Maße davon bedroht, ihren institutionellen Charakter zu verlieren oder eine grundlegende Wandlung zu erfahren (Covaleski/Dirsmith 1988: 565).

Daß Handlungen selbstverständlich und nicht mehr zu hinterfragen sind, kann jedoch relativiert werden, indem angenommen wird, daß Institutionen auch aufgrund bewußter Interessen der Handelnden geformt und verändert werden (DiMaggio 1988: 9-11) – damit erscheinen Institutionen als von Akteuren instrumentalisiert. Werden jedoch die Interessen der Akteure und damit die Akteure selbst ebenfalls als institutionalistisch geformt und vorgegeben betrachtet (Meyer/Boli/Thomas 1987: 13; Scott 1987: 508; Friedland/Alford 1991: 244), so ist wieder der Ausgangspunkt der Überlegungen erreicht.[65]

Alle diese Charakteristika und Aspekte zusammenfassend, sind Institutionen sozial konstruierte Einheiten, die sich durch gemeinsam getragene und reproduktiv ausgeübte Regeln, Programme und Verhaltensweisen nach außen als Institution abgrenzen. Institutionen werden in ihrer Existenz als allgemeingültig, grundsätzlich nicht in Frage zu stellen (taken-for-granted) und somit als objektiv wahrgenommen. Damit determinieren In-

[65] In diesen Ausführungen kommt erstmals die bereits angesprochene Ambiguität einiger institutionalistischer Argumentationen zum Ausdruck.

stitutionen, was in der von ihnen beeinflußbaren Umgebung als gültig und ergo richtig anzusehen ist; in gleicher Weise bestimmen sie auch in einer negativen Abgrenzung, was als ungültig, unwahr und damit unrelevant betrachtet werden kann. Diese Definition von Institutionen dient der Abgrenzung, wann überhaupt eine Institution als solche zu bezeichnen ist. Was jedoch konkret eine Institution darstellt, ist wiederum nur kontextabhängig zu bestimmen – es existieren keine natürlichen Institutionen.

2) Da keine natürlichen Institutionen bestehen, ist der Prozeß, der zu einer Institution führt, von Relevanz: die **Institutionalisierung**. Es existieren zwei unterschiedliche Sichtweisen, wie dieser Prozeß zu interpretieren ist. Zum einen wird er als die eigentliche Übertragung von Regeln, Programmen und Handlungsweisen betrachtet, durch die Institutionen jenseits technologisch, rationaler Anforderungen bestimmt werden (Selznick 1957: 17; Scott 1987: 494, 1994: 90). Der Prozeß der Institutionalisierung ist danach als reine Transformation definiert, die bewußt oder unbewußt stattfinden kann, bei der es jedoch nicht darauf ankommt, wie sie vonstatten geht (Scott 1987: 495).

   Zum anderen wird betont, daß der Prozeß lediglich die Konstruktion der subjektiven Realität darstellt, deren Ergebnis dann das gemeinsame Verständnis hinsichtlich adäquater Regeln, Programme und Handlungsweisen ist (Berger/Luckmann 1969: 64ff.; vgl. auch Scott 1994: 90; Tolbert/Zucker 1996: 180f.). Diese Konstruktion der subjektiven Realität erfolgt über konkrete Handlungen, bei denen es, im Unterschied zur ersten Prozeßinterpretation, sehr wohl darauf ankommt, welche Akteure welche Handlungen vornehmen (Scott 1987: 495). Das Ergebnis dieses Prozesses bezeichnen Berger/Luckmann (1969: 65) als Paradoxon: "...daß der Mensch fähig ist, eine Welt zu produzieren, die er dann anders denn als ein menschliches Produkt erlebt..."

   Gemeinsam betonen beide Prozeßinterpretationen, daß Regeln, Programme und Handlungsweisen übertragen werden und sich über einen Zeitraum hinweg entwickeln – somit sind sie historisch zu betrachten (Scott 1994b: 90). Die historische Sichtweise der Institutionalisierung bestimmt auch einen wesentlichen Teil der Forschung im Institutionalismus: "Wie sind Institutionen entstanden und wie haben sie sich verbreitet?" (vgl. Zucker 1988a: 27f.; Jepperson/Meyer 1991: 213f.; Baum/Oliver 1996: 1386; Tolbert/Zucker 1996: 181).

Zucker (1977: 728) liefert eine frühe und grundlegende Definition zu Institutionalisierung als Zustand und als Prozeß: "...institutionalization is both a process and a property variable. It is the process by which individual actors transmit what is socially defined as real and, at the same time, at any point in the process the meaning of an act can be defined as more or less a taken-for-granted part of this social reality. Institutionalized acts, then, must be perceived as both *objective* and *exterior*." [Hervorhebungen im Original].

Von dieser Differenzierung ausgehend, unterscheidet Scott (1994b: 83, 1995: 64ff.) die empirischen Forschungsarbeiten im Institutionalismus in Varianz- versus Prozeßansätze. Bei Varianzansätzen steht die Fragestellung im Mittelpunkt, welche institutionalistischen Faktoren welche Folgen (z.B. Organisationsstrukturen) verursacht haben (= Institutionalisierung als Zustand). Prozeßansätze beschäftigen sich mit der Frage, wie eine Abfolge von institutionalistischen Vorgängen stattgefunden hat (= Institutionalisierung als Prozeß). Weiterhin kann differenziert werden, ob in einer Betrachtung der Vorgang der Institutionalisierung die abhängige Variable (= Institution/Institutionalisierung als Folge von bestimmten Vorgängen oder Gegebenheiten) oder die unabhängige Variable (Institution/Institutionalisierung als Erklärende für z.B. Strukturen oder Handlungen) darstellt (Scott 1994b: 83).[66]

Legitimität von Institutionen

Der Ansatz des Institutionalismus ist primär darauf ausgerichtet, zu beschreiben, was die Merkmale von Institutionen sind und wie diese Institutionen auf ihre direkte und indirekte Umwelt, insbesondere auf Organisationen, einwirken. Das entscheidende Kriterium, warum ein solcher Einfluß überhaupt möglich erscheint, ist die Legitimität von Institutionen und deren Handlungen. In institutionalistischen Ansätzen sind eine Fülle unterschiedlicher Definitionen hinsichtlich des Begriffs der Legitimität vorzufinden (vgl. u.a. Meyer/Scott 1983b: 200ff.; Meyer/Boli/Thomas 1987: 18; Scott 1995: 45ff.).[67] Eine zentrale Übereinstimmung in den Definitionen herrscht jedoch darüber, daß Legitimität kognitiven Ursprungs ist: eine Institution ist dann als legitim anzusehen, wenn das Bestehen und die Handlungsweise dieser Institution als natürlich und damit richtig angesehen wird (taken-for-granted) (Jepperson 1991: 152; Scott 1991: 169, 1987: 505; Davis/Greve 1997: 15). Eine Institution ist somit die Legitimität selbst (Hybels 1995: 241) und der Prozeß der Institutionalisierung ist gleichzeitig ein Prozeß der Legitimierung. Das Ausmaß vorherrschender Legitimität in Form von Akzeptanz kann als Maßstab für den Grad der Institutionalisierung herangezogen werden – der Endpunkt ist die vollständige Legitimierung einer Institution, alle direkt und indirekt betroffenen Akteure akzeptieren die Institution und deren Handlungsweisen als richtig und gültig und es bestehen keine Alternativen mehr (Meyer/Scott 1983b: 203; Tolbert/Zucker 1996: 184; Barron 1998: 209).

Was institutionalistisch legitim ist und was nicht, unterliegt jedoch keinerlei objektiven Bewertungskriterien und ist damit weder im Sinne einer Zweckmäßigkeit von Interessen noch mit moralischen Maßstäben zu begründen (Jepperson 1991: 149).[68] Nicht die Zweckmäßigkeit von Interessen an sich, sondern die Anzahl verschiedener Interessengruppen und die unter-

---

[66] Diese Trennlinie ist in der Orientierung der empirischen Arbeiten deutlich auszumachen. Sie verläuft zwischen Arbeiten, die von einer gegebenen Institutionalisierung ausgehen ("Why did this happen?"), und Arbeiten, die den Institutionalisierungsprozeß untersuchen ("How did this happen?").

[67] Vgl. generell zu unterschiedlichen Legitimitätsvorstellungen in verschiedenen theoretischen Ansätzen Hybels (1995: 241-243), Barron (1998: 209).

[68] Worin sich diese Konzeption auch deutlich von einem Alltagsverständnis bezüglich Legitimation abhebt, denn landläufig als illegitim bezeichnete Verhaltensweisen wie Kriminalität oder Korruption können sehr wohl einen institutionalistischen Charakter besitzen (Jepperson 1991: 149).

schiedlichen Motive dieser Interessengruppen werden als Indikator herangezogen, um den Legitimitätsgrad (und damit den Institutionalisierungsgrad) einer Institution zu bestimmen (Meyer/Scott 1983b: 202f.). Ein weiterer Vorschlag zur Bestimmung der Legitimität einer Institution führt aus, inwieweit eine Institution in der Lage ist, neue Institutionen bzw. Elemente zu institutionalisieren. Danach vermögen Institutionen auf andere Institutionen ansteckend zu wirken und diese Ansteckungswahrscheinlichkeit ist um so höher, je stärker eine Institution in ihrer Existenz und Handlungsweise bereits legitimiert ist (Zucker 1988a: 38f.). Damit erklärt Zucker (1988a: 39) beispielsweise auch, warum die Einführung neuer Technologien durch bereits stark legitimierte Institutionen keines bzw. nur eines geringen eigenen Legitimierungsprozesses bedarf.

Indikatoren einer Institutionalisierung

Um zu zeigen, ob und mit welchen Folgen institutionalistische Umfelder auf andere Institutionen bzw. Organisationen einwirken, genügt es, das institutionalistische Umfeld als gegeben anzunehmen: es besteht eine Institution (vgl. z.B. die Arbeiten von Meyer 1977; Rowan 1982). Abgesehen von dem eher unwahrscheinlichen Zustand der vollständigen Institutionalisierung (Meyer/Scott 1983b: 203) wird zudem im Institutionalismus davon ausgegangen, daß unterschiedliche Grade der Institutionalisierung existieren können und daß daraus auch differierende Auswirkungen auf die mit diesen Institutionen in Verbindung stehenden anderen Institutionen entstehen. So lassen sich auch verschiedene Auswirkungen der Institutionalisierung in sonst gleichen Systemen erklären (Zucker 1987: 447).

Um einen Institutionalisierungsgrad zu bestimmen, müssen daher Indikatoren der Institutionalisierung identifiziert werden – unabhängig davon, ob der Institutionalisierungsgrad die erklärende oder erklärte Variable darstellt. Für deren Bestimmung ist vor allem der Untersuchungsgegenstand von Bedeutung und da soziologische Argumente im Institutionalismus Vorrang genießen, werden in einem großen Teil der Forschungsarbeiten indirekte, globale Indikatoren gewählt, die für eine entsprechende Interpretation offen sind. Beispiele dafür sind bei dem Grad der Institutionalisierung als *unabhängige* Variable die Art existierender Gesetze, die Regulierungsdichte aufgrund von Verordnungen oder Verträgen, die Verwendung bestimmter sprachlicher Formulierungen oder das Beurteilungsvermögen von Entscheidern. Bei dem Institutionalisierungsgrad als *abhängige* Variable wird hingegen sehr stark auf die Konsequenzen der Institutionalisierung abgestellt, beispielsweise in Form von Sterberaten von Organisationen, Kopplungen oder Entkopplungen von Beziehungen, Machtbasen oder Zentralisierungsgrade (vgl. dazu die Zusammenstellung und Interpretation von Indikatoren verschiedener Forschungsarbeiten bei Zucker 1987: 448). Eine weitere Möglichkeit, den Grad der Institutionalisierung zu bestimmen, wird in dem Ausmaß der Legitimität einer Institution gesehen. Diese wird durch die Anzahl verschiedener Interessengruppen und dem Ausmaß der

Gegensätzlichkeit bzw. der Inkonsistenz der verfolgten Interessen definiert (Meyer/Scott 1983b: 202; Scott 1991: 170).[69]

Trotz der sehr unterschiedlichen Möglichkeiten, Institutionalisierungsgrade zu bestimmen, wird generell auf die Problematik all dieser Konzeptionen hingewiesen: letztlich sei theoretisch für die Bestimmung des Grades der Institutionalisierung immer noch maßgeblich, inwieweit die relevanten Akteure darin übereinstimmen, ob eine Institution eine Existenzberechtigung besitzt und bestimmte Handlungen vornehmen darf (taken-for-granted) – und die zeige sich nur in der Verwundbarkeit und in Veränderungen von Institutionen (Meyer/Scott 1983b: 201f.; Jepperson 1991: 151).

Eine wesentlicher Teil der Arbeiten im Institutionalismus konzentriert sich daher auf die Existenz einer begrenzten Anzahl von institutionellen Umwelten bzw. Institutionen, die als gegeben angenommen werden und andere Institutionen in einer bestimmten Weise beeinflussen: "...in some measure beyond the discretion of any individual participant or organization." (Meyer/Rowan 1977: 344). Damit wird der Prozeß der Institutionalisierung in seinen Ursachen und seinem Verlauf in den Hintergrund gedrängt und das Faktum der Übernahme von Bewertungen, Strukturen und Handlungsweisen betont. Der Betrachtungsfokus wird so auf das Ergebnis der Institutionalisierung als den Grad der Anpassung von Institutionen (Isomorphismus) gelenkt (Scott 1987: 498). Bei dieser Sichtweise werden differenzierte Beweggründe für die Anpassung an Institutionen herausgearbeitet.

2.1.2.2 Organisationen und Institutionalisierung

Das Studium der – vor allem nicht empirisch orientierten – Literatur offenbart eine große Uneinheitlichkeit in der Darstellung, Schwerpunktwahl, Begründung und Diskussion sowohl des gesamten Ansatzes des Institutionalismus als auch in unterschiedlichen Teilbereichen. Viele singuläre und stark kontextbezogene Diskussionsbeiträge, historische Herleitungen, Entgegnungen auf Einzelbeiträge oder Forschergruppen, stark differierende Gliederungsvorschläge zur Gesamterfassung des Ansatzes und vor allem ein ausgeprägter Hang zu mehrdeutigen Interpretationen und Ergebnissen sind zu erkennen. Die Gründe dafür dürften erstens in der Heterogenität der Forschergruppen zu finden sein, zweitens in der generellen Offenheit des Ansatzes und seinen vielfältigen Verknüpfungsmöglichkeiten zu anderen Theorien und drittens in der vergleichsweise geringen Anzahl empirischer Forschungsarbeiten, welche die apostrophierten Zusammenhänge stützen könnten.[70] Damit wird eine konsistente Theorieerfassung und Darstellung in Hinblick auf Organisationen und deren Strukturen erschwert. Um dieser Problematik Rechnung zu tragen und gleichzeitig den Fokus auf den

---

69 Der Beziehungszusammenhang wird dabei wie folgt gesehen: je mehr verschiedene Interessengruppen mit unterschiedlichen Ansprüchen an eine Institution existieren, desto geringer ist der Grad der Institutionalisierung.

70 Zudem sind die empirischen Forschungsarbeiten zu einem großen Teil auf den Typus öffentlicher, nicht kommerzieller Organisationen ausgerichtet.

Kontext, in dem sich Organisationen befinden, zu lenken, sind die nachfolgenden Darlegungen wie folgt aufgebaut:

1. Charakterisierung von Organisationen durch die Institutionalisten,
2. Darstellung der Ebenen institutionalistischer Einflüsse auf Organisationen,
3. Aufzeigen der Mechanismen der Institutionalisierung von Organisationen.

Charakterisierung von Organisationen im Institutionalismus

Organisationen lassen sich anhand zweier unterschiedlicher Merkmale beschreiben:
(1) durch ihre formale, nach innen und außen kommunizierte Struktur, welche die vorherrschenden Koordinationsmechanismen, Kontrollregeln und Kontrollmaßnahmen widerspiegelt (Zucker 1988a: 31) und (2) durch das tatsächliche Agieren der Organisation bzw. der Organisationsmitglieder, welches von der formalen Struktur zum Teil erheblich abweichen kann (Meyer/Rowan 1977: 342f.). Dieses Abweichen wird institutionalistisch begründet.

Darüber hinaus wird davon ausgegangen, daß auch jener Teil der Organisationsstruktur, der rational, technisch-aufgabenbezogen begründbar ist, einen zumindest partiellen institutionalistischen Ursprung besitzt (Powell 1991: 186). Rationale, aufgabenbezogene Organisationsstrukturen reflektieren ebenfalls die institutionalisierten Vorstellungen der engeren und weiteren Umwelt der Organisation (Meyer/Rowan 1977: 344; Zucker 1988a: 31). Formale Organisationsstrukturen werden beispielsweise durch staatliche Vorgaben und quasi-staatliche Verbände beeinflußt (z.B. hinsichtlich der Rechnungslegung, Revision und Prüfung (Meyer 1994b: 126ff.)), durch das engere Branchenumfeld (z.B. die Verbreitung von Techniken in einer Industrie (Garud/Kumaraswamy 1995: 230ff.)), durch allgemeine gesellschaftliche Vorstellungen (z.B. zur Entwicklung von Ausbildungsprogrammen (Scott/Meyer 1994a: 234ff.)) oder durch Forderungen zur Generierung und Umsetzung von Innovationen (Karnøe 1995: 248f.).

Die zunehmende gesellschaftliche Übereinkunft, daß Organisationen nach rationalen und technisch-aufgabenbezogenen Gesichtspunkten zu strukturieren sind, wird von den Institutionalisten als Beleg dafür angesehen, daß moderne Gesellschaften das Ergebnis einer generell ansteigenden Institutionalisierung sind. Einmal in Gang gekommen, pflanzt sich dieser Mythos rationaler Organisationen (Meyer/Rowan 1977: 347; Zucker 1983: 13) weiter fort. Darüber hinaus wird argumentiert, daß mit fortschreitender Modernisierung von Gesellschaften auch die Dichte der Beziehungen zwischen Organisationen zunimmt – dieser Umstand forciert den Prozeß der Institutionalisierung weiter (Meyer/Rowan 1977: 346; Powell 1991: 191f.; Meyer 1994a: 42ff.).[71]

Allerdings verschließt sich der Institutionalismus nicht gänzlich rationalen und technisch-aufgabenbezogenen Argumenten als Bestimmungsfaktoren von Organisationsstrukturen; deren Einfluß wird jedoch als von untergeordneter Bedeutung betrachtet (Meyer/Rowan 1977: 346; Kraatz/Zajac 1996: 814). Und letztlich kann sich immer noch darauf zurückgezogen werden, daß auch das Phänomen der Rationalität und der ökonomischen Effizienz und Effektivität kognitiv bedingt und damit subjektiv sei: Rationalität als Institution bzw. Institutionalisierungsprozeß ist somit ebenfalls kontextabhängig (Meyer/Rowan 1977: 343; Friedland/Alford 1991: 238ff., 245ff.; Powell 1991: 186).

Auch wenn die Theorie des Institutionalismus von einer untergeordneten Rolle rationaler und technisch-aufgabenbezogener Bestimmungsfaktoren ausgeht, so wird doch ein entsprechendes Kontinuum befürwortet: an dessen einem Ende befinden sich solche Umwelten, in denen diese Bestimmungsfaktoren besonders relevant sind: technisch orientierte Organisationen mit beispielsweise hoch automatisierten Fertigungsprozessen oder vielen marktlichen Austauschbeziehungen (= technical environments). Die Beurteilung der Organisation erfolgt aufgrund der "rationalen" Effizienz und Effektivität der Aufgabenerfüllung (Scott/Meyer 1983: 140; Scott 1991: 167). Am anderen Ende sind Bestimmungsfaktoren angesiedelt, die nur von außen in Form von Anforderungen anderer Institutionen auf die Organisation einwirken und denen sich die Organisation mittels Institutionalisierungsprozesse anpassen muß (= institutional environments). Dazu zählen Organisationen, die ihre Maßnahmen und Handlungen gegenüber den sie beeinflussenden Institutionen rechtfertigen müssen und wenig bis nicht an der Effizienz und Effektivität der Aufgabenerfüllung gemessen werden, z.B. Kirchen, staatliche Bildungseinrichtungen oder Nervenkliniken (Meyer/Rowan 1977: 354; Scott 1981: 41f.; Meyer/Scott/Deal 1983: 46). Diese Trennung wird mit der Annahme des folgenden Zusammenhangs betont: Organisationen, die sich in einem der jeweiligen Extrempunkte des Kontinuums befinden, trachten danach, den dort bestimmenden aufgabenbezogenen bzw. institutionellen Anforderungen besonders gut zu entsprechen, indem sie sich zusätzlich bewußt von den jeweiligen anderen Anforderungen abgrenzen. Es entstehen so aufgrund der zwei divergierenden Bestimmungsfaktoren auch zwei gegensätzliche Gruppen von Organisationen: technisch-aufgabenbezogene und institutionalistisch ausgerichtete (Meyer/Scott/Deal 1983: 46f.; Scott/Meyer 1991: 123).

Ein solches Kontinuum ist zwar grundsätzlich zur theoretischen und analytischen Betrachtung von Organisationen sinnvoll, weitere Forschungsarbeiten haben jedoch gezeigt, daß die

---

[71] Eine vergleichbare Argumentationskette wählen DiMaggio/Powell (1991b: 65, ursprünglich 1983), indem sie unterstellen, daß neue Organisationsstrukturen aus technisch-rationalen Beweggründen entstehen, jedoch im weiteren Zeitverlauf ab einer bestimmten Schwelle institutionalisiert sind und danach überwiegend aus institutionalistischen Motiven weitere Annahme und Verbreitung finden. Trotz der teilweisen empirischen Bestätigung dieses Zusammenhangs (vgl. Baron/Dobbin/Jennings 1986: 379; Meyer/Stevenson/Webster 1985: 183ff.; Tolbert/Zucker 1983: 30) relativiert Powell (1991: 186) später diese Annahme als zu ungenau.

meisten Organisationen sich keinem der beiden Extrempunkte eindeutig zuordnen lassen (vgl. z.B. Tolbert 1985: 9ff.; Powell 1991: 186). Aus diesem Grund wurde das angenommene Kontinuum fallengelassen und der Zusammenhang mittels einer Matrix auszudrücken versucht (vgl. Abbildung 2.5) (Scott 1981: 127ff.; Scott/Meyer 1991: 124). Damit soll verdeutlicht werden, daß Organisationen zumeist jeweils beiden Gruppen von Bestimmungsfaktoren, technisch-aufgabenbezogene und institutionalistische, zu entsprechen haben, dies jedoch in unterschiedlichen Intensitäten. Gleichzeitig wird darin auch die Unterschiedlichkeit institutionalistischer Umwelten hervorgehoben.

		Institutional Environments *Stronger*	 *Weaker*
Technical Environments	*Stronger*	utilities banks general hospitals	general manufacturing pharmaceuticals
	Weaker	mental health clinics schools, legal agencies churches	restaurants health clubs

Abbildung 2.5: Kombination technischer und institutionalistischer Umwelten (Scott/Meyer 1991: 124)

Die bisherigen Ausführungen betonen die eingangs aufgestellte Behauptung, daß der Institutionalismus im Grunde kein einheitliches Bild aufweist, wie Organisationsstrukturen zu beschreiben und einzuordnen sind. Die theoretischen Arbeiten beschäftigen sich primär mit der Fragestellung, wie institutionalistische Umwelten Organisationsstrukturen beeinflussen, ohne ein übergreifendes Bild der Strukturen von Organisationen in ihrer Gesamtheit zu liefern. Dies pflanzt sich in den empirischen Arbeiten fort, die die Entstehung und Entwicklung einzelner Organisationstypen oder einzelner Strukturelemente von Organisationen in spezifischen Umwelten untersuchen. Eine Grundkonzeption hinsichtlich Organisationsstrukturen, wie sie zum Beispiel die Kontingenztheorie in Form der übergreifenden Idee der Differenzierung, Koordination und Konfiguration als strukturbildende und -abbildende Determinanten oder die Neue Institutionenökonomie in Form der Bestimmung von Organisationen als governance structures konstruiert, existiert im Institutionalismus nicht.

Dessen sind sich auch einige Institutionalisten bewußt und stellen die Organisation selbst, respektive den Begriff der Organisation, in Frage: "...organizations tend to disappear as distinct and bounded units." (Meyer/Rowan 1977: 346). Letztlich stellen Organisationen nur noch rationale Mythen dar, die moderne Gesellschaften durchdringen und mehr ein Teil dieser sind als mit diesen in einem Austausch stehen (Meyer/Rowan 1977: 346). Der überwiegende Teil institutionalistischer Arbeiten stützt sich jedoch nicht auf diese extreme Position, sondern wählt die differenziertere Sichtweise von Organisationen als eigene, abgeschlossene und mit ihrer Umwelt interagierende Einheiten.

In diesem Kontext können im Institutionalismus drei unterschiedliche Perspektiven gewählt werden (Meyer 1994a: 32f.):[72]

1) Organisationen tragen ihr institutionalistisches Umfeld in sich selbst und bilden damit ihr eigenes relevantes Bedeutungssystem – sie formen sich selbst,

2) Organisationen sind von einer Umwelt umgeben, die nicht in einer wechselseitigen Beziehung zu ihnen steht, und diese Umwelt erzwingt Organisationsstrukturen und Handlungen zur Erreichung eigener Ziele,

3) Organisationen stehen in einer aktiven Austauschbeziehung mit verschiedenen Umwelten und Umweltelementen. Dabei bestimmen kognitive Interpretationen, welche Umweltelemente eine Organisation auf welche Weise beeinflussen.

Unabhängig vom gewählten Ansatzpunkt kann jedoch festgestellt werden, daß in institutionalistischen Arbeiten explizit oder implizit eine Konkurrenzsituation zu anderen organisationstheoretischen Ansätzen aufgebaut wird.

Die Rolle des Institutionalismus als konkurrierender Ansatz zur Erklärung von Organisationen gegenüber anderen organisationstheoretischen Ansätzen, insbesondere der Neuen Institutionenökonomie, der "klassischen" Management- und Organisationslehre und den kontingenztheoretischen Ansätzen, wird immer wieder betont (Whitley 1992a: 120f.; Gupta/Dirsmith/Fogarty 1994: 264; Scott 1994a: 68). Diese Theorien betrachten Organisationen in erster Linie als einen Handlungs- bzw. vertraglichen Rahmen, dessen Aufgabe es ist, Probleme der kollektiven Zusammenarbeit eines ökonomisch orientierten Austausches zu bewältigen. Der Fokus liegt hierbei vor allem auf der Strukturierung der Aufgabenverteilung und Koordination, der Aushandlung, Etablierung und Durchsetzung von Verträgen oder der Schaffung von Einfluß- und Machtbasen (vgl. z.B. Thompson 1967; Blau/Schoenherr 1971; Scott 1975; Williamson 1985; Langlois 1986; Moe 1990).

Obwohl auch diese Theorien explizit den weiten Begriff der Institution verwenden, ist deren Sichtweise in erster Linie auf die Ebene konkreter Organisationen ausgerichtet und diese Organisationen werden weniger durch ihr generelles normatives und kognitives Umfeld bestimmt, sondern vielmehr durch aufgaben- und technikbezogene Effizienz- und Effektivitätsüberlegungen. Um den Institutionalismus als konkurrierenden Ansatz zu etablieren, fordern Institutionalisten daher, Organisationen explizit als spezifische Institutionen aufzufassen

[72] Alle drei Perspektiven finden Eingang in die näheren Betrachtungen zur Steuerung und Kontrolle – vgl. Kapitel 3.3.

und hervorzuheben und diese im Kontext anderer Institutionen zu betrachten (Fligstein 1990: 5f.; DiMaggio/Powell 1991a: 33; Friedland/Alford 1991: 240ff.; Whitley 1992a: 120; Scott 1994a: 71). In dieser Hinsicht steht der Institutionalismus allerdings noch am Anfang seiner theoretischen und empirischen Bemühungen. Denn um die obige Forderung, Organisationen als eigene Institutionen aufzufassen, erfüllen zu können, müssen konsistente Aussagen darüber getroffen werden, welchen **Zweck** Organisationen sowohl generell als auch innerhalb ihres institutionellen Umfeldes verfolgen und wie Organisationen **abzubilden** sind.

Im Gegensatz zu Determinanten und Prozessen der Beeinflussung von Organisationen läßt sich in institutionalistischen Ansätzen nur sehr wenig über den Zweck von Organisationen finden. Sehr viele Arbeiten sehen die Organisation als gegeben an und beschäftigen sich mit Faktoren, welche die Entstehung von Organisationen beeinflußt haben, die Organisationen verändern oder organisatorisches Handeln bestimmen.

Eine erste Gruppe von Arbeiten ist sich zwar der Relevanz dieser Fragestellung bewußt, weicht aber in ihren Ausführungen konkreteren Festlegungen bzw. Definitionen weitestgehend aus (vgl. z.B. North 1990; Caeldries 1996). North (1990: 4) führt allgemein aus, daß Organisationen, genauso wie auch andere Institutionen, eine Struktur für menschliche Interaktion darstellen, wobei die institutionelle Umwelt die Spielregeln vorgibt, innerhalb derer Organisationen gleichsam als Spieler miteinander konkurrieren.

Eine weitere institutionalistische Interpretation hinsichtlich des Zwecks von Organisationen kann einer zweiten Gruppe zugeordnet werden, welche sich auf explizit auf die Arbeiten von Max Weber und nachfolgenden Soziologen stützt. Sie betonen das Entstehen und die Entwicklung der, vor allem westlichen, Rationalität als Ursache dafür, daß Organisationen entstehen. Organisationen dienen danach der Strukturierung des gesellschaftlichen Lebens und beinhalten in erster Linie formale Regeln, Planungen und Programme. Sie dienen somit Fortschritt und Gerechtigkeit – Gesellschaften nutzen diese Organisationen zur kollektiven Wohlfahrt (Meyer/Boli/Thomas 1987: 25; Meyer et al. 1994: 180ff.). Da eine Organisation nur der Indikator für eine Rationalisierung der Umwelt bzw. Gesellschaft ist, richten die Arbeiten dieser Gruppierung ihr Augenmerk hauptsächlich auf die Entwicklung institutioneller Strukturen auf der Ebene von Gesellschaften oder Staaten – die Organisation als institutionelle Einheit tritt in den Betrachtungen zurück (vgl. z.B. DiMaggio 1983; Thomas/Meyer 1984).

Eine dritte Gruppe schließlich rückt den Prozeß der Institutionalisierung in den Vordergrund. Die Frage nach dem Zweck von Organisationen wird an die Annahmen der ersten und zweiten Gruppe von institutionalistischen Arbeiten angelehnt, ist jedoch insgesamt nur von untergeordneter Bedeutung. Der Fokus dieses Zweiges wird direkt auf den Vergleich mit anderen organisationstheoretischen Ansätzen gelenkt, insbesondere in Konkurrenz zur Kontingenztheorie und Neuen Institutionenökonomie. Deren Erklärungsmuster für die Entstehung und die Veränderung von Organisationsstrukturen und organisatorischem Handeln wird in Frage gestellt und es wird versucht zu zeigen, daß institutionalistische Argumentationen entweder eine konträre Erklärung oder eine ergänzende Erklärung (DiMaggio/Powell 1991b: 74ff.; Scott 1994a: 75ff.) zu anderen Organisationstheorien bieten können.

Neben den ausgeführten Unterschieden besitzen jedoch die drei institutionalistischen Gruppierungen eine Gemeinsamkeit: die Abbildung von Organisationen ist sehr eng an Beschreibungen vorhandener und real zu beobachtender Organisationen orientiert, wobei Beschreibungskategorien aus anderen organisationstheoretischen Ansätzen zur Anwendung kommen (vgl. z.B. Gupta/Dirsmith/Fogarty 1994: 272f.; Hinings et al. 1996). Mit der Institutionalisierung der Umwelt werden zugleich die in ihr befindlichen Organisationen erklärt. Organisationen werden so zu organizational techniques, die in einer Reihe mit material techniques oder psychological techniques stehen. Sie gehorchen den gleichen "universal principles from science", die überall anwendbar sind (Meyer 1994a: 42).

Trotz der Vielfältigkeit hinsichtlich der Beschreibung von Organisationsstrukturen im Institutionalismus werden drei Elemente von Organisationen in unterschiedlichen Arbeiten auf verschiedene Weise immer wieder betont: Organisationen besitzen eine eigene Identität, bestimmte Strukturen bzw. Strukturmerkmale und zeichnen sich durch spezifische Aktivitäten oder Aktivitätsmuster aus (Meyer/Rowan 1977: 348; Dobbin et al. 1988: 76; Meyer 1994a: 33f.).

Als ein erster und umfassender Versuch, die divergierenden Ansichten bezüglich der Sichtweise von Organisationen und die bis Anfang der 90er Jahre gewonnenen Erkenntnisse aus empirischen Forschungsarbeiten im Institutionalismus zu bündeln und zu strukturieren, kann das Modell von Scott (1994a: 56f., 1995: 141) angesehen werden – Scott nennt es "A Layered Model". In diesem Modell wird versucht, einen gesamtinstitutionalistischen Kontext darzustellen und die differierenden Sichtweisen anderer theoretischer Ansätze in Hinsicht auf rationale und technisch-aufgabenbezogene Erklärungen für Organisationen zu berücksichtigen (vgl. Abbildung 2.6).

Scott arbeitet erkennbar mit Begrifflichkeiten und Definitionen anderer Theorien, z.B. durch die Bezeichnung von Organisationen als governance structures oder die nicht institutionalistische Begründung der Beeinflussung von Strukturen und Handlungsweisen mittels inventions und negotiations (vgl. dazu auch die Ausführungen von Scott 1995: 140ff.).[73] Doch bevor der Nutzen einer um einen zweiten theoretischen Ansatz (der Agenturtheorie) erweiterten Sichtweise zur Betrachtung von Organisationen diskutiert wird (vgl. Kapitel 2.1.3), soll eine Konzentration auf die *institutionalistischen* Zusammenhänge und Aussagen erfolgen.

---

[73] Es soll nochmals betont werden, daß das Modell von Scott weniger einen eigenen Ansatz darstellt als vielmehr den Versuch, eine übergreifende Darstellung institutionalistischer Determinanten (Ebenen, Mechanismen etc.) zu entwerfen. Ein beachtenswerter Modellinhalt ist dabei die Einarbeitung von Sichtweisen konkurrierender Ansätze.

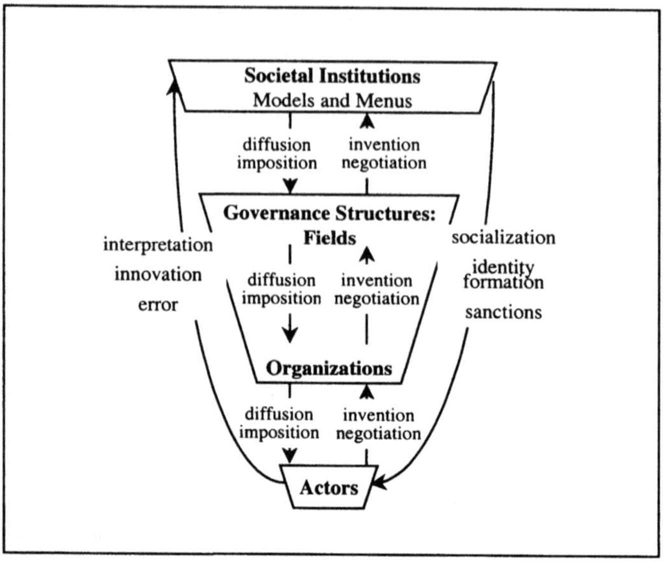

Abbildung 2.6: Top-Down and Bottom-Up Processes in Institutional Creation and Diffusion (Scott 1995: 142)

Ebenen und Quellen der Institutionalisierung von Organisationen

Die frühen Arbeiten des Institutionalismus betonten, daß Institutionalisierungsprozesse in eine bestimmte Richtung erfolgen. Danach werden Organisationen im Sinne einer abhängigen Variable einseitig durch die sie umgebenden technischen und institutionellen Umwelten beeinflußt (Meyer/Rowan 1977: 345f.; DiMaggio 1983: 149f.; Meyer/Scott/Deal 1983: 46f.). Später gelangte man jedoch zu der Feststellung, daß Organisationen in zweifacher Hinsicht im Institutionalismus eine Rolle spielen: zum einen sind sie Empfänger institutionalistischer Prozesse aus ihrem Umfeld, d.h. sie sind als Institution das Ergebnis solcher Vorgänge und verändern sich auch weiterhin im Zeitablauf durch institutionalistische Einflüsse. Die diese Sichtweise verfolgenden Ansätze werden als "field-level predicting" (DiMaggio/Powell 1991b: 76) oder als "theoretical approaches of environment as institution" (Zucker 1987: 444) bezeichnet.

Zum anderen wirken sie selbst als Institution auf andere Institutionen und Organisationen ein – diese Ansätze werden daher als "organizational-level predicting" (DiMaggio/Powell 1991b: 74) bzw. als "theoretical approaches of organizations as institutions" (Zucker 1987: 446) bezeichnet. Zu dieser zweiten Gruppe von Ansätzen gehört noch eine weitere spezifische Forschungsrichtung, die sich mit der Veränderung von Organisationen aufgrund intraorganisatorischer Institutionalisierungsprozesse beschäftigt (Zucker 1977: 730ff., 1988a: 31f.; Dobbin et al. 1988: 86f.).

Eine andere Unterteilung wählt Scott (1994b: 84), indem er drei Gruppen von Ansätzen unterscheidet, welche sich mit Institutionalisierungsprozessen auf der Makro-, Meso- und Mikro-Ebene von Organisationen auseinandersetzen.[74] Diese Ebenenunterscheidung läßt sich in das in Kapitel 2.1.2.2 bereits erwähnte "Layered Model" von Scott (1994a: 56ff., 1995: 141ff.) einfügen. Unter der zusätzlichen Berücksichtigung von weiteren Ansätzen zur Darstellung institutionalistischer Prozesse und Determinanten (vgl. u.a. Meyer/Rowan 1977: 353; Meyer/Scott/Deal 1983: 46ff.; Scott 1987: 501ff.; Zucker 1987: 445; DiMaggio/Powell 1991b: 74ff.; Scott/Meyer 1991: 123f.; Meyer 1994a: 33; Suchman 1995: 41ff.) wird mit Abbildung 2.7 und den nachfolgenden Ausführungen eine übergreifende Darstellung der möglichen institutionalistischen Einflußnahme auf Organisationen und deren Strukturen entworfen.

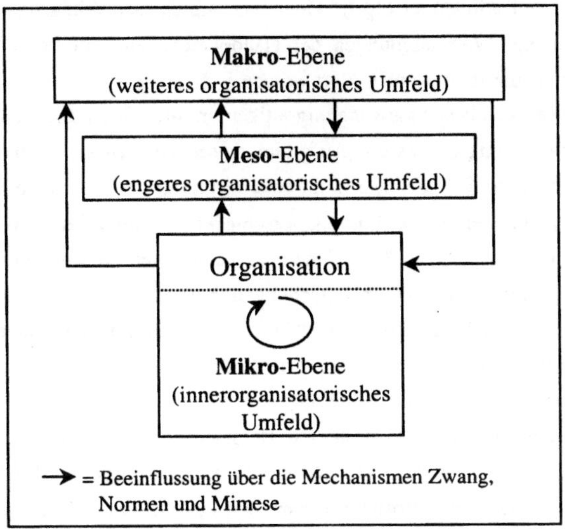

Abbildung 2.7: Institutionalistische Beeinflussung von Organisationen

In diesem Modell werden die drei wesentlichen Elemente der institutionalistischen Betrachtung und Bestimmung von Organisationen integriert:

1) die Einordnung der Organisation als Institution bzw. institutionelle Ebene und die Bestimmung der sie beeinflussenden anderen Institutionen bzw. institutionellen Ebenen,

[74] In der deutschsprachigen Literatur existiert eine weitere Art der Einteilung in mikro- und makroinstitutionalistische Ansätze, die eine strenge Trennung in außer- und innerorganisatorische Institutionalisierungsprozesse vornimmt (Walgenbach 1995: 273).

2) die Institutionalisierung von Organisationen als wechselseitiger Prozeß,

3) die Mechanismen der Institutionalisierung von Organisationen.

Die verschiedenen Sichtweisen und Annahmen bezüglich des **Prozesses der Institutionalisierung** und der Entstehung und Beschreibung von (modernen) Institutionen wurden bereits dargelegt. Diese Zusammenhänge zwischen den einzelnen institutionalisierten Elementen und den darin agierenden Individuen bzw. Gruppen von Individuen finden in Abbildung 2.7 ihren Ausdruck in den verschiedenen Pfeilen, die den Prozeß der Institutionalisierung kennzeichnen. Solche Prozesse werden wiederum von den verschiedenen Mechanismen der Institutionalisierung – Zwang, Normen und Mimese (vgl. Kapitel 2.1.2.2) – getragen.

Es soll weiterhin betont werden, daß derartige Prozesse nicht auf einseitige Weise die verschiedenen Institutionen exogen formen, sondern daß darin auch wechselseitige, aktive Handlungen von Organisationen erfolgen. Denn erst durch den Einbezug mehrdimensionaler Interpretationen und Wahrnehmungen der Handelnden kann ein Prozeß der Institutionalisierung umfassend dargestellt und erklärt werden.

Die soziale Umwelt besteht aus mannigfaltigen, in ihrer Gesamtheit kaum zu überschauenden Institutionalisierungsprozessen. Aufgrund dieses Umstandes, verbunden mit der Zielsetzung, den Betrachtungsfokus besser auf eine bestimmte institutionelle Form (= die Organisation) richten zu können, ist es sinnvoll, verschiedene **Ebenen der Institutionalisierung** zu differenzieren (Meyer 1994a: 35). Zudem ist eines der wesentlichen Differenzierungsmerkmale von institutionalistischen Forschungsrichtungen gerade die Fokussierung auf eine bestimmte Ebene. Durch die Komplexität und Vielschichtigkeit sozialer Phänomene haftet jedoch jeder Einteilung, z.B. hinsichtlich Ebene, Zeit, Raum oder Kreis der Betroffenen, eine gewisse Willkürlichkeit an (Scott 1995: 55).

Gegenüber den einleitend dargestellten Unterscheidungsmöglichkeiten von z.B. Zucker (1987) oder DiMaggio/Powell (1991b) hat die Einteilung von Scott (1994b)[75] in eine Makro-, Meso- und Mikroebene zwei Vorteile. Erstens wird explizit auf die Ebenen der institutionalistischen Beeinflussung abgestellt, ohne weitere Faktoren wie beispielsweise den Institutionalisierungsprozeß als Abgrenzungskriterium miteinzubeziehen. Die Umwelt der Organisation erfährt eine differenziertere Betrachtung, indem in eine übergeordnete, zumeist auf alle Organisationen einwirkende Ebene (Makro) und eine engere, nur auf eine bestimmte Gruppe von Organisationen einwirkende Ebene (Meso) getrennt wird. Die Organisation steht so im Mittelpunkt des Interesses. Zweitens können die einzelnen **Mechanismen** der Institutionalisierung (Zwang, Normen und Mimese) den verschiedenen Ebenen zugeordnet werden, ohne die unterschiedlichen Dimensionen miteinander zu vermischen.

---

[75] Scott unterscheidet in einer anderen Arbeit sogar sechs unterschiedliche Betrachtungsebenen (Scott 1995: 55ff.).

Beeinflussung von Organisationen auf der Makro-Ebene

Die Makro-Ebene stellt das übergeordnete und weitere Umfeld von Organisationen dar, zum Beispiel weltweit akzeptierte Institutionen wie die Vereinten Nationen (UNO) oder die Welthandelsorganisation (WTO), gesellschaftliche Institutionen wie das Rechtssystem oder staatliche Institutionen wie Ministerien oder das Gesundheitssystem. Das wichtigste Merkmal von Institutionen auf dieser Ebene ist deren Einfluß auf nahezu alle Organisationen in ihrem räumlichen und zeitlichen Einflußbereich, ohne nach Zweck und Art der Organisation zu unterscheiden. Aufgrund der Universalität ist die Spezialisierung bzw. Fokussierung des institutionellen Einflusses auf dieser Ebene weniger begrenzt als auf den beiden anderen Ebenen und weist aus der Sicht der individuellen Organisation einen relativ größeren Allgemeinheitsgrad in ihrer institutionalistischen Einwirkung auf. Ein höherer Allgemeinheitsgrad wiederum eröffnet der einzelnen Organisation auch einen größeren Interpretations- und Reaktionsspielraum, welcher insbesondere unter Bedingungen wie Unsicherheit oder konfligierenden Interessen zwischen den Organisationen individuell ausgenutzt wird (Oliver 1991: 164f.; Goodstein 1994: 351).[76]

Die folgenden Institutionen bzw. Institutionalisierungsprozesse auf der Makro-Ebene werden in institutionalistischen Arbeiten ausgeführt:

1) Institutionen mit weltweiter Bedeutung

In erster Linie historisch orientierte Forschungsarbeiten im Institutionalismus stellen die zunehmende Rationalisierung der Umwelt bzw. Gesellschaft in den letzten 200 Jahren in den Vordergrund ihrer Arbeiten. In diesem Zuge werden Faktoren wie die Veränderung der Rechte und des Status von Individuen (z.B. Menschenrechte, allgemeines Wahlrecht oder die Gleichstellung von Frauen) oder die zunehmende Komplexität von Organisationen (z.B. aufgrund von Fertigungstechniken, Finanzierungsformen oder Möglichkeiten der organisationalen Administration) untersucht (Thomas/Meyer 1984: 472ff.; Meyer 1994a: 40f.; Scott 1995: 57f.). Dabei wird konstatiert, daß sich diese Veränderungen weltweit feststellen lassen und nicht zu einem Stillstand gelangen (Meyer/Boli/Thomas 1987: 33; Ramirez/Boli 1987: 111).

Vergleichsweise gut abzugrenzende Institutionen mit weltweiter Bedeutung sind beispielsweise die UNO, die WTO, das Nordatlantische Militärbündnis (NATO) oder die neue europäische Zentralbank. Meyer (1994a: 42) faßt darunter auch nationale und supra-nationale Institutionen, die untereinander weniger ein Vertragsnetz als ein enges Informations- und Konsultationsnetz geknüpft haben (z.B. nationale Umweltschutzeinrichtungen und -organisationen). Solche Institutionen können jedoch nicht immer als kollektive Akteure im engeren Sinne bezeichnet werden, denn ihre Macht und ihr Einfluß ist zumeist sehr beschränkt: sie können sich oftmals nicht auf eindeutige Ziele und Handlungen einigen oder sie verfügen

[76] Vgl. dazu auch die Ausführungen zu den Reaktionen von Organisationen auf Institutionalisierungsprozesse in Kapitel 2.1.2.2.

nicht über eine entsprechende Sanktionsmacht (Meyer 1994a: 45). Wenngleich für viele Institutionen mit weltweiter Bedeutung die Bezeichnung als Institution im engeren Sinne bzw. als Akteur unzutreffend erscheint, so beeinflussen sie Organisationen doch dadurch, daß sie die Rolle des generalized other ausfüllen. Sie liefern Wahrheiten, Identifikationen, Strukturen oder Regeln und Routinen, die einen übergreifenden Sinn erfüllen und nach denen sich Organisationen ausrichten können. Denn die Absichten dieser Institutionen sind oftmals nicht im eigentlichen Sinne selbstbezogen, sondern orientieren sich im idealtypischen Sinne an einem übergeordneten, kollektiven Wohlfahrtsgedanken (Meyer 1994a: 47).[77]

Institutionen mit weltweiter Bedeutung beeinflussen einzelne Organisationen überwiegend auf indirektem Wege. Dies bedeutet, daß sie primär auf andere Institutionen der gleichen oder einer anderen Ebene einwirken, z.B. auf Staaten, Bildungsinstitutionen oder Verbände, welche dann wiederum diesen Einfluß auf die einzelne Organisation (gefiltert) weitervermitteln (Strang/Meyer 1994: 107).

2) Gesellschaften

Gesellschaften werden im Institutionalismus in zweierlei Perspektive betrachtet. Erstens als eine singuläre, übergreifende Institution, die aus verschiedenen miteinander verflochtenen institutionellen Elementen besteht, zum anderen als ein Rahmen, innerhalb dessen unterschiedliche, grundsätzlich voneinander unabhängige Institutionen identifiziert werden können. In der ersten Perspektive wird *das gesellschaftliche System als eine Einheit* betrachtet, in der für die Beeinflussung von Organisationen relevant ist, in welcher Zuordnung sich einzelne Institutionen innerhalb der Gesellschaft befinden, beispielsweise ob die Institutionen einer Gesellschaft fast nicht oder nur lose miteinander verknüpft sind oder ob sie enge, stark überlappende Beziehungen zueinander aufweisen (dezentralistische versus zentralistische Gesellschaften). Es handelt sich somit um eine gesamtgesellschaftliche Perspektive (Meyer/Scott 1983b: 202ff.; Jepperson/Meyer 1991: 207ff.) (vgl. zu Gesellschaften als Institutionen z.B. die Arbeiten von Thomas/Meyer 1984; Meyer et al. 1994; Dacin 1997).

Bei der zweiten Betrachtungsperspektive wird der Einfluß *einzelner Institutionen* isoliert zur Erklärung von Organisationen herangezogen, beispielsweise das politische System oder das Rechtssystem einer Gesellschaft (Baum/Oliver 1991: 196; Lane 1992: 69ff.; Whitley 1992b: 19ff.). Die Aufgabe dieser Institutionen ist es, einzelne Aspekte gesellschaftlich gewünschter Strukturen und Verhaltensweisen zu vermitteln und zu sanktionieren.

2a) Der Staat

Die Rolle des Staates wird als eine eminent wichtige Quelle institutionalistischen Einflusses auf Organisationen angesehen (Thomas/Meyer 1984: 461f.; Scott 1987: 508; Powell/DiMag-

[77] Dieser Grundgedanke ist nicht zu verwechseln mit dem oftmals in der Realität vorzufindenden Umstand, daß einzelne Akteure innerhalb von weltweiten Institutionen versuchen, ihre individuellen Interessen durch diese Institutionen zu transportieren.

gio 1991: 64) und daher in vielen Arbeiten besonders betont; nicht zuletzt deswegen, weil sich die Idee des modernen Nationalstaates in den letzten zwei Jahrhunderten in aller Welt verbreitet hat und das gesellschaftliche Leben dominiert. Der Staat als Institution ist jedoch fragmentiert und manifestiert sich durch seine verschiedenen institutionellen Elemente, z.B. Regulierungsbehörden, Verwaltungsorgane, legislative und judikative Organe oder Unternehmungen des Staates (Bealing/Dirsmith/Fogarty 1996: 322ff.). Mit diesen institutionellen Elementen kann einerseits ein direkter Einfluß auf Organisationen ausgeübt werden, z.B. mittels Gesetze, Verordnungen und deren expliziten Überwachung, andererseits ist auch ein indirekter Einfluß möglich, z.B. über die Kommunikation gewünschter Verhaltensweisen, anzustrebender Zielzustände oder das Setzen von optionalen Normen (Covaleski/Dirsmith 1988: 582; Oliver 1991: 168; Goodstein 1994: 355).

Staatliche Institutionen besitzen den Vorteil, daß sie in hohem Maße Zwang zur Durchsetzung ihrer Vorstellungen ausüben können, zum einen aufgrund ihrer legalen Sanktionsmacht und ihrer hohen Autonomie, d.h. geringe Abstimmungszwänge und wenig Anfechtbarkeit, zum anderen wegen ihrer Verfügungsgewalt über entsprechende Durchsetzungsorgane des Staatsapparates (Whitley 1992b: 27f.). Die Einwirkungsmöglichkeiten von Staaten werden darüber hinaus durch ihr Gewaltmonopol und ihre dominante Rolle im Rahmen internationaler Beziehungen verstärkt (Meyer 1994a: 51). Auf der anderen Seite schwächen internationale Beziehungen, die vor allem durch den weltweiten ökonomischen Austausch weiter zunehmen, die quasi-autonomen Handlungsmöglichkeiten des Staates immer stärker und verknüpfen staatliche Institutionen zunehmend mit weltweiten Institutionen. Die Folge daraus wird von einigen Institutionalisten in einer ansteigenden globalen, von einzelnen Staaten, Sektoren und Industrien unabhängigen Rationalisierung von Organisationen gesehen – Organisationen werden in ihren Strukturen und Handlungsweisen weltweit immer stärker uniform (Meyer 1994a: 52f.).

Der Einfluß staatlicher Institutionen wurde in institutionalistischen Untersuchungen beispielsweise zu Regulierungsbehörden (Gupta/Dirsmith/Fogarty 1994), Aufsichtsbehörden (Covaleski/Dirsmith 1988; Oliver 1997) oder Verwaltungseinheiten (Meyer/Scott 1983b; Tolbert/Zucker 1983) untersucht.

<u>2b) Professionalisierte gesellschaftliche Institutionen</u>

Als professionalisierte gesellschaftliche Institutionen können alle Verbände, Berufs- und Interessenvereinigungen (z.B. Parteien, Dach-Gewerkschaften, Arbeitgeberverbände, Lobby-Organisationen), Ausschüsse, Kommissionen etc. bezeichnet werden, die ihre Aufgabe gesellschaftsübergreifend definieren und dementsprechend zu agieren versuchen (Baum/Oliver 1991: 187; Whitley 1992b: 27; Barringer/Milkovich 1998: 313f.). Es existiert keine oder nur eine indirekte Anbindung an staatliche Institutionen. Zudem fokussieren sich solche Institutionen nicht auf bestimmte organisationale Felder (z.B. Branchen) oder räumliche bzw. sachliche Segmente innerhalb von Professionen oder Interessengebieten. Daher sind solche Institutionen auf der Makro-Ebene in einem wesentlich geringeren Maße auf einzelne Organisationen oder Gruppen von Organisationen ausgerichtet und ihre Einwirkungsmöglichkeiten weisen einen höheren Allgemeinheitsgrad auf als die im Prinzip gleich strukturierten professionalisierten Institutionen im engeren Sinne (vgl. die Ausführungen unten zur Meso-Ebene; vgl. zu professionalisierten gesellschaftlichen Institutionen z.B. die institutionalistischen Arbeiten von Christensen/Molin 1995; Mezias 1995; Bealing/Dirsmith/Fogarty 1996).

2c) Sonstige gesellschaftliche Institutionen

Hierunter können alle Institutionen subsumiert werden, die nicht im Sinne professionalisierter Institutionen die Interessen bestimmter Gruppierungen vertreten. Sie besitzen jedoch ebenfalls eine wesentliche gesellschaftliche Bedeutung und üben dadurch institutionali-stischen Einfluß auf Organisationen aus. Dazu gehören beispielsweise das Ausbildungssystem einer Gesellschaft mit seinen unterschiedlichen Institutionen (staatliche und nicht-staatliche Schulen, Hochschulen, Fachakademien etc.), das Finanzsystem (Kapitalmarkt, Banken etc.), das Gesundheitssystem (Krankenhäuser, medizinische Dienstleister, Rettungsdienste etc.), das System der sozialen Absicherung (Sozialversicherung, Sozialhilfe etc.) oder private Wohlfahrtsorganisationen und Stiftungen (Whitley 1992b: 27) (vgl. zu sonstigen gesellschaftlichen Institutionen z.B. die institutionalistischen Arbeiten von Tolbert 1985; Ramirez/Boli 1987; Meyer 1994c; Monahan/Meyer/Scott 1994; Ruef/Scott 1998).

Beeinflussung von Organisationen auf der Meso-Ebene

Die Meso-Ebene kann als das engere institutionalistische Umfeld von Organisationen bezeichnet werden. Hier sind die Beziehungen zwischen den beteiligten Institutionen auf eine begrenztere Anzahl und – bildlich – auf einen engeren Raum von Organisationen beschränkt. Solche eingegrenzten organisatorischen Bereiche werden im Institutionalismus als organizational fields bezeichnet (Zucker 1988a: 31; DiMaggio/Powell 1991b: 76; Scott 1994a: 70f., 1994b: 84). Organisationale Felder werden beschrieben als "Fields identify communities of organizations that participate in the same meaning systems, are defined by similar symbolic processes, and are subject to common regulatory processes." (Scott 1994a: 71) bzw. weniger allgemein als "...those organizations that, in the aggregate, constitute a recognized area of institutional life: key suppliers, resource and product consumers, regulatory agencies, and other organizations that produce similar services or products." (DiMaggio/Powell 1991b: 64f.). Als vergleichbare, wenn auch nicht identische Konzeptionen sind sogenannte industry systems (Hirsch 1985: 286), business systems (Whitley 1992b: 6ff.), populations (Hannan/Freeman 1977: 933) oder societal sectors (Scott/Meyer 1991: 117ff.) zu betrachten.

1) Professionalisierte Institutionen im engeren Sinne

Bei professionalisierten Institutionen im engeren Sinne handelt es sich prinzipiell um die gleiche Art von Institutionen wie bei professionalisierten gesellschaftlichen Institutionen, z.B.

Verbände, Berufs- und Interessenvereinigungen, Genossenschaften, Ausschüsse oder Kommissionen. Der Unterschied liegt jedoch in der stärkeren Fokussierung dieser Institutionen auf bestimmte organisationale Felder wie Branchen und Industrien oder die Einschränkung auf räumliche oder sachliche Teilbereiche einer Gesellschaft (Galaskiewicz 1985: 639; Baum/ Oliver 1991: 187; DiMaggio 1991: 267f.; Greening/Gray 1994: 476; Scott 1995: 55). Beispielsweise kann der deutsche Gewerkschaftsdachverband DGB als professionalisierte gesellschaftliche Institution *im weiteren Sinne* angesehen werden, da er für eine Vielzahl von unterschiedlichen Branchen und Organisationen bundesweit tätig ist, eine Gewerkschaft wie die Deutsche Postgewerkschaft jedoch als professionalisierte gesellschaftliche Institution *im engeren Sinne*, da diese sich nur in einer bestimmten Branche – und darin sogar nur für die ehemals staatliche Post – bewegt (vgl. dazu die institutionalistischen Arbeiten von Greening/Gray 1994; Gupta/Dirsmith/Fogarty 1994; Oliver 1997).

2) Sonstige Institutionen der Meso-Ebene

Neben professionalisierten Institutionen i.e.S. können weitere Institutionen innerhalb eines gemeinsamen organisatorischen Feldes für die institutionalistische Beeinflussung von Organisationen eine wichtige Rolle spielen. Beispiele für solche Institutionen sind kommunale Aufgabenträger, direkte und indirekte Konkurrenten (Ersatzprodukte) oder Zuliefer- und Abnehmerorganisationen (Fligstein 1991: 313; Scott 1994a: 71; Strang/Meyer 1994: 103; Barringer/ Milkovich 1998: 313). Zu diesen Institutionen stehen die beeinflußten Organisationen in der Regel in engeren, direkten und wiederholten Interaktionsbeziehungen, so daß beispielsweise trotz oder sogar wegen Konkurrenzbeziehungen gegenseitige institutionalistische Einflüsse eine nicht zu unterschätzende Bedeutung besitzen können (z.B. in Form des Kopierens eines erfolgreichen Konkurrenten). Scott (1994a: 70f.) sieht Institutionen innerhalb organisationaler Felder gar als wichtigste Quellen institutionalistischer Prozesse an. Auf dieser institutionalistischen Ebene sind vor allem privatwirtschaftliche Unternehmungen mit primär ökonomischen Zielsetzungen (for-profit organizations) von herausragender Bedeutung (vgl. zu sonstigen Institutionen der Meso-Ebene z.B. die institutionalistischen Arbeiten von Eisenhardt 1988; Palmer/Jennings/Zhou 1993; Davis/Greve 1997; Oliver 1997; Westphal/Gulati/Shortell 1997).

Darüber hinaus können auch Institutionen eine Bedeutung besitzen, die nur sehr geringe bis keine Anknüpfungspunkte zu den beeinflußten Organisationen bieten, sich somit fast außerhalb des organisationalen Feldes befinden, und über mehrere organisationale Felder hinweg institutionalistisch wirken (Zucker 1983: 18, 1988a: 31). Der Anlaß solcher Institutionalisierungsprozesse kann beispielsweise in der bewußten Neuorientierung einer Organisation liegen, mit welcher bisherige Strukturen oder Handlungsweisen neu definiert werden sollen und bei der das organisationale Umfeld mehr oder minder bewußt umgangen wird. Institutionalistische Einflüsse können dann von Organisationen aus anderen organisationalen Feldern stammen, zu denen in irgendeiner Form (organisatorische) Parallelen gezogen werden – ein

Beispiel dafür wäre die Nachahmung des Bestell- und Lagersystems von Versanduntemehmungen durch Industrieunternehmungen. Letztlich kann auch der Anlaß einer Neuorientierung selbst institutionalistisch begründet werden. Dies trifft vor allem für organisationale Felder zu, in denen ein ständiger Wandel als Branchenspezifikum angesehen wird, z.B. die Biotechnologie-Branche.

Beeinflussung von Organisationen auf der Mikro-Ebene

Innerhalb der bisher ausgeführten Ebenen werden Institutionen als in einem externen Verhältnis zu den beeinflußten Organisationen stehend betrachtet. Im Gegensatz dazu können jedoch auch innerhalb von Organisationen institutionalistische Prozesse ablaufen, aufgrund derer Strukturen und Verhaltensweisen von Organisationen bestimmt werden. Auf dieser Mikro-Ebene werden Organisationen durch ihre eigenen Organisationsmitglieder oder Gruppen von Organisationsmitgliedern beeinflußt (Zucker 1987: 454f.). So orientieren sich einzelne Organisationsmitglieder an anderen Organisationsmitgliedern, reproduzieren deren Verhaltensweisen und tragen damit zu einer zunehmenden Institutionalisierung von Handlungen oder Regeln in der Organisation bei (Zucker 1977: 730). Beispielsweise wurde als bedeutende Folge solcher Prozesse auf der Mikro-Ebene das Entstehen, die Veränderung oder das Beibehalten von Strukturen, Praktiken, Routinen und Regeln in Organisationen identifiziert (Tolbert 1988: 109; Conlon/Parks 1990: 619f.; Hinings et al. 1996: 908ff.).

Auch Gruppierungen innerhalb von Organisationen (z.B. Berufsgruppen) können für Institutionalisierungsprozesse auf der Mikro-Ebene verantwortlich zeichnen (vgl. z.B. die Arbeiten von Covaleski/Dirsmith 1988; DiMaggio 1991). Damit läßt sich wiederum der Bogen zu einer Verknüpfung der Mikro-Ebene mit der Makro- und Meso-Ebene schlagen, denn von Institutionen auf dieser Ebene (z.B. Berufsverbände, staatliche und gesellschaftliche Institutionen wie Schulen und Hochschulen) gehen wiederum Einflüsse auf einzelne Organisationsmitglieder bzw. Gruppierungen von Organisationsmitgliedern aus (Robson/Wholey/Barefield 1996: 398).

Bedenkt man weiterhin, daß diese Organisationen wiederum auf der Meso-Ebene auf andere Organisationen institutionalistisch einzuwirken vermögen, dann entsteht eine zusätzliche Verknüpfung. Solche Interdependenzen zwischen den Ebenen lassen erahnen, welche verschiedenartige Beziehungszusammenhänge und damit zu bewältigende Komplexitäten in institutionalistische Erklärungsmodellen eingearbeitet werden können. Aus diesem Grund ist es notwendig, aufzuzeigen, mittels welcher Mechanismen, Strukturen und Handlungsweisen Organisationen institutionalistisch beeinflußt werden können (vgl. das anschließende Kapitel 2.1.2.2).

Für die drei unterschiedlichen Ebenen der institutionalistischen Beeinflussung von Organisationen können abschließend die folgenden übergreifenden Charakteristika und Bedingungen zusammengefaßt werden:

- Jede Ebene als institutioneller Einflußbereich von Organisationen ist in sich wiederum differenzierbar in verschiedene Institutionen bzw. institutionalisierte Elemente. Daher kann eine Ebene nicht als *eine* Institution in ihrer Gesamtheit bezeichnet werden, sondern als generelles institutionelles Umfeld bzw. Einflußfaktor, dessen einzelne Elemente einer getrennten Betrachtung unterzogen werden müssen. Darüber hinaus können die Elemente voneinander unabhängig sein oder wiederum zueinander in einer Verbindung stehen (Powell 1991: 196; Scott 1995: 55ff.).
- In einem institutionellen Umfeld kann eine Hierarchie von Institutionen bestehen, so daß eine institutionelle Ebene nicht nur in mehrere Institutionen bzw. institutionalisierte Elemente zu unterteilen ist, sondern diese auch in eine Ordnung zueinander gebracht werden können (Powell 1991: 196).
- Auf Organisationen einwirkende Institutionalisierungsprozesse können, müssen aber nicht immer zwangsläufig, auf allen Ebenen gleichzeitig bzw. gleichmäßig stattfinden (Scott 1995: 61; Suchman 1995: 40; Baum/Oliver 1996: 1394).
- Die Grenzen zwischen den einzelnen Ebenen verlaufen fließend. Aufgrund unterschiedlicher institutioneller Betrachtungsfokusse kann es zu Überschneidungen zwischen den institutionellen Ebenen kommen. Eine Institution kann danach in einer Betrachtung der einen Ebene, in einer anderen Betrachtung einer anderen Ebene zugeordnet werden (Baum/Oliver 1996: 1394).
- Die eine Organisation beeinflussenden Institutionen können ebenfalls untereinander in Verbindung stehen (Meyer 1994a: 40).
- Die Kontextabhängigkeit des Einwirkens von Institutionen ist zu betonen, d.h. verschiedene Organisationen können von der selben Institution in unterschiedlichem Maße beeinflußt werden oder eine Organisation sieht sich in verschiedenen Kontexten auch einer differierenden Einwirkung durch die selbe Institution gegenüber (Scott 1987: 507f.; Powell 1991: 198f.).[78]
- Die Ebenen können einen unterschiedlichen Grad der Institutionalisierung aufweisen. Je nach Institutionalisierungsgrad variieren auch die möglichen Einwirkungen auf Organisationen (Jepperson 1991: 152; Tolbert/Zucker 1996: 185).

Mechanismen der Institutionalisierung von Organisationen

Wenn angenommen wird, daß nur eine begrenzte Anzahl von Institutionen über die verschiedenen Ebenen hinweg Organisationen institutionalistisch beeinflussen, so kann von einer ten-

[78] Oftmals hervorgehobene Kontextabhängigkeiten im Institutionalismus sind jene zwischen unterschiedlichen Staaten oder Gesellschaftssystemen (vgl. z.B. Tolbert/Zucker 1983; Whitley 1992b; Karnøe 1995) und jene zwischen verschiedenen Organisationen innerhalb eines organisationalen Feldes, wobei hier zumeist Non-Profit-Organisationen betrachtet werden (vgl. z.B. Haveman 1993; Holm 1995).

denziell zunehmenden Homogenisierung von Organisationen ausgegangen werden, da auf verschiedene Organisationen dann größtenteils die gleichen institutionalistischen Einflußfaktoren einwirken. Dieser Zusammenhang gilt um so stärker, je mehr die Organisationen in das gleiche oder ein sehr ähnliches institutionalistisches Umfeld eingebettet sind (DiMaggio/ Powell 1991b: 64). Die These über die zunehmende Rationalisierung moderner Organisationen (Meyer/Rowan 1977: 347) reflektierte erstmals diesen Zusammenhang. Daraus entwikkelte sich im Institutionalismus das Konzept des **institutionellen Isomorphismus** (Meyer/ Rowan 1977: 352; DiMaggio 1983: 157f.; Meyer 1983b: 272ff.; DiMaggio/Powell 1991b: 66).

Isomorphismus im Institutionalismus bedeutet allgemein, daß sich Organisationen anderen Organisationen angleichen und spiegelt damit die grundsätzliche Ausgangsfrage institutionalistischer Forschung wider, warum so viele Organisationen sich in ihren Strukturen und Handlungen gleichen.[79] Beziehen Meyer/Rowan (1977: 348f.) anfangs das Phänomen des Isomorphismus noch allgemein auf das institutionelle Umfeld von Organisationen, wird in späteren Arbeiten hervorgehoben, daß dieser vor allem innerhalb von organisationalen Feldern auftritt (Scott 1994a: 70f.). Organisationale Felder existieren nicht a priori, sondern nur aufgrund institutionalistischer Prozesse, die (empirisch) erst zu bestimmen sind. Vier Determinanten stecken ein solches organisationales Feld ab: 1) der Anstieg von Interaktionen zwischen den relevanten Organisationen, 2) das Entstehen einer vertikalen und horizontalen Ordnung und Zusammenarbeit zwischen den Organisationen, 3) die Zunahme von Informationen, welche die Organisationen zu verarbeiten haben und schließlich 4) die Entwicklung eines "Bewußtseins" der Organisation, daß sie sich gemeinsam mit anderen Organisationen in einem bestimmten Feld befindet (DiMaggio/Powell 1991b: 65). Institutionalistische Prozesse lassen ein solches organisationales Feld entstehen und je eindeutiger die Inhalte eines Feldes abgrenzbar sind, desto stärker wirken auch institutionalistische Kräfte und der Grad des Isomorphismus steigt an (DiMaggio/Powell 1991b: 64; Greenwood/Hinings 1996: 1029; Dacin 1997: 48). Letztlich wird eine sich selbst verstärkende Spirale in Gang gesetzt.

Viele institutionalistische Studien beschäftigen sich mit solchen organisationalen Feldern (vgl. die Übersichten bei Scott 1994a: 71, 1994b: 84, 91, 1995: 57) und wenngleich auch zu betonen ist, daß in organisationalen Feldern Isomorphismus besonders deutlich zum Tragen kommt (DiMaggio/Powell 1991b: 66; Scott 1994a: 70f.; Greenwood/Hinings 1996:1029f.), wäre eine ausschließliche Einschränkung darauf nicht gerechtfertigt. Andere Arbeiten zeigen sehr wohl die Relevanz des Konzeptes des Isomorphismus ohne Einschränkung auf ein organisationales Feld (Dobbin et al. 1988: 76ff.; Galaskiewicz/Wasserman 1989: 456) und eröffnen somit die Rückkehr zu der ursprünglich offenen Konzeption von Meyer/Rowan (1977).

Im Institutionalismus werden drei grundsätzlich voneinander unabhängige Mechanismen identifiziert, die zu einem Isomorphismus zwischen Organisationen führen: Zwang (coercive

[79] Im Gegensatz dazu fragen andere Organisationstheorien (z.B. die Neue Institutionenökonomie), warum Organisationen verschieden sind.

mechanisms), normativer Druck (normative mechanisms) und Mimese (mimetic mechanisms) (Zucker 1987: 444; DiMaggio/Powell 1991b: 67; Scott 1995: 35).[80]

Organisationen, die in moderne Umwelten eingebettet sind, unterliegen in irgendeiner Form immer bestimmten **Zwängen**, die ihnen von anderen Institutionen auferlegt werden. Eine übergreifende Voraussetzung, um überhaupt Zwang auf Organisationen ausüben zu können, ist eine Abhängigkeit der beeinflußten Organisation von diesen Institutionen – und je stärker Abhängigkeiten bestehen, desto besser sind auch tendenziell die Möglichkeiten, Zwang auszuüben (DiMaggio/Powell 1991b: 67; Barringer/Milkovich 1998: 313). Konkret kann Zwang z.B. über Regeln, Vorschriften oder Gesetze ausgeübt werden. Dazu gehört auch, daß die Zwang ausübenden Institutionen die Regeln, Vorschriften und Gesetze kommunizieren und ihre Einhaltung überwachen und durch Belohnung oder Bestrafung sanktionieren können (Scott 1995: 35). Ein gutes Beispiel für eine solche Institution sind staatliche Organe, die mit per Gesetz manifestierten Vorgaben Zwänge auferlegen können, z.B. hinsichtlich Umweltschutzauflagen, Steuerforderungen, Vertragsformen oder Handelsvorschriften (Di Maggio/Powell 1991b: 67). Solche Gesetze werden in der Regel mittels Verordnungen und Umsetzungsrichtlinien weiter spezifiziert und die Einhaltung wird durch staatliche Organe überwacht und sanktioniert.

Zwang muß jedoch nicht über formale Maßnahmen ausgeübt werden, sondern kann auch mittels indirekter Mechanismen erfolgen (DiMaggio/Powell 1991b: 67; Scott 1995: 35). Beispielsweise können staatliche Behörden bei der Auftragsvergabe großer Bauprojekte bestimmte Organisationen ausschließen, welche die von ihnen gewünschten Auflagen, z.B. bezüglich des inländischen Wertschöpfungsanteils, nicht erfüllen oder diese öffentlich als negatives Beispiel anprangern. Auch der Zugang zu bzw. die Zuteilung von Ressourcen, etwa in Form von Subventionen oder Informationen, kann als eine indirekte Zwangsmaßnahme betrachtet werden (Rowan 1982: 260f.).

Aber nicht nur staatliche Institutionen können Zwang auf Organisationen ausüben – zum Beispiel werden oftmals innerhalb von Konzernen oder großen Wohlfahrtsorganisationen die rechtlich selbständigen Tochtergesellschaften bzw. lokalen Einheiten gezwungen, vorgegebene Organisationsstrukturen zu implementieren, festgelegte Planungs- und Budgetierungsrichtlinien einzuhalten, bestimmte Rechnungslegungs- bzw. Bewertungskriterien anzuwenden oder im Sinne einer corporate identity oder corporate culture zu handeln (Coser/Kadushin/Powell 1982: 175ff.; Christensen/Molin 1995: 75f.). In solchen Arbeiten wird auch erkennbar, daß nicht nur eine legale Sanktionsmacht zur Durchsetzung eines institutionalistischen Einflusses in Frage kommt (Scott 1995: 35), sondern daß auch weniger explizit formulierte und sanktionierte Erwartungen und darauf aufbauender Druck eine entsprechende Grundlage bieten können (DiMaggio/Powell 1991b: 67). Gerade kulturelle Erwartungen können einen sehr subtilen,

---

80 Scott (1987: 501ff.) unterscheidet gar sieben Mechanismen, die jedoch alle unter diese basalen drei subsumiert werden können. Der Nutzen dieser feineren Unterteilung ist vor allem darin zu sehen, einen individuellen Forschungskontext differenzierter einteilen zu können.

aber nichtsdestotrotz hohen Druck auf Organisationen ausüben, dem sich Organisationen dann scheinbar ohne explizite Vorgaben anpassen. So zeigt z.B. Swidler (1979) für private Schulen in den U.S.A., wie diese, ohne einem expliziten Zwang zu unterliegen, ihre internen Strukturen an den Strukturen von staatlichen Institutionen ausrichten, um mit diesen adäquat in Austauschkontakte treten zu können.

Die Abgrenzung des Mechanismus' Zwang von dem nachfolgend beschriebenen des normativen Drucks verläuft fließend. Zudem wird deutlich, wie dehnbar der Begriff der Legitimität im Institutionalismus teilweise verwendet wird. Sogar der üblicherweise konzeptionell deutlich von dem Bereich der Legitimität abzugrenzende Bereich der Legalität wird darunter subsumiert und mit dem institutionalistisch i.e.S. davon abzugrenzenden Druck aufgrund kultureller Erwartungen zu einem Mechanismus verbunden.[81]

Der zweite Mechanismus zur institutionalistischen Beeinflussung von Organisationen wird in bestehenden **Normen** und damit verbundenen Werten gesehen. Werte drücken dabei das vom institutionellen Umfeld präferierte und unterstützte Verhalten von Organisationen aus und bilden die Grundlage für ein einheitliches Weltbild. Normen wiederum dienen dazu, die Werte zu formulieren und umzusetzen und legen darüber hinaus fest, welche Standards und Wege für ein wertekonformes Verhalten zu beachten sind (DiMaggio/Powell 1991b: 71; Scott 1995: 37). So kann beispielsweise bei dem Austausch von Gütern und Dienstleistungen das unternehmerische Ziel der Gewinnmaximierung als zugrundeliegender Wert interpretiert werden und die Wege und Mittel, wie dieses Ziel zu erreichen ist bzw. welche nicht in Betracht gezogen werden dürfen, stellen die einzuhaltenden institutionalistischen Normen dar (Scott 1995: 37f.).

Normativer Druck wird vor allem von professionalisierten Institutionen ausgeübt wie z.B. Berufs-, Wirtschafts- und Interessenverbänden, Genossenschaften, Umweltorganisationen, Ausschüssen, interlocking directorates, Kommissionen oder Lobby-Organisationen, unterstützt von Akademien oder Publikationen (Meyer/Rowan 1977: 344f.; Scott 1987: 502; Galaskiewicz/Wasserman 1989: 455; DiMaggio/Powell 1991b: 71f.; Palmer/Jennings/Zhou 1993: 107; Oliver 1996: 167). Professionalisierung bedeutet in diesem Zusammenhang, daß bestimmte Berufs- und Interessengruppen versuchen, Arbeitsgrundlagen und -methoden eindeutig zu formulieren und deren Ausführung zu steuern, um damit sich und den ihnen angehörenden Institutionen und Individuen Legitimation, Autonomie und letztlich Bestandssicherung in ihrem institutionellen Umfeld zu verschaffen (Collins 1979: 44ff.; Scott/Meyer 1983: 144; Sharma 1997: 764f.).

Professionelle Institutionen sind dabei wiederum selbst institutionalistischen Einflüssen unterworfen (DiMaggio/Powell 1991b: 71) – je mehr beispielsweise professionalisierte Insti-

---

[81] Darin ein Problem sehend spricht sich auch Zucker (1987: 444) gegen die Betrachtung von Zwang aufgrund legaler Sanktionsmacht als einen institutionalistischen Prozeß aus. Zucker argumentiert, daß legale Sanktionsmacht einen deinstitutionalisierenden Charakter aufweisen würde, da Zwang impliziere, daß andere, attraktivere Möglichkeiten bestünden.

tutionen von anderen Institutionen (z.B. dem Staat) Unterstützung und damit Legitimation erfahren, desto stärker können sie auch normativen Druck auf andere Organisationen ausüben (Singh/Tucker/House 1986: 176; Dornbusch/Scott 1975: 56ff. nennen dies Autorisierung). Die Wirkungsweise und Folge normativen Drucks ist, daß Strukturen, Verhaltensweisen, Abläufe, Techniken, Statusfragen, Austauschprozesse etc. als obligatorisch, objektiv, sozial abgesichert und angemessen angesehen werden (Scott 1995: 38f.).

In ihrer Entwicklung und Bestandssicherung stützen sich professionelle Institutionen im wesentlichen auf zwei Mechanismen. Erstens auf die formale, vor allem universitäre Ausbildung ihrer Mitglieder und darauf aufbauend auf die Schaffung einer gemeinsamen Denkhaltung und eines kollektiven Selbstverständnisses (z.B. bei der Ausbildung von Ingenieuren oder Managern) (Galaskiewicz 1985: 640; Sharma 1997: 763f.). Zweitens auf die Bildung von Netzwerken, die über Organisationen hinweg ihre professionelle Institution verbinden (Di Maggio/Powell 1991b: 71). Beides ist Grundlage für die normative Beeinflussung von Organisationen, die vereinfacht als sich selbst verstärkender Prozeß interpretiert werden kann: Die einzelnen Individuen erfahren in ihrer professionellen Ausbildung (z.B. in Unternehmungen, Hochschulen, Akademien) eine erste Institutionalisierung[82] und werden anschließend von in der Regel ebenfalls ihrer Profession angehörenden Organisationsmitgliedern in einem Auswahlprozeß in unterschiedliche Organisationen aufgenommen (DiMaggio 1988: 13f.; Tolbert 1988: 103f.; Robson/Wholey/Barefield 1996: 398f.). Dort wird ihre Institutionalisierung weiter gefördert und gefestigt[83] und ein Austausch über Organisationen hinweg findet statt, nicht zuletzt unterstützt durch den Umstand, daß dieser Prozeß in vielen verschiedenen Organisationen gleichzeitig stattfindet, die wiederum über verschiedene Netzwerke und Austauschbeziehungen miteinander verbunden sind (Holm 1995: 401). Die Individuen wechseln Organisationen und wandeln sich mit fortschreitender Dauer von einem passiven zu einem aktiven Rolleninhaber, nehmen Positionen in Verbänden und anderen Organisationen wahr (Useem 1979: 557f.) und stellen ihrerseits wieder Nachwuchs ihrer Profession ein: der institutionelle Prozeß wird repetiert. Das professionelle Netzwerk wird so im Zeitablauf dichter und fester und als Folge dieses normativen Einwirkens gleichen sich die Organisationen immer mehr aneinander an, insbesondere innerhalb organisationaler Felder (Collins 1979: 78ff.; Palmer/ Jennings/Zhou 1993: 107). In verschiedenen Arbeiten wurden Indikatoren dieses Prozesses ausgeführt, z.B. der fast immer gleiche Ausbildungshintergrund von Führungskräften (March/ March 1977: 379ff.; Collins 1979: 44), das Rekrutieren von Nachwuchs aus bestimmten Ausbildungsstätten (Tolbert 1988: 105; Palmer/Jennings/Zhou 1993: 107), das gleiche Verhalten, die Sprache, Kleidung oder die Art, sich auszudrücken (Ouchi 1980: 138f.; Covaleski/ Dirsmith 1988: 564).

---

[82] Dies kann auch als Sozialisierung oder Sozialisationsprozeß bezeichnet werden.

[83] Auch Quereinsteiger werden in diesen Institutionalisierungsprozeß mit eingebunden (DiMaggio/Powell 1991b: 72).

Eine weitere wichtige Quelle normativen Drucks kann die Verwendung von positiven Anreizen in Form finanzieller Zuwendungen, Budgets oder der Bereitstellung sachlicher oder personaler Ressourcen sein. Dies geht meist von Institutionen aus, die Strukturen oder Verhaltensweisen nicht erzwingen können und eher am Rande des unmittelbaren Einflußbereiches von Organisationen stehen (Meyer 1983a: 187; Scott 1987: 503). Besonders häufig ist solcher normativer Druck in Zusammenhang mit Kultur- oder Wohlfahrtsorganisationen zu finden (vgl. DiMaggio 1983; Meyer/Scott/Strang 1987).

Basieren die oben beschriebenen Mechanismen weitestgehend auf Zwang und Druck, so besitzt die **Mimese** als dritter Mechanismus der institutionellen Beeinflussung einen davon stark abweichenden Charakter. Mimese bedeutet die Nachahmung von Verhaltensweisen, Strukturen, Techniken etc. bis hin zur Übernahme von Werten und kulturellen Eigenheiten anderer Institutionen (Scott 1987: 504f.; Zucker 1987: 444; DiMaggio/Powell 1991b: 69f.). Die Betonung dieses Mechanismus' liegt auf der relativen Wahlfreiheit und einem vergleichsweise geringen direkten Druck durch andere Institutionen. Die Wahlfreiheit ist deshalb nur als relativ zu bezeichnen, da zwar kein Zwang besteht, die Strukturen und Verhaltensweisen zu akzeptieren, und auch andere Alternativen theoretisch in Frage kämen, aber diese nicht Erwägung gezogen werden. Sie werden als taken-for-granted aufgefaßt. Dies führt zur unintendierten und vielfach unbewußt übernommenen Strukturen und Verhaltensweisen, z.B. infolge eines informellen Meinungsaustausches zwischen Mitgliedern verschiedener Organisationen (DiMaggio/Powell 1991b: 69).

Eine wesentliche Quelle für mimetische Verhaltensweisen wird in Unsicherheiten gesehen, denen Organisationen ausgesetzt sind (Fligstein 1985: 380; Galaskiewicz/Wasserman 1989: 456). Organisationen können danach z.B. Probleme mit dem Verständnis unterschiedlicher Techniken haben (March/Olsen 1976: 25), Problemstellungen bzw. anzustrebende Zielsetzungen können für sie nicht eindeutig sein, es bestehen Unsicherheiten bezüglich Mittel-Zweck-Relationen oder die Reaktionen anderer Institutionen sind nicht abzuschätzen (Di Maggio/Powell 1991b: 69; Caeldries 1996: 235f.). In diesem Sinne können selbst Innovationen institutionalistisch interpretiert werden, wenn bei der Nachahmung vorhandener Techniken oder Verhaltensweisen neue Entdeckungen oder Weiterentwicklungen gemacht werden (Alchian 1950: 218f.).

Vorhandene, sichtbare Strukturen und Verhaltensweisen anderer Organisationen zu kopieren wird als rationale Möglichkeit zur Reduktion von Unsicherheiten angesehen und dient zugleich auch der Legitimation gegenüber anderen Anspruchsgruppen der Organisation (Galaskiewicz/Wasserman 1989: 455). Je erfolgreicher bestimmte Organisationen erscheinen oder je mehr auch nur eine bestimmte Struktur verbreitet ist, um so stärker ist auch die Wahrscheinlichkeit, daß andere Organisationen diese nachahmen (Haveman 1993: 598; Tolbert/Zucker 1996: 183; Davis/Greve 1997: 15). Auch die Zentralität der Position einer Organisation innerhalb eines Netzwerkes kann bestimmend dafür sein, wie stark andere Organisationen durch diese institutionalistisch beeinflußt werden (Davis/Greve 1997: 15f.).

Ein weiterer Grund für mimetische Verhaltensweisen wird auch in einer geringen Anzahl von Alternativen gesehen. Ist z.B. ein organisatorisches Feld bereits relativ homogen oder gibt es einen bzw. wenige sehr dominante Organisationen, so ist ein Nachfolgen anderer, insbesondere neuer Organisationen sehr wahrscheinlich (DiMaggio/Powell 1991b: 70). Ähnlich wie bei aufwachsenden Individuen gibt es eine Neigung neuer Organisationen, ältere, etablierte Organisationen zu imitieren (Fligstein 1985: 386; DiMaggio/Powell 1991b: 70; Palmer/Jennings/Zhou 1993: 105). Eine eingeschränkte Anzahl von Alternativen kann auch durch Meinungsführer oder sogenannte gate keepers suggeriert sein (Westphal/Gulati/Shortell 1997: 390), beispielsweise durch das Wirken von Beratungsunternehmungen, die selbst aus einem vergleichsweise homogenen organisationalen Feld stammen, d.h. relativ wenige große Unternehmungen determinieren den Beratungsmarkt und kleinere Beratungsunternehmungen kopieren die großen. Beratungsunternehmungen sorgen durch eine geringe Bandbreite von Lösungsvorschlägen, die darüber hinaus den verschiedenen Organisationen in geringen Abänderungen unterbreitet werden, für mimetische Prozesse (DiMaggio/Powell 1991b: 70; Tolbert/Zucker 1996: 183).

Eine bedeutende Rolle spielen mimetische Verhaltensweisen auf der Mikro-Ebene. Hier treten Einzelpersonen (z.B. herausragende Manager, anerkannte Wissenschaftler in Forschung und Entwicklung, Fertigungsspezialisten) oder Gruppen, Abteilungen und Hierarchieebenen (z.B. Fachabteilungen, Gremien, Managementzirkel) als Vorbilder auf. Sie definieren Prozeßabläufe, Bewertungskriterien für Produktionsfaktoren und Ergebnisse, Regeln, Routinen, Karrierewege, Wahrnehmungen von Sachverhalten oder organisationsspezifische Sprachen (Meyer/Rowan 1977: 348) und fördern damit die Homogenisierung von Strukturen, Verhaltensweisen und Wahrnehmungen innerhalb der Organisation.

Zusätzlich können bestimmte Faktoren für eine Variation der Stärke solcher Institutionalisierungsprozesse verantwortlich zeichnen. Für organisatorische Routinen zur Ausführung von Aufgaben sieht beispielsweise Zucker (1987: 456) den Grad der Institutionalisierung in Abhängigkeit von Faktoren wie dem Ausmaß der expliziten Kodifizierung der Routinen, die Dauer des Bestehens der Aufgabe und die Interdependenzen der Aufgabe zu anderen Aufgaben.

Zusammenfassend läßt sich für die drei Mechanismen Zwang, Normen und Mimese übergreifend konstatieren:

- Jeder einzelne dieser drei Mechanismen läßt sich sowohl auf der Makro- als auch der Meso- und Mikro-Ebene identifizieren (Scott 1995: 59).
- Die Grenzen zwischen den Mechanismen können fließend sein (vgl. DiMaggio/Powell 1991b: 72f.). Die Zuordnung eines konkreten Mechanismus' kann kontextabhängig unterschiedlich erfolgen – was in einem institutionellen Kontext als von Normen intendiertes Verhalten zu interpretieren ist, kann in einem anderen institutionellen Umfeld als mimetische Handlung begründet werden.

- Der Einfluß einzelner institutionalistischer Elemente auf eine Organisation ist sowohl in direkter Form als auch in indirekter Form über andere Institutionen oder institutionalisierte Elemente möglich (Robson/Wholey/Barefield 1996: 398).

- Die Geschwindigkeit und Stärke von Institutionalisierungsprozessen kann sehr unterschiedlich sein[84] und hängt primär von dem sozialen Entwicklungsstand der Institutionen ab. Je homogener bereits ein institutionelles Umfeld ist, desto schneller schreiten auch weitere Institutionalisierungsprozesse voran (Suchman 1995: 40; Greenwood/Hinings 1996: 1028).

- Ein institutionalistischer Einfluß kann singulär von einer Institution ausgehen oder durch mehrere Institutionen oder Interessengruppen[85] getragen sein (Ruef/Scott 1998: 880).

Motive und Folgen der Institutionalisierung von Organisationen

Aus den oben ausgeführten Mechanismen ist teilweise bereits ersichtlich, welches die Motive von Organisationen für institutionalistische Anpassungsprozesse sein können. Die frühen institutionalistischen Arbeiten betonen die Sichtweise, daß diese Prozesse aufgrund von Zwang, Druck oder der bloßen Hinnahme gegebener Verhältnisse (taken-for-granted) wirken (Meyer/Rowan 1977: 349ff.; DiMaggio 1988: 10; DiMaggio/Powell 1991b: 67ff.). Umwelteinflüsse stellen soziale, nicht in Zweifel zu ziehende Tatsachen dar. Damit werden Eigeninteressen von Organisationen de facto ausgeklammert, Wahlhandlungen nicht in Erwägung gezogen und auch differenzierte, individuelle Maßnahmen zur Minderung oder Umgehung institutionalistischer Einflüsse nicht beachtet. Die Erklärungsleistung beschränkt sich auf kausale Mechanismen, die unabhängig von den Interessen der beeinflußten Organisationen wirken (DiMaggio 1988: 10).

Zweifel an dieser deterministischen Sichtweise sind jedoch in hohem Maße vorhanden und lassen die zentrale Frage weiterhin im Raum stehen, warum verschiedene Organisationen vor dem gleichen institutionalistischen Hintergrund unterschiedlich reagieren (Brint/Karabel 1991: 343; Greening/Gray 1994: 472; Goodrick/Salancik 1996: 2; Greenwood/Hinings 1996:

---

84 ...und muß daher vor allem im Zeitablauf bestimmt werden (Tolbert/Zucker 1996: 185). Dies ist mit ein Grund dafür, daß eine große Anzahl historischer Arbeiten zu Institutionalisierungsprozessen existieren (vgl. beispielsweise die Arbeiten von Rowan 1982; Tolbert/Zucker 1983; Fligstein 1991).

85 Eine Interessengruppe muß zwangsläufig noch keine Institution darstellen, sondern kann auch als temporäre und wechselnde Gruppe sozialen Handelns aufgefaßt werden.

1023).[86] Dieser grundsätzlichen Fragestellung läßt sich auch nicht mehr mit dem im Institutionalismus anfangs vielfach vertretenen Konzept des gemeinsamen Nebeneinander von technischen und institutionellen Umwelten begegnen (Meyer/Rowan 1977: 356; Meyer/Scott/Deal 1983: 46f.; Scott/Meyer 1991: 123), da die Frage ja gerade in Hinsicht auf die institutionellen Umwelten aufgeworfen wurde.

Als zweite Erklärungsfigur wurde die Vorstellung einer Entkopplung von Elementen der Organisationsstruktur und den tatsächlichen organisatorischen Aktivitäten mittels des Aufbaus von Fassaden oder Lippenbekenntnissen entwickelt. Dadurch kann eine Organisation institutionalistischen Einflüssen nachgeben, sich aber gleichzeitig einen Spielraum zur Ausführung von Aktivitäten, die diesen Einflüssen widersprechen, vorbehalten (Powell 1985: 565; Oliver 1991: 152-156). Dies erklärt zwar die Ähnlichkeit der formalen, nach außen sichtbaren Strukturen, jedoch nicht die Differenzen in der unterschiedlichen Adoption institutionalistischer Einwirkungen. Zudem wirft eine solche Entkopplung entsprechende innerorganisatorische Probleme auf (Scott/Meyer 1991: 126).

Prinzipiell weist jedoch die Idee eines Spielraums auf einen weiterführenden Gedanken hin. Institutionalistische Einflüsse können *unvollständig und unsicher* sein, d.h. sie sind dann nicht eindeutig als taken-for-granted oder erzwungen anzusehen. Damit wird Organisationen eine grundsätzliche Bewegungsfreiheit (strategic choice) (Scott 1991: 170) innerhalb einer bestimmten Spanne zugestanden, den diese aufgrund der Verfolgung unterschiedlicher Interessen auch entsprechend nutzen (Covaleski/Dirsmith 1988: 565; Brint/Karabel 1991: 346; Oliver 1991: 146; Powell 1991: 186; Goodrick/Salancik 1996: 4; Tolbert/Zucker 1996: 180). Diese Unvollständigkeit und Unsicherheit kann daher rühren, daß

a) aufgrund der Komplexität des institutionellen Umfelds die relevanten Ziele und Werte unklar sind,

b) zwar Ziele und Absichten eindeutig formuliert sind, nicht aber die Mittel, die dorthin führen,

c) das organisatorische Wissen zur Umsetzung der relevanten Maßnahmen und Handlungen nicht in ausreichendem Maße vorhanden ist oder

---

86 Zusätzlich kann aus vielen Arbeiten eine argumentative Ungenauigkeit herausgelesen werden. Auf der *einen Seite* werden Wahlhandlungen von Organisationen verneint bzw. sehr stark in Frage gestellt – Institutionalisierung als Prozeß entspricht vom Charakter her keiner Wahlhandlung (Scott 1987: 505; Zucker 1987: 444). Jedoch werden auf der *anderen Seite* im Institutionalismus Aussagen darüber getroffen, welche Folgen sich für eine Organisation aus dieser institutionalistischen Beeinflussung ergeben, z.B. Erhöhung der Legitimität, verbesserter Ressourcenzugang, erleichterte Austauschbeziehungen (Zucker 1977: 740f.; Scott 1987: 503f.; Baum/Oliver 1991: 189). Dies läßt die Schlußfolgerung zu, daß eine Organisation Institutionalisierungsprozesse nach ihrem Nutzen auswählen kann bzw. sich zumindest in diese ergibt. Solche Interpretationen stellen eine argumentative Ungenauigkeit dar, denn wenn beispielsweise eine Organisation durch die institutionalistische Anpassung ihren Ressourcenzugang verbessert (= Folge), dann muß theoretisch auch zumindest der Weg der Nicht-Anpassung und damit die Verschlechterung des Ressourcenzugangs offenstehen (= Wahlhandlung).

d) absichtlich ein interpretativer Spielraum durch die beeinflussende Institution belassen wird (Powell 1991: 186; Palmer/Jennings/Zhou 1993: 104; Goodstein 1994: 353; Goodrick/ Salancik 1996: 4f.; Oliver 1996: 169).

Mit dem Vorhandensein eines solchen Spielraums und damit der Möglichkeit von Wahlhandlungen erhält die Frage nach den Motiven ein stärkeres Gewicht als zuvor. Die bis dahin vorherrschende Sichtweise, Strukturen und Verhaltensweisen als unbezweifelbare soziale Fakten anzusehen, muß nun einer differenzierteren Betrachtung weichen. Wahlhandlungen implizieren, daß nicht nur eine *einzige* legitimierte Struktur und Verhaltensweise existiert, sondern mehrere bzw. verschiedene Facetten davon. Eine legitimierte Struktur und Verhaltensweise ist dann nicht zwingend anzuerkennen und zu befolgen.

Es werden sehr unterschiedliche Motive für Institutionalisierungsprozesse angeführt. Organisationen folgen institutionalistischen Einflüssen, um ihre Stabilität zu erhöhen (Zucker 1977: 730; DiMaggio/Powell 1991b: 75), wichtige Ressourcen sollen gesichert und gewonnen werden, indem die Organisation z.B. für Individuen als zukünftige Mitarbeiter, Kunden oder Zulieferer attraktiv gemacht wird (Scott 1987: 503f.; Baum/Oliver 1991: 189; Oliver 1991: 150) oder es soll eine soziale Wertschätzung und Akzeptanz der Organisation durch administrative oder professionalisierte Institutionen erreicht werden (Tolbert/Zucker 1983: 26; Covaleski/Dirsmith 1988: 563; Oliver 1996: 171f.). Die Reduktion externer Unsicherheiten und die Vorhersagbarkeit zukünftiger Entwicklungen (Baum/Oliver 1991: 189; DiMaggio/Powell 1991b: 75; Goodrick/Salancik 1996: 3) werden als weitere Motive institutionalistischer Anpassungsprozesse angeführt.

Wenn es Motive für die institutionalistische Angleichung von Organisationen gibt, so muß es unter der Annahme von Ermessensspielräumen auch Motive dagegen geben. Aus diesem Grund gewinnt auch die folgende Fragestellung an Bedeutung: Unter welchen Bedingungen und wie versuchen Organisationen, sich institutionalistischen Einflüssen zu widersetzen bzw. diese zu umgehen?

Eine Möglichkeit bietet sich in der bereits oben beschriebenen Entkopplung von Organisationsstrukturen und tatsächlichen organisatorischen Aktivitäten an. Eine weitere Alternative zeigt Oliver (1991) mit der Betonung aktiver Strategien der Begegnung von institutionalistischen Einwirkungen auf. Danach können sich Organisationen z.B. durch die Abweisung, Herausforderung oder dem Attackieren von Normen, Regeln und Verhaltensweisen den Beeinflussungen aktiv widersetzen. Darüber hinaus können sie versuchen, die einwirkenden Institutionen in ihrem Sinne zu manipulieren, z.B. durch Kooptation, (Des-)Information oder dem Setzen von Anreizen (Zucker 1987: 451; Oliver 1991: 156-159; Caeldris 1996: 220f., 228ff.).

Die Anwendbarkeit und der Erfolg solcher Strategien kann jedoch von unterschiedlichen Faktoren und Bedingungen abhängen wie zum Beispiel der Stärke und Dichte des institutionalistischen Umfeldes, der vorhandenen Unsicherheit aufgrund verschiedener, widersprüchlicher institutioneller Anforderungen, der individuellen Stärke der Organisation oder den persönlichen Präferenzen von dominanten Organisationsmitgliedern (Zucker 1987: 451; DiMaggio/Powell 1991b: 75-77; Oliver 1991: 162, 170; Goodstein 1994: 353; Barringer/Milkovich 1998: 319).

Eine weitere Strategie zur aktiven Begegnung institutionalistischer Anforderungen an eine Organisation kann darin gesehen werden, daß sich Organisationen bewußt die sie beeinflussenden Institutionen auswählen und sich damit ihre eigene institutionalistische Umwelt schaffen (DiMaggio/Powell 1991b: 65; Powell 1991: 197). Dabei werden eher die institutionalistischen Einflüsse ausgewählt, die den Fähigkeiten und Möglichkeiten einer Organisation am besten entsprechen und die Organisation nicht überfordern (Goodstein 1994: 353).

Von der Ebene der individuellen Organisation abstrahierend, werden in institutionalistischen Arbeiten auch die Folgen institutionalistischer Prozesse, insbesondere auf der Ebene organisationaler Felder, betrachtet. So wird eine zunehmende Homogenität von Organisationsstrukturen festgestellt – dies wird auch als Ansteckungsprozeß bezeichnet (Meyer/Rowan 1977: 345; Zucker 1987: 452, 1988a: 38; DiMaggio/Powell 1991b: 64). Das Entstehen dominanter Modelle für Organisationsstrukturen, die sich nach einer ersten Legitimationsphase vergleichsweise rasch über eine Vielzahl von Organisationen ausbreiten und sich im folgenden allein durch ihre nun vorherrschende Dominanz weiter verfestigen, wird als Indikator für diesen Zusammenhang angeführt (DiMaggio/Powell 1991b: 64).

2.1.3 Agenturtheorie und Institutionalismus: Kritik, Divergenz und Konvergenz

Die bisherigen Ausführungen haben gezeigt, daß es sich bei der Agenturtheorie und dem Institutionalismus um zwei sehr unterschiedliche und teilweise gegensätzliche organisationstheoretische Ansätze handelt. Andererseits sind jedoch auch Überlappungen und Ähnlichkeiten in den Annahmen und Schlußfolgerungen festzustellen. Sowohl die Divergenzen als auch die Konvergenzen sollen in dieser Arbeit dazu genutzt werden, die Problemstellung der Steuerung und Kontrolle von Austauschbeziehungen in Bauprojekten angemessen zu bearbeiten. Als Folge daraus können auch die Grenzen der Theorien deutlicher gezogen werden und die Aussagen der jeweiligen Theorie können insgesamt weiter bestätigt oder auch relativiert werden (dies betrifft das allgemein-organisationstheoretische Erkenntnisziel der Arbeit). Der Ausgangspunkt dieser Aufgabenstellung ist die nun folgende abschließende Gegenüberstellung der beiden Ansätze, um dadurch deren theoretische Unterschiede und Gemeinsamkeiten zusammengefaßt aufzuzeigen. Zu diesem Zweck muß sich auch mit der Kritik auseinandergesetzt werden, mit der sich beide Ansätze konfrontiert sehen. Schließlich verbessert gerade die Diskussion von Kritik, sei diese nun berechtigt oder unberechtigt, den Einblick in die Argumentation, Ausgereiftheit und Anwendbarkeit einer Theorie.

Kritik am Ansatz des Institutionalismus

Ein großer Teil institutionalistischer Arbeiten befaßt sich mit der Frage, wie sich organisationale Praktiken verbreiten und warum Organisationen sich aneinander angleichen. Damit werden die Konformität von Organisationen und die dahin führenden Diffusionsprozesse in den Mittelpunkt des Erklärungsinteresses gerückt (Ledford et al. 1989: 8f.; Barringer/Milkovich 1998: 309). Die Verschiedenartigkeit von Organisationen wird vernachlässigt bzw. mit angreifbaren Konzeptionen und Erklärungen versehen, z.B. mit der Entkopplung von Umwelten oder der Existenz verschiedener, paralleler Umwelten (Meyer/Rowan 1977: 356; Meyer/Scott/Deal 1983: 46f.; Oliver 1991: 153f.).[87] Daraus lassen sich die folgenden Hauptkritikpunkte ableiten:

Zum einen wird ein "metaphysisches Pathos" (DiMaggio 1988: 3) aufgebaut – die Schaffung institutionalisierter Elemente und sozialer Ordnungen bleibt im Dunkeln und wird ähnlich einer unendlichen Regression auf höhere Mächte, Mythen oder übergeordnete Faktoren in den Hintergrund abgedrängt. Der Anstoß und die kausale Erklärung für eine institutionalisierte Vorstellung bleiben letztendlich ungeklärt, institutionalistische Einflüsse sind einfach vorhanden (Covaleski/Dirsmith 1988: 565; DiMaggio 1988: 11; Aldrich 1992: 26).

Zum anderen wird der Wandel von Organisationen nur unvollständig erklärt. Obwohl im Institutionalismus überzeugende Begründungen für organisatorische Änderungen dargelegt werden (DiMaggio/Powell 1991a: 29f.; Oliver 1991: 159ff.; Greenwood/Hinings 1996: 1023), mangelt es an theoretisch in sich geschlossenen Erklärungen, warum einzelne Organisationen sich in einer bestimmten Weise verändern, während andere Organisationen unter den gleichen Bedingungen keinen oder anderen Veränderungen unterliegen (Brint/Karabel 1991: 343; Powell 1991: 188; Greenwood/Hinings 1996: 1023). Die in diesem Kontext vorzufindenden Argumente, z.B. externe Schocks, Krisen, Interessengegensätze der beteiligten Akteure oder Macht, sind institutionalistisch im engeren Sinne wenig begründbar und bilden die Basis für einen weiteren wesentlichen Kritikpunkt: die Theorie des Institutionalismus weist eine sehr große Nähe und Überlappungen zu anderen organisationstheoretischen Ansätzen wie der Resource Dependence Theory, der Population Ecology Theory oder politischen Theorieansätzen auf. Damit werden unter anderem eigenständige institutionalistische Erklärungsmuster vernachlässigt und es entsteht eine Verwechslungsgefahr in einzelnen Herleitungen und Argumentationen (Zucker 1987: 457-459; DiMaggio 1988: 4f.; Aldrich 1992: 26f.; Palmer/Jennings/Zhou 1993: 125f.; Tolbert/Zucker 1996: 179).

Eine weitere Gruppe an Kritik wird durch Argumente gebildet, die sich aus Interpretationen der Annahmen und Schlußfolgerungen des Institutionalismus ableiten. So wird dargelegt,

---

87 Beispielsweise greifen Kraatz/Zajac (1996: 832) das Konzept paralleler Umwelten an, indem sie darlegen, daß technische Umwelten bewußt gegen institutionelle Umwelten ausgerichtet werden können ("...even at the risk of institutional illegitimacy..."). Powell (1985: 565) kritisiert die Vorstellung der Entkopplung von Organisationsstrukturen und tatsächlichen Aktivitäten, welche Organisationen letztlich als zynische Fassaden ohne Bezug zu institutionalistischen Einflüssen erscheinen ließe (ähnlich äußern sich auch Tolbert/Zucker 1996: 180).

daß sich institutionalistische Argumente bisher nur auf einen bestimmten Typus Organisation, nämlich Non-Profit-Organisationen und öffentliche Unternehmungen, sinnvoll anwenden ließen und daß zur Betrachtung von For-Profit-Organisationen die Theorie eine Erweiterung erfahren müsse (Zucker 1987: 452; Powell 1991: 189). Weiterhin werde in den meisten Arbeiten nur der Zwang durch Gesetze und vorgeschriebene Normen betont, aber sowohl die dahinterliegenden Intentionen der Zwänge als auch die Möglichkeiten einer passiven oder aktiven Begegnung durch die beeinflußten Organisationen würden ausgeblendet (Oliver 1991: 145; Scott 1994b: 98f.; Greenwood/Hinings 1996: 1027; Tolbert/Zucker 1996: 180).

Es wird darüber hinaus kritisiert, daß im Institutionalismus zu unpräzise bestimmt wird, welche Faktoren nun unter welchen Bedingungen einen Einfluß ausüben und welche nicht – ex ante Aussagen und Gestaltungsempfehlungen seien mithin nicht oder nur schwerlich zu treffen (Scott 1987: 501; Tolbert 1988: 109; Gupta/Dirsmith/Fogarty 1994: 270). Auch die für eine Organisation entstehenden Konflikte aufgrund der gleichzeitigen Beeinflussung durch unterschiedliche Institutionen seien noch nicht hinreichend theoretisch erklärt (Eisenhardt 1988: 506; Powell 1996: 296).

Schließlich beschäftigt sich ein wesentlicher Teil der Kritik am Institutionalismus mit der Charakterisierung der betrachteten Organisationen bzw. handelnden Individuen. So blieben entweder individuelle oder kollektive (Selbst-)Interessen von Organisationen bzw. Individuen weitgehend unbeachtet (Perrow 1985: 155; Covaleski/Dirsmith 1988: 565; DiMaggio 1988: 11f.; Aldrich 1992: 26f.; Bealing/Dirsmith/Fogarty 1996: 319) oder diese Interessen seien selbst nur das Produkt institutionalistischer Prozesse, mithin vorgegeben (taken-for-granted) und nicht als Interessen im eigentlichen Sinne zu bezeichnen (Scott 1987: 508; Friedland/Alford 1991: 245). Aber selbst bei einer Berücksichtigung von Interessen würden diese in zu allgemeiner und damit wenig aussagekräftiger Art und Weise zugelassen, z.B. in Form von übergeordneten Interessen wie Sicherheit, Vorhersagbarkeit oder Überlebenswillen (Di Maggio 1988: 3; Baum/Oliver 1991: 189). Dadurch werde der externe Einfluß auf Organisationen und die sich daraus ergebende Starrheit und Konformität (Isomorphismus) überbetont und Interessengegensätze, Wahlhandlungen und vor allem aktives Handeln außer acht gelassen (Goodrick/Salancik 1996: 1; Tolbert/Zucker 1996: 179; Barringer/Milkovich 1998: 309). Darin liegt sicherlich die Hauptursache, daß der Institutionalismus auch als statischer und übersozialisierter Ansatz bezeichnet wird (Zucker 1987: 454f.; Powell 1991: 183).

Die einzelnen Kritiken münden in die übergreifende Feststellung, der Institutionalismus könne nicht als richtige, in sich geschlossene Theorie angesehen werden. Bis auf wenige Ausnahmen (Donaldson 1995: 127) wird jedoch betont, daß dies kein unüberwindbares Problem sei, sondern daß der Institutionalismus in seiner Theoriekonstruktion lediglich als noch nicht abgeschlossen betrachtet werden könne (Scott 1987: 509, 1994a: 78; Palmer/Jennings/Zhou

1993: 127).[88] Diese "Phase der Jugendlichkeit" (Scott 1987: 493)[89] des Institutionalismus muß überwunden werden, indem – *wie es auch in dieser Arbeit erfolgt* – in verschiedener Weise und mit unterschiedlichen Schwerpunkten weitergehende Forschungen unternommen werden:

- Eine verstärkte Betrachtung von privatwirtschaftlichen, gewinnorientierten Organisationen (For-Profit-Organisationen) muß erfolgen, denn dieser organisationstheoretisch und betriebswirtschaftlich sehr relevante und weit verbreitete Organisationstypus mit seinen von Non-Profit-Organisationen stark differierenden Aufgaben und institutionellen Umfeldern wurde bisher in zu geringem Ausmaß institutionalistisch betrachtet (Powell 1991: 189).[90]

- Es müssen vermehrt die institutionalistischen Einflüsse auf einzelne Strukturelemente in der Aufbau- wie auch Ablauforganisation unter Berücksichtigung von Interdependenzen zwischen diesen einzelnen Strukturelementen untersucht werden. Auch das Verhalten von Individuen bzw. Gruppen von Individuen in Organisationen sollte einen wichtigen zukünftigen Untersuchungsgegenstand darstellen (Scott 1994a: 78). Im Institutionalismus wurde bisher der Fokus in erster Linie auf organisatorische Felder und Populationen von Organisationen gerichtet.

- Organisationen sind vielfältigen Beeinflussungen von mehreren Institutionen auf verschiedenen Ebenen ausgesetzt. Daher sollten auch die Einwirkungen von unterschiedlichen Institutionen auf differierenden Ebenen gleichzeitig betrachtet werden. Insbesondere die Einwirkungen aus der Umwelt einer Organisation sollten von den innerorganisatorischen Beeinflussungsprozessen getrennt werden (Jepperson 1991: 156; Scott 1994a: 78).

- Wie in den letzten Jahren auch in verstärktem Maße festzustellen ist, sollten institutionalistische Erklärungen mit anderen theoretischen Ansätzen kontrastiert und, wenn dies sinnvoll erscheint, verbunden werden (DiMaggio/Powell 1991a: 32; Scott 1994a: 78; Tolbert/Zucker 1996: 186 und vgl. als Beispiele solcher Arbeiten Eisenhardt 1988; Gupta/Dirsmith/Fogarty 1994; Zajac/Westphal 1994; Roberts/Greenwood 1997; Barringer/Milkovich 1998).

---

[88] Die Notwendigkeit, den Ansatz des Institutionalismus weiter theoretisch auszuarbeiten und zu präzisieren, kann zudem dadurch unterstrichen werden, daß auch die Kritik an diesem Ansatz widersprüchlich ist: so weise der Institutionalismus gerade die Schwäche auf, daß Machtaspekte (vgl. oben die gegensätzliche Kritik) keine bis zu geringe Berücksichtigung fänden (Perrow 1985: 155; Bealing/Dirsmith/Fogarty 1996: 319).

[89] Auch wenn diese Bezeichnung aus dem Jahre 1987 stammt, kann festgestellt werden, daß der Institutionalismus seitdem zwar eine – vor allem empirische – Festigung erfahren hat, aber weiterhin wesentliche Kritikpunkte aufrecht erhalten werden und daher weitergehende Forschungen vonnöten sind. Scott (1994a: 78) führt dazu aus: "I see convergent developments among the approaches of many analysts as they recognize the importance of examining meaning systems, symbolic elements, regulatory processes, and governance systems. Divergence occurs along several fault lines..."

[90] Ein Überblick über die seit dieser Feststellung von Powell veröffentlichten Arbeiten zeigt, daß sich die Forschungssituation in dieser Hinsicht kaum verbessert hat.

Kritik am Ansatz der Agenturtheorie

Wie auch im Institutionalismus bezieht sich ein wesentlicher Teil der Kritik an der Agenturtheorie[91] auf die Grundannahmen bezüglich der handelnden Akteure, seien dies nun Individuen oder Organisationen. Die Agenturtheorie unterstellt rational handelnde, selbstsüchtige Akteure, wobei diese Rationalität einseitig ökonomisch intendiert sei (reduktionistisch) (Perrow 1986a: 230, 232; Kosnik/Bettenhausen 1992: 324) und sogar dem Charakter nach als gierig, habsüchtig und materialistisch bezeichnet wird (Hirsch/Michaels/Friedman 1987: 321). Dadurch werde die Vorstellung eines "asozialen und geldorientierten Wesens" (Müller 1995: 69) verbreitet, das zur individuellen Nutzenmaximierung auch oder gar bevorzugt auf opportunistische Praktiken zurückgreift. Dieses simplifizierende, minimalistische Weltbild (Hirsch/Michaels/Friedman 1987: 318; Antle 1989: 105) würde sowohl die Komplexität und den sozialen Kontext von Austauschbeziehungen als auch mögliche nicht-ökonomische Ziele vernachlässigen und nur einem einzigen, monetären Effizienzgedanken folgen (Perrow 1986a: 235; Levinthal 1988: 154f.; McGuire 1988: 9; Nilakant/Rao 1994: 655; Barringer/Milkovich 1998: 311).[92] Doch davon abgesehen werde auch der Effizienzgedanke nur unzureichend umgesetzt, denn die meisten Arbeiten in der Agenturtheorie würden von einer Effizienzdefinition ausgehen, die nur einseitig aus der Sicht des Prinzipals zu rechtfertigen sei und den Agenten als gleichberechtigten ökonomischen Akteur unbeachtet lasse (Perrow 1986a: 229, 1986b: 14f.; Bergen/Dutta/Walker 1992: 2).

Ein weiterer Kritikpunkt ist die Betrachtung von Verträgen als einzige Determinante der Eingrenzung und Abbildung von Beziehungen: nicht-vertraglich abzubildende Regelungsmechanismen wie Vertrauen oder langjährige Beziehungen würden nicht miteinbezogen (Baiman 1990: 345; Nilakant/Rao 1994: 667). Auch könnten durch die strenge ex ante-orientierte Sichtweise von Agenturverträgen die Wechselwirkungen zwischen Umwelt und Vertrag, z.B. in Form von Problemen, die erst nach der Vertragserstellung entstehen, nicht berücksichtigt werden (Williamson 1985: 28f.; Picot 1991: 155). Eine weitere Beobachtung stellt die Exklusivität von Verträgen zur Betrachtung von Beziehungen weiter in Frage: agenturtheoretisch müßten Verträge zumeist sehr kompliziert ausgestaltet sein, was jedoch in der Realität nur sehr selten vorzufinden sei (Baker/Jensen/Murphy 1988: 613; Baiman 1990: 345).

Einen breiten Raum nimmt auch die kritische Diskussion um die Bestimmung und Messung der Agenturkosten als relevantes Effizienzkriterium ein (vgl. dazu die Ausführungen in Kapitel 2.1.1.2). In diesem Kontext wird für den positiven Zweig der Agenturtheorie gefordert, daß empirische Untersuchungen explizit mit einer Überprüfung der Auswirkungen auf den Erfolg (performance) von vertraglichen Beziehungen einhergehen müssen, denn nur so

[91] Die kritische Reflexion der Agenturtheorie ist auf den in dieser Arbeit verwendeten positiven Theoriezweig ausgerichtet.

[92] Diese Kritik wird bereits in der frühen Arbeit von Mirrlees (1976: 107) vorweggenommen und relativiert: "A theory that overemphasizes self-interested behavior in this way deserves to fail in predicting various features of actual organizations; but it would be surprising if it were wholly irrelevant."

seien Aussagen über den Nutzen der Theorie in Form von Gestaltungsempfehlungen möglich (Bauer/Bayón 1995: 84).

Schließlich wird auch die fast ausschließlich dichotome Sichtweise von Verträgen in eine output- und eine input-orientierte Trennung als unzureichend kritisiert. Vielmehr sollte versucht werden, diese dichotome Unterteilung nur als Extrema zu betrachten und Verträge darüber hinaus auf einem Kontinuum zwischen diesen Extrempunkten abzubilden (Eisenhardt 1989: 71; Oliver/Anderson 1994: 53).

Trotz der mittlerweile stattlichen Anzahl agenturtheoretischer Arbeiten zu unterschiedlichsten Fragestellungen wird auch für die Agenturtheorie, ähnlich wie für den Institutionalismus, angeführt, dieser befände sich noch immer in einem vergleichsweise frühen Entwicklungsstadium (Seal 1993: 51). Danach müssen weitergehende Forschungen unternommen werden, in denen – *wie es auch in dieser Arbeit erfolgt* – unterschiedliche Kritikpunkte beachtet werden:

- Die zentralen agenturtheoretischen Bedingungsfaktoren wie Aufgabenmerkmale oder Unsicherheit sollten durch weitere relevante Bedingungsfaktoren einer Austauschbeziehung, wie z.B. frühere Beziehungen oder für die Zukunft geplante weitere Beziehungen, ergänzt werden.

- Nicht-ökonomische bzw. nur indirekt ökonomisch zu interpretierende Motive und Interessen der Akteure müßten Eingang in agenturtheoretische Untersuchungen finden.

- Agenturtheoretische Arbeiten konzentrieren sich auf die dichotome Betrachtung von output- versus input-orientierten Vertragsregelungen. Es muß versucht werden, diese dichotome Ausrichtung durch die Konstruktion eines Kontinuums zu erweitern. Dabei sollte die Betrachtung von Verträgen auch durch den Einbezug nicht-schriftlicher bzw. nicht explizit vereinbarter Regelungen und Verhaltensweisen ergänzt werden.

- Es sollte, wie bereits oben erwähnt, eine explizite Überprüfung der Erfolgswirksamkeit von vertraglichen Beziehungen vorgenommen werden.

- Wie in den letzten Jahren auch in verstärktem Maße festzustellen, können agenturtheoretische Erklärungen mit anderen theoretischen Ansätzen kontrastiert und, wenn dies sinnvoll erscheint, verbunden werden (Eisenhardt 1989: 71; Bergen/Dutta/Walker 1992: 21; Kosnik/Bettenhausen 1992: 327 und vgl. als Beispiele solcher Arbeiten Eisenhardt 1988; Conlon/Parks 1990; Zajac/Westphal 1994; Bergh 1995; Barringer/Milkovich 1998).

Divergenz und Konvergenz von Agenturtheorie und Institutionalismus

Die Grundproblematik bei dem Vergleich der beiden theoretischen Ansätze läßt sich simplifizierend folgendermaßen zusammenfassen: Die Agenturtheorie unterstellt eine Abhängigkeit der Organisationsstrukturen von Bedingungsfaktoren wie Aufgabenmerkmale, Unsicherheit oder Risikopräferenzen der beteiligten Akteure. Der Institutionalismus läßt diesen Zusammenhang außer acht und unterstellt eine Abhängigkeit der Strukturen von den die Organisation umgebenden institutionellen Umwelten und bestimmter innerorganisatorischer, sozialer Prozesse. Vor diesem Hintergrund dient die nachfolgende Abbildung 2.8 der zusammenfassenden Gegenüberstellung der beiden Theorien.

	Agenturtheorie	**Institutionalismus**
Einheit der Analyse	Organisationsstrukturen und organisatorische Handlungen als vertragliche Beziehungen	Organisationsstrukturen und organisatorische Handlungen als soziale Fakten
Grundkonzeption	Organisationsstrukturen und organisatorische Handlungen werden aufgabenorientiert bestimmt	Organisationsstrukturen und organisatorische Handlungen werden durch institutionelle Einflüsse bestimmt
Grundannahmen	- Organisationen verfolgen Eigeninteressen, die zweckrationalen, ökonomischen Zielen und Kalkülen unterliegen - Organisationen verfügen über ungleiche Informationen; zudem sind Interessenkonflikte und Risikopräferenzen relevant - Organisationen üben Wahlhandlungen aus (aktives Verhalten)	- Organisationen suchen nach Vorbildern und Zustimmung aus ihrer relevanten Umwelt - Organisationen folgen vorgegebenen Mustern (passives Verhalten)
Intention des organisatorischen Handelns	Ökonomische Effizienz	Soziale Legitimität
Rolle der organisatorischen Umwelt	Umwelt übt indirekten Einfluß über die Beeinflussung der Bedingungen eines Vertrages aus	Umwelt übt direkten Einfluß auf Organisationen aus
Rolle der Organisation	Rahmen für vertragliche Beziehungen (nexus of contract)	Quelle für Organisationsstrukturen und organisatorische Handlungen
Hauptanwendungsbereiche	Steuerung von Organisationen (Information, Kontrolle und Anreiz)	Strukturierung und Handlungsweisen von Organisationen allgemein
Grenzen und Hauptkritik	- vernachlässigt den Einfluß des institutionellen Umfeldes auf die Organisation - Überbetonung rationaler Handlungsmuster und ökonomischer Effizienzkriterien	- vernachlässigt Eigeninteressen und Wahlhandlungen (Strategien) von Organisationen - Überbetonung sozialer Handlungsmuster und Motive

Abbildung 2.8: Agenturtheorie und Institutionalismus im vergleichenden Überblick

Drei grundlegende Fragestellungen zur Ausgestaltung von Organisationsstrukturen bilden die Ausgangsbasis für eine Gegenüberstellung der Theorien:

1) Die aufgabenspezifischen Bedingungsfaktoren bei der Gestaltung von Organisationsstrukturen und die relevanten Akteure weisen eine große Vielfalt auf und können kontextspezifisch sehr unterschiedlich sein. Trotzdem ist oftmals keine entsprechende Vielfalt und Unterschiedlichkeit in den davon beeinflußten Organisationsstrukturen vorzufinden (Scott 1994a: 74).

2) Es existieren teilweise große Abweichungen zwischen den relevanten formalen Strukturen einer Organisation und den tatsächlichen organisatorischen Handlungen, welche von diesen Strukturen determiniert sein sollten (Meyer/Rowan 1977: 342; Meyer/Boli/Thomas 1987: 19f.).

3) Die Aussagen zu den Auswirkungen institutionalistischer Prozesse bzw. agenturtheoretischer Gestaltungsprämissen sind divergierend. Agenturtheoretisch werden aufgabenbezogene, ökonomisch geprägte Erfolgskriterien betrachtet, institutionalistisch sind solche Kriterien nicht relevant – hier sind Erfolgsmaße wie z.B. das Überleben oder die soziale Akzeptanz der Organisation von Belang (Brint/Karabel 1991: 342; Greenwood/Hinings 1996: 1025).

Um diese Fragestellungen zu beleuchten, können die Theorien auf verschiedene Weise gegenübergestellt und verbunden werden:

Erstens ist es möglich, daß sich die theoretischen Ableitungen und Erklärungen **gegenseitig ausschließen bzw. widersprechen**. Diese negative Variante trägt einerseits sehr gut zur Bildung trennscharfer Argumentationen und eindeutiger Ergebnisinterpretationen bei, zwingt aber andererseits zu einer starken Einengung des theoretischen Rahmens und der zugrunde gelegten Annahmen. Zudem bergen Untersuchungen, die solche Theorievergleiche durchführen, ein hohes Konfliktpotential in Form von Angriffen und Gegenuntersuchungen innerhalb der jeweiligen wissenschaftlichen Disziplin in sich.[93]

Gemäß der Agenturtheorie lassen sich die Akteure von streng ökonomisch ausgerichteten Interessen leiten und ihre Strukturentscheidungen und Handlungen sind daher ausschließlich zweckrational-ökonomisch-effizienzorientiert begründet. Dabei wird den Akteuren eine prinzipielle Wahlfreiheit unterstellt, die sich nur an interessengeleiteten und rational notwendigen Maßnahmen orientiert. Im Institutionalismus werden dagegen eigenständige Interessen der Akteure verneint und als sozial konstruiert und beeinflußt (aufoktroyiert) dargestellt – die Interessen werden durch andere Institutionen bestimmt. Das einzige Interesse einer Organisation ist das Erreichen einer Legitimität ihrer Strukturen und Handlungen gegenüber diesen Institu-

93 Was sicherlich auch ein wesentlicher Grund dafür sein dürfte, daß solche Untersuchungen kaum zu finden sind, obwohl fast jeder wissenschaftliche Theoriediskurs geradezu auf derartige Untersuchungen hinauslaufen müßte.

tionen. Aber selbst wenn Wahlhandlungen nicht vollkommen negiert werden, wählen Organisationen nur aus einer vorgegebenen Menükarte weniger möglicher Strukturalternativen eine Option aus (DiMaggio 1988: 9; Scott 1994a: 74) oder sie versuchen, sich in ebenfalls passiver Weise punktuell bestehenden institutionalistischen Einflüssen zu widersetzen (Meyer/Scott 1983b: 206; DiMaggio 1988: 9).

Ein weiterer Gegensatz zwischen den Theorien kann darin gesehen werden, daß agenturtheoretisch Organisationen aktiv und strategisch handeln und gestalten, während ihnen im Institutionalismus nur ein passives, allenfalls beschränkt reaktives Verhalten unterstellt wird. Strategien und Absichten werden hier vernachlässigt (Abell 1995: 6f.; Barringer/Milkovich 1998: 309). Auch direkte Widersprüche zwischen den Grundannahmen werden häufig betont, z.B. wenn ökonomisch-effizienzorientierte Ziele mit Traditionen und Ziele anderer maßgeblicher Institutionen in Konflikt stehen (Conlon/Parks 1990: 604).

Zweitens können Argumente beider Theorien in einer bestimmten Weise **ineinander überführt werden**. Hierbei spielt der Zeitpunkt bzw. Zeitraum der Betrachtung eine wichtige Rolle. Die Gültigkeit agenturtheoretischer Argumente wird zeitlich von der Gültigkeit institutionalistischer getrennt. Danach besitzen rationale, ökonomisch-effizienzorientierte Gründe bei der Entstehung von Organisationen eine wichtige Funktion, während im Anschluß an diese Entstehungsphase die weitere Verbreitung von Strukturen und Handlungsmuster in zunehmendem Maße institutionalistisch und immer weniger ökonomisch-effizienzorientiert zu erklären ist (Tolbert/Zucker 1983: 25f.; Zucker 1987: 453; DiMaggio/Powell 1991b: 64).

Anstatt einer Zeitpunkt-/Zeitraum-Differenzierung kann auch eine nach Ebenen differenzierte Betrachtung angestellt werden. Danach wirken beispielsweise Institutionen wie der Staat auf der übergeordneten Ebene institutionalistisch auf eine Organisation ein, während auf der Mikro-Ebene aufgabenorientierte Faktoren bestimmend sind (Holm 1995: 399).

In ähnlicher Weise können beide Theorien ineinander überführt werden, indem aufgezeigt wird, wie institutionelle Änderungen, z.B. durch Gesetze oder Normierungen, das ökonomische Umfeld und damit die rational-effizienzwirksamen Bedingungen wandeln (Brint/Karabel 1991: 345f.; Scott 1994a: 71; Oliver 1996: 169). Ein solcher Vorgang stellt einen institutionalistischen Eingriff in die Annahmen einer aufgabenorientierten Sichtweise dar.

Drittens können **Komplementaritäten** zwischen den unterschiedlichen Ansätzen dazu genutzt werden, um die Erklärungskraft der einzelnen Theorie zu steigern und dadurch die Lösung einer bestimmten organisationstheoretischen Problemstellung insgesamt zu verbessern (DiMaggio 1988: 17; Greening/Gray 1994: 469; Pouder 1996: 103f.; Dacin 1997: 75). Eine Art der Komplementarität kann darin gesehen werden, daß eine Theorie Erklärungsfaktoren heranzieht, welche die andere Theorie nicht beachtet. So konzentriert sich die Agenturtheorie auf organisationsinterne Faktoren wie z.B. Aufgabenmerkmale oder den Informationsstand der Akteure, während im Institutionalismus externe Faktoren wie der Grad der Verbreitung einer Strukturform oder die Stärke von institutionellen Zwängen eine Rolle spielen. Das Einbeziehen beider Ansätze erhöht die Erklärungskraft. Beispielsweise können solche Komplementaritäten dann sinnvoll genutzt werden, wenn die institutionalistischen Standards selbst unsicher sind, also eine Strukturlösung unter gegebenen, aber nicht eindeutigen institutionalistischen Einflüssen ausgewählt werden muß:[94] "...institutions and interests may coexist as independent constraints on behavior..." (Goodrick/Salancik 1996: 5).

In ähnlicher Weise kann von einer Komplementarität ausgegangen werden, wenn z.B. Umwelten nach ihrem Grad der Institutionalisierung differenziert werden und danach mehr technische versus mehr institutionelle Umwelten zu identifizieren sind (Meyer/Rowan 1977: 354; Zucker 1987: 452). Durch diese Trennung kann eine Gewichtung des Einflusses eines Ansatzes hinsichtlich spezifischer Betrachtungsgegenstände vorgenommen werden, ohne den anderen Ansatz zu negieren.

Eine weitere Möglichkeit der Nutzung komplementärer Erklärungspotentiale liegt in der Kombination der Annahmen der Theorien: agenturtheoretische Betrachtungen können als Momentaufnahme interpretiert werden; die der Beziehung zeitlich vorangegangenen Aspekte wie vertrauensbildende Maßnahmen oder bestehende institutionelle Zwänge sind dann zusätzlich zu integrieren (Lassar/Kerr 1996: 630). Auch die direkte Verbindung von grundsätzlich verschiedenen Annahmen wie ökonomische Interessen (Agenturtheorie) und soziale Motivationen (Institutionalismus) der Akteure kann ein neues Erklärungspotential eröffnen (Davis 1991: 611; Bergen/Dutta/Walker 1992: 19; Palmer/Jennings/Zhou 1993: 125). Beispiele dafür, daß der simultane Einbezug von agenturtheoretischen und institutionalistischen Variablen die Erklärung für einen in der Realität vorzufindenden Sachverhalt erhöht, liefern Eisenhardt (1988: 503ff.) und Conlon/Parks (1990: 616ff.).[95]

Viertens schließlich können Parallelen zwischen den Ansätzen dazu genutzt werden, Erklärungen für Organisationsstrukturen und Handlungen **weiter zu differenzieren**. So ist beispielsweise das agenturtheoretische Konzept der rational-ökonomischen Interessen und der daraus abgeleiteten effizienzorientierten Handlungen auch institutionalistisch zu begründen: objektive, effizienzorientierte Vorstellungen und Regeln dienen oftmals lediglich dazu, institutionalistischen Ansprüchen zu genügen. Letztlich sind somit auch Interessen, Rationalität und Effizienz eine institutionalistische Konstruktion und der Unterschied zwischen rationalen und institutionalistischen Erklärungen beginnt zu verschwimmen (Scott 1987: 508; Friedland/Alford 1991: 234; Holm 1995: 402).

Die gleichzeitige Beachtung zweier (teilweise) so unterschiedlicher organisationstheoretischer Ansätze verspricht, ein großes Potential bezüglich der Erklärung der Steuerung und Kontrolle von Austauschbeziehungen in Bauprojekten nutzbar zu machen. Darüber hinaus eröffnen beide Theorien die Möglichkeit, Empfehlungen zur erfolgreichen Ausgestaltung von Austauschbeziehungen abzuleiten.

---

94 Dieser Situation sind die Unternehmungen in der Baubranche ausgesetzt.

95 In beiden Arbeiten wird gezeigt, daß die Erklärungskraft jeder einzelnen Theorie geringer ist als die Summe bei einem simultanen Einbezug beider (Eisenhardt 1988: 506; Conlon/Parks 1990: 621).

2.2 Das Steuerungs- und Kontrollsystem in Bauprojekten

Es gibt wohl nur wenige Begriffe, die in der organisationstheoretischen Literatur so vielfältig interpretiert und in so viele unterschiedliche Fragestellungen eingeflochten werden, wie die der Steuerung und Kontrolle. Dies ist in erster Linie auf die Existenz unterschiedlichster theoretischer Ansätze zurückzuführen, die zudem oftmals wiederum in sich nach differierenden Forschergruppen unterteilt werden müssen. Zusätzlich spielt die Steuerung und Kontrolle in weiteren angrenzenden sozial- und wirtschaftswissenschaftlichen Teildisziplinen eine große Rolle, wobei sie auch dort in einer vielfältigen Art und Weise verwandt wird. Die daraus resultierende Komplexität wird noch dadurch verstärkt, als daß in der wirtschafts- und sozialwissenschaftlichen Forschung in den letzten Jahren ein zunehmender Trend zu grenz- und disziplinüberschreitenden Arbeiten festzustellen ist. Dies hat zur Folge, daß Begriffe, Zusammenhänge und Erkenntnisse aus ihrem originären Forschungszusammenhang herausgelöst und in andere, nicht immer verwandte Bereiche übertragen werden. Neben den damit verbundenen positiven Folgen trägt dies jedoch auch zu Ungenauigkeiten und Verwirrungen bis hin zu nicht nachvollziehbaren Annahmen und Schlußfolgerungen bei.

Nur teilweise disziplinär bedingt ist der Umstand, daß nebeneinander eine Anzahl von unterschiedlichen Steuerungs- und Kontrollkonzeptionen existieren. Dies resultiert auch aus der uneinheitlichen Begriffsverwendung, die Lowe/Puxty (1989: 9) wie folgt beschreiben: "... in the manner of Humpty Dumpty, different writers use the term to mean what they want to mean." [96] So wird Steuerung und Kontrolle beispielsweise interpretiert als[97] "...verifying whether everything occurs in conformity with the plan adopted, the instructions issued, and the principles established..." (Fayol 1949: 57), "...choosing operating rules...and enforcement rules...to maximize the organization's objective function" (Arrow 1964: 397), "interpersonal influence activities" (Tannenbaum 1968: 5), "...der Vergleich zwischen geplanten und realisierten Werten zur Information über das Ergebnis des betrieblichen Handelns..." (Frese 1968: 53), "...a step to correct behaviors that deviate from plans or initial directions..." (Dornbusch/ Scott 1975: 92), "...basically a process of monitoring something, comparing it with some standard, and then providing selective rewards and adjustments..." (Ouchi 1977: 97), "...an organization's set of procedures for monitoring, directing, evaluating, and compensating..." (Anderson/Oliver 1987: 76) oder einfach als "...keeping things on track..." (Merchant 1985: 1).

---

96 Daran anknüpfend seien auch Flamholtz/Das/Tsui (1985: 36) zitiert: "The literature on control can be characterized as confusing in regard to the meaning of the construct as well as the measurement of relevant variables." und "Clearly, there is no consistent definition of the concept of control, leading inevitably to divergent approaches to the study of it."

97 An den Veröffentlichungszeitpunkten der Quellen läßt sich ermessen, wie lange diese Thematik schon diskutiert und bearbeitet wird – mit zunehmenden Differenzierungs- und damit auch latenten Konfusionstendenzen.

Als letztes Problem kann die semantische Vielfalt angeführt werden, die mit den Begriffen Steuerung und Kontrolle verbunden ist. Gerade für Arbeiten im deutschsprachigen Raum stellen deren partielle Divergenzen zum betriebswirtschaftlichen Kulturkreis angelsächsischer Prägung eine weitere zu überwindende Schwierigkeit dar.[98]

Als Folge dieser drei Problembereiche soll bei der nachfolgenden Betrachtung und Analyse von Steuerung und Kontrolle in differierenden theoretischen Ansätzen keine explizite semantische und inhaltliche Trennung der Begriffe "Steuerung" und "Kontrolle" erfolgen. Würde man sich nur auf einen der beiden Begriffe beschränken, wäre dies aufgrund der forschungskonzeptionellen und kulturkreisbedingten divergenten Bedeutungen zu ungenau. Eine gemeinsame, synonyme Einkleidung in einen Begriff könnte höchstens durch die Verwendung des im angelsächsischen Sprachraums üblichen "to control" erreicht werden.[99] Auf die allgemeine Verwendung von "to control" soll jedoch zum einen aus sprachlichen Gründen verzichtet werden und zum anderen deshalb, weil der dann auch unvermeidliche Gebrauch der Verlaufsform ("controlling") zwangsläufig Abgrenzungsprobleme zu der mittlerweile in der deutschen Betriebswirtschaftslehre als eigenständig akzeptierten theoretischen Forschungskonzeption des Controlling (Welge 1988: 1f.; Amshoff 1993: 11ff.; Horváth 1994: 49-65) aufwerfen würde.

Im folgenden wird ein kurzer, dem Fokus der Arbeit angemessener Überblick über Steuerung und Kontrolle in der betriebswirtschaftlichen Forschung gegeben, um zu zeigen, welches die relevanten Parameter und Einflußbedingungen sind, die für die Konzeption eines Steuerungs- und Kontrollsystems maßgeblich sind. Darauf aufbauend erfolgt in Kapitel 2.2.2 die Entwicklung der für diese Untersuchung relevanten Konzeption eines Steuerungs- und Kontrollsystems. In Kapitel 2.2.3 wird abschließend für den theoretischen Teil der Arbeit die Verbindung des Steuerungs- und Kontrollsystems zu dem Erfolg einer Unternehmung diskutiert.

2.2.1 Steuerung und Kontrolle in der betriebswirtschaftlichen Forschung

Die Betrachtung der Steuerung und Kontrolle in unterschiedlichen theoretischen Ansätzen soll den Grundstein für ein umfassendes Verständnis dieses Problembereiches legen. Zugleich zeigen die Ausführungen, wie die Sichtweisen und Elemente aus den verschiedenen Ansätzen in die Konzeption des Steuerungs- und Kontrollsystems dieser Arbeit integriert sind. Eine solche Integration erscheint vor allem deshalb sinnvoll, weil sehr enge Verbindungen und Überlappungen zwischen den verschiedenen theoretischen Ansätzen festzustellen sind. Generell bleibt der Überblick als eine Grundlage der theoretischen Konzeption der Arbeit auf orga-

---

98 Dies ist auch daran zu erkennen, daß es im deutschsprachigen Raum Arbeiten gibt, die sich sehr intensiv mit der Problematik aufgrund der unterschiedlichen betriebswirtschaftlichen Kulturkreise auseinandersetzen (vgl. z.B. Richter 1987: 8-47; Horváth 1994: 30-68).

99 Zur Begriffs- und Bedeutungsvielfalt vgl. Welge 1988: 6f.; Horváth 1994: 25f.

nisationstheoretische bzw. sich stark mit organisationstheoretischen Ansätzen überlappende Kontrollauffassungen beschränkt.[100]

Die Forschung zu Steuerung und Kontrolle kann auf unterschiedliche Art und Weise analysiert und eingeteilt werden (vgl. z.B. Eisenhardt 1985: 135-139; Flamholtz/Das/Tsui 1985: 36f.; Geringer/Hebert 1989: 236-242; Govindarajan/Fisher 1990: 258f.; Snell 1992: 293f.; Otley/Broadbent/Berry 1995: S35-S39). Bei der hier angestellten kurzen Betrachtung von Steuerung und Kontrolle in unterschiedlichen Ansätzen soll die theoretische Konzeption als generelles Unterscheidungskriterium zugrunde gelegt werden.

Als Besonderheit kann dabei die Darstellung des Controlling als eigenständiger Ansatz angesehen werden. Die theoretischen Arbeiten im Bereich des Controlling basieren zwar größtenteils auf organisationstheoretischen Ansätzen und spezifischen Forschungsarbeiten, aber es kann aufgrund der disziplinären und inhaltlichen Entwicklungen der letzten 15 Jahre festgestellt werden, daß Controlling ein eigenständiges Fach- und Forschungsgebiet darstellt. Dementsprechend erscheint es sinnvoll, ausgewählte Arbeiten und Erkenntnisse aus diesem eigenständigen Bereich auch separat darzustellen und zu analysieren.

2.2.1.1 Verhaltenswissenschaftliche Konzeptionen

Im Rahmen von verhaltenswissenschaftlichen Ansätzen[101] stehen einzelne Personen oder Personenmehrheiten in Organisationen bzw. als organisationsbildende Gruppen im Vordergrund des Interesses. Diese Personen werden nicht mehr, wie z.B. im Taylorismus, als reine Produktionsfaktoren angesehen, die es optimal auszunutzen gilt, sondern stehen in ihrer Eigenschaft als Menschen und organisationsbildende Gruppen von Individuen im Vordergrund. Ungeachtet dessen ist der grundlegende Leitgedanke dieses Ansatzes, alle organisatorischen Aktivitäten und Produktionsfaktoren auf ein optimales Gesamtziel auszurichten, wobei die Verhaltensbeeinflussung der Organisationsmitglieder im Vordergrund des Interesses steht (Tannenbaum 1962: 237).[102] Unter anderem soll auch der Einsatz von Steuerungs- und Kontrollmaßnahmen diesem Ziel dienen.

Es wird die Annahme getroffen, daß sich die zu beeinflussenden Personen bzw. Personengruppen durch facettenreiche Bedürfnisstrukturen auszeichnen, die sowohl auf extrinsischen wie auch intrinsischen Motivationen beruhen können. Eine weitere grundlegende Annahme ist

---

[100] In ähnlicher Weise wurde auch die Auswahl hinsichtlich der näher betrachteten Ansätze getroffen: Prämissen waren hierbei neben der erwähnten organisationstheoretischen Ausrichtung 1) die Eigenständigkeit der Forschungsrichtung in ihrem Aufbau und Erkenntnisinteresse und 2) die Nähe und Sinnhaftigkeit bezüglich der Aussagengewinnung zu Steuerungs- und Kontrollfragen. Aus der letzten Begründung heraus wird auch nicht jeder Ansatz in seiner Breite und seinen verschiedenen Teilkonzeptionen dargestellt.

[101] Vgl. zu grundlegenden Darstellungen verhaltenswissenschaftlicher Ansätze Frese (1992: 266ff.), Berger/Bernhard-Mehlich (1995: 123-153), Schoppe et al. (1995: 103-134).

[102] Die nachfolgenden Ausführungen zu diesem Ansatz sind sehr eng an Tannenbaum (1962, 1968) angelehnt, da durch ihn Steuerung und Kontrolle in einer verhaltenswissenschaftlichen Konzeption maßgeblich geprägt wurde und sich nachfolgende Untersuchungen anderer Autoren sehr eng an Tannenbaum orientieren.

die der eingeschränkten Rationalität, die das Bild des homo oeconomicus mit allen daran orientierten Anforderungen, vor allem in Hinsicht auf dessen Informationsverarbeitungskapazität, in Frage stellt (March/Simon 1958: 139, 150f.; Simon 1965: 39f.). Entsprechend problematisch erweist sich in verhaltenswissenschaftlichen Ansätzen auch die gezielte Steuerung und Kontrolle der Individuen zur organisatorischen Zielerreichung, da in sehr unterschiedlichen Kontexten auch sehr verschiedene Motivationen und damit mögliche Verhaltensweisen der zu steuernden und zu kontrollierenden Individuen möglich sind.

Steuerung und Kontrolle wird in den meisten verhaltenswissenschaftlichen Arbeiten als Prozeß aufgefaßt, der sowohl eine ex ante-Komponente (= Problemzerlegung, Zielbildung, Planung der zu erfüllenden Aufgabe, Standardisierung von Ausführungsprogrammen) als auch eine ex post-Komponente (= Überprüfung der Ausführung auf Abweichungen und Anstoßen des nächsten Steuerungs- und Kontrollprozesses) aufweisen kann (March/Simon 1958: 143ff.; Tannenbaum 1962: 239-244, 1968: 6f.; Simon 1965: 103ff.).[103]

Übergreifend wird Steuerung und Kontrolle in einem sehr weit gefaßten Sinne gebraucht: "Its [the control, Anmerk. d. Verf.) original application in business organizations derives from the French usage meaning to check. It is now commonly used in a broader sense synonymously with the notions of influence and power." (Tannenbaum 1968: 5). Entsprechend weit gefaßt werden danach die eingesetzten Steuerungs- und Kontrollmechanismen, z.B. "...orders or requests, threats or promises..." (Tannenbaum 1968: 6), "authority" (Tannenbaum 1968: 11), "influence and power" (McMahon/Ivancevich 1976: 66) oder "measurement of performance" (Flamholtz 1979: 54). In gleicher Weise ist auch die mit diesem Ansatz verbundene Anreiz-Beitrags-Theorie (= Entscheidungsverhalten zum Verbleib in der Organisation) (Barnard 1938; March/Simon 1958: 84ff.) einzuordnen. Eine übergreifende Systematik zur Ordnung der unterschiedlichen Mechanismen oder zur Bestimmung einer relativen Vorteilhaftigkeit verschiedener Mechanismen unter spezifischen Bedingungen ist in verhaltenswissenschaftlichen Arbeiten nur ansatzweise zu erkennen.

Von dieser an formalen Prozessen und Mechanismen orientierten Sichtweise ist jedoch eine zweite Gruppe von Steuerungs- und Kontrollmechanismen deutlich zu differenzieren, die unter dem Begriff der sozialen Kontrolle subsumiert werden kann (Ouchi 1977: 98; Türk 1981: 44ff.; Inzerilli/Rosen 1983: 282f.). Die soziale Kontrolle zielt darauf ab, mittels Sozialisationsprozesse die Werte und Normen der Organisationsmitglieder und damit deren Handeln auf die Ziele der Organisation bzw. der steuernden und kontrollierenden Personen auszurichten. Je besser dies gelingt, desto weniger ist der Einsatz der oben ausgeführten formalen Steuerungs- und Kontrollmechanismen notwendig (Etzioni 1965: 657; Merchant 1985: 48). Als konkrete Mechanismen zur Umsetzung einer sozialen Kontrolle wird die Schaffung und Vermittlung entsprechender Werte und Normen innerhalb der Organisation sowie die

[103] Tannenbaum (1968: 307f.) führt darüber hinaus auch noch die motivierende Wirkung von Steuerung und Kontrolle bei dem Ausübenden selbst aus. Daraus folgert er, daß Kontrollkompetenzen möglichst breit in einer Organisation verteilt werden sollten, um die motivierende Wirkung auszunutzen.

Selektion von Bewerbern mit geeigneten Wertvorstellungen und Normen diskutiert (Etzioni 1965: 657; Ouchi 1977: 98, 1979: 838; Türk 1981: 47-49; Merchant 1985: 40ff.).

Innerhalb der verhaltenswissenschaftlichen Ansätze gibt es eine weitere wichtige Forschungsströmung, die untersucht, welche Auswirkungen der Einsatz von vor allem formalen Steuerungs- und Kontrollmechanismen auf das Verhalten der Betroffenen haben kann. Danach sind nicht nur funktionale Auswirkungen zu erwarten, sondern die Steuerungs- und Kontrollmaßnahmen können auch dysfunktionale Folgen in Form von starren Anweisungsbefolgungen, strengen Richtlinienauslegungen, Manipulationen oder Fehlervertuschungsmaßnahmen hervorrufen (Porter/Lawler/Hackman 1975: 265ff.; Lawler 1976: 1254ff.; Lawler/Rhode 1976: 83ff.; Merchant 1985: 71ff.). Das Hauptaugenmerk dieser Arbeiten richtet sich daher bezüglich des Einsatzes von Steuerungs- und Kontrollmechanismen auf Vorschläge, wie solche negativen Auswirkungen vermieden bzw. kompensiert oder wie positive Verhaltenswirkungen verstärkt werden können (vgl. zur Übersicht solcher Vorschläge Siegwart/Menzl 1978: 159ff.). Um dysfunktionale Verhaltensweisen zu vermeiden, wird zum Beispiel von Lawler (1976: 1274f.) vorgeschlagen, die Kontrolle der Zielerreichung von den Sanktionen abzukoppeln (dies entspricht einer Beurteilung des zu Kontrollierenden aufgrund seiner Anstrengungen) und somit das Steuerungs- und Kontrollsystem aufzuspalten. Wenn auch nicht in gleicher Form, so ist doch hier bereits eine Hinwendung zu einer differenzierteren Steuerungs- und Kontrollbetrachtung in Form einer Trennung von informations- und entlohnungsorientierten Steuerungs- und Kontrollmechanismen festzustellen (vgl. auch die Steuerungs- und Kontrollkonzeption dieser Arbeit in Kapitel 2.2.2).

2.2.1.2 Systemtheoretische Konzeptionen

Die Systemtheorie beschäftigt sich mit der Beschreibung und Erklärung von Strukturen, den Beziehungen zwischen Strukturelementen und den Verhaltensweisen innerhalb von Strukturen bzw. einzelnen Strukturelementen (Staehle 1994: 40ff.).[104] Die Zielsetzung der organisationstheoretischen Vertreter dieser Forschungsrichtung ist, übergreifende Gesetzmäßigkeiten bezüglich einzelner Strukturelemente oder der gesamten Strukturen von Organisationen zu formulieren – insoweit handelt es sich um einen holistischen Ansatz. Was ein zu untersuchendes System darstellt, bedarf jedoch vorab einer Festlegung: beispielsweise kann die Steuerung und Kontrolle als sogenanntes Über(Super-)system mit entsprechenden Sub- und Umsystemen aufgefaßt werden, oder aber als Subsystem eines Übersystems (z.B. mit der Unternehmung als Übersystem).[105] Allgemeingültige Systemgrenzen bzw. Grenzen zwischen Systemelementen sollen nicht bestimmt werden, diese hängen vielmehr von der Zielsetzung und dem individuellen Forschungsgegenstand ab (Hall 1962: 112f.; Horváth 1994: 92).

---

[104] Zu grundlegenden Darstellungen systemtheoretischer Ansätze vgl. Ackoff (1971), Jehle (1975), Braun (1979).

[105] Zur Diskussion und Darstellung von Systemen und Systemgrenzen vgl. Haberfellner (1975: 8ff.).

Eine wichtige Teildisziplin der Systemtheorie ist die Kybernetik. Dieser zunächst primär auf technische Fragestellungen abstellende Zweig wurde später auch für soziale Untersuchungen nutzbar gemacht (Wiener 1961; Baetge 1974) und befaßt sich mit der Darstellung und Regelung von ganzen Systemen, einzelnen Systemstrukturen und den Prozessen innerhalb der Strukturen. Als maßgebliche Kategorien werden dazu unter anderem die Steuerung und Kontrolle verwandt. In kybernetisch orientierten Arbeiten wird ein ex post-orientiertes Verständnis von Regelungsprozessen zugrunde gelegt, indem im Sinne von Soll-Ist-Differenzen am Ende eines Realisationsprozesses Abweichungen festgestellt werden. Die festgestellten Abweichungen bilden die Grundlage dafür, den nächsten Realisationsprozeß zu verbessern (Haberstroh 1960: 166f.; Filley/House/Kerr 1976: 440ff.). Nur für einfache, sich wiederholende Aufgaben kann diese Art der Steuerung sinnvoll erscheinen, denn eine Variabilität der Stör- und Einflußgrößen würde dazu führen, daß die Steuerung insgesamt versagt.

Aber auch ein ex ante-orientiertes Verständnis von Regelungsprozessen wird in kybernetischen Arbeiten entwickelt. Hier wird nicht erst nach dem Realisationsprozeß eine Steuerung und Kontrolle in Gang gesetzt, sondern bereits vor Beginn werden mögliche Störungsursachen zu identifizieren gesucht, z.B. mittels Trendanalysen. Darauf aufbauend sollen mögliche Maßnahmen zur Beseitigung von wahrscheinlichen Störungen entwickelt werden, die dann bei Störungseintritt unmittelbar durchgeführt werden können (Krieg 1971: 73f.; Siegwart/Menzl 1978: 62; Baetge 1983: 16). Auch diese Art der Steuerung erscheint eher für einfache, sich wiederholende Aufgaben sinnvoll. Beispiele für die Betrachtung von ex ante- bzw. ex post-orientierten Regelungsprozessen sind die Ermittlung und Überwachung von technischen Abläufen, Lagerbeständen, Belegerstellungsvorgängen oder Kontierungen (Filey/House/Kerr 1976: 443; Baetge 1983: 16). Die betrachteten Kontrollmechanismen sind dabei sehr eng an den Betrachtungsgegenstand angepaßt.

Eine Weiterentwicklung in sozialwissenschaftlicher Hinsicht, jedoch ohne eine grundlegend neue Sichtweise zu entwerfen, stellt das Konzept der sogenannte Feedforward-Kontrolle von Koontz (1958) dar. Im Gegensatz zu oben beschriebenen ex ante-Regelungsprozessen, bei denen die Inputs eines Prozesses durch Steuerungsmaßnahmen nicht direkt verändert werden, wird hier für eine unmittelbare Beeinflussung der Input-Größen plädiert und zusätzlich die Rolle von Puffern bei der Realisierung einer Aufgabe stärker hervorgehoben (Koontz 1958: 59; Koontz/Bradspies 1972: 29). Auch die ex post-orientierten Regelungsmechanismen der klassischen Kybernetik kommen in der Feedforward-Kontrolle zum Einsatz (Koontz/O'Donnell 1976: 648).[106]

Bezüglich Steuerung und Kontrolle stellt der Ansatz von Luhmann (1973) eine weitere spezifische Ausarbeitung und Interpretation eines kybernetischen Regelungsprozesses dar. Der Realisationsprozeß ist hier kein eigenständig zu betrachtender Gegenstand, sondern nur Teil eines umfassenderen Steuerungs- und Kontrollprozesses. Dieser dient dazu, die Organi-

[106] In gleicher Weise sind auch die Arbeiten von Johnson/Kast/Rosenzweig (1965) und Kast/Rosenzweig (1974) einzuordnen.

sation mit einer komplexen und mit Unsicherheit bezüglich zukünftiger Zustände behafteten Umwelt in einem Gleichgewicht zu halten (Luhmann 1973: 176-179).

Der Steuerungsprozeß läßt sich nach Luhmann in drei grundsätzlich eigenständige, jedoch teilweise miteinander überlappende Steuerungsaufgaben unterteilen: Krisen-, Indikatoren- und vergleichende Steuerung und Kontrolle (Luhmann 1973: 326ff.). Ohne detailliert auf die einzelnen Steuerungsarten einzugehen, kann festgestellt werden, daß diese Konzeption neben den bereits oben ausgeführten kybernetischen ex ante- und ex post-Regelungselementen auch dem Gedanken der Feedforward-Kontrolle Rechnung trägt. Luhmann geht jedoch noch einen Schritt weiter, indem er die Frage nach der Angemessenheit der Ausrichtung des Realisationsprozesses als eigene Steuerungsaufgabe ausdrücklich miteinbezieht. Denn eine komplexe und nur unvollständig kontrollierbare Umwelt stellt auch die Geeignetheit von (relativ standardisierten) Regelungsprozessen in Frage. Somit müssen zusätzlich die spezifischen Steuerungs- und Kontrollprozesse weiter kritisch hinterfragt und überprüft werden (Luhmann 1973: 326).

Der Hauptnutzen der bisher ausgeführten kybernetischen Ansätze liegt darin, daß durch deren umfassende Betrachtung und Interpretation von Steuerungs- und Kontrollprozessen und die darauf einwirkenden Determinanten ein besseres Verständnis hinsichtlich der Zusammenhänge und des Ablaufes solcher Prozesse gewonnen werden kann. In diesen Arbeiten werden jedoch die tatsächlich ablaufenden Steuerungs- und Kontrollprozesse und die eingesetzten Steuerungs- und Kontrollmechanismen noch vergleichsweise abstrakt und wenig an der organisatorischen Realität orientiert beschrieben. Jene Lücke versuchen die auf der Systemtheorie aufbauenden Konzeptionen des Management Control zu schließen.

Dieser von Anthony (1965) erstmals formulierte Ansatz hat in der Literatur eine weite Verbreitung gefunden (vgl. z.B. Lorange/Morton 1974: 41ff.; Mescon/Albert/Khedouri 1988: 440f.; Maciariello/Kirby 1994: 38ff.; Anthony/Govindarajan 1995: 7ff.). Aufbauend auf dem Verständnis kybernetischer Steuerung und Kontrolle (= Soll-Werte festlegen, Ist-Werte ermitteln, Soll-Ist-Vergleich durchführen, Abweichungen analysieren, Korrekturmaßnahmen einleiten) wird hier explizit die Planung von sowohl operativen als auch strategischen Unternehmungszielen hinzugefügt (Anthony 1988: 7f.). Damit wird erstmals die Planung gleichberechtigt zur Kontrolle in den Steuerungs- und Kontrollprozeß eingefügt und die Funktionen und Instrumente der Steuerung und Kontrolle explizit unterschieden. Planung beinhaltet danach die Funktionen des budgeting und programming, Kontrolle die der evaluation und execution (Anthony 1988: 80ff.).[107]

Insgesamt leisten systemtheoretische Betrachtungen zu Steuerung und Kontrolle einen wichtigen Beitrag für das Verständnis des Ablaufs von Steuerungs- und Kontrollprozessen und der Ausdifferenzierung verschiedener Mechanismen. Darüber hinaus werden in der

[107] Die verschiedenen Steuerungs- und Kontrollfunktionen werden in späteren Arbeiten weiter verfeinert (in planning, coordinating, communicating, evaluating, deciding, influencing), jedoch wird die Trennung in Planung und Kontrolle insgesamt aufrechterhalten (vgl. Anthony/Govindarajan 1995: 7).

Systemtheorie die Interaktionen zwischen unterschiedlichen Systemen (Umwelten) einbezogen und so wechselseitige Abhängigkeiten und Einflüsse transparent dargestellt.

2.2.1.3 Kontingenztheoretische Konzeptionen

Kontigenztheoretische Arbeiten versuchen zu ergründen, wie Organisationsstrukturen beschrieben werden können, welche organisationsinternen und -externen Kontingenzen (situative Bedingungen) in welcher Weise auf Organisationsstrukturen wirken und wann einem Organisationsstruktur als effizient anzusehen ist. Der Kerngedanke der Kontingenztheorie ist, daß nicht eine optimale Organisationsstruktur existiert, sondern kontextabhängig verschiedene Strukturalternativen effizient im Sinne eines zu erreichenden Ziels sein können (Ebers 1992: 1817ff.; Frese 1992: 112f.; Kieser/Kubicek 1992: 57; Staehle 1994: 48ff.).

Im Rahmen der Betrachtung des Zusammenhangs Situation-Struktur wurde bereits in den frühen klassischen kontingenztheoretischen Arbeiten Steuerung und Kontrolle in allgemeiner Weise als Teil und damit zu beobachtende Variable der Organisationsstruktur definiert (vgl. z.B. Woodward 1970; Blau/Schoenherr 1971; Ouchi/Maguire 1975). Darauf abstellend wurden verschiedene Steuerungs- und Kontrollarten bzw. -typen voneinander unterschieden, um sodann die (erfolgswirksame) Abhängigkeit der Arten von bestimmten situativen Einflußfaktoren wie der Größe, dem Leistungsprogramm, der Fertigungstechnik oder der Dynamik und Komplexität der Umwelt der Organisation zu bestimmen. Beispielsweise identifizierten die Kontingenzforscher folgende Steuerungs- und Kontrollarten: supervision versus impersonal (Blau/Scott 1962: 167), personale versus mechanistische (Reeves/Woodward 1970: 52f.) oder interne (soziale) versus externe (Überwachung) (Inzerilli/Rosen 1983: 282). Es existieren auch mehrdimensionale Typologien, so z.B. von Hofstede (1981: 196ff.), der sechs Typen unterscheidet, u.a. eine politische, intuitive, Versuch-und-Irrtum- und Routine-Steuerung-und-Kontrolle, oder der Ansatz von Van de Ven/Delbecq/Koenig (1976: 323), die drei Typen der Steuerung und Kontrolle differenzieren: bürokratische (impersonal), personale und durch Gruppen.

Eine weitere Typologie von Steuerung und Kontrolle wurde von Thompson (1967: 84ff.) entwickelt, der feststellte, daß Organisationen drei verschiedene Modi benutzen, um den Erfolg von Handlungen bzw. Organisationen zu bestimmen: einen efficiency test zur Bewertung der Relation von Inputs und Outputs (Kosten und Leistungen), einen instrumental test zur Bewertung der Outputs (Leistungen) und einen social test, der eine Bewertung durch die Gegenüberstellung zweier vergleichbarer Gruppen durchführt. Darüber hinaus weist diese Arbeit eine weitere wichtige und für viele nachfolgende Arbeiten wegweisende Darstellung auf, indem Thompson (1967: 86f.) erörtert, unter welchen Bedingungen welcher Steuerungs- und Kontrolltypus in Organisationen vorzufinden sein dürfte und somit kontingenztheoretisch als geeignet anzusehen ist. Er identifiziert zwei maßgebliche aufgabenbezogene Dimensionen: die Eindeutigkeit des gewünschten Ergebnisses (standards of desirability) und das Wissen um die

Relation zwischen den eingesetzten Mitteln und dem erzielten Ergebnis (understanding of cause/effect relations) (Thompson 1967: 84f.) (vgl. Abbildung 2.9).

Aufbauend auf der Arbeit von Thompson entwickelten Ouchi/Maguire (1975: 559f.) und Ouchi (1977: 97, 1979: 843) eine Steuerungs- und Kontrolltypologie, die aus behavior control, output control und ritual/clan control besteht. Deren Anwendungsbedingungen sind ebenfalls von den Charakteristika der auszuführenden Aufgabe abhängig: von der Meßbarkeit des Ergebnisses und von der Programmierbarkeit der Aufgabe (vgl. Abbildung 2.9). Die Typologien behavior control und output control stellen dabei Steuerungs- und Kontrollstrategien dar, die auf einer Messung von Leistungen – entweder die eingebrachte oder die erzielte Leistung – beruhen, während die dritte Strategie auf eine soziale Steuerung und Kontrolle abstellt. Danach ist eine bestimmte Leistungsmessung dann effizient, wenn mindestens eine der beiden Aufgabendimensionen sicher zu beurteilen ist; unterliegen beide Aufgabendimensionen einer Beurteilungsunsicherheit, ist eine soziale Steuerung und Kontrolle sinnvoller (Ouchi 1977: 98, 1979: 843).

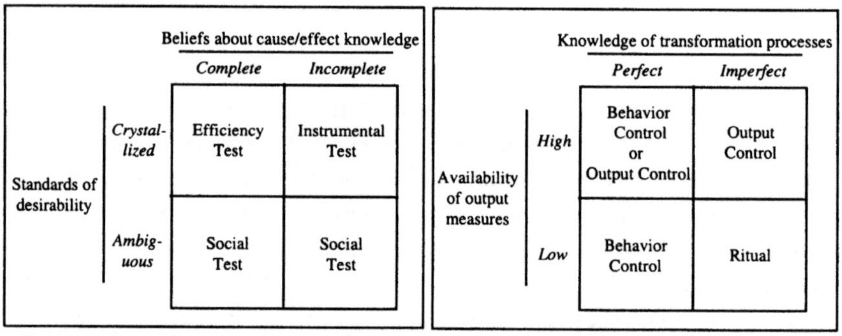

Situations and types of assessment (Thompson 1967: 86) Control type and its antecedent conditions (Ouchi 1977: 98)

Abbildung 2.9: Steuerungs- und Kontrolltypologien nach Thompson (1967) und Ouchi (1977)

Die konkreten Steuerungs- und Kontrollmechanismen werden in diesen Arbeiten in einem ersten Schritt eher allgemein ausgeführt, so z.B. für behavior control als "...measuring..., ...monitoring the inputs..., ...watching and guiding...", für output control als "...reliable and valid measure of the desired outputs..., ...monitoring the outputs..." (Ouchi 1977: 97, 1979: 841) und für social control als "...control supported by ritual..., ...choosing individuals who have the needed values..." (Ouchi 1977: 98, 1979: 842). Jedoch wird kontingenztheoretisch stringent die Abhängigkeit einer effizienten Gestaltung der Steuerung und Kontrolle von dem situativen Kontext der Organisation bzw. Aufgabe betont. Es werden sodann für spezifische organisatorische Betrachtungen konkrete Steuerungs- und Kontrollmechanismen identifiziert und in empirischen Untersuchungen entsprechend operationalisiert (vgl. die Arbeiten von Ouchi/Maguire 1975: 560ff.; Ouchi 1977: 101ff.; Eisenhardt 1988: 490f., 500; Govindarajan/Fisher 1990: 272; Snell 1992: 304ff.; Gupta/Dirsmith/Fogarty 1994: 272f.; Banker et al. 1996: 930ff.). Insgesamt leisten die kontingenztheoretischen Arbeiten einen wichtigen Erkenntnisbeitrag, um Beziehungen zwischen Steuerungs- und Kontrollmechanismen und einzelnen Einflußfaktoren aus der Umwelt bzw. Aufgabe zu bestimmen.

2.2.1.4 Controlling-Konzeptionen

Wie bereits eingangs erwähnt, nimmt das Controlling eine besondere Stellung im Rahmen der organisationstheoretischen Betrachtung von Steuerung und Kontrolle ein. Obwohl das Controlling nicht als organisationstheoretischer Ansatz aufgefaßt werden kann, sind die Grenzen zwischen Organisationstheorien und dem Controlling bzw. einzelnen Controlling-Fragestellungen fließend. Das zeigt allein die Vielzahl theoretischer und empirischer Arbeiten, die zur Bestimmung und Erklärung des Controlling oder einzelner Teilelemente unterschiedliche Organisationstheorien heranziehen. So werden mittels verhaltenswissenschaftlicher Ansätze die Auswirkungen des Einsatzes von Controlling auf Organisationsmitglieder untersucht (Zünd 1977: 5f.; Freimuth 1987: 20ff.) oder Anforderungen an das Verhalten von Controllern entworfen (Zünd 1990: 36ff.; Horváth 1994: 840-856). Kybernetische Modelle der Systemtheorie werden herangezogen, um den Controlling-Prozeß abzubilden und den Gegenstandsbereich des Controlling festzulegen (Coenenberg/Baum 1987: 10ff.; Becker 1990: 308). Andere systemtheoretische Arbeiten untersuchen die Funktionen des Controlling als Subsystem der Unternehmungsführung, z.B. die Funktion der Informationsversorgung, Koordination, Planung oder Kontrolle (Küpper 1987: 87ff.; Horváth 1994: 85-145). Schließlich wird die Kontingenztheorie herangezogen, um Aussagen über die Abhängigkeit des Controlling von unternehmungssexternen und -internen Einflußfaktoren, z.B. hinsichtlich Unternehmungsgröße, Technologie oder Umweltkomplexität, treffen zu können (Hoffmann 1968: 2182ff.; Gaydoul 1980: 34ff.; Otley 1980: 419f.).[108]

Es existiert eine Vielzahl verschiedener beschreibender und erklärender Arbeiten und darauf aufbauender Konzeptionen von Controlling.[109] Diese verfolgen zum Teil sehr unterschiedliche Zielsetzungen und beschäftigen sich beispielsweise mit Ursprüngen, Entstehungsursachen, Definitionen, Abgrenzungen und Bestandsaufnahmen des Controlling, mit der Beschreibung verschiedener Controlling-Instrumente, der organisatorischen Einordnung des Controlling oder mit in der Praxis vorzufindenden Controlling-Konzeptionen (vgl. hierzu Baumgartner 1980; Anthony/Dearden/Bedford 1984; Welge 1988; Peemöller 1990; Serfling

---

[108] Vgl. zur Darstellung der Verbindung von Organisationstheorien und Fragestellungen des Controlling auch Welge (1988: 54-84), Amshoff (1993: 53-70), Sjurts (1995: 169-225).

[109] Zu den Ursprüngen des Controlling und der Semantik der Begriffe control, controller und controlling vgl. Buchner (1981: 8ff.) und Horváth (1994: 25-29).

1992; Weber 1993; Horváth 1994).[110] Daraus resultiert ein sehr vielfältiges und facettenreiches Erscheinungsbild des Controlling: übergreifende Systematisierungsversuche dieser betriebswirtschaftlichen Disziplin werden als schwierig bis unmöglich bezeichnet (Harbert 1982: 2; Amshoff 1993: 51), sind aber dennoch zahlreich vorzufinden (vgl. u.a. Amshoff 1993: 50ff.; Niedermayr 1994: 39ff.; Sjurts 1995: 163ff.). Noch zahlreicher sind Einzelbetrachtungen zu Controlling-Themen vorhanden, insbesondere zu verschiedenen Controlling-Instrumenten (vgl. u.a. Reichmann 1985: 35ff.; Weber 1988: 31ff.; Welge 1988: 338ff.; Peemöller 1990: 134ff.; Serfling 1992: 119ff., 251ff.).

Ein erster wesentlicher Schritt, diese Problematik zu bewältigen und die Arbeiten zu Controlling zu systematisieren und einzuordnen, ist die Unterscheidung in verschiedene generelle Sichtweisen (vgl. zu deren Darstellung und Unterstützung bzw. Kritik Harbert 1982: 48ff.; Weber 1988: 8-19; Welge 1988: 4ff.; Peemöller 1990: 44-63; Horváth 1994: 108ff.; Niedermayr 1994: 10-24):

- Bei der <u>funktionalen</u> Sichtweise wird Controlling als Teil der Unternehmungsführung und somit als originäre Managementaufgabe betrachtet. Damit fallen dem Controlling im weiteren Sinne alle Managementfunktionen wie Ziel- und Maßnahmenplanung, Koordination, Kontrolle, soziale Beeinflussung etc. zu – eine Unterscheidung zwischen Unternehmungsführung und Controlling ist nicht mehr möglich. Auch die oftmals vorzufindenden Einschränkungen auf bestimmte Funktionen wie die der Koordination, Informationsversorgung oder Unterstützung des Managements stellen aufgrund ihres hohen Allgemeinheitsgrades keine sinnvollen Systematisierungs- und Eingrenzungskriterien dar.

- Die <u>institutionale</u> Sichtweise stellt auf die Tätigkeit des Controllers (= des Controlling Ausübenden) ab. Dieser Ansatz koppelt die Funktion des Controlling an Personen oder Stellen und grenzt dadurch Controlling auf die Tätigkeit der Informationsbeschaffung und -verarbeitung ein. In diesen Betrachtungen bilden das Rechnungswesen und angrenzende organisatorische Informationsbeschaffungs- und -verarbeitungseinheiten den zentralen Bezugspunkt.

- Innerhalb der <u>instrumentalen</u> Sichtweise wird Controlling als Instrument bzw. Mechanismus angesehen, dessen sich das Management bedient, um bestimmte Ziele zu erreichen. Es handelt sich somit um einen stark handlungsorientierten Ansatz, der ausgehend von organisatorischen Zielsetzungen und Bedingungen die Ziele und Funktionen des Controlling bestimmt. Damit wird das Controlling eindeutig als Unterfunktion bzw. Werkzeug des Management interpretiert.

Da die Steuerung und Kontrolle von Austauschbeziehungen als eigenständige organisatorische Zielsetzung mit spezifischen Bedingungskonstellationen zu betrachten ist, wird dieser

---

[110] Darüber hinaus beschäftigen sich einige Arbeiten fast nur mit dieser Problematik – vgl. z.B. Vahs 1990, Günther 1991, Amshoff 1993, Niedermayr 1994, Kurrle 1995, Sjurts 1995.

Arbeit eine instrumentale und damit handlungsorientierte Sichtweise des Controlling zugrunde gelegt. Beschränkt man zudem die funktionale Sichtweise auf Arbeiten, die Controlling explizit als Teil der Unternehmungsführung und nicht als diese selbst betrachten, so lassen sich daraus zusätzlich wertvolle Erkenntnisse gewinnen.

Unter Beachtung dieser konzeptionellen Einschränkung sind im Kontext der Steuerung und Kontrolle von Austauschbeziehungen drei Aspekte von besonderem Interesse: 1) die Zielsetzungen und damit die Funktionen und Aufgaben des Controlling, 2) die organisationstheoretische Begründung und Einbettung des Controlling und 3) der Gegenstand und damit die Instrumente des Controlling. Alle drei sind eng miteinander verknüpft, denn die Diskussion bezüglich Ziele und Funktionen trägt wesentlich zur theoretischen Begründung und damit Ausgestaltung des Controlling und der Anwendung bestimmter Controlling-Instrumente bei (vgl. ähnlich auch Harbert 1982: 228f.; Richter 1987: 85f.).

Zu 1) Zielsetzungen und Funktionen:

Die Ziele des Controlling orientieren sich an den Unternehmungszielen und dienen generell dazu, die Lebensfähigkeit der Unternehmung zu sichern. Entsprechend wird die Ausrichtung der Controlling-Maßnahmen auf die Zukunft betont (= Sicherung von Planung, Flexibilität, Antizipations- und Adaptionsfähigkeit) sowie deren direkte und indirekte Unterstützung der Unternehmungsführung (= Sicherung der Informationsversorgung und Koordinationsfähigkeit) (Harbert 1982: 234ff.; Welge 1988: 25ff.; Amshoff 1993: 172f.; Niedermayr 1994: 54ff.).

Um diese Zielsetzungen zu erreichen, hat das Controlling bestimmte Funktionen zu erfüllen. Neben verschiedenen weiteren (Unter-)Funktionen wie z.B. eine Beratungs-, Service- oder Frühwarnfunktion (vgl. Amshoff 1993: 176f.) werden in der Literatur übergreifend vier Hauptfunktionen herausgestellt. Erstens die *Planungsfunktion* des Controlling, die das zukunftsorientierte Durchdenken und Bestimmen von Zielen, Maßnahmen, Mitteln und Wegen zur Zielerreichung darstellt. Zweitens die *Informationsfunktion*, welche die Sammlung, Transformation und Kommunikation von Informationen beinhaltet. Drittens die *Kontrollfunktion*, mittels derer die Grundlagen für Korrekturmaßnahmen (durch Soll-Ist-Vergleiche und Abweichungsanalysen) geschaffen werden. Schließlich viertens die *Steuerungs- und Koordinationsfunktion*, die zum einen die Koordination und Zusammenführung der anderen Funktionen beinhaltet und zum anderen die Verknüpfung und Integration der durch das Controlling bereitgestellten Informationen in die Unternehmungsführung sicherstellen soll (vgl. u.a. Coenenberg/Baum 1987: 12ff.; Küpper 1987: 97ff.; Welge 1988: 32ff.; Peemöller 1990: 53ff.; Amshoff 1993: 174-177; Horváth 1994: 112ff., 159ff.).

Zu 2) Organisationstheoretische Begründung und Einbettung:

Die Funktionen, insbesondere die der Steuerung und Koordination, lassen erkennen, daß zwischen verschiedenen organisationstheoretischen Steuerungs- und Kontrollbetrachtungen und dem Controlling enge Beziehungen infolge starker Überlappungen in der Interpretation und Sichtweise von Problemstellungen und deren Begegnung bestehen. Die überwiegende Zahl Controlling-theoretischer Arbeiten stützt sich in ihren Erklärungszusammenhängen auf Organisationstheorien.

Zwei Gruppen von Controlling-theoretischen Arbeiten ragen dabei heraus: zum einen die Gruppe, die sich mit der Erklärung und Einbettung des Controlling als Teil der Unternehmungsführung beschäftigt. Controlling und Organisation werden darin als zwei ineinandergreifende Teilbereiche der Führung gesehen, die auf das gleiche Ziel abstellen: die verhaltens- bzw. ergebnisorientierte Steuerung und Kontrolle der Organisationsmitglieder bzw. -einheiten zur Erreichung vorgegebener organisatorischer Ziele (vgl. z.B. Coenenberg/Baum 1987: 2ff.; Küpper 1987: 99; Horváth 1994: 108f.). Die andere Gruppe Controlling-theoretischer Arbeiten geht auf die konkreten Mechanismen und Instrumente ein, mit deren Hilfe die verhaltens- bzw. ergebnisorientierte Steuerung und Kontrolle der Organisationsmitglieder bzw. -einheiten umgesetzt wird. Hier sind noch stärkere Überlappungen oder gar Deckungsgleichheiten zwischen Controlling-Mechanismen und organisatorischen Maßnahmen zu erkennen (vgl. z.B. Willson/Campbell 1981: 14ff.; Weber 1988: 171ff., 187ff.; Niedermayr 1994: 116ff.).

Eine Konzeption, die diese Zusammenhänge in einfacher Weise integriert, stammt von Otley (1980: 421). Er sieht die gesamte Steuerung und Kontrolle einer Organisation in Abhängigkeit von bestimmten Bedingungsfaktoren und den Zielen der Organisation (vgl. Abbildung 2.10). Die Zielerreichung (organisational effectiveness) wiederum ist von der Ausgestaltung der organisatorischen Steuerung (organisational control package) abhängig. Die Bestandteile der organisatorischen Steuerung sieht Otley unter anderem in den interdependenten Wirkungen der Gestaltung der Organisationsstruktur und der Anwendung von Controlling-Instrumenten, z.B. dem accounting information system (= AIS: am Rechnungswesen orientierte Steuerungs- und Kontrollinformationen) oder dem management information system (= MIS: beinhaltet auch über das Rechnungswesen hinausgehende Steuerungs- und Kontrollinformationen).[111]

[111] Ein weiteres Beispiel für die integrative Sichtweise von Organisationstheorien und Controlling ist die Arbeit von Flamholtz/Das/Tsui (1985).

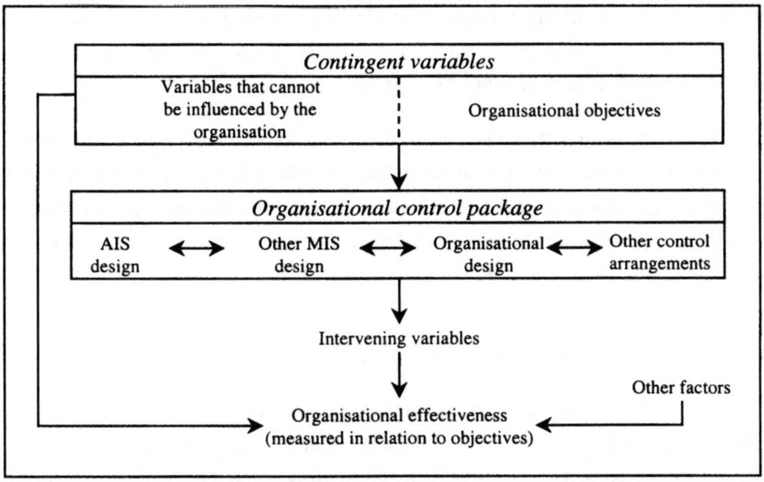

Abbildung 2.10: Eine kontingenztheoretische Betrachtung von Steuerung und Kontrolle (Otley 1980: 421)

Trotz der kontingenztheoretischen Sichtweise der Arbeit von Otley ist der grundlegende Gedanke dieser Konzeption exemplarisch für die Verbindung von Controlling und Organisation anzusehen – in weiteren Arbeiten, die sich auf andere Organisationstheorien stützen, ist ein gleicher bzw. sehr ähnlicher konzeptioneller Standpunkt zu erkennen. Unterschiede sind hauptsächlich in den differierenden theoretischen Annahmen bezüglich relevanter Bedingungs- und Einflußfaktoren zu finden (vgl. z.B. Welge 1988: 59ff.; Otley/Broadbent/Berry 1995: S35ff.).

Zu 3): Instrumente des Controlling:

Das Hauptaugenmerk der theoretischen und empirischen Arbeiten zu Controlling liegt auf den verschiedenen Instrumenten, mittels derer Controlling ausgeübt wird und die der Umsetzung der Ziele und Aufgaben des Controlling dienen (Ziener 1985: 43; Welge 1988: 338; Serfling 1992: 119). Diese Instrumente können je nach Betrachtungsfokus unterschiedlich systematisiert und verschiedenen Controlling-Bereichen zugeordnet werden. Als Zuordnungsbereiche werden beispielsweise unterschieden:

a) Instrumente zur Planung, Information, Koordination und Kontrolle,
b) Instrumente zur Steuerung von Organisationsbereichen (Funktionsbereiche, Divisionen, Zentralbereiche und Projekte),
c) Instrumente zur Steuerung betrieblicher Funktionen (z.B. Produktions-, Logistik-, FuE-, Absatzcontrolling) oder

d) Instrumente zur Steuerung verschiedener Handlungsebenen (operatives und strategisches Controlling) (vgl. Weber 1988: 169ff.; Welge 1988: 252ff.; Peemöller 1990: 100ff.; Horváth 1994: 108ff.; Ossadnik 1996: 38ff., 56ff.).

Als Fazit der Betrachtungen bleibt festzuhalten, daß je nach dem spezifischen Erklärungsfokus einer Controlling- bzw. organisationstheoretischen Arbeit auch unterschiedliche Systematisierungen gewählt und damit verschiedene Controlling-Instrumente betrachtet werden. Diesem Weg folgt auch der anschließende Entwurf des relevanten Steuerungs- und Kontrollsystems von Leistungsbeziehungen in Bauprojekten.

2.2.2 Das Steuerungs- und Kontrollsystem

Die bisherigen Ausführungen legen wesentliche Funktionen und Charakteristika von Steuerung und Kontrolle dar. Somit ist es möglich, die Zielsetzungen und den Prozeß eines Steuerungs- und Kontrollsystems in einem ersten Schritt zu skizzieren – die unterschiedlichen theoretischen Ansätze mit ihren verschiedenen Betrachtungsfokussen und den bereits gewonnenen Erkenntnissen liefern Beiträge für diese Skizzierung. In einem zweiten Schritt wird die für diese Arbeit zentrale agenturtheoretische Konzeptionalisierung von Steuerung und Kontrolle hinzugefügt.[112, 113]

In den Entwurf des Steuerungs- und Kontrollsystems werden die in den verschiedenen theoretischen Ansätzen zur Steuerungs- und Kontrollproblematik untersuchten Determinanten eingearbeitet. Diese unterschiedlichen Arbeiten untersuchen zum einen die *Gestaltungsbedingungen* von Steuerung und Kontrolle, z.B. die Bedürfnisstruktur der zu beeinflussenden Personen in verhaltenswissenschaftlichen Ansätzen oder die Umwelt-/Umsystemeinflüsse in kontingenz- bzw. systemtheoretischen Ansätzen. Zum anderen identifizieren sie auch spezifische Steuerungs- und *Kontrollmechanismen bzw. -instrumente*, beispielsweise Planungen und Sollwertvergleiche in verhaltenswissenschaftlichen Ansätzen oder Programmierung, Planung und Budgetierung in kontingenz- bzw. systemtheoretischen Ansätzen. Darüber hinaus betonen übergreifend alle Ansätze die Notwendigkeit einer *Zielsetzung* für die Steuerung und Kontrolle und fassen das Steuern und Kontrollieren als *Prozeß* auf. Sich an diesen konzeptionellen

---

[112] In bezug auf den Aufbau und die Erklärung von Steuerung und Kontrolle hat sich die agenturtheoretische Konzeption und Erklärung als besonders fruchtbar erwiesen. Dies liegt sicherlich vor allem darin begründet, daß Steuerungs- und Kontrollprobleme den Hauptfokus der Theorie darstellen und Agenturbeziehungen universell beschreibbar sind, was eine Anwendung der Theorie auf so unterschiedliche Fragestellungen wie z.B. zu Verkaufsorganisationen (Anderson/Oliver 1987; Eisenhardt 1988), Entlohnung von Managern (Kosnik/Bettenhausen 1992; Beatty/Zajac 1994), Verrechnungspreisen (Eccles 1985), Zulieferbeziehungen (Lassar/Kerr 1996) oder Franchising (Brickley/Dark 1987; Shane 1996) ermöglicht.

[113] Wie bereits in Kapitel 2.1.2 und 2.1.3 ausgeführt, ist die Theorie des Institutionalismus nicht *spezifisch* darauf ausgerichtet, die Steuerung und Kontrolle von Organisationen oder Individuen zu beschreiben. Aus diesem Grund können auch keine institutionalistischen Sichtweisen in die *Konzeptionalisierung* der Steuerung und Kontrolle eingebracht werden.

Gemeinsamkeiten ausrichtend werden die folgenden Determinanten des Steuerungs- und Kontrollsystems eingehender betrachtet (vgl. Abbildung 2.11):

① die Ziele, die die Steuerung und Kontrolle bestimmen,

② die Einflußbedingungen auf die Steuerung und Kontrolle,

③ die Strategien und ④ Instrumente des Steuerungs- und Kontrollsystems und deren Wirkungsweisen,

⑤ die Erfolgswirksamkeit des Steuerungs- und Kontrollsystems.

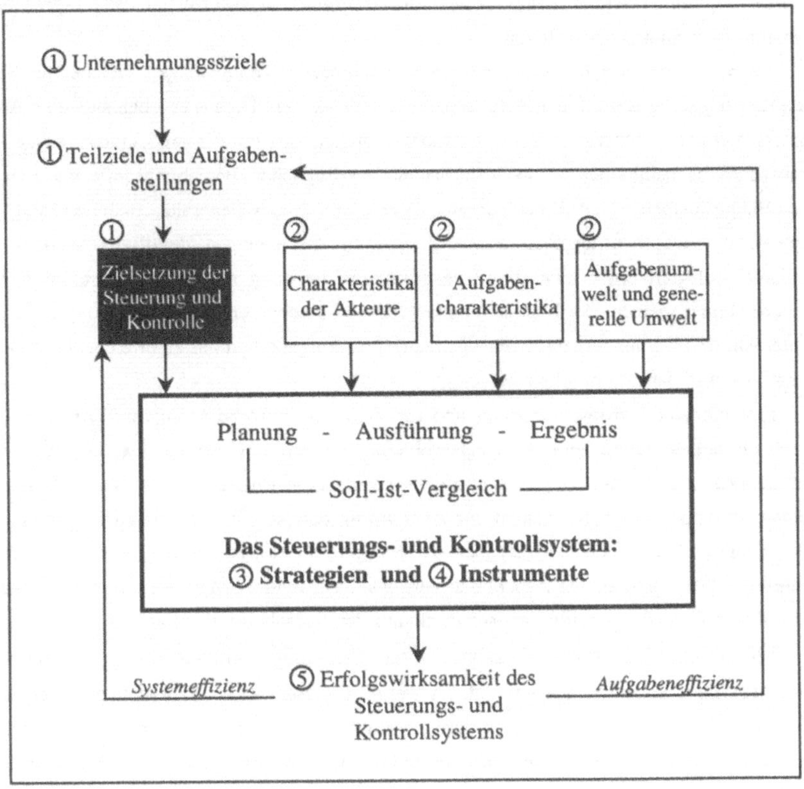

Abbildung 2.11: Determinanten des Steuerungs- und Kontrollsystems

2.2.2.1 Zielsetzung der Steuerung und Kontrolle (①)

Steuerung und Kontrolle dient keinem Selbstzweck. Sie ist Mittel zum Zweck und muß an einer übergeordneten Aufgabenstellung bzw. Zielsetzung orientiert sein (Flamholtz 1979: 51; Merchant 1985: 3; Green/Welsh 1988: 291; Challagalla/Shervani 1997: 159). Solche konkreten Aufgabenstellungen sind innerhalb von Unternehmungen zu finden und bilden zumeist Teilziele der übergeordneten unternehmerischen Ziele wie die Sicherung des Überlebens der Unternehmung, finanzielle oder marktstrategische Ziele. Eine Leistungsbeziehung zwischen Unternehmungen kann in diesem Sinne als eine spezifische Aufgabenstellung bzw. als ein Teilziel angesehen werden. Somit ist auch die Steuerung und Kontrolle an der entsprechenden Leistungsbeziehung zu orientieren.

Ein Bauprojekt besteht aus einer Anzahl verschiedener Teilleistungen, welche von mehreren Leistungserbringern in der Regel separat erstellt werden. Daraus ergeben sich eine Anzahl unterschiedlicher vertraglicher Leistungsbeziehungen, die jeweils eine eigenständige Aufgabenstellung beinhalten. Je nach Aufbau des vertraglichen Beziehungsgeflechts zwischen den Bauprojektbeteiligten (Einzelvergabe, Generalunter- oder Generalübernehmerschaft) können verschiedene Auftraggeber- und Auftragnehmer-Beziehungen identifiziert werden. Zum Beispiel delegiert ein Bauherr eine bestimmte Bauleistung an einen Generalunternehmer (= Projektmanagement der Bauausführung) oder ein Nachunternehmer beauftragt einen Subunternehmer (= Subunternehmermanagement). Die Aufgabe und das zu erreichende Ziel bzw. Ergebnis wird dabei vertraglich festgelegt.

Jede einzelne Vertragsbeziehung und die damit verbundene singuläre Zielsetzung kann auch als agenturtheoretische Ausgangsproblematik formuliert werden. Das agenturtheoretische Erklärungsinteresse ist, eine optimale Vertragskonstruktion zur Abwicklung der von einem Prinzipal an einen Agenten zur Ausführung delegierten Aufgabe zu bestimmen. Die Steuerung und Kontrolle der Aufgabenausführung und des erzielten Ergebnisses dieser Ausführung ist ein wesentlicher Aspekt der Vertragskonstruktion. Somit leitet sich die Steuerung und Kontrolle auch agenturtheoretisch direkt aus der Aufgabenstellung ab.

Wie Abbildung 2.11 unter ① zeigt, wird das Steuerungs- und Kontrollsystems durch eine übergeordnete Zielsetzung bestimmt. In dem in dieser Arbeit betrachteten spezifischen Forschungskontext ist das übergeordnete Gesamtziel (ein Unternehmungsziel) die qualitativ, quantitativ und terminlich einwandfreie Erstellung eines Bauwerks. Die Gesamtleistungserstellung wird in mehrere Teilziele und singuläre Aufgabenstellungen aufgeteilt und in Form vertraglicher Vereinbarungen an verschiedene Auftragnehmer delegiert. Die Steuerung und Kontrolle der Leistungserbringung aufgrund der vertraglichen Vereinbarungen zwischen zwei Akteuren innerhalb eines Bauprojektes ist die originäre Zielsetzung des Steuerungs- und Kontrollsystems. Daran ist dieses System auszurichten und letztlich auch dessen Erfolgsbeitrag für die Zielerreichung des gesamten Bauprojektes zu messen.

2.2.2.2 Einflußbedingungen auf die Steuerung und Kontrolle (②)

Wie bereits in den Ausführungen zu unterschiedlichen Konzeptionen der Steuerung und Kontrolle angedeutet, führen organisationstheoretische Ansätze die Ausgestaltung des Steuerungs- und Kontrollsystems auf verschiedene Einflußfaktoren zurück. Übergreifend können drei Hauptgruppen von Einflußfaktoren identifiziert werden:

- die Charakteristika der beteiligten Akteure (Unternehmungen),
- die Eigenschaften der auszuführenden Aufgabe,
- die relevante Umwelt der vertraglichen Anbahnung und Abwicklung der Aufgabe.

Innerhalb dieser Gruppen variieren wiederum die betrachteten Einflußfaktoren. So betonen die verhaltenswissenschaftlichen Ansätze besonders die Bedürfnisstrukturen der Akteure (vgl. Tannenbaum 1962: 240ff.; Flamholtz 1979: 56), die Systemtheorie konzentriert sich auf mögliche Störeinflüsse aus den Umwelten (Um- und Subsysteme), welche die Aufgabenbearbeitung umgeben (vgl. Anthony 1988: 61ff.; Horváth 1994: 142f.), oder die kontingenztheoretischen Ansätze richten ihr Hauptaugenmerk auf die Aufgabencharakteristika und die Umwelt (vgl. Thompson 1967: 84ff.; Gupta/Dirsmith/Fogarty 1994: 266ff.).

Für einen Teilbereich solcher möglichen Einflußfaktoren eines Steuerungs- und Kontrollsystems zeigt sich die Stärke agenturtheoretischer Ansätze: diese ziehen explizit die Charakteristika der beteiligten Akteure und der auszuführenden Aufgabe zur Erklärung und effizienten Ausgestaltung des Steuerungs- und Kontrollsystems heran. Dabei fließen auch Erkenntnisse aus anderen organisationstheoretischen Ansätzen ein, insbesondere aus der Kontingenztheorie und weiteren "klassischen" organisationstheoretischen Arbeiten (vgl. Eisenhardt 1985: 139f.; Govindarajan/Fisher 1990: 260ff.; Challagalla/Shervani 1997: 160f.). Zusätzlich wird das engere Umfeld der vertraglichen Anbahnung und Abwicklung miteinbezogen.

Das weitere Umfeld der Beziehung wird jedoch tendenziell vernachlässigt – hier besitzt der Ansatz des Institutionalismus seine besondere Stärke (Eisenhardt 1988: 491; Gupta/Dirsmith/Fogarty 1994: 269). Ohne der expliziten Untersuchung der unterschiedlichen Einflußfaktoren in Kapitel 3 zu stark vorzugreifen, soll nachfolgend kurz dargelegt werden, welche Gruppen von Einflußfaktoren als maßgeblich betrachtet werden. Dies ist für das Verständnis der anschließend aufzuzeigenden Strategien und Instrumente des Steuerungs- und Kontrollsystems hilfreich.

In der ersten Gruppe der relevanten Einflußfaktoren spielen verschiedene Merkmale und Einstellungen der beteiligten Akteure eine Rolle. Dazu gehören beispielsweise die Zielsetzungen der Vertragspartner oder ihre individuellen Präferenzen, insbesondere hinsichtlich ihrer Risikobereitschaft. Die zweite Gruppe wird aus den Eigenschaften der zu steuernden und zu kontrollierenden Aufgabe gebildet. Dabei geht es zum einen um die "objektiven" Charakteristika der Aufgabe wie z.B. die Möglichkeit, die Leistungsausführung festzulegen oder das

Leistungsergebnis zu messen. Zum anderen werden verschiedene Aufgabencharakteristika auch in Beziehung zu den Fähigkeiten und Möglichkeiten der Akteure gesetzt ("subjektive" Charakteristika). Die dritte Gruppe beinhaltet schließlich relevante Einflußfaktoren aus der Umwelt der Leistungsbeziehung. Dazu gehören z.B. die Konkurrenzsituation auf dem relevanten Markt oder externe Einflüsse durch Gesetze, Normen oder organisationale Vorbilder.

2.2.2.3 Strategien der Steuerung und Kontrolle (③)

Das Steuerungs- und Kontrollsystem soll in zwei Schritten entwickelt werden: der erste Schritt bildet die Darstellung der grundlegenden Steuerungs- und Kontroll*strategien*. Hier wird die Frage beantwortet, was der Gegenstand und Betrachtungsfokus der Steuerung und Kontrolle ist. In einem zweiten Schritt werden die konkreten Steuerungs- und Kontroll*instrumente* aufgezeigt, die der praktischen Umsetzung (= Ausübung) der Steuerung und Kontrolle dienen.

In frühen Arbeiten wurde Steuerung und Kontrolle fast ausschließlich auf die Überwachung und Regulierung von Handlungen und Aktivitäten bezogen (vgl. z.B. Fayol 1949; Weber 1972). In späteren Ansätzen wurde die Zielsetzung einer Aufgabenstellung miteinbezogen und damit das Ergebnis von Handlungen und Aktivitäten als Gegenstand der Steuerung und Kontrolle herausgestellt (vgl. z.B. Ouchi 1977: 97; Flamholtz 1979: 54). Grundsätzlich kommt in diesen Arbeiten zum Ausdruck, daß "irgendetwas in irgendeiner Form" gemessen und beurteilt wird. Aus dieser Entwicklung heraus werden übergreifend in der Literatur zwei prinzipiell gegensätzliche Steuerungs- und Kontrollstrategien diskutiert: eine output-orientierte[114] und eine input-orientierte[115] Strategie (Thompson 1967: 86; Ouchi 1977: 97; Eisenhardt 1985: 135-137; Merchant 1985: 17, 29; Anderson/Oliver 1987: 76f.; Govindarajan/Fisher 1990: 261; Snell 1992: 295).[116]

Eine **output-orientierte** Steuerung und Kontrolle zielt auf die Betrachtung eines erzielten Ergebnisses ab. Voraussetzung ist jedoch, daß zuvor (in der Regel bereits bei der Vertragsvereinbarung) ein gewünschtes Ergebnis spezifiziert wurde. Bei dieser Steuerungs- und Kontrollstrategie ist es für den Steuernden unerheblich, wie das Ergebnis zustande gekommen ist. Der

[114] Eine output-orientierte Steuerung und Kontrolle wird auch als outcome control (Anderson/Oliver 1987: 76), results control (Merchant 1985: 17), performance control (Mintzberg 1979: 150) oder budgetary control (Otley 1978: 125) bezeichnet.

[115] Eine input-orientierte Steuerung und Kontrolle wird auch als behavior control (Anderson/Oliver 1987: 76), action control (Merchant 1985: 29), process control (Jaworski 1988: 26) oder monitoring system (Bergen/ Dutta/Walker 1992: 4) bezeichnet.

[116] Eisenhardt (1985) führt in ihrer theoretischen Arbeit die Ansätze der "klassischen" Organisationstheorie (u.a. Thompson 1967, Perrow 1970, Ouchi 1977) und der Agenturtheorie zusammen, indem sie aufzeigt, daß diese sich hinsichtlich der Steuerung und Kontrolle von Austauschbeziehungen sehr stark in ihren Annahmen und Schlußfolgerungen überlappen. Die Agenturtheorie wird zwar als der umfassendere Ansatz dargestellt, der Nutzen des Ansatzes der "klassischen" Organisationstheorie wird jedoch in der genaueren Betonung der Aufgabencharakteristika und des Konstruktes der sozialen Steuerung und Kontrolle gesehen (Eisenhardt 1985: 139).

Mitteleinsatz in Form von sachlichen, personellen, zeitlichen oder auch immateriellen Ressourcen und das Anstrengungsniveau des Leistungsausführenden werden nicht betrachtet. Die Beurteilung der Leistung des Auftragnehmers und seine Entlohnung erfolgt ausschließlich aufgrund der Messung des Ergebnisses (Ouchi 1977: 97; Thieme 1982: 28; Eisenhardt 1985: 136; Anderson/Oliver 1987: 77; Jaworski 1988: 27; Snell 1992: 296). Wegen dieses Freiraums bei der Erstellung wird eine output-orientierte Steuerung und Kontrolle auch als laissez faire approach bezeichnet (Oliver/Anderson 1994: 54) oder als management by objectives angesehen (Snell 1992: 296).

In Abhängigkeit von der Aufgabenstellung werden unterschiedliche Maße für eine output-orientierte Steuerung und Kontrolle herangezogen: finanzielle Kennzahlen wie Umsätze, Gewinn oder Rentabilitäten finden vor allem bei absatzbezogenen Aufgaben wie dem Verkauf von Produkten Anwendung (Bergen/Dutta/Walker 1992: 4; Oliver/Anderson 1994: 54). In der produzierenden Industrie können neben finanziellen Maßen auch die Qualität oder Quantität der entwickelten oder erstellten Produkte als Kriterien herangezogen werden (Govindarajan/Fisher 1990: 269), bei Dienstleistungen z.B. die Kundenzufriedenheit (Banker et al. 1996: 923) oder bei strategischen Maßnahmen wie Kooperationen oder Akquisitionen z.B. die Eigenkapitalrentabilität (Agrawal/Mandelker 1987: 825). Die Verwendung singulärer Maße ist jedoch selten, zumeist werden mehrere verschiedene output-bezogene Indikatoren verwandt, denn nur bei einfachsten Aufgaben erscheint ein Maß ausreichend (Anderson/Oliver 1987: 78; Snell 1992: 296). Das gilt insbesondere für Leistungen in einem Bauprojekt, da diese fast immer gleichzeitig eine quantitative, qualitative und zeitliche Ergebnisorientierung aufweisen.

Unter welchen grundlegenden Bedingungen ist nun eine output-orientierte Steuerung und Kontrolle überhaupt sinnvoll? Theoretisch übergreifend wird dazu festgestellt: 1) Wenn das gewünschte Ergebnis ex ante festgelegt werden kann, 2) wenn das Ergebnis ex post bestimmt (= gemessen) werden kann und 3) wenn das Ergebnis von dem Leistungserbringer beeinflußbar ist (Thompson 1967: 84; Ouchi 1977: 97; Merchant 1985: 20; Anderson/Oliver 1987: 77; Jaworski 1988: 27). Hier handelt es sich um notwendige, jedoch nicht hinreichende Bedingungen der Vorteilhaftigkeit dieser Steuerungs- und Kontrollstrategie. Aus diesem Grund müssen weitere relevante Einflußfaktoren miteinbezogen werden: der notwendige zu betreibende Aufwand der Durchführung dieser Strategie, z.B. zur Bestimmung des zu erzielenden Ergebnisses (Anderson/Oliver 1987: 78; Snell 1992: 296), die persönlichen Nutzenerwägungen oder Risikohaltungen der Akteure (Govindarajan/Fisher 1990: 262; Bergen/Dutta/Walker 1992: 5) oder die relative Vorteilhaftigkeit einer output-orientierten Steuerungs- und Kontrollstrategie gegenüber einer input-orientierten (Ouchi 1979: 843f.; Eisenhardt 1985: 137; Anderson/Oliver 1987: 81).

Eine **input-orientierte** Steuerung und Kontrolle zielt auf die Betrachtung der eingebrachten Ressourcen zur Erreichung eines Ergebnisses ab. Es kann sich dabei um sachliche, personelle, zeitliche oder auch immaterielle Ressourcen handeln. Im Gegensatz zu einer output-orientierten Steuerung und Kontrolle muß hier das Ergebnis nicht im voraus bestimmt werden. In der Regel werden jedoch die einzubringenden Inputs ex ante bestimmt, z.B. durch die genaue Vorgabe der abzuarbeitenden Produktionsschritte oder der auszuführenden Handlungen. Die Leistungsbeurteilung des Auftragnehmers und seine Entlohnung erfolgt aufgrund einer Beobachtung bzw. Messung der eingesetzten Ressourcen oder der Ausführung vorgegebener Handlungen (Ouchi 1977: 97; Thieme 1982: 28; Eisenhardt 1985: 135; Anderson/Oliver 1987: 78; Jaworski 1988: 26; Snell 1992: 294).

Auch hier können in Abhängigkeit von den einzubringenden Ressourcen bzw. auszuführenden Handlungen unterschiedliche Maße zur Steuerung und Kontrolle herangezogen werden, beispielsweise die gearbeitete Zeitspanne, ausgeführte Arbeitsschritte oder der monetäre Wert verbrauchter Ressourcen (Ouchi 1979: 843; Bergen/Dutta/Walker 1992: 4; Snell 1992: 294). Bei der Ausführung von Bauleistungen werden in der Regel mehrere unterschiedliche Ressourcen in mehreren Erstellungsschritten miteinander kombiniert. Daher ist der gleichzeitige Einsatz verschiedener input-orientierter Maße bei dieser Art der Leistungserstellung üblich, z.B. in Form des kombinierten Einsatzes von Planungen, Fortschrittskontrollen und Aufmaßen (vgl. unten ④).

Als grundlegende Bedingungen für den Einsatz einer input-orientierten Steuerungs- und Kontrollstrategie werden angeführt: 1) die Kenntnis des Steuernden bezüglich der verschiedenen einsetzbaren Ressourcen und der Ausführungsmöglichkeiten, 2) die Bestimmung, welche Ressourcen und Handlungen als geeignet bzw. ungeeignet anzusehen sind, 3) die Möglichkeit des Steuernden, den Einsatz von Ressourcen und die Ausführung einer Aufgabe tatsächlich messen zu können (Thompson 1967: 85; Ouchi 1977: 97; Merchant 1985: 31; Snell 1992: 295f.; Challagalla/Shervani 1997: 161). Es handelt sich hier ebenfalls um notwendige, aber nicht hinreichende Bedingungen des Einsatzes dieser Steuerungs- und Kontrollstrategie. Weiterhin muß daher betrachtet werden: der notwendige zu betreibende Aufwand der Bestimmung und Messung der Input-Faktoren (Anderson/Oliver 1987: 78; Snell 1992: 295), die persönlichen Nutzenerwägungen oder Risikohaltungen der Akteure (Govindarajan/Fisher 1990: 261f.; Bergen/Dutta/Walker 1992: 4) und die relative Vorteilhaftigkeit einer input-orientierten Steuerungs- und Kontrollstrategie gegenüber einer output-orientierten (Ouchi 1979: 843f.; Eisenhardt 1985: 137; Anderson/Oliver 1987: 81).

Die zentrale Fragestellung in der theoretischen und empirischen Forschung zu Steuerungs- und Kontrollstrategien ist die Bestimmung der optimalen Strategie unter gegebenen Bedingungen: input- und/oder output-orientiert? Dazu müssen zunächst die jeweiligen Vor- und Nachteile der Strategien aus der Sicht des Steuernden aufgezeigt werden. Darauf aufbauend kann für bestimmte Konstellationen eine komparative Betrachtung der notwendigen Bedingungen und Vor- und Nachteile beider Strategien simultan angestellt werden (vgl. zum folgenden Ouchi 1979: 843; Merchant 1985: 127-129; Anderson/Oliver 1987: 78; Eisenhardt 1989: 60ff.; Bergen/Dutta/Walker 1992: 4ff.; Snell 1992: 294f.).

Vorteile einer output-orientierten Strategie

- Der Auftraggeber trägt nicht die Kosten und Nachteile eines ineffizienten Mitteleinsatzes oder falscher Handlungsweisen.
- Die Leistungsbeurteilung ist vergleichsweise wenig aufwendig, da Absichten nicht in Handlungsanweisungen übersetzt werden müssen und der Leistungserstellungsprozeß nicht fortwährend zu begleiten und zu beurteilen ist.

Nachteile einer output-orientierten Strategie

- Aufgrund mangelnder Informationen kann in den Leistungserstellungsprozeß nicht eingegriffen werden.
- Die Maße für die Beurteilung des Ergebnisses sind oftmals ungenau und sehr subjektiven Charakters.
- Der Steuernde baut kein Wissen um die Leistungsausführung auf und kann daher längerfristig nicht oder nur schwer an Verbesserungen und Innovationen ökonomisch partizipieren.

Vorteile einer input-orientierten Strategie

- Da der Leistungserbringer nur anhand der von ihm geleisteten Anstrengungen beurteilt wird, trägt er nicht das Ergebnisrisiko – ergo muß der Auftraggeber dem Leistungserbringer auch nicht die Übernahme eines Risikos vergüten.
- Während des Leistungserstellungsprozesses besteht für den Steuernden die Möglichkeit, unerwünschte Abweichungen zu erkennen und daraufhin in die Leistungserstellung vor dem endgültigen Ergebnis einzugreifen. Dies ist auch dann von Vorteil, wenn der Auftraggeber nach der Auftragserteilung Änderungswünsche hinsichtlich der Ausführung oder des Ergebnisses hat.
- Im Falle eines Informationsvorsprungs des Auftraggebers bezüglich der Leistungsausführung kann dieses Wissen bei einer input-orientierten Steuerung und Kontrolle leichter eingebracht werden.

Nachteile einer input-orientierten Strategie

- Weil Absichten in Handlungsanweisungen zu übersetzen sind, der Leistungserstellungsprozeß fortlaufend begleitet und beurteilt werden muß und zumeist mehrere Indikatoren simultan zu beachten sind, ist diese Steuerungs- und Kontrollstrategie vergleichsweise aufwendig.
- Im Falle eines Informationsvorsprungs des Leistungserbringers wird dieser wenig dazu motiviert, sein Wissen ressourceneffizient oder innovativ einzubringen.

Es liegt in der Natur dieser Konzeptionalisierung von Steuerung und Kontrolle, daß überwiegend die Vorteile der einen Steuerungs- und Kontrollstrategie auch die Nachteile der jeweils anderen Strategie darstellen.

Aufbauend auf einer Analyse der möglichen Bedingungen und Vor- bzw. Nachteile der unterschiedlichen Steuerungs- und Kontrollstrategien wurden entsprechende Konzeptionalisierungen der Anwendung einer bestimmten Strategie entworfen. Die Arbeiten von Thompson (1967: 84ff.), Perrow (1970: 76ff.) und Ouchi (1977: 97ff., 1979: 843ff.) stellen die Basis solcher Konzeptionalisierungen dar (vgl. die von Ouchi (1977) in Abbildung 2.12), welche von weiteren Autoren aufgegriffen, verfeinert und mit weiteren Fragestellungen verbunden wurden. In diesen Arbeiten werden sowohl die Logik als auch die Aussagen und Schlußfolgerungen der ersten, elementaren Konzeptionen grundsätzlich beibehalten (vgl. u.a. Anderson 1985; Eisenhardt 1985; Anderson/Oliver 1987; Govindarajan/Fisher 1990; Snell 1992; Abernethy/Brownell 1997).

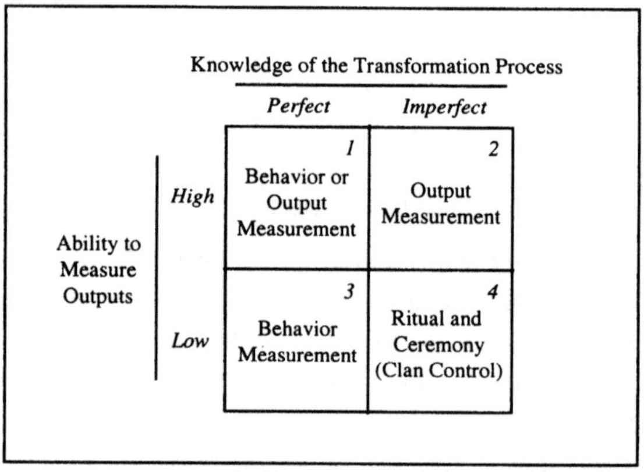

Abbildung 2.12: Steuerungs- und Kontrolltypologie nach Ouchi (1977: 98, 1979: 843)

In der Konzeption von Ouchi (1977, 1979) bestimmen die Möglichkeiten, den Output zu messen, und das Wissen um die Leistungserstellung (= Vorstrukturierung und Meßbarkeit der zu leistenden Inputs) die Wahl der geeigneten Steuerungs- und Kontrollstrategie. Bei den Konstellationen in den Zellen *zwei* und *drei* ist das Ergebnis aufgrund des gegenseitigen Ausschlußprinzips einsichtig. Wenn jedoch sowohl eine input- wie auch eine output-orientierte Meßbarkeit schlecht bzw. nicht möglich ist (Zelle *vier*), wird als Surrogat eine weitere Form der Steuerung und Kontrolle vorgeschlagen, von Ouchi (1977: 98) ursprünglich als ritual control bezeichnet. Diese Strategie zielt auf die Auswahl geeigneter Leistungserbringer ab, die aufgrund ihrer sozialen Einstellungen und kulturellen Prägungen mit hoher Wahrscheinlichkeit im Sinne des Auftraggebers handeln, ohne daß dieser sowohl die konkreten Handlungen als auch die Ergebnisse explizit steuert und kontrolliert (Ouchi 1977: 98, 1979: 844). Neben der Selektion zu Beginn einer Beziehung werden auch weitere Mechanismen wie die Sozialisation und Verhaltensbeeinflussung während der Beziehung, Training, self control oder cultural control unter dieser Art der Steuerung und Kontrolle subsumiert (Eisenhardt 1985: 136; Jaworski 1988: 27; Govindarajan/Fisher 1990: 260; Snell 1992: 297).[117] Der eigentliche Mechanismus dieser Steuerungs- und Kontrollstrategie ist die ex ante Verminderung der Interessendivergenzen zwischen den Vertragsparteien (Ouchi 1979: 846; Govindarajan/Fisher 1990: 260).

Ob diese Form der Steuerung und Kontrolle als eine dritte und eigenständige, neben der input- und output-orientierten Steuerung und Kontrolle existierende Strategie angesehen werden kann, ist umstritten. Dafür würde sprechen, daß es sich um eine Verhaltensbeeinflussung und damit Steuerung des Leistungserbringers handelt; denn eine sorgfältige Auswahl und weitere Sozialisation kann das Leistungsergebnis verändern (Snell 1992: 297). Dagegen ist jedoch vorzubringen, daß durch den ex ante-Charakter dieser Strategie lediglich die Wahrscheinlichkeit einer durch den Auftraggeber präferierten Leistungsausführung steigt.[118] Die eigentliche Leistungserstellung und das daraus resultierende Ergebnis als Betrachtungsfokus der input- und output-orientierten Strategie wird als Steuerungs- und Kontrollgegenstand von dieser sozialen Steuerung und Kontrolle nicht betrachtet (vgl. Ouchi 1979: 844) – es fehlt die Komponente der Kontrolle. Auch die unterschiedliche zeitliche Dimension spricht gegen die Annahme einer gleichberechtigten dritten Strategie. Demgemäß ordnen z.B. Govindarajan/ Fisher (1990: 260f.) die soziale Steuerung und Kontrolle als input-orientierte ein und begründen dies damit, daß sich keine Unternehmung auf die bloße Anwendung einer sozialen Steuerung und Kontrolle verläßt – diese trete generell selten und auch dann nur in Verbindung mit einer der beiden anderen Strategien auf. Dieser Sichtweise wird sich auch in der vorliegenden Arbeit angeschlossen, so daß social control nicht als eigenständige Steuerungs- und Kontrollstrategie neben einer input- bzw. output-orientierten Strategie anzusehen ist. Da jedoch generell von einer Relevanz solcher Faktoren wie Selektion und Sozialisation bei der Steuerung und Kontrolle von Leistungsbeziehungen auszugehen ist (Merchant 1985: 39; Jaworski 1988: 28) und die Agenturtheorie diese auch berücksichtigt,[119] werden solche Einflußfaktoren bei der Erklärung des Steuerungs- und Kontrollsystems in Kapitel 3 wieder aufgegriffen.

Der Zusammenhang in Zelle *eins* ist uneindeutig und wird in den entsprechenden Arbeiten (vgl. u.a. Ouchi 1977, 1979; Eisenhardt 1985; Govindarajan/Fisher 1990; Snell 1992) auch nicht geklärt. So begründet Ouchi (1979: 844) nur: "...the lower cost alternative will be prefer-

---

[117] Später nannte Ouchi (1979: 843) diese Art der Steuerung und Kontrolle clan control, andere Autoren bezeichnen sie als socialization (Eisenhardt 1985: 135), informal control (Jaworski 1988: 27) oder capability control (Challagalla/Shervani 1997: 162).

[118] So bemerkt auch Snell (1992: 297), der selbst diese Art der Steuerung und Kontrolle als eine dritte, gleichberechtigte Form ansieht, "...it *[clan control, Anmerk. d. Verf.]* only manages potential; there is no guarantee that what can be actually will be, and there is virtually no way to identify performance problems post hoc."

[119] ...allerdings nicht in Form einer eigenständigen Steuerungs- und Kontrollstrategie.

red." Diese Antwort kann jedoch nicht befriedigen, denn ein Kostenargument taucht in seinen Begründungen der anderen Konstellationen (Zellen zwei bis vier) gar nicht auf. Aus gutem Grund, denn es ist denkbar, daß eine gute Input-Bestimmung (Zelle 3) auch mit sehr hohen Kosten verbunden sein könnte, was komparativ betrachtet auch eine Lösung wie in Zelle vier in Form von clan control als vorteilhafter erscheinen lassen würde. Damit ist die Argumentation nicht konsistent. Auch in anderen Arbeiten wird diese Feststellung von Ouchi übernommen, zumeist jedoch sogar ohne dessen Begründung (vgl. z.B. Eisenhardt 1985: 136; Govindarajan/Fisher 1990: 263).

In den Konstellationen, in welchen eindeutig die Vorteile der einen Strategie zum Tragen kommen und gleichzeitig Bedingungen auftreten, die Nachteile der anderen Strategie darstellen, ist die Wahl einer Strategie einfach und deutlich. Solche Fälle werden in den Matrizen von Thompson (1967: 86) und Ouchi (1977: 98) (vgl. oben Abbildung 2.9) und den nachfolgenden, auf diesen Erkenntnissen aufbauenden Arbeiten eindeutig theoretisch abgeleitet. Es herrscht allerdings in vielen Situationen eine solche Eindeutigkeit nicht vor (vgl. die Zellen 1 und 4). Komplexitätssteigernd kann sich zudem auswirken, wenn mehr als zwei relevante Bedingungen in einer Entscheidungssituation berücksichtigt werden sollen (müssen). Solche Bedingungen, wie z.B. die Nutzen- und Risikopräferenzen der Akteure oder langfristige, über eine singuläre Beziehung hinausgehende Zielsetzungen und Folgen, wurden bereits oben angesprochen. Diese werden explizit in der im nachfolgenden Kapitel 3 geführten Erklärung der Steuerung und Kontrolle in Leistungsbeziehungen innerhalb von Bauprojekten miteinbezogen.

Mittels einer vergleichenden Analyse kann zwischen den beiden grundsätzlichen Steuerungs- und Kontrollstrategien abgewogen werden. Beide Strategien sind sehr unterschiedlich in ihren Bedingungen und Auswirkungen und so kann es nicht die beste Strategie geben, sondern nur eine ceteris paribus vorteilhaftere. Gleichzeitig wird nur relativ selten eine einzige Strategie vorzufinden sein, denn ein Steuerungs- und Kontrollsystem kann sich sowohl aus input-orientierten als auch output-orientierten Elementen zusammensetzen (Ouchi 1977: 98; Merchant 1985: 131; Eisenhardt 1988: 500; Bergen/Dutta/Walker 1992: 4; Oliver/Anderson 1994: 54).[120] Eine konkrete Steuerungs- und Kontrollstrategie läßt sich so auf einem Kontinuum abbilden (vgl. Abbildung 2.13). Diese Sichtweise wurde bereits in verschiedenen Arbeiten diskutiert (vgl. Ouchi/Maguire 1975: 560; Oliver/Anderson 1994: 60ff.; Banker et al. 1996: 922f.). Ferner sind in der praxisorientierten Literatur zur Steuerung und Kontrolle von Bauleistungen vielfältige Belege für diese theoretische Annahme zu finden (vgl. unten ④).

[120] Otley (1980: 423), Jaworski (1988: 31f.) und Tosi/Katz/Gomez-Mejia (1997: 597) weisen in diesem Kontext auf die Problematik hin, daß sich die unterschiedlichen Steuerungs- und Kontrollstrategien und –mechanismen gegenseitig in ihren Wirkungen beeinflussen können. Aufgrund dieses Umstandes wird es von diesen Autoren als schwierig erachtet, die singulären Wirkungen einer Strategie genau zu bestimmen.

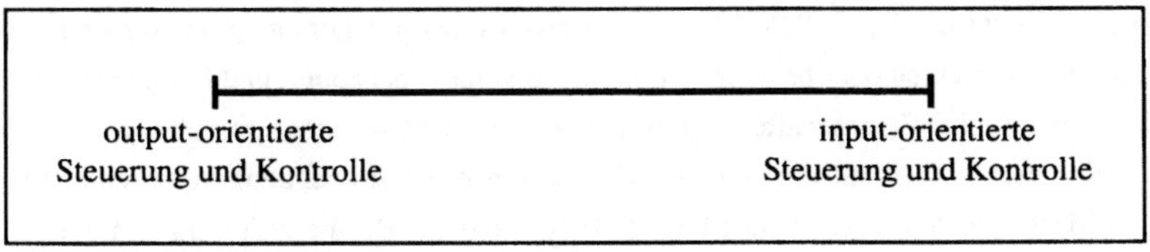

Abbildung 2.13: Kontinuum der Steuerungs- und Kontrollstrategien

2.2.2.4 Instrumente der Steuerung und Kontrolle (④)

Eine Steuerungs- und Kontrollstrategie wird mittels konkreter Mechanismen und Instrumente umgesetzt. Die Instrumente stellen die Art und Weise dar, wie gesteuert und kontrolliert wird. Sie verkörpern neben der Vorgehensweise auch die Bestimmung der Träger, den Zeitpunkt bzw. Zeitraum und die Häufigkeit und Regelmäßigkeit der Steuerung und Kontrolle (Thieme 1982: 35; Welge 1988: 326). Bei den Trägern der Steuerung und Kontrolle kann in eine Eigen- (oder Selbst-) und Fremdsteuerung differenziert werden. Eine Fremdsteuerung ist dann gegeben, wenn der Steuernde selbst nicht an der zu steuernden und kontrollierenden Leistungserstellung beteiligt ist. Bei einer Eigensteuerung ist der Steuernde gleichzeitig der Leistungsausführende und hinsichtlich der Steuerung und Kontrolle von Dritten unabhängig (Thieme 1982: 32f.). Der Zeitpunkt/-raum und die Häufigkeit und Regelmäßigkeit der Steuerung und Kontrolle ist eng mit der jeweiligen Steuerungs- und Kontrollstrategie (input- versus output-orientiert) verbunden.

So vielfältig wie die theoretischen Ansätze und Arbeiten zu Steuerung und Kontrolle sind auch die Mechanismen und Instrumente, die darin aufgezeigt und untersucht werden. In einigen organisationstheoretischen Arbeiten zu Steuerung und Kontrolle wird oftmals nur sehr allgemein von Überwachung (monitoring, watching and guiding behavior etc.) oder Ergebnisüberprüfung (performance evaluation, the outcomes measured etc.) gesprochen. Allenfalls in Einzelbeispielen werden konkrete Instrumente angedeutet (vgl. Flamholtz 1979: 53ff.; Ouchi 1979: 97f.; Merchant 1985: 47-69).

Andere organisationstheoretische Arbeiten beschäftigen sich dagegen vergleichsweise intensiv mit spezifischen Instrumenten. Darin lassen sich sehr unterschiedliche Dimensionen, Einteilungskriterien und damit konkrete Steuerungs- und Kontrollinstrumente ausmachen. Beispielsweise werden bestimmte Organisationsformen oder -strukturmerkmale herausgearbeitet, welche zwar nicht als direkte Instrumente angesehen werden, die jedoch als übergeordneter Steuerungs- und Kontrolltypus mit der Anwendung bestimmter Instrumente direkt verbunden werden (vgl. Arrow 1974: 63ff.; Perrow 1977: 5ff.; Ouchi 1979: 841; Jensen/ Meckling 1992: 267ff.).

Eine weitere Gruppe von Arbeiten beschäftigt sich eingehend mit dem Prozeß der Steuerung und Kontrolle und identifiziert dabei in prozessualer Abfolge Gruppen von Instrumenten zur Planung, Messung, Bewertung und Entlohnung (vgl. Flamholtz 1979: 53ff.; Otley 1980:

422f.; Flamholtz/Das/Tsui 1985: 38ff.). Auch hier werden die konkreten Instrumente, mit denen geplant, gemessen oder bewertet wird, eher allgemein behandelt und in ihren spezifischen Ausprägungen und Eigenschaften untersucht. Einige Arbeiten konzentrieren sich in diesem Kontext ausschließlich auf die Folgen und Reaktionen der Anwendung von Steuerungs- und Kontrollinstrumenten (vgl. Schiff/Lewin 1970: 264ff.; Birnberg/Turopolec/Young 1983: 120ff.).

Eine wichtige Gruppe von Arbeiten zur Bestimmung und Charakterisierung von Steuerungs- und Kontrollinstrumenten stellen allgemein empirische Untersuchungen dar. Denn bei diesen Arbeiten ist es wichtig, in Abhängigkeit von der verwandten theoretischen Konzeption und eng an den Untersuchungsgegenstand angelehnt die konkreten Instrumente zu bestimmen, zu beschreiben und zu operationalisieren. Ein stark frequentiertes Betätigungsfeld stellt die Untersuchung der Steuerung und Entlohnung von Verkaufspersonal dar. Nicht zuletzt aufgrund der relativ geringen Komplexität dieses Untersuchungsgegenstandes wird darin klar zwischen einer input- und einer output-orientierten Steuerung und Kontrolle unterschieden – vor allem über das Instrument der Entlohnung, aber auch über direkte Beeinflussungen wie persönliche Beobachtungen, Weisungen, Programme oder Planungen (vgl. Eisenhardt 1985: 143f., 1988: 498ff.; Anderson/Oliver 1987: 59f.; John/Weiss/Weitz 1987: 189f.; Kerr/Kren 1992: 372f.; Jaworski/Stathakopoulos/Krishnan 1993: 63; Challagalla/Shervani 1997: 163). Genauere, dem Betrachtungsobjekt angepaßte Identifikationen und Differenzierungen von Instrumenten liefern auch empirische Arbeiten zu Human Resource Management in Organisationen. Neben direkten Weisungen und Vorgaben und der Entlohnung werden hier sehr stark Personalauswahl- und Personalführungsinstrumente wie Feedback, persönlicher Austausch und Motivation, Weiterbildung und spezielle Incentives untersucht (vgl. Schuler/Jackson 1989: 90f.; Snell 1992: 326f.).

Andere Arbeiten beschäftigen sich mit der Kontrolle und Anreizung von Führungskräften, in denen die Steuerung mittels Organe und Gremien und die Gestaltung der Entlohnungssysteme des Managements im Vordergrund stehen (vgl. Agrawal/Mandelker 1987: 824f.; Beatty/Zajac 1994: 317ff.; Zajac/Westphal 1994: 128f.; Bloom/Milkovich 1998: 284ff.). Weitere Forschungen bestehen zu Steuerung und Kontrolle von Zuliefer-Abnehmer-Beziehungen mittels finanzieller Kennzahlen und Qualifikationen des Leistungserbringers (vgl. Celly/Frazier 1996: 204), von Franchising-Beziehungen durch direkte Beobachtungen (vgl. Brickley/Dark 1987: 411ff.; Fladmoe-Lindquist/Jacque 1995: 1239f.) oder von Joint Ventures mittels Personalverflechtungen, Sozialisierung oder Entlohnungsschemata (vgl. Geringer/Hebert 1989: 236ff.; Lyles 1991: 192f.; Kumar/Seth 1998: 583ff.).

Vor dem Hintergrund der unterschiedlichen theoretischen und empirischen Arbeiten lassen sich die Instrumente generell einteilen in jene, die der *Information* über Leistungen (Inputs) und Ergebnisse (Outputs) dienen, und solche, die diese Leistungen und Ergebnisse *bewerten und entlohnen* (Jensen/Meckling 1992: 267; Milgrom/Roberts 1992: 186f.; Challagalla/Shervani 1997: 161). Diese Einteilung ist eng mit dem Prozeß der Leistungserstellung verbunden, der von der Zielsetzung und Definition der Aufgabe ausgeht und über die Aufgabenausführung und dem erzielten Ergebnis zu einer Bestimmung, Bewertung und schließlich Entlohnung derselben führt (vgl. Abbildung 2.14).[121] Jedoch läßt sich nur ein Teil der Steuerungs- und Kontrollinstrumente eindeutig einer Input- oder einer Output-Orientierung zuordnen (Welge 1988: 326). So kann beispielsweise das Instrument der Programmierung von Handlungen, z.B. in Form abzuarbeitender Stücklisten, eindeutig als input-orientiert identifiziert werden. Planungen hingegen können sich sowohl auf input-orientierte Größen wie die Menge einzubringender Materialien als auch auf output-orientierte Größen wie zu produzierende Mengen oder einzuhaltende Termine beziehen.

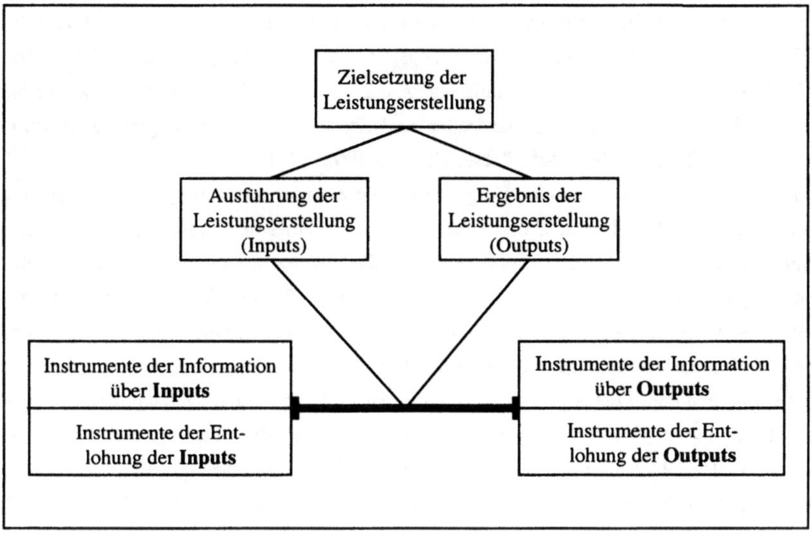

Abbildung 2.14: Prozeß der Leistungserstellung und Kontinuum des Steuerungs- und Kontrollsystems

Durch die Beschäftigung mit verschiedensten theoretischen und empirischen Arbeiten zu Steuerung und Kontrolle innerhalb und zwischen Organisationen kann hinsichtlich der instrumentellen Umsetzung von Steuerung und Kontrolle festgestellt werden, daß die relevanten Steuerungs- und Kontrollinstrumente nicht generell und allgemeingültig bestimmt und kategorisiert werden können. Vielmehr müssen sie im Kontext des spezifischen Betrachtungsgegenstandes ausgewählt und abgegrenzt werden.

[121] Eine solche übergreifende Sichtweise und Differenzierung ist auch in organisations- und Controlling-theoretischen Konzeptionen zu erkennen, die sich oftmals lediglich durch die Begriffswahl von der obigen Konzeption unterscheiden (z.B. werden darin Begriffe wie Information, Koordination oder Motivation verwandt) (vgl. beispielsweise Milgrom/Roberts 1992: 25ff. und Horváth 1994: 143).

Instrumente zur Information über Inputs und Outputs

Planung bedeutet allgemein die gedankliche, rationale Vorwegnahme und Festlegung zukünftiger Handlungen und/oder Ergebnisse. Planungen sind auf ein bestimmtes Ziel ausgerichtet und beziehen sowohl Kontingenzen der Ausgangssituation als auch des Ausführungszeitraumes mit ein. Die Erfüllung von Planungen hängt somit wesentlich von den potentiell einzubringenden Ressourcen und den durch die Umwelt determinierten Möglichkeiten der Ressourcenverwertung ab (Wild 1974: 12; Coenenberg/Baum 1987: 13; Hahn 1994: 56; Horváth 1994: 159f.).[122] Ein weiteres wesentliches Merkmal von Planungen ist der begrenzte Zeithorizont und damit eine unbedingte Periodenbezogenheit (Kieser/Kubicek 1992: 114). Darüber hinaus werden der Planung unterschiedliche Funktionen und Aufgaben zugeschrieben, beispielsweise die der Prognose, Entscheidung und Lenkung (Coenenberg/Baum 1987: 14ff.), der Zielausrichtung, Information, Integration und Anreizung (Wild 1974: 19; Töpfer 1976: 97), der Informationsverarbeitung und Anpassung (Horváth 1994: 160) und vor allem der Koordination von Zielen, Teilaufgaben und der Ausführungsbeteiligten (March/Simon 1958: 160; Hoffmann 1980: 346f.; Kieser/Kubicek 1992: 114f.).

Planungen stellen verbindliche Vorgaben für die Zukunft und keine Improvisationen oder Vorhersagen dar. Aus diesem Grund sind sie immer an einer bestimmten Zielsetzung ausgerichtet, wobei sich diese Zielsetzung auf einzubringende Ressourcen und auszuführende Handlungen (= Inputs) oder zu erbringende Ergebnisse (= Outputs) beziehen kann (Hoffmann 1980: 349; Welge 1988: 326; Kieser/Kubicek 1992: 114). Daher sind Planungen nicht per se einer bestimmten Steuerungs- und Kontrollstrategie zuzuordnen, vielmehr bestimmen die Zielsetzung und damit die geplanten Inhalte die Ausrichtung, wobei auch eine Input- und eine Output-Orientierung gleichzeitig verfolgt werden kann (vgl. dazu das Beispiel der Budgetierung bei Welge 1988: 326). Analog zu Ansätzen der Gesamtunternehmunsplanung (vgl. Hahn 1994: 80; Horváth 1994: 179-181) können auch Planungen der operativen Leistungsausführung als im allgemeinen aus einer Zielplanung (= angestrebter Endzustand), einer Potentialplanung (= einzusetzende Potentiale) und einer Aktionsplanung (= auszuführende Operationen) bestehend angesehen werden.

Planungen bilden einen Schwerpunkt der Steuerung und Kontrolle in Bauprojekten. Das läßt sich aus verschiedenen Charakteristika der Erstellung von Bauleistungen ableiten. Erstens handelt es sich bei Bauleistungen mehrheitlich um konstruktive, aus sehr unterschiedlichen gegebenen und anzupassenden Produktionsfaktoren zusammengesetzte Leistungen. Eine vergleichsweise umfangreiche Planung des Ablaufs und des Zusammenwirkens der verschiedenen Produktionsfaktoren ist daher notwendig – der Koordinationsaspekt der Planung steht hier im Vordergrund (Sehlhoff 1997: 18). Zweitens herrscht aufgrund der Einzigartigkeit eines

[122] Coenenberg/Baum (1987: 18) entgegnen auf die häufig anzutreffende Kritik, Planung sei Wunschdenken mit geringer praktischer Relevanz, folgendes: "Planung bedeutet aber, die Ressourcenabhängigkeit des Zielniveaus zu akzeptieren. Dieser Abstimmungsprozeß, ergänzt um den Möglichkeitsrahmen der Umwelt, ist untrennbar mit der Erarbeitung von Planzielen verbunden."

Bauprojektes als Auftrags- und Einzelfertigung eine erhöhte Unsicherheit bezüglich eintretender Kontingenzen und Folgen von spezifischen Faktorkombinationen vor (Refisch 1993: 29) – Planungen dienen hier vor allem der Unsicherheitsreduktion. Drittens schließlich stellen die Planungen der Gesamtleistung (z.B. durch Architekten- oder Planungsgesellschaften) und der Einzelleistungen (z.B. durch Fachingenieure für einzelne Gewerke wie Rohbau oder Haustechnik) spezifische und eigenständige Produktionsleistungen innerhalb von Bauprojekten dar (Rösel 1994: 51ff.; Sommer 1994: 12, 28ff.). Durch diese produktiven Planungen werden bereits wichtige Grundlagen und Informationsbasen für Planungen zu Steuerungs- und Kontrollzwecken gelegt. Beispielsweise ist bei der Installation technischer Anlagen wie Heizung oder Elektrik eine detaillierte Planung der Funktionen, der einzusetzenden Materialien und der Ablaufplanung der Installationen notwendig (vgl. zu den Inhalten der Planung solcher Bauleistungen Sommer 1994: 65-88). Auf diese Daten und Informationen kann sodann zu Zwecken der Steuerung und Kontrolle des Leistungsprozesses (= input-orientiert) und/oder des Ergebnisses bzw. Funktion der Installation (= output-orientiert) zurückgegriffen werden (Lessmann et al. 1990: 48).

Planungen zu Steuerungs- und Kontrollzwecken von Leistungen innerhalb von Bauprojekten sind in Form von Leistungsbeschreibungen, Ablaufplanungen, Terminplänen und Funktionsbeschreibungen vorzufinden und decken mithin das gesamte Spektrum möglicher Steuerungs- und Kontrollstrategien ab (Scheifele1991: 144ff.; Prange/Leimböck/Klaus 1995: 143). Auch Budgets, die ja nichts anderes als in Zahlen quantifizierte Planungen darstellen (Hahn 1994: 394), werden zur Steuerung und Kontrolle von Leistungen eingesetzt (Schönsiegel 1984: 178; Heine 1996: 302). Die Wahl und Intensität solcher Planungen und Budgetierungen hängt im wesentlichen von der Art der jeweiligen Leistung ab. Leistungsbeschreibungen stellen eine zumeist sehr detaillierte Auflistung der auszuführenden Teilleistungen und zu verwendenden Maschinen und Materialien dar. Sind sie nach der Vergabe mit Preisen bewertet, werden sie auch als Leistungsverzeichnis bezeichnet.[123] Darin sind dann die auszuführenden Handlungsschritte und einzubringenden Ressourcen in Inhalt und Abfolge – mehr oder minder detailliert – festgelegt (Mantscheff 1986: 86; Rösel 1992: 105f.; Drees/Bahner 1996: 26-29). Leistungsbeschreibungen weisen somit einen input-orientierten Steuerungs- und Kontrollcharakter auf.

Funktionsbeschreibungen stellen das Gegenteil zu Leistungsbeschreibungen dar und sind einer output-orientierten Steuerungs- und Kontrollstrategie zuzuordnen.[124] Darin werden die zu erfüllenden Funktionen der Leistung festgelegt oder zumindest umschrieben, z.B. Nutzungsanforderungen, Design, Volumina etc. (Hirschberger 1994: 28; Bauer 1995: 571;

---

[123] Die unterschiedlichen Leistungsbeschreibungen sind oftmals sehr eng an die Regelungen nach der VOB angelehnt (Rösel 1992: 105f.; Bauer 1995: 46f.).

[124] *Vor* Auftragsvergabe sind Funktionsbeschreibungen ähnlich wie Leistungsbeschreibungen mit einem Leistungsprogramm anzusehen – Leistungsprogramme werden allerdings meistens im Vergabeverfahren durch das detaillierte Beschreiben und Bewerten der einzelnen Teilleistungen in Leistungsverzeichnisse umgewandelt (Rösel 1992: 106).

Prange/Leimböck/Klaus 1995: 75). Planungsinhalte zur Steuerung und Kontrolle beziehen sich somit auf die Leistungs(teil)ergebnisse.

Mit der Planung von Maßnahmen und Ergebnissen stehen weitere spezifische Instrumente der Steuerung und Kontrolle in enger Verbindung, so daß ein Teil des Steuerungs- und Kontrollprozesses auch als Planungsprozeß aufgefaßt werden kann (vgl. Abbildung 2.15). Planung stellt danach das umfassende und am Anfang der Steuerung und Kontrolle stehende Moment dar (vgl. dazu auch die enge inhaltliche Verbundenheit bzw. Deckungsgleichheit der verschiedenen Darstellungen des Steuerungs- und Kontrollprozesses bei Anthony/Dearden/Bedford 1984: 27; Flamholtz/Das/Tsui 1985: 38; Coenenberg/Baum 1987: 10 mit den Planungsprozessen bei Töpfer 1976: 81; Vahs 1990: 68; Hahn 1994: 91).

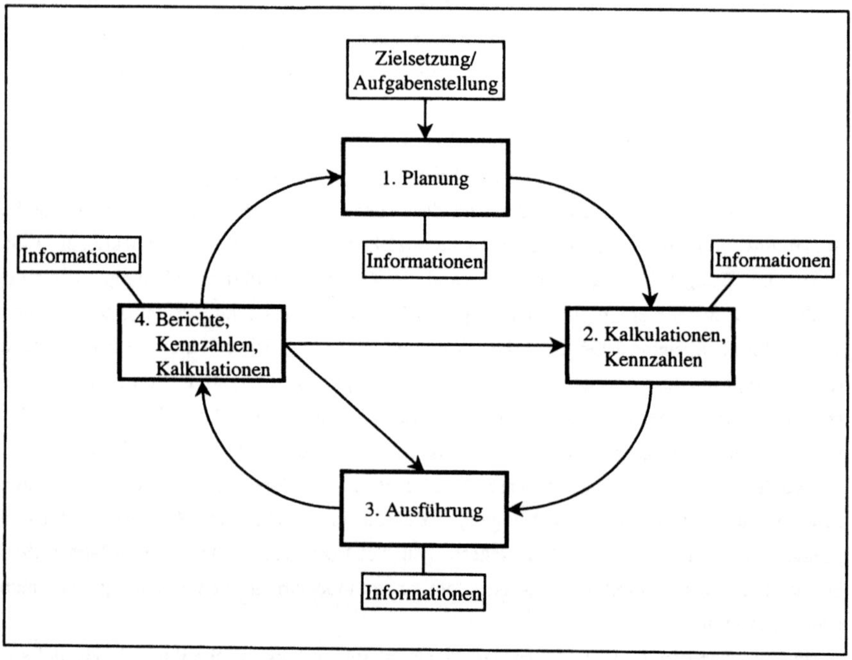

Abbildung 2.15: Der Steuerungs- und Kontrollprozeß (in Anlehnung an Anthony/Dearden/Bedford 1984: 27)

Innerhalb der Planungs- bzw. Steuerungsprozesse können weiterhin folgende Instrumente identifiziert werden: Kostenplanungen und Kalkulationen als rechnerische Grundlagen, Kennzahlensysteme zur Festlegung und Beurteilung von Leistungen sowie Berichts- und Informationssysteme (Peemöller 1990: 137ff.; Serfling 1992: 200ff., 251ff.; Hahn 1994: 51; Maciariello/Kirby 1994: 9; Niedermayr 1994: 116-121).

Kostenplanungen und Kalkulationen stellen als wesentliche Bestandteile des betrieblichen Rechnungswesens ein Herzstück ökonomischer Austauschprozesse dar. Aus diesem Grund hat sich in einer längeren Entwicklung ein reichhaltiges Instrumentarium der Kosten- und Leistungsrechnung entwickelt, welches einen zentralen Bestandteil des Steuerungs- und Kontrollsystems darstellt (Horváth 1994: 527). Der Leistungserstellungsprozeß steht traditionell im Mittelpunkt der Kosten- und Leistungsrechnung einer Unternehmung. Damit wird der Güterverbrauch (= Input) und die Gütererbringung (= Output) prognostiziert, ermittelt, bewertet, gesteuert und kontrolliert (Horváth 1994: 528; Coenenberg 1997: 37f.; Haberstock 1997: 10).[125]

Grundsätzlich können Kostenrechnungssysteme und die darin angewandten Instrumente nach ihrem Zeitbezug differenziert werden. Die Istkostenrechnung stellt eine vergangenheitsorientierte Rechnung dar, welche die angefallenen Kosten berücksichtigt und daher vor allem für Nachkalkulationen sinnvoll eingesetzt werden kann. Für Planungen ist diese Rechnung wenig geeignet (Peemöller 1990: 198; Horváth 1994: 530). Eine Zukunftsorientierung weisen Plankostenrechnungen auf, die der Prognose, Vorgabe, Beeinflussung und Kontrolle von Leistungserstellungsprozessen dienen.[126] Plankostenrechnungen ermöglichen Vorkalkulationen sowie Kostenplanungen und können zusammen mit Instrumenten der Istkostenrechnung zur Steuerung und Kontrolle der Leistungsausführung (input-orientiert) und des Leistungsergebnisses (output-orientiert) eingesetzt werden (Coenenberg 1997: 372ff.; Haberstock 1997: 176f.). Instrumente wie Einzelkosten-, Deckungsbeitrags- oder Fixkostendeckungsrechnungen (vgl. Coenenberg 1997: 247ff.) stellen spezifische Weiterentwicklungen der klassischen Kostenplanung, Kostenkontrolle und Kalkulation dar.

Aufgrund der hohen Wettbewerbsintensität in der Bauwirtschaft spielen auf Istkosten und Plankosten basierende Kostenplanungen und Kalkulationen sowohl der Gesamt- als auch der Teilbauleistungen eine wichtige Rolle, denn in der Kostensteuerung und -beeinflussung wird ein wesentlicher ökonomischer Erfolgsfaktor gesehen (Prange/Leimböck/Klaus 1995: 1; Heine 1996: 288). Nicht nur die bauunternehmungsinterne Kosten- und Leistungsrechnung weist einen relativ hoch entwickelten Stand auf, sondern in den letzten Jahren wurden die Instrumente auch verstärkt auf die traditionell weniger am Rechnungswesen und mehr an Technologien orientierten Bereiche der Bauplanung und -ausführung übertragen. Diese Entwicklung ist vor allem dadurch bedingt, daß immer mehr Bauleistungen nicht mehr unternehmungsintern erstellt werden und zudem die in der Vergangenheit in hohem Ausmaß praktizierte bloße Weiterverrechnung von Kosten an den Auftraggeber nur noch selten möglich ist (Rösel 1994:

---

[125] Die klassischen Teilbereiche der Kosten- und Leistungsrechnung zur Erfüllung dieser Aufgabenstellung sind die Kostenartenrechnung (Erfassung der Kosten), die Kostenstellenrechnung (Verteilung der Kosten auf die entsprechenden Bereiche), die Kostenträgerstückrechnung (Kalkulation von Kosten und Leistungen) und die Kostenträgerzeitrechnung (Periodenerfolgsrechnung) (vgl. Kilger 1987; Coenenberg 1997; Haberstock 1997).

[126] Eine dritte Kategorie stellt die Normalkostenrechnung dar, die in ihrer Konzeption und Informationsfunktion zwischen Ist- und Plankostenrechnung einzuordnen ist (Kilger 1987: 56f.; Haberstock 1997: 174f.).

256; Brandenberger/Ruosch 1996: 143; Heine 1996: 288). Darüber hinaus werden Kosteninformationen aus der Vergangenheit als wichtige Quelle für die Beurteilung und Steuerung zukünftiger Projekte und Leistungen angesehen (Talaj 1993: 173).

Eine kostenorientierte Steuerung und Kontrolle von Bauleistungen kann in drei Stufen stattfinden: 1) Kostenplanung vor der Leistungsausführung (Angebots- und Vorkalkulation), 2) Kostenüberwachung und -regelung während der Leistungserstellung (Zwischen- und Nachtragskalkulation) und 3) Kostenermittlung und -kontrolle nach Beendigung der Leistungserstellung (Nachkalkulation). Angebots-, Vor- und Nachkalkulationen stellen dabei die in der Baupraxis am häufigsten angewandten Kalkulationsformen dar (Sommer 1994: 157; Prange/Leimböck/Klaus 1995: 3; Drees/Bahner 1996: 19f.; Heine 1996: 304).

Es existiert eine Vielzahl unterschiedlicher Kostenplanungs- und Kalkulationsverfahren, die sich neben diesem Zeitbezug im Detaillierungsgrad (Kalkulationen über Leitpositionen, Gewerke, Nutzungseinheiten etc.), im Einbezug von verschiedenen Kostenarten (Auswahl und Einteilung von Einzel- und Gemeinkosten oder fixe und variable Kosten) oder in der Art der Durchführung (Divisions-, Zuschlags-, Endsummenkalkulation etc.) unterscheiden können.[127] Von Bedeutung ist in diesem Zusammenhang, in welchem Ausmaß zur Kostenplanung und Kalkulation technische Daten (z.B. Mengen- oder Zeitvorgaben) und/oder finanzielle Daten (z.B. Kosten pro Menge, Zuschlagssätze) verwandt werden (Prange/Leimböck/Klaus 1995: 141). Deren Gebrauch und die Vorgehensweise zur Kalkulation und Kostenplanung kann sogar durch Normen zur Kalkulation von Bauleistungen, z.B. die DIN 276 (Heine 1996: 291), oder durch zu beachtende Regelungen nach VOB vorgeschrieben sein (Prange/Leimböck/Klaus 1995: 92ff.).

Kostenplanungen und Kalkulationen können zur Steuerung und Kontrolle von Leistungserbringern je nach Ausgestaltung eine Input- oder eine Output-Orientierung aufweisen. Unabhängig vom Zeitbezug der Kalkulation dienen Kostenplanungen, Kalkulationen, Kostenfeststellungen und Leistungsmeldungen der bei einer Leistungsausführung *einzubringenden bzw. eingebrachten Ressourcen und auszuführenden bzw. ausgeführten Handlungen/Arbeitsschritte* einer input-orientierten Steuerung und Kontrolle (Maurer 1994: 122ff.; Prange/Leimböck/Klaus 1995: 11-16; Drees/Bahner 1996: 40-98). Im Gegensatz dazu können jedoch auch Kostenfaktoren betrachtet werden, die nicht der Erstellung der Bauleistung zuzuordnen sind, sondern direkt mit der *fertigen Leistung* in Verbindung stehen und daher einen output-orientierten Charakter aufweisen. Solche Kosten stellen beispielsweise Wagniskosten aufgrund externer Einflüsse, Gewährleistungs-, Nachbesserungs- oder Garantiekosten dar (Bauer 1995: 593; Drees/Bahner 1996: 101).

In enger Verbindung mit Kostenplanungen und Kalkulationen steht die Steuerung und Kontrolle mittels **Kennzahlen**. Die Aufgabe von Kennzahlen ist es, betriebswirtschaftliche Sach-

[127] Vgl. zu Anwendungsbedingungen, Arten und Durchführung der Kalkulation von Bauleistungen die ausführlichen Darstellungen bei Mantscheff (1986), Prange/Leimböck/Klaus (1995) und Drees/Bahner (1996).

verhalte überschaubar abzubilden. Dazu werden vorhandene Einzelinformationen aufbereitet, komprimiert und gegenübergestellt, um zu sinnvollen Aussagen zu gelangen. Mittels Kennzahlen können Urteile über bestimmte Sachverhalte, Situationen und Zusammenhänge gefällt werden. Sie quantifizieren Informationen in Zahlenform und erlauben somit eine Vergleichbarkeit über verschiedene Tatbestände hinweg. Schließlich sollen Kennzahlen dazu dienen, komplizierte Strukturen und Prozesse in vereinfachter Art und Weise darzustellen, um einen möglichst schnellen und umfassenden Überblick zu gewinnen (Reichmann 1985: 15; Welge 1985: 214f.; Peemöller 1990: 257). Zusammengefaßt besitzen Kennzahlen eine Operationalisierungs-, Vorgabe-, Steuerungs- und Kontrollfunktion (Weber 1988: 74; Peemöller 1990: 258; Serfling 1992: 256f.).

Kennzahlen können für die unterschiedlichsten unternehmungsinternen wie auch -externen Bereiche gebildet werden, beispielsweise im Finanz- und Bilanzierungsbereich oder im Absatz-, Produktions- und Personalbereich (Weber 1988: 76; Horváth 1994: 554). Die Funktionsbereiche stellen somit die Informationsquellen dar, aus denen die relevanten Daten zu gewinnen sind. Das betriebliche Rechnungswesen und darin insbesondere die Kosten- und Leistungsrechnung ist die wichtigste Informationsbasis zur Bildung von Kennzahlen (Reichmann 1985: 17).

Werden Kennzahlen in Form von Sollgrößen erstellt, so dienen sie der zukunftsorientierten Planung und Steuerung, während Istgrößen zu Kontrolle vergangener Aktivitäten dienen (Horváth 1994: 554f.). Unter methodischen Gesichtspunkten lassen sich Kennzahlen weiterhin nach ihrer inhaltlichen Struktur (= Wert- oder Mengengrößen), zeitlichen Struktur (= Zeitpunkt- oder Zeitraumgrößen), dem Handlungsbezug (= normative oder deskriptive Größen) und der statistischen Form (= absolute Zahlen oder Verhältniszahlen) differenzieren (Reichmann 1985: 17f.; Serfling 1992: 255; Horváth 1994: 554f.). Schwerpunktmäßig werden Kennzahlen in Form von Verhältniszahlen, z.B. Index- oder Beziehungszahlen, gebildet.

Bei komplexeren Beziehungen und Wirkungszusammenhängen ist die Aussagekraft singulärer Kennzahlen sehr begrenzt, so daß üblicherweise Zeitreihen gebildet oder Systeme von Kennzahlen entworfen und eingesetzt werden. In solchen Kennzahlensystemen werden mehrere Einzelkennzahlen bzw. Gruppen von Kennzahlen in einen sachlich sinnvollen Beziehungszusammenhang zueinander gesetzt – sie ermöglichen so genauere und vor allem systematischere Aussagen (Reichmann 1985: 18f.; Weber 1988: 80). In der Unternehmungspraxis existieren in verschiedener Form allgemein verwandte und unternehmungsspezifisch entwickelte Kennzahlensysteme.[128]

Im Rahmen der Steuerung und Kontrolle von Bauprojekten werden sowohl betriebswirtschaftlich-monetäre als auch produktionsorientierte Kennzahlen verwandt. In beiden Gruppen von Kennzahlen können input- und output-orientierte Größen Gegenstand der Betrachtung sein, wobei auch beide Orientierungen gleichzeitig in einem Kennzahlensystem integriert

[128] Vgl. die Darstellungen verschiedener Kennzahlensysteme aus unterschiedlichen Funktionsbereichen bei Welge (1985: 389ff.), Weber (1988: 77-82), Peemöller (1990: 259-261).

werden können. Die betriebswirtschaftlich-monetären Kennzahlen sind zumeist eng an vorausgegangene Kostenplanungen und Kalkulationen angelehnt. Diese Rechnungen bilden die Basis, um einzelne Kennzahlen zu ermitteln bzw. ein Kennzahlensystem aufzustellen. In der Bauwirtschaft kommen Kennzahlensysteme bisher bei der Steuerung und Kontrolle von Bauprojekten und einzelnen Leistungsbeziehungen nicht oder nur in geringem Umfang zum Einsatz. Singuläre Kennzahlen finden dagegen häufig Anwendung. Die einfachsten Kennzahlen werden aus Soll-Ist-Vergleichen gebildet, indem beispielsweise durchschnittliche Arbeits- oder Materialkosten berechnet werden. Weiterhin können Wirtschaftlichkeitskennziffern ermittelt werden, in denen monetär bewertete Leistungen den entsprechenden Kosten oder anderen Erfolgsgrößen gegenübergestellt werden (Schmidt 1980: 57, 60f.; Schmid 1982: 174ff.; Maurer 1994: 126-128; Prange/Leimböck/Klaus 1995: 83).

Auch nicht-monetäre Kennzahlen (mit jedoch stark betriebswirtschaftlichen Bezugspunkten) wie z.B. Prognosewerte oder Termin-Soll-Ist-Vergleiche werden ermittelt (Schub 1984: 204, 209; Lessmann et al. 1990: 273; Brandenberger/Ruosch 1996: 186). Solche Kennzahlen sind aufgrund der zumeist engen zeitlichen Restriktionen von Bauprojekten und den damit verbundenen Risiken in Form von Mehrkosten oder Konventionalstrafen von großer ökonomischer Bedeutung für den positiven Abschluß eines Projektes (Talaj 1993: 185).

Produktionsorientierte Kennzahlen sind wegen der arbeits- und technologieintensiven Produktionsweise in Bauprojekten in vielfältiger Form vorzufinden. Dabei reicht das Spektrum von einfachen Leistungskennzahlen wie bewegte Kubikmeter Erdreich oder Kapazitätskennzahlen zu komplexeren Kennzahlen in Form von Mitarbeiter- oder Maschinenproduktivitäten (Input-Output-Relationen) (Schmidt 1980: 54, 57f., 64f.; Bauer 1995: 602). In Kennzahlensystemen können solche produktionsorientierten Kennziffern auch mit betriebswirtschaftlichen oder nicht-monetären Kennzahlen, z.B. zu Terminen, kombiniert werden (Rösel 1994: 260ff.).

Ein fast klassisch zu nennendes Steuerungs- und Kontrollinstrument stellt das **Berichtswesen** dar. Das Berichtswesen hat die Funktion, die organisatorische Kluft zwischen der Informationsentstehung und der Informationsverwendung zu überbrücken (Welge 1988: 384). Gegenüber einer weiten Definition des Berichtswesens als System der Informationsgewinnung, -verarbeitung, -darstellung und -vermittlung (Peemöller 1990: 267) wird in einer engeren Sichtweise das Berichtswesen auf die Informationsübermittlung beschränkt. Danach ist die Versorgung des Managements mit relevanten Steuerungs- und Kontrollinformationen sicherzustellen (Peemöller 1990: 269; Horváth 1994: 605). Um diesen Berichtszweck zu erfüllen, muß festgelegt werden, welche Informationsinhalte von wem zu welchem Zeitpunkt bzw. in welchem Zeitraum übermittelt werden sollen (Blohm 1974: 13f.). Als besonders relevante Parameter sind in diesem Zusammenhang die zeitliche Orientierung der Berichte (= vergangenheits-, gegenwarts- oder zukunftsorientiert) und der Umfang und Verdichtungsgrad der berichteten Informationen zu beachten (Peemöller 1990: 269).

Die Informationsübermittlung kann durch verschiedene Berichtsarten geschehen: Standardberichte stellen in einem bestimmten Turnus wiederkehrende Berichte dar, deren Inhalte vorstrukturiert sind und im Zeitablauf relativ konstant bleiben. Demgegenüber werden sogenannte Abweichungsberichte dann erstellt, wenn vordefinierte Grenzen über- oder unterschritten werden und Maßnahmen erforderlich sind. Bedarfsberichte sind wenig bis nicht vorstrukturiert und werden nur fallweise erstellt (Welge 1988: 386; Birk 1991: 43ff.). Bei der konkreten Ausgestaltung der Berichte stellt sich die Frage nach der Auswahl der relevanten Informationen, dem Grad der Zusammenführung von Einzelinformationen und der Aufbereitung und Darstellung der Informationen (Birk 1991: 28ff.). Je stärker Informationen verdichtet werden und in Form von quantitativen Daten in die Berichte eingehen, desto stärker werden auch Überlappungen zu den oben bereits angesprochenen Kennzahlensystemen sichtbar. Die Grenzen zwischen diesen Steuerungs- und Kontrollinstrumenten können somit fließend verlaufen. Ein zunehmend ausuferndes und überfrachtetes Berichtswesen hat in der jüngeren Vergangenheit zu Rationalisierungen in diesem Bereich geführt (Horváth 1994: 620) und die Bedeutung von Kennzahlen bzw. gemischten Berichts-/Kennzahlensystemen ansteigen lassen.

In Bauprojekten werden zur Steuerung und Kontrolle der Leistungserstellung vielfältige Berichtsformen zur Informationsübermittlung und Dokumentation von Vorgängen (= input-orientiert) und Ergebnissen (= output-orientiert) verwandt. Als die wichtigsten Differenzierungskriterien können hier angesehen werden:

- Was ist der Anlaß und Zweck für die Übermittlung von Informationen?
  Ein in der Baupraxis fast alltäglicher Anlaß sind die vielfältigen persönlichen Gespräche in Form von Verhandlungen, Generalbesprechungen, Bauleitungs- oder Baustellengesprächen, in denen vor allem Bauausführungs- und Abstimmungsprobleme behandelt und Konflikte beseitigt werden. Hierzu bestehen in der Regel Berichtspflichten oder zumindest Notizpflichten (Rösel 1994: 202). Ein zweite wichtige Gruppe von Berichten und Dokumentationen betrifft die Feststellung der von einem Leistungserbringer eingebrachten Ressourcen und ausgeführten Aktionen sowie die von ihm erzielten Ergebnisse (z.B. Statusberichte, Abnahmeberichte). Zum einen werden dadurch ausgeführte Aktionen und erzielte Ergebnisse bestätigt, zum anderen werden Abweichungen, Störungen oder Änderungen dokumentiert (Brandenberger/Ruosch 1996: 80f.).

- Welche Informationen werden transportiert?
  Mittels Berichte werden überwiegend vergangenheitsorientierte Daten übermittelt, jedoch können auch zukunftsorientierte Daten in die Berichterstattung eingehen, z.B. zur Planung und Anweisung notwendiger Schritte. Neben Informationen zur Koordination der unterschiedlichen Beteiligten enthalten Berichte vor allem quantitative und qualitative Daten zur Dokumentation eingebrachter Ressourcen (= input-orientierte Berichterstattung) und zur Feststellung erstellter Bauleistungen (= output-orientierte Berichterstattung). Analog zu Kennzahlen können zu diesem Zweck produktionsorientierte (z.B. technische Kriterien, Materialeigenschaften oder -mengen) und betriebswirtschaftliche Daten herangezogen

werden (Kühn 1991: 59; Prange/Leimböck/Klaus 1995: 154; Brandenberger/Ruosch 1996: 87).

- In welcher Form werden die Berichte erstellt?
  Bis auf die Berichterstattung von Gesprächen und Sonderberichten besteht im Berichtswesen innerhalb von Bauprojekten ein vergleichsweise hoher Standardisierungsgrad. Die Schriftform und der Verteilerkreis ist zumeist zwingend vorgeschrieben, um die Informationsverteilung an die relevanten Personen und Stellen zu gewährleisten und im Falle späterer Differenzen zwischen den Leistungsparteien über entsprechende Informationen und Beweise zu verfügen (Rösel 1994: 204).

Im Gegensatz zu den bisher ausgeführten Steuerungs- und Kontrollinstrumenten, die ganz oder teilweise betriebswirtschaftliche Charakteristika und Inhalte aufweisen, orientieren sich **Prüfmethoden und -verfahren** an technischen Kriterien und Eigenschaften. Die Funktion solcher Prüfungen ist es, festzustellen, ob eine Leistung den im vorhinein bestimmten Vorgaben entspricht. Der Anlaß und die Inhalte einer Prüfung von Leistungen können sich zunächst aus den Anforderungen der steuernden und kontrollierenden Unternehmung ergeben, z.B. aus fertigungstechnologischen Erwägungen oder Qualitätsüberlegungen. Weiterhin existieren bei Bauleistungen in vergleichsweise großem Umfang eine Reihe gesetzlicher Bestimmungen, deren Einhaltung als zwingend anzusehen ist. Die Nichteinhaltung kann selbst bei untergeordneten Bauleistungen für die projektverantwortliche Unternehmung große Risiken, insbesondere hinsichtlich einer Haftung und Gewährleistung, bedeuten (Rösel 1994: 189f.; Bauer 1995: 599; Brandenberger/Ruosch 1996: 183).

In Abhängigkeit des geprüften Gegenstandes kann eine input- und eine output-orientierte Steuerung und Kontrolle mittels Prüfmethoden und -verfahren differenziert werden. Um eine input-orientierte Prüfung handelt es sich, wenn eingebrachte Ressourcen oder abgearbeitete Produktionsschritte begutachtet und bewertet werden. Solche Prüfungen werden beispielsweise in Form von Materialprüfungen, Prüfungen eingebrachter Mengen oder Ablaufprüfungen von Produktionsschritten und Handlungen durchgeführt (Rösel 1994: 190; Bauer 1995: 179, 653f.; Jungwirth 1995: 54). Output-orientierte Prüfungen konzentrieren sich auf die Eigenschaften fertiger Bauleistungen und die Betriebsbereitschaft von Systemen. Als Beispiele von output-orientierten Prüfungen können Toleranzprüfungen von Verbindungen, das Feststellen quantitativer oder qualitativer Eigenschaften von Bauwerksteilen wie Umfang, Höhe und Festigkeit oder Funktionsprüfungen von Klima-, Elektro- oder Sicherheitsanlagen angeführt werden (Rösel 1994: 191f.; Jungwirth 1995: 54).

Ein für die Bauproduktion sehr spezifisches Steuerungs- und Kontrollinstrument stellen die **persönlichen Beobachtungen und Begutachtungen** durch verantwortliche Mitarbeiter der steuernden Unternehmung dar. Solche Oberbauleiter, Bauleiter oder Bauführer sind ständig auf der Baustelle präsent. Ihre Aufgabe ist die direkte Koordination der Ausführung interdependenter Leistungen sowie die Steuerung, Überwachung und Begutachtung von einzelnen

Leistungen oder bestimmten Leistungsteilen. Darüber hinaus führen diese Personen hinsichtlich der physischen Bauausführung die Gespräche und Verhandlungen mit Konsortialpartnern und Auftragnehmern und dienen als erste Ansprechpartner bei auftretenden Problemen in der Bauausführung bzw. Koordination von Einzelleistungen. Auch für die terminliche und kapazitätsorientierte Bauablaufplanung sowie die situative Anpassung dieser Planungen sind die Oberbauleiter und Bauleiter zuständig (Mantscheff 1981: 77f.; Lessmann et al. 1990: 46ff.; Kühn 1991: 19ff.; Bauer 1995: 28, 36ff.).

Instrumente zur Entlohnung über Inputs und Outputs

Die bisher ausgeführten Steuerungs- und Kontrollinstrumente dienen allein der Bestimmung, Beobachtung und Beurteilung der eingesetzten Ressourcen und der erzielten Ergebnisse. Ein weiterer wesentlicher Bestandteil ökonomischer Austauschbeziehungen ist der Zusammenhang zwischen Leistung und Gegenleistung. Ohne zu erwartende Gegenleistung würde der Leistungsersteller kaum eine Leistungsbereitschaft zeigen[129] bzw. es würde erst gar kein Vertrag und damit eine Austauschbeziehung zustande kommen. Die Gegenleistung für eine erbrachte Leistung ist aber nicht nur die Ausgangsbedingung für das Entstehen einer Leistungsbeziehung, sondern besitzt auch eine Steuerungs- und Kontrollfunktion hinsichtlich der im Sinne des Auftraggebers richtigen Ausführung der Leistung.

Dieser Zusammenhang wird beispielsweise in der verhaltenswissenschaftlichen Entscheidungstheorie zur Erklärung der Existenz von Organisationen diskutiert.[130] Danach stellen Organisationen ein System aus Handlungen verschiedener Akteure (Mitarbeiter, Kapitalgeber, Kunden, Lieferanten etc.) dar, deren Beiträge zum Erhalt der Organisation von den Anreizen abhängen, welche eine Organisation als Gegenleistung für diese Beiträge anbieten kann. Ein Akteur wird so lange einen Beitrag liefern, so lange er mindestens entsprechende Anreize dafür erhält. Solche Anreize können materieller Art (extrinsische Motivation) oder immaterieller Art (intrinsische Motivation) sein (Barnard 1938: 93; March/Simon 1958: 84f.; Simon 1965: 110f.). Bei der Betrachtung von Anreizen stellt die verhaltenswissenschaftliche Entscheidungstheorie sehr stark auf Individuen ab, obwohl dieser Zusammenhang auch für Gruppen von Individuen (Unternehmungen, Institutionen als Akteure etc.) Gültigkeit besitzt (vgl. Simon 1965: 105f.). Generell werden in verhaltenswissenschaftlichen Arbeiten extrinsische und gleichermaßen intrinsische Anreize diskutiert. In ökonomischen Austauschbeziehungen zwischen Unternehmungen stellen jedoch materielle Gegenleistungen (= extrinsische Anreize)

---

129 Diese Argumentation entspricht der Grundannahme klassischer und neo-klassischer Theorien, daß in ökonomischen Austauschbeziehungen die Akteure grundsätzlich ihre, zumindest teilweise divergenten, Eigeninteressen verfolgen. Das Ziel einer Vertragsgestaltung muß folglich sein, die Eigeninteressen zielgerichtet zusammenzuführen, damit die Erfüllung der eigenen Interessen gleichzeitig der Erfüllung der Interessen des Austauschpartners dienen.

130 Die meisten organisationstheoretischen und ökonomischen Ansätze basieren auf der gleichen Sichtweise der Grundannahmen von Austauschbeziehungen – die verhaltenswissenschaftliche Entscheidungstheorie wird hier deshalb angeführt, weil sie sich sehr gut für eine einfache Darstellung dieses Zusammenhangs eignet.

das zentrale Instrument der Motivation zur Erfüllung einer Leistung (= Beiträge) dar. Die materiellen Gegenleistungen können monetärer Natur sein oder nicht-monetärer Natur, z.B. bestimmte Ressourcen oder der Zugang zu Ressourcen. Bei Austauschbeziehungen in Bauprojekten sind jedoch fast ausschließlich monetäre Gegenleistungen in Form von Zahlungsströmen für erbrachte Leistungen vorzufinden – innerbetriebliche Leistungsbeziehungen werden mittels unterschiedlicher interner Verrechnungspreise abgewickelt.

Leistungen in Bauprojekten können in verschiedener Form entlohnt werden. Da diese Entlohnung fast ausschließlich mittels Geldeinheiten erfolgt, wird üblicherweise der Begriff der Preise verwandt (Mantscheff 1986: 84). Die meisten Leistungen in Bauprojekten werden im Rahmen von Werkverträgen erbracht, die im Bürgerlichen Gesetzbuch (BGB) in den §§ 631ff. geregelt sind. In der Bauwirtschaft haben sich auf der Grundlage dieses Werkvertragsrechts[131] unterschiedliche Vertragsformen und daraus abgeleitet verschiedene Preis- und Verrechnungsarten herausgebildet. Analog zu den oben ausgeführten Steuerungs- und Kontrollinstrumenten können auch die unterschiedlichen Preise nach ihrer Ausrichtung in input- oder output-orientierte Preise differenziert werden.

Input-orientierte Preise besitzen das Grundcharakteristikum, daß die Entlohnung auf der Basis ausgeführter Handlungen bzw. Produktionsschritte oder eingebrachter materieller und personeller Ressourcen beruht. Eine wichtige Preisart stellt hier der *Einheitspreis* dar. Grundvoraussetzung für die Entlohnung mittels Einheitspreisen ist, daß vor der Leistungsausführung die zu erbringenden Leistungen in einem Leistungsverzeichnis vorgeplant und beschrieben werden. Inhalte solcher Leistungsverzeichnisse sind Mengenansätze, Stundenvorgaben oder Tätigkeitsbeschreibungen. Dabei werden die Inhalte eines Leistungsverzeichnisses in der Regel bereits im vorhinein monetär bewertet, z.B. in Form von Listenpreisen oder Stundenverrechnungssätzen.[132] Mit diesen Preisen werden nach Leistungsausführung die erbrachten Mengen (Material, Zeit, Tätigkeiten) bewertet und der Leistungserbringer entlohnt (Mantscheff 1986: 86f.; Meissner 1991: 9; Bauer 1995: 570; Drees/Bahner 1996: 242). Da die tägliche Baupraxis durch eine Vielzahl unterschiedlichster Kontingenzen geprägt ist, ergeben sich jedoch vielfältige zu regelnde Einzelaspekte und Problembereiche, beispielsweise bei der Verrechnung von Mehr- bzw. Minderleistungen, Tarifänderungen oder Änderungen in der Leistungsausführung.[133] Daher werden in Einheitspreisverträge neben umfangreichen individuellen Vertragsregelungen auch Regelungen der VOB oder HOAI mit aufgenommen, die

[131] Da das Werkvertragsrecht für verschiedenste Arten von Werken Anwendung finden soll, ist die Ausformulierung im Gesetzbuch sehr allgemein – aus diesem Grund haben sich in der Bauwirtschaft, ebenso wie in vielen anderen Branchen, eine Reihe branchenspezifischer Vertragskonstruktionen und somit auch Preiskonstruktionen entwickelt.

[132] Vgl. zur Preisbildung von Einheitspreisen die ausführlichen Darstellungen und Beispiele der Ermittlung bei Mantscheff (1986: 95ff.) und Prange/Leimböck/Klaus (1995: 11ff.).

[133] Der in den letzten Jahren starke Anstieg der Konkurrenzintensität in der Bauwirtschaft, welcher sich vor allem in heftigen Preiskämpfen niederschlägt, hat auch zu vermehrten Auseinandersetzungen und gerichtlichen Streitigkeiten im Kontext der Entlohnung geführt (Derks 1996b: 254f.).

solche Problembereiche bewältigen helfen (Mantscheff 1986: 88; Sommer 1994: 112; Bauer 1995: 571).

Einheitspreise sind mit der Bedingung verbunden, daß vorab eine Leistungsbeschreibung durchgeführt werden kann. Ist der voraussichtliche Leistungsaufwand nicht bestimmbar, z.B. bei Reparaturarbeiten, bei denen die Schäden erst bei der Leistungsausführung sichtbar werden oder im Zuge besonders schwieriger bzw. neuartiger Leistungen, können *Selbstkostenpreise* bzw. *Selbstkostenerstattungspreise* vereinbart werden (Mantscheff 1986: 88f.; Drees/Bahner 1996: 242). Zu dieser Art von Preisen zählen auch *Stundenlohnerstattungspreise*. Mittels solcher Preise werden nach in der Regel vorab festgelegten Stundenverrechnungssätzen die nachgewiesenen Arbeitsstunden vergütet (Mantscheff 1986: 89f.).[134] Die Preise entlohnen auf der Grundlage von eingebrachten Ressourcen und ausgeführten Arbeitsschritten und weisen damit eine eindeutige Input-Orientierung auf. Die Anwendung dieser Preisart ist durch die vergleichsweise geringe wettbewerbliche Ausrichtung in erster Linie bei internen Leistungsbeziehungen vorzufinden (Drees/Bahner 1996: 247).

Es besteht die Möglichkeit, grundsätzlich input-orientierte Preise durch output-orientierte Elemente wie *Erfolgsprämien oder Gewinnbeteiligungen*[135] zu ergänzen. Erfolgsprämien können beispielsweise für die Unterschreitung vereinbarter Termine, eine kostengünstigere Leistungserstellung bei gleichbleibenden Mengen- und Qualitätsmerkmalen oder eine verbesserte Leistungsausführung bei gleichbleibenden Kosten gezahlt werden (Meissner 1991: 9; Rösel 1992: 53). Eine Gewinnbeteiligung am Projekterfolg zielt in die gleiche Richtung, jedoch wird hier die direkte Beziehung der spezifischen Leistungsausführung zum Erfolg durch die weniger verursachungsgerechte Beziehung der Gesamtheit aller ausgeführten Leistungen zum Erfolg ersetzt.

Das output-orientierte Pendant zu Einheitspreisen sind in der Bauwirtschaft *Pauschalpreise*. Hier erfolgt die Entlohnung nicht nach der Qualität und Quantität der eingesetzten Ressourcen und ausgeführten Arbeitsschritte, sondern die Vergütung wird für ein erzieltes Ergebnis in Form einer fertigen Bauleistung gezahlt. Es erfolgt somit kein Aufmaß und auch keine Abrechnung von Leistungen, nur die vorab vereinbarte Gesamtvergütung wird geschuldet (Mantscheff 1986: 93; Meissner 1991: 9f.; Rösel 1992: 53). Der Vergütungsseite muß jedoch auch die zu erbringende Leistung gegenübergestellt werden. Aus diesem Grund erfolgt auch in Pauschalpreisvereinbarungen zumeist eine Funktions- oder Leistungsbeschreibung in Form eines Leistungsverzeichnisses oder Leistungsprogramms – trotzdem wird die Vergütung bei einem Pauschalpreis an der fertigen Leistung ausgerichtet (Meissner 1991: 10; Thode 1991: 35). Leistungsverzeichnisse oder -programme dienen in diesem Fall dem Leistungserbringer lediglich für die Auftragsabschätzung und Kalkulation und werden daher von ihm

---

[134] Vgl. zur Preisbildung von Selbstkostenpreisen die ausführlichen Darstellungen und Beispiele der Ermittlung bei Drees/Bahner (1996: 247ff.).

[135] Sehr häufig wird auch das negative Pendant hierzu vereinbart, z.B. in Form von Konventionalstrafen oder Verlustbeteiligungen.

oftmals selbst erbracht; im Gegensatz zu anderen Vertragskonstruktionen, bei denen in der Regel der Auftraggeber das Leistungsverzeichnis erstellt (Bauer 1995: 571).[136]

Analog zu Einheitspreisen werden auch bei Pauschalpreisen oftmals weitere Zusatzvereinbarungen und Regelungen getroffen, jedoch generell in wesentlich begrenzterem Umfang als bei Einheitspreisen. Diese zusätzlichen Regelungen betreffen aber nicht den grundsätzlichen Charakter der Vertragskonstruktion von Pauschalpreisen, sondern sollen nur ganz spezifische Problembereiche abdecken, z.B. Mengenrisiken bei Änderungen durch den Auftraggeber während der Leistungserstellung oder Kostensteigerungen im Lohnbereich bei langen Zeiträumen der Leistungserstellung (Thode 1991: 42f.; Rösel 1992: 63; Prange/Leimböck/Klaus 1995: 77).

2.2.3 Erfolgswirksamkeit des Steuerungs- und Kontrollsystems (⑤)

Daß in Abhängigkeit von bestimmten akteur-, aufgaben- oder umweltbezogenen Determinanten eine spezifische Ausgestaltung des Steuerungs- und Kontrollsystems vorzufinden ist, bedeutet eine erste wichtige Erkenntnis. Dadurch werden die in der Problemstellung und Zielsetzung der Arbeit angesprochenen allgemeinen und spezifischen organisationstheoretischen Erkenntnisziele zu erfüllen gesucht. Darüber hinaus besteht jedoch ein weiteres Erkenntnisinteresse, welches mit dem betriebswirtschaftlich-pragmatischen Erkenntnisziel in Verbindung steht: Leistet aus Unternehmungssicht eine organisationstheoretisch konforme Ausgestaltung des Steuerungs- und Kontrollsystems einen positiven, negativen oder keinen Erfolgsbeitrag?

Der Terminus des Erfolges bzw. der Erfolgswirksamkeit ist in der Organisationstheorie eng mit den Begriffen Effizienz (efficiency) und Effektivität (effectiveness) verbunden, in der englischsprachigen Literatur wird darüber hinaus neben success (Erfolg) auch der Begriff performance (Leistungswirksamkeit, Abschneiden) verwandt.[137] Konzentriert man sich auf den Begriff der Effizienz als Maßgröße für die Bewertung der Ausgestaltung und Anwendung eines Steuerungs- und Kontrollsystems als organisatorische Gestaltungshandlung, so kann diese wiederum in zwei Ausprägungen interpretiert werden: 1) als Maßgröße für die Bewertung der Gestaltungshandlung selbst ("Wie wirtschaftlich wurde das Steuerungs- und Kontrollsystem konzipiert und aufgebaut?") oder 2) als Maßgröße für die Bewertung des Ergebnisses der Gestaltungshandlung ("Welche wirtschaftlichen Folgen hatte die Anwendung des Steuerungs- und Kontrollsystems?"). Vor dem Hintergrund der Zielsetzung dieser Arbeit ist der Erfolgsbeitrag des Steuerungs- und Kontrollsystems für die ökonomisch erfolgreiche

---

136 Bei einem Pauschalvertrag nach § 5, Nr. 1b VOB/A ist eine Leistungsbeschreibung explizit vorgesehen und die bei der Leistungsausführung davon abweichenden Vorfälle sind bei der Vergütung zu berücksichtigen. In der Baupraxis wird diese VOB-Regelung jedoch nicht immer beachtet (Prange/Leimböck/Klaus 1995: 74).

137 Unter Effektivität ist die grundsätzliche Wirksamkeit von Aktionen zu verstehen, bestimmte Anforderungen oder Ziele zu erfüllen (Ausmaß der Zielerreichung). Effizienz ist eine Maßgröße für die Wirtschaftlichkeit von Aktionen, z.B. in Form von Input-Output-Relationen (vgl. zur Darstellung und Diskussion der Begrifflichkeiten Hoffmann 1980: 71f.; Cameron 1986a: 87f.; Scholz 1992: 533ff.).

Abwicklung von Leistungsbeziehungen in Bauprojekten und damit die zweite Sichtweise von Bedeutung.

Der oben in Abbildung 2.11 dargestellte Zusammenhang zwischen dem Steuerungs- und Kontrollsystem und den aus den Unternehmungszielen abgeleiteten Teilzielen zeigt, daß die Betrachtung der Erfolgswirksamkeit einer spezifischen Ausgestaltung des Steuerungs- und Kontrollsystems weiter differenziert werden muß: in eine systembezogene und in eine aufgabenbezogene Effizienzbetrachtung (vgl. die von ⑤ abgehenden Beziehungspfeile).

Bei der Betrachtung der **Systemeffizienz** wird der *Erfüllungsgrad des Steuerungs- und Kontrollsystems zur Lenkung* (Information und Entlohnung) der spezifischen Leistungsbeziehung untersucht: "Wie effizient wurde das Ziel der Steuerung und Kontrolle der Leistungsbeziehung erfüllt?" Wird die **Aufgabeneffizienz** als Teilziel der Unternehmung zum Betrachtungsfokus, so muß der *Erfüllungsgrad der Leistungserstellung* untersucht werden: "Wie erfolgreich (effizient) war die Leistungserstellung?"

Die Systemeffizienz der Steuerung und Kontrolle kann unabhängig von der Aufgabeneffizienz betrachtet werden, umgekehrt kann jedoch die Aufgabeneffizienz nicht unabhängig von der Systemeffizienz interpretiert werden. Denn geht man von der Annahme aus, daß das Steuerungs- und Kontrollsystem einen Beitrag zur erfolgreichen Erfüllung der Leistungserstellung leistet, so muß die Systemeffizienz die Aufgabeneffizienz beeinflussen. Darüber hinaus können weitere Faktoren die Aufgabeneffizienz beeinflussen, beispielsweise die Größe der Unternehmung, Technologien, Parameter des bearbeiteten Marktes, Transaktionsspezifika oder rechtliche Bedingungen.[138] Die vorliegende Untersuchung konzentriert sich darauf, den Erfolg der Leistungserstellung in Abhängigkeit von der Steuerung und Kontrolle zu bestimmen.

Die akteur-, aufgaben- und umweltbezogenen Bedingungen und Einflußfaktoren wirken direkt effizienzbestimmend auf das Steuerungs- und Kontrollsystem und auf die Aufgabenerfüllung. Die nachfolgende Abbildung 2.16 verdeutlicht den Zusammenhang zwischen den Zielen, Bedingungen und Einflußfaktoren einerseits und der System- und Aufgabeneffizienz andererseits. In der Abbildung wird zudem deutlich, daß die Systemeffizienz der Steuerung und Kontrolle sowohl als unabhängige als auch abhängige Variable interpretiert werden kann.[139]

Eine besondere Schwierigkeit bei der theoretischen und empirischen Umsetzung dieser Betrachtungskonzeption besteht darin, daß die akteur-, aufgaben- und umweltbezogenen Einflußfaktoren sowohl indirekt über das Steuerungs- und Kontrollsystem als auch direkt über die Aufgabenausführung auf die Aufgabeneffizienz einwirken.

---

[138] Vielfältige empirische Forschungsarbeiten unterschiedlichster organisationstheoretischer Ausrichtung haben die Relevanz solcher Faktoren gezeigt.

[139] Vgl. zu dieser grundlegenden Sichtweise des Zusammenhangs unterschiedlicher organisatorischer Effizienzen auch die Ausführungen von Welge (1988: 451ff.), der eine Differenzierung in eine Controllingeffizienz (= funktionelle Effizienz) und eine unternehmungsbezogene Gesamteffizienz vornimmt.

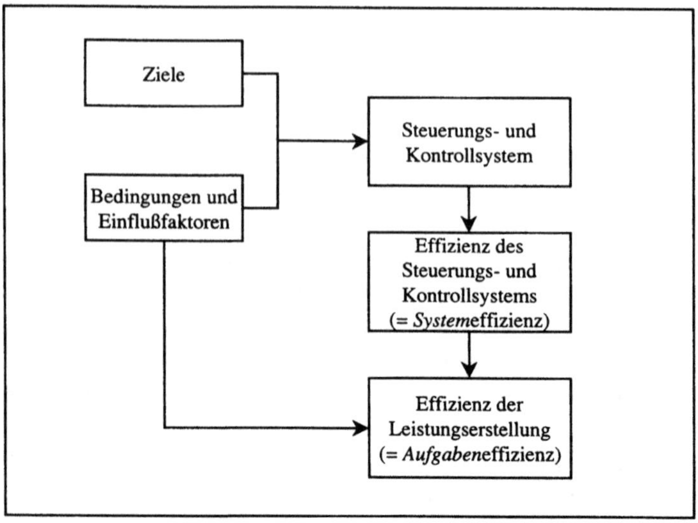

Abbildung 2.16: Einflußfaktoren und Beziehungen zwischen der Systemeffizienz des Steuerungs- und Kontrollsystems und der Aufgabeneffizienz (in Anlehnung an Welge 1988: 454)

Die Zahl der empirischen Arbeiten unterschiedlichster organisationstheoretischer Konzeptionen, die sich in ihren Untersuchungen mit der Effizienz von Organisationsstrukturen, organisatorischen Maßnahmen oder Handlungen auseinandersetzen, ist sehr groß. Ohne vertiefend auf solche Arbeiten einzugehen, kann übergreifend festgestellt werden, daß kein einheitliches Verständnis hinsichtlich der Charakterisierung organisatorischer Effizienz besteht. Entsprechend vielfältige Definitionen und Operationalisierungen sind zu Effizienz vorzufinden, welche zumeist sehr eng an den empirischen Betrachtungsgegenstand angelehnt sind. Die Bandbreite der Operationalisierungen reicht von einfachen ökonomischen Kennzahlen wie Umsatz oder Gewinn über komplexe Effizienzkonstrukte aus quantitativen und qualitativen Daten bis hin zu sehr subjektiven Maßen wie Problembehaftung oder individuelle Zufriedenheit (vgl. z.B. die Maße bei Heide/John 1988: 28f.; Govindarajan/Fisher 1990: 269f.; Gupta/Dirsmith/ Fogarty 1994: 273; Banker et al. 1996: 930f. und die Diskussion und Übersichten bei Cameron 1986a, 1986b und Scholz 1992).

In gleicher Weise werden auch in empirischen Arbeiten zu Fragen der Steuerung von Organisationen oder Organisationseinheiten Effizienzbetrachtungen angestellt. Eine Gruppe von Arbeiten untersucht einzelne oder mehrere Steuerungs- und Kontrollinstrumente (z.B. Planungen, Budgets, Informationssysteme oder Entlohnungsformen) hinsichtlich ihrer Wirksamkeit zur Steuerung von Organisationseinheiten oder einzelnen Mitarbeitern (= Systemeffizienz) (vgl. u.a. Anderson/O'Reilly 1981; Amshoff 1993; Roth/O'Donnell 1996; Abernethy/Brownell 1997; Challagalla/Shervani 1997). Eine andere Gruppe von Arbeiten beschäftigt sich mit dem Einfluß von Steuerungs- und Kontrollinstrumenten auf die Effizienz von Unternehmungen, einzelner Organisationseinheiten oder Aufgabenstellungen (= Aufgabeneffizienz) (vgl. u.a. Otley 1978; Kenis 1979; Merchant 1981; Sathe 1982; Bloom/Milkovich 1998). Trotz der Uneinheitlichkeit in Konzeption und Interpretation konnte durch diese Forschungen gezeigt werden, daß der Einsatz und die Ausgestaltung von Steuerungs- und Kontrollinstrumenten bzw. -systemen grundsätzlich Auswirkungen auf die Effizienz von organisatorischen Teilbereichen bzw. von Organisationen insgesamt hat.

Zwischenfazit

Mittels der bisherigen Ausführungen wurde das relevante Steuerungs- und Kontrollsystem theoretisch hergeleitet und in seiner praxisrelevanten Ausgestaltung für die Steuerung und Kontrolle von Leistungsbeziehungen in Bauprojekten dargestellt. Darüber hinaus wurde aufgezeigt, wie das Steuerungs- und Kontrollsystem in die Unternehmung eingebettet ist und welche übergeordneten Einflußfaktoren auf die Ausgestaltung des Systems einwirken (vgl. die nachfolgende Abbildung 2.17). Somit sind alle notwendigen theoretischen und praxisrelevanten Herleitungen und Überlegungen ausgebreitet, um in Kapitel 3 agenturtheoretisch und institutionalistisch die spezifische Ausgestaltung der Steuerung und Kontrolle von Leistungsbeziehungen in Bauprojekten zu erklären.

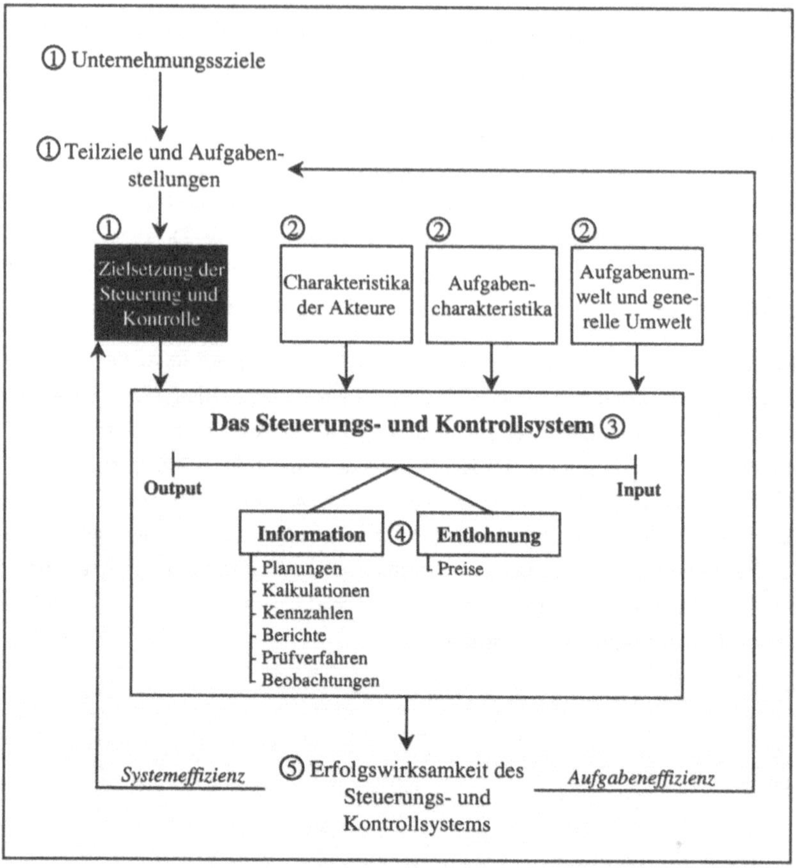

Abbildung 2.17: Determinanten, Orientierungen und Instrumente des Steuerungs- und Kontrollsystems

3 Einflußbedingungen auf die Ausgestaltung der Steuerung und Kontrolle von Leistungsbeziehungen in Bauprojekten

In Kapitel 2 wurde, aufbauend auf einer kritischen Diskussion der Agenturtheorie und des Institutionalismus, ausführlich dargelegt, welche divergenten und konvergenten Merkmale beide Theorien aufweisen und welcher Nutzen aus der gleichzeitigen Anwendung beider Ansätze zur Erklärung der Steuerung und Kontrolle von Leistungsbeziehungen erwachsen kann. Beide Theorien anzuwenden bedeutet jedoch auch deren Gegenüberstellung, die allerdings nicht in eine simple "Besser/schlechter-Diskussion und Bewertung" münden soll. Um die Erörterungen in diesem Kapitel fruchtbar führen zu können, werden *zwei getrennte Modelle* zur Erklärung der Ausgestaltung des Steuerungs- und Kontrollsystems entwickelt: ein agenturtheoretisches und ein institutionalistisches. Darin sollen die Relevanz und Wirkungsweise einzelner Bestimmungsfaktoren in der jeweiligen Theorie aufgezeigt werden (vgl. die nachfolgende Abbildung 3.1). Die Zusammenhänge werden als Hypothesen formuliert – solche Hypothesen sind eine notwendige Ausgangsbedingung für eine empirische Überprüfung. Die eigentliche Gegenüberstellung und Verbindung der Theorien sowie die Überprüfung der Erfolgswirksamkeit einer spezifischen Ausgestaltung des Steuerungs- und Kontrollsystems muß auf der Basis der empirischen Ergebnisse erfolgen, welche im anschließenden Kapitel 4 dargestellt und diskutiert werden.

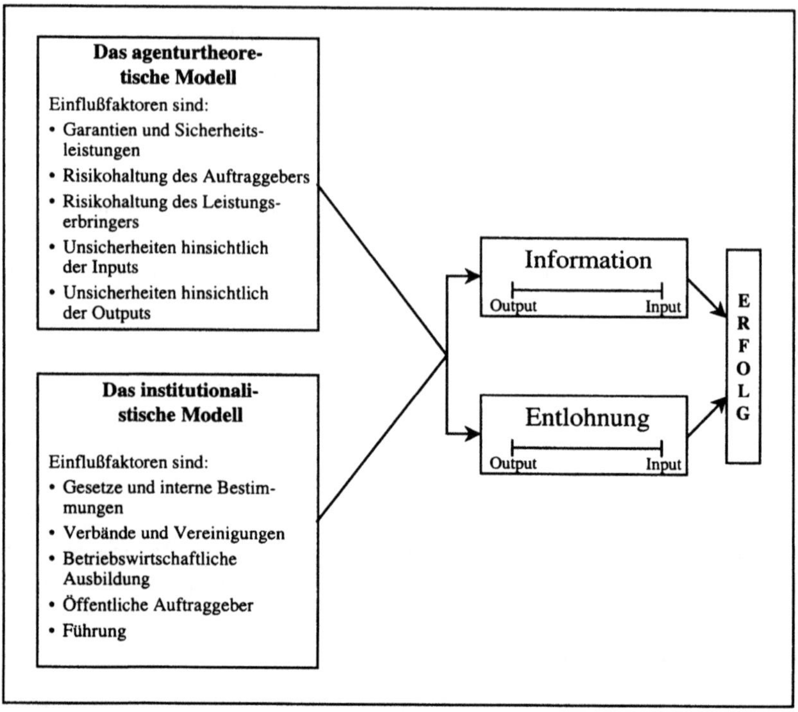

Abbildung 3.1: Übersicht über die theoretische Gesamtkonzeption

3.1 Die Dimensionen des Steuerungs- und Kontrollsystems

Bevor die agenturtheoretischen und institutionalistischen Bestimmungsfaktoren zur Ausgestaltung des Steuerungs- und Kontrollsystems aufgezeigt werden, soll das System als die abhängige Variable in den nachfolgenden theoretischen Modellen selbst untersucht werden.

Wie im vorangegangenen Kapitel 2.2 konzipiert, besteht das Steuerungs- und Kontrollsystem aus der Dimension[140] der **Information** ("direkte", beobachtungs- und bewertungsorientierte Steuerung und Kontrolle) und aus der Dimension der **Entlohnung** ("indirekte", anreizorientierte Steuerung und Kontrolle). Beide Dimensionen wiederum können jeweils eine **input-orientierte** Ausprägung (= verhaltens- und ressourcenorientierte Steuerung und Kontrolle) oder eine **output-orientierte** Ausprägung (= ergebnisorientierte Steuerung und Kontrolle) besitzen. Damit wird die klassische agenturtheoretische Dichotomie einer input-orientierten versus einer output-orientierten Steuerung differenzierter ausgeformt, indem die

[140] In der Literatur werden für den Begriff Dimension auch verschiedene andere Bezeichnungen verwandt, z.B. Funktion, Mechanismus oder Instrument. Letztlich verbergen sich dahinter die gleichen Begriffsinhalte und Bedeutungen.

diesen beiden Steuerungs- und Kontrollorientierungen zugrunde liegenden Dimensionen der Information und Entlohnung als grundsätzlich voneinander getrennt angesehen werden. Durch die separate Betrachtung wird jedoch die Frage aufgeworfen, ob die Dimensionen tatsächlich voneinander unabhängig sind oder nicht (vgl. Abbildung 3.2).

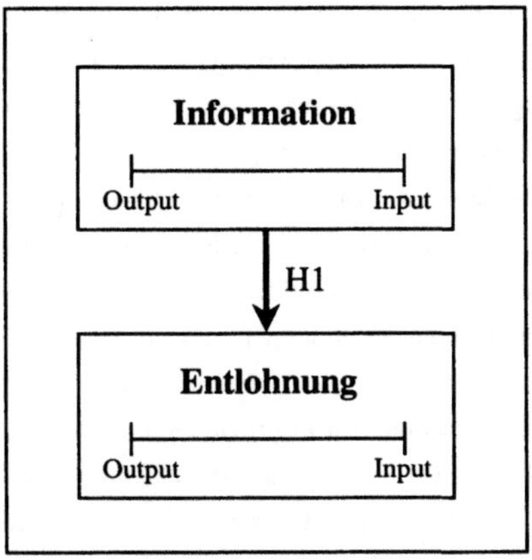

Abbildung 3.2: Zusammenhang zwischen den Steuerungs- und Kontrolldimensionen der Information und der Entlohnung

Agenturtheoretisch ist davon auszugehen, daß idealtypisch entweder das Verhalten und die eingebrachten Ressourcen des Leistungserbringers gesteuert und kontrolliert werden (= Input-Orientierung) oder die von ihm erbrachten Ergebnisse (= Output-Orientierung). Die Wahl einer der Alternativen hängt von den mit dieser Wahl korrespondierenden Agenturkosten ab – die agenturkostenminimale Alternative wird gewählt (Eisenhardt 1989: 62; Bergen/Dutta/ Walker 1992: 4; Lassar/Kerr 1996: 614f.). Eine Differenzierung der Mechanismen in die Informations- und Entlohnungsfunktion wird nicht explizit betont und gezeigt. Es wird in einer Vereinfachung entweder die input-orientierte Steuerung und Kontrolle ausschließlich auf der Grundlage des Mechanismus' der Sammlung und Aufbereitung input-orientierter Informationen bestimmt (= Verhaltenskontrolle). Oder es wird eine output-orientierte Steuerung und Kontrolle auf der Basis einer ergebnisorientierten Entlohnung unterstellt. Diese Dichotomie "Kontrolle des Verhaltens" versus "Entlohnung gemäß erbrachter Ergebnisse" wird in empirischen Untersuchungen sehr häufig verwandt (vgl. z.B. Eisenhardt 1988: 500; Govindarajan/ Fisher 1990: 272; Beatty/Zajac 1994: 321-323; Celly/Frazier 1996: 208). Ausnahmen einer solchen einfachen Sichtweise in Form differenzierterer Konstruktionen lassen sich zwar ebenfalls finden (vgl. z.B. Snell 1992: 306; Oliver/Anderson 1994: 58f.; Challagalla/Shervani 1997: 160), jedoch werden darin die Dimensionen der Information und der Entlohnung nicht getrennt ausgeformt, sondern es werden nur unterschiedliche Indikatoren in dichotome Konstrukte (Input- versus Output-Orientierung) aufgenommen. Da nicht zwischen der Informations- und der Entlohnungsdimension unterschieden wird, ist hier die Entlohnung nur eine Folge der Sammlung, Aufbereitung und Bewertung von Informationen über das Verhalten und die eingebrachten Ressourcen oder das erzielte Ergebnis: aus einer Betrachtung input-orientierter Informationen wird implizit eine input-orientierte Entlohnung gefolgert und aus einer Betrachtung output-orientierter Entlohnung wird implizit die Sammlung output-orientierter Informationen geschlossen (Baiman 1990: 366). Die Dimensionen der Information und Entlohnung werden so miteinander vermengt.

Eine solche Annahme steht nicht zwingend in Widerspruch zu dem Konzept der Agenturkosten, denn bei einer Verknüpfung von Information und Entlohnung können die Agenturkosten durch das Ausnutzen von Synergieeffekten gesenkt werden. Denn je höher das Ausmaß ist, in dem bereits bestimmte input-orientierte [output-orientierte] Informationen vorliegen, desto kostengünstiger ist ceteris paribus auch eine input-orientierte [output-orientierte] Entlohnung auf der Basis dieser gewonnenen Informationen. So wird ein monokausaler Zusammenhang zwischen den Steuerungs- und Kontrolldimensionen der Information und der Entlohnung unterstellt, der darauf beruht, daß Informationen hinsichtlich der eingebrachten Ressourcen und/oder des erbrachten Ergebnisses durch den Leistungserbringer in der Regel zeitlich vor der Entlohnung gesammelt, aufbereitet und bewertet werden. Auch bei der Steuerung und Kontrolle von Leistungsbeziehungen in Bauprojekten sind Begründungen für diesen Zusammenhang ersichtlich. Beispielsweise erfolgt die Planung von zu erbringenden Inputs in Form anzuwendender Techniken oder einzusetzender Materialien überwiegend durch die Erstellung von Leistungsverzeichnissen bzw. -programmen. Leistungsverzeichnisse wiederum bilden nach der Leistungsausführung häufig auch die Grundlage zur Entlohnung des Leistungserbringers mittels Einheitspreise oder Verrechnungssätze (Mantscheff 1986: 86f.; Rösel 1992: 123; Drees/Bahner 1996: 26). Werden Funktionsbeschreibungen zugrunde gelegt, so ist eine Entlohnung mittels Pauschalpreise sinnvoll, da nur durch output-orientierte Informationen festgestellt werden kann, ob bestimmte bauliche Funktionen erfüllt sind. Geleistete Inputs sind bei Pauschalpreisen meist ohne Relevanz (Prange/Leimböck 1995: 75).[141] Ein solcher Zusammenhang zwischen den Dimensionen der Information und Entlohnung würde zu folgender Hypothese führen: "Je stärker die Steuerung und Kontrolle einer Leistungsbeziehung auf input-orientierten [output-orientierten] Informationen basiert, desto stärker wird eine input-orientierte [output-orientierte] Entlohnung angewandt."

Für die Betrachtung wenig komplexer Prinzipal-Agenten-Beziehungen, bei denen einfache Kontroll- und Ergebnismaße herangezogen werden können oder zumindest eine simple Operationalisierung solcher Konstrukte akzeptiert werden kann, scheint eine derartige Argumen-

[141] Nur unter ganz bestimmten Bedingungen, zum Beispiel dem nachträglichen Eingriff des Bauherrn in die Ausführungsgrundlagen, können Inputs bei Pauschalpreisen eine Rolle spielen (Meissner 1991: 10ff.; Prange/Leimböck 1995: 75f.).

tation ausreichend.[142] Insbesondere im Rahmen von Bauprojekten, in denen Interdependenzen zwischen verschiedenen Leistungserbringern bestehen, weisen Bauleistungen jedoch sowohl in der Leistungsausführung als auch in der Bewertung der fertigen Leistung eine hohe Komplexität auf und sind dahingehend mit entsprechenden Schwierigkeiten und Unsicherheiten für den Auftraggeber verbunden. Aus diesem Grund besitzt die Steuerung und Kontrolle von Leistungserbringern einen sehr hohen Stellenwert in der Abwicklung von Bauprojekten und es existieren entsprechend vielschichtige Steuerungs- und Kontrollsysteme. Die angesprochenen einfachen theoretischen Konstrukte sind nicht ausreichend, die Steuerung und Kontrolle angemessen abzubilden. In Kapitel 2.2.2 wurde durch die Unterscheidung des Steuerungs- und Kontrollsystems in die Dimensionen der Information und der Entlohnung dieser Problematik Rechnung getragen. Es wurde des weiteren herausgearbeitet, daß jede Dimension sowohl eine Input- als auch eine Output-Orientierung aufweisen kann.

Durch diese differenziertere Konzeption werden die für Bauleistungsbeziehungen vorzufindenden und komplex ausgestalteten Steuerungs- und Kontrollsysteme besser abgebildet. Bei der Steuerung und Kontrolle von Leistungsbeziehungen in Bauprojekten werden beispielsweise Informationsmechanismen wie Kalkulationen, Kennzahlen oder persönliche Beobachtungen eingesetzt, die sich nicht direkt auf die Entlohnung des Leistungserbringers auswirken (Schub 1984: 212; Talaj 1993: 173, 185; Drees/Bahner 1996: 74).[143] Ferner konnte in den Vorgesprächen zu dieser Untersuchung festgestellt werden, daß beispielsweise in Leistungsbeziehungen, in denen ausschließlich output-orientierte Entlohnungsformen zur Anwendung kommen, zusätzlich in hohem Ausmaß input-orientierte Informationsmechanismen eingesetzt werden. Erklärungen dafür können in einem über die Entlohnung hinausgehenden Informationsinteresse des Auftraggebers gesehen werden, z.B. damit er die Qualität der Leistung näher bestimmen kann, um das Know-how und den Einsatzwillen des Leistungserbringers zu bewerten, damit der Auftraggeber den zeitlichen und sachlichen Fortschritt der Leistung in Hinsicht auf die Terminplanung des gesamten Bauprojektes feststellen kann oder aber auch aufgrund eines institutionalistisch zu begründenden Informationsverhaltens zur Erreichung von Legitimität. Unabhängig von der Entlohnung erfüllen Informationsmechanismen damit weitere Steuerungs- und Kontrollfunktionen!

Grundsätzlich kann somit von zwei voneinander unabhängigen Steuerungs- und Kontrolldimensionen ausgegangen werden. Die in dieser Arbeit vorgenommene getrennte Betrachtung der verschiedenen Steuerungs- und Kontrolldimensionen soll dazu beitragen, die Multidimen-

---

[142] Innerhalb der bevorzugten agenturtheoretischen Betrachtungsgegenstände wie z.B. die Entlohnung von Verkaufspersonal und Managern oder die Kontrolle von Tochterunternehmungen sind daher auch vergleichsweise komplexitätsreduzierende Operationalisierungen zu konstatieren.

[143] Auch die rechtliche Charakterisierung von Verträgen für Bauleistungen und die darauf aufbauende Rechtsprechung, welche gerade in der Bauwirtschaft eine besondere Bedeutung besitzt, zeigt, daß insbesondere bei einem Pauschalvertrag die Bauleistung (= als Information zu interpretieren) und die Vergütung (= Entlohnung) eine jeweils eigenständige rechtliche Selbständigkeit besitzen und daher juristisch getrennt zu behandeln sind (vgl. dazu ausführlich Kleine-Möller 1991: 72).

sionalität von Steuerung und Kontrolle zu zeigen und darauf aufbauende, differenziertere organisationstheoretische Betrachtungen zu ermöglichen.

Die Forschungshypothese lautet demgemäß:

Hypothese 1:
Es besteht kein Zusammenhang zwischen der Anwendung einer output-orientierten [input-orientierten] Informationsstrategie und der Anwendung einer output-orientierten [input-orientierten] Entlohnungsstrategie.

3.2 Agenturtheoretische Analyse der Ausgestaltung des Steuerungs- und Kontrollsystems

Das agenturtheoretische Modell soll erklären, wie den Agenturproblemen der hidden information (oder adverse selection) und der hidden action (oder moral hazard) mittels des Einsatzes bestimmter Steuerungs- und Kontrollstrategien effizient begegnet werden kann. Damit wird die Differenzierung von Agenturprobleme in ex ante des Vertragsschlusses und in ex post des Vertragsschlusses aufrechterhalten (vgl. Kapitel 2.1.1.4).

3.2.1 Informationsasymmetrien ex ante des Vertragsschlusses

Die eigentliche Leistungsbeziehung beginnt mit dem Abschluß des expliziten oder impliziten Agenturvertrages. Vor einem solchen Vertragsschluß muß die Beziehung jedoch erst angebahnt werden – der Auftraggeber (= der Prinzipal)[144] wählt aus der Menge potentieller Leistungserbringer einen mehr oder minder geeigneten Leistungserbringer (= der Agent) aus. Zu diesem Zweck muß der Auftraggeber die Aufgabe beschreiben und die entsprechenden Anforderungen an die erforderlichen Eigenschaften und Kenntnisse des Leistungserbringers und/oder an das Ergebnis der Aufgabe formulieren. Im Anschluß daran muß der Auftraggeber die potentiellen Leistungserbringer über seinen Wunsch nach einer Ausführung der Aufgabe informieren, entweder in allgemeiner, anonymer Weise oder mittels einer direkten Ansprache.

Um eine auszuführende Bauleistung zu beschreiben, können Leistungsverzeichnisse bzw. Leistungsprogramme verwandt werden, in denen oftmals sehr detailliert die Bestandteile der zu erbringenden Leistung und die zu verrichtenden Arbeiten beschrieben werden (Rösel 1992: 105f.; Drees/Bahner 1996: 26ff.). Diese Beschreibungen werden überwiegend in fachspezifischen, vergleichsweise exakten Termini ausgeführt, so daß potentielle, fachkundige Lei-

[144] In den nachfolgenden Ausführungen wird mit *Auftraggeber* immer die Planungs- und Bauleistungen vergebende Unternehmung bezeichnet, welche nicht mit der ein gesamtes Bauprojekt in Auftrag gebenden Unternehmung bzw. Einzelperson identisch sein muß. Die Unternehmung/Einzelperson, die ein gesamtes Bauprojekt in Auftrag gibt, wird zur eindeutigen Unterscheidung als *Bauherr* bezeichnet.

stungserbringer eine sehr gute Vorstellung über die zu leistenden Inputs und eventuellen Risiken bei der Leistungsausführung gewinnen können. Ein Teil der Auftraggeber beauftragt zur Erstellung eines Leistungsverzeichnisses auch spezielle Fachingenieure bzw. Planungsbüros (Syben 1996: 17f.).

Eine zweite Möglichkeit zur Beschreibung von Bauleistungen stellen die funktionalen Leistungsbeschreibungen dar, die im Gegensatz zu Leistungsverzeichnissen das zu erzielende Ergebnis oder die Eigenschaften einer Bauleistung ausdrücken (Hirschberger 1994: 28; Bauer 1995: 571). Dadurch entstehen für einen potentiellen Leistungserbringer Unsicherheiten hinsichtlich der von ihm zu leistenden Inputs, jedoch eröffnet sich ihm dadurch auch ein größerer Spielraum bei der Ausführung der Leistung und somit auch hinsichtlich des Ergebnisses (Refisch 1993: 37).

Die Bauleistungen können öffentlich ausgeschrieben werden, so daß allen potentiellen Leistungserbringern die Möglichkeit gegeben wird, ein Angebot zu unterbreiten, oder der Auftraggeber spricht gezielt mehrere vorab ausgewählte Leistungserbringer an (Mantscheff 1981: 132ff.; Rösel 1992: 98ff.; Syben 1996: 8f.).

Nach der Leistungsbeschreibung und der Ansprache potentieller Leistungserbringer verbleibt das Problem der Auswahl des von den Fähigkeiten her am besten geeigneten Leistungserbringers. Zu diesem Zweck kann sich der Auftraggeber der Möglichkeiten des screening, signaling und der self-selection bedienen. Auch eine Zufallsauswahl ist möglich oder, wie in der Bauwirtschaft nicht selten vorzufinden ist, ein Leistungserbringer wird ausschließlich aufgrund des von ihm gebotenen Preises ausgewählt, unabhängig davon, ob seine Fähigkeiten und zu erwartenden Anstrengungen wirklich ausreichend sind (Refisch 1993: 50; Rösel 1994: 103).

Der Auswahlprozeß endet mit dem Vertragsschluß zwischen dem Auftraggeber und einem Leistungserbringer. Durch die Grundannahme, daß eine first-best solution für den Auftraggeber in einer Leistungsbeziehung nicht erreicht werden kann, ist auch nach einem intensiven Auswahlprozeß und der Auswahl des geeignetsten Leistungserbringers von bestehenden ex ante-Informationsasymmetrien zu Ungunsten des Auftraggebers auszugehen. So besteht immer noch die Gefahr, daß der Leistungserbringer nicht oder nicht in vollem Umfang im Sinne des Auftraggebers handeln wird, da ein solches Handeln (zumindest partiell) seinen eigenen Zielen zuwiderlaufen könnte (Baiman 1982: 162f.; Anderson/Oliver 1987: 79; Nilakant/Rao 1994: 652). Aufgrund von ex ante-Informationsasymmetrien ergibt sich für den Auftraggeber von Leistungen in Bauprojekten beispielsweise die Unsicherheit, daß der Leistungserbringer Materialien verminderter Güte oder in geringerer Quantität einsetzt, weniger Sorgfalt bei der Ausführung von Arbeitsschritten an den Tag legt, vereinbarte Funktionen einer fertigen Leistung nicht erfüllt werden oder er schlicht nicht über die notwendigen Fertigkeiten oder Kapazitäten zur Leistungserstellung verfügt (Rösel 1994: 103, 177; Jungwirth 1995: 9; Heine 1996: 301).

Ex ante-Informationsasymmetrien sind eine zu variierende Einflußgröße in einer Leistungsbeziehung. Durch den Auswahlprozeß wird versucht, derartige ex ante-Informationsasymmetrien zu vermindern – die dort gewonnenen *Informationen* und die *Bedingungen* des Auswahlprozesses helfen dem Auftraggeber, die Leistungsfähigkeit und den Leistungswillen des Leistungserbringers besser zu bestimmen. Ein Leistungserbringer sollte maßgeblich auf der Grundlage solcher Informationen ausgewählt werden.[145]

Letztlich wird der Auftraggeber die ex ante bestehenden Informationsasymmetrien niemals vollständig beseitigen können. Beispielsweise sind der tatsächliche Leistungswillen des Leistungserbringers oder bestimmte Interessenkonflikte zwischen den Leistungspartnern von dem Auftraggeber auch durch sehr umfangreiche vorvertragliche Anstrengungen und Maßnahmen nicht endgültig in Erfahrung zu bringen. Dadurch entsteht eine Unsicherheit des Auftraggebers bezüglich der gewünschten Leistungsausführung. Mittels spezifischer vertraglicher Vereinbarungen kann jedoch der Auftraggeber versuchen, den Leistungserbringer (zumindest teilweise) zu einem richtigen Verhalten anzureizen. Solche vertraglichen Vereinbarungen sind, neben dem Steuerungs- und Kontrollsystem, Garantien und Sicherheitsleistungen des Leistungserbringers (Bürgschaften, Gewährleistungszusagen, Selbstverpflichtungen, Nachbesserungsversprechen usw.) (Jensen/Meckling 1976: 308; Levinthal 1988: 178; Spremann 1988: 620; Milgrom/Roberts 1992: 189). Ex ante-Informationsasymmetrien bestimmen *direkt* die vertraglichen Garantien und Sicherheitsleistungen – über diese Vertragsinhalte wiederum wirken ex ante-Informationsasymmetrien dann *indirekt* auf das Steuerungs- und Kontrollsystem als weiterer wesentlicher Teil des agenturtheoretischen Vertragskonzeptes (die governance structure) (vgl. die nachfolgende Abbildung 3.3).

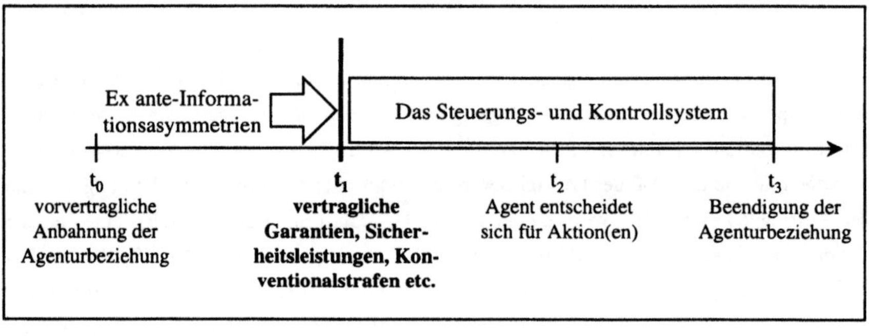

Abbildung 3.3: Ex ante-Informationsasymmetrien und Vertragsinhalte

[145] Wie bereits angesprochen, können darüber hinaus weitere Faktoren wie z.B. der Preis oder die Verfügbarkeit von Ressourcen eine Rolle bei der Auswahl des Leistungserbringers spielen.

In der Bauwirtschaft sind Sicherheitsleistungen, Erfüllungsgarantien, Nachbesserungsversprechungen und Konventionalstrafen sehr wichtige und weit verbreitete Vertragsinhalte. Beispielsweise werden von Leistungserbringern Erfüllungsgarantien verlangt, die sicherstellen sollen, daß auch bei einer unvollständigen Leistungsausführung der Leistungserbringer für die Kosten der endgültigen Erfüllung durch einen anderen Leistungserbringer aufkommt. Eine weitere Möglichkeit der Verhaltensbeeinflussung sind Konventionalstrafen, welche insbesondere in Verbindung mit der rechtzeitigen Fertigstellung von Bauleistungen festgelegt werden (Rösel 1992: 109f., 136f.; Talaj 1993: 185; Bauer 1995: 50; Heine 1996: 305f.). Solche Garantien und Sicherheitsleistungen besitzen hinsichtlich der Erstellung von Bauleistungen einen output-orientierten Charakter, da sie sich nicht auf eingebrachte Ressourcen und ausgeführte Handlungen beziehen, sondern auf Merkmale der fertigen Leistung, z.B. Quantitäten und Qualitäten der Leistung, termingerechte Fertigstellung oder Funktionen der fertigen Leistung.

Die folgenden Faktoren spielen im Auswahlprozeß von Leistungserbringern eine Rolle und determinieren das Vorhandensein und die Stärke der vertraglichen Inhalte hinsichtlich Sicherheitsleistungen, Erfüllungsgarantien und Konventionalstrafen, die den Auftraggeber vor negativen Auswirkungen von Schlechtleistungen bzw. der Nicht-Erfüllung von Leistungen schützen sollen:

a) Im Rahmen eines screening versucht der Auftraggeber, Informationen über die Fähigkeiten und Kenntnisse des Leistungserbringers zu gewinnen und diese zu bewerten. Dafür kann er auf verschiedene Möglichkeiten von Informationsquellen zurückgreifen, z.B. auf Branchenmitteilungen, -verzeichnisse, Fachzeitschriften, Auskunftsagenturen (Knechtel 1992: 117; Seeling 1995: 8f.) oder auf die in der Branche weit verbreiteten unternehmungseigenen Nachunternehmerbewertungen (mittels unternehmungsinterner Datenbanken oder Karteien). Eine weitere Informationsquelle ergibt sich in der Bauwirtschaft durch die vergleichsweise starke Regionalisierung des Wettbewerbs und dem häufigen Informationsaustausch zwischen den Beteiligten unterschiedlicher Unternehmungen, z.B. aufgrund der Zusammenarbeit in Arbeitsgemeinschaften und großen Bauprojekten[146] oder durch die Mitarbeit in Verbänden und Vereinigungen (Knechtel 1992: 62, 115; Maurer 1994: 167f.; Schütt 1996: 23; Syben 1996: 11).[147] Der dadurch geförderte Informationsfluß hinsichtlich der in der Branche tätigen Unternehmungen schafft weitere Transparenz und dient dazu, die Reputation potentieller Leistungserbringer zu erkunden und zu bewerten. Die Reputa-

[146] In kaum einer anderen Branche ist eine so häufige und wechselseitige Zusammenarbeit zwischen den Branchenbeteiligten festzustellen. An der Erstellung größerer Bauprojekte sind fast immer zwei oder mehrere direkte Konkurrenten beteiligt, wobei die Aufgabenverteilung und Führung (z.B. als Generalunternehmer) von Bauprojekt zu Bauprojekt variiert.

[147] Syben (1996: 15f.) bezeichnet aufgrund der engen sozialen Beziehungen zwischen den verschiedenen Akteuren die Zusammenarbeit in der deutschen Bauwirtschaft als soziales Netzwerk, in dem die Unternehmungen gut bekannt sind und die Reputation eine wichtige Rolle für die Zusammenarbeit in Bauprojekten spielt.

tion wiederum kann als Maßstab für die Leistungsfähigkeit und den Leistungswillen eines Leistungserbringers und damit für ein Handeln im Sinne des Auftraggebers angesehen werden (Fama 1980: 297f.; Wolfson 1985: 112; Spremann 1988: 619; Baiman 1990: 355f.).[148]

Eine hohe Reputation ist ein Indikator dafür, daß der Leistungserbringer mit großer Wahrscheinlichkeit im Sinne des Auftraggebers handeln wird, beispielsweise indem er effizient mit den eingesetzten Ressourcen umgeht, ein hohes Anstrengungsniveau zeigt oder vereinbarte Termine und Qualitäten zuverlässig einhält. Denn eine hohe Reputation ist in in einem vergleichsweise transparenten Markt, wie ihn die Baubranche aufgrund wiederholter und wechselnder Zusammenarbeiten zwischen den Branchenbeteiligten darstellt, nur mittels entsprechender Leistungen und Verhaltensweisen über einen längeren Zeitraum hinweg zu erreichen. Das Verhalten des Leistungserbringers in einer spezifischen Leistungsbeziehung bestimmt auch seine zukünftige generelle Reputation: "Sometimes, the need to maintain a good reputation is enough to control this temptation [das Problem des moral hazard, Anmerk. d. Verf.]." (Milgrom/Roberts 1992: 186). Unter diesen Bedingungen wird der Auftraggeber tendenziell auf umfangreiche Garantien und Sicherheitsleistungen zur Beeinflussung der zukünftigen Handlungen des Leistungserbringers verzichten.

Hypothese 2a:[149]

Je höher die Reputation eines Leistungserbringers ist, desto weniger werden vertragliche Garantien und Sicherheitsleistungen vereinbart.

b) Die Leistungsfähigkeit und der Leistungswillen eines Leistungserbringers kann zudem durch eigene Erfahrungen aus einer früheren gemeinsamen Zusammenarbeit des Auftraggebers mit dem Leistungserbringer beurteilt werden (Rast 1991: 107; Syben 1996: 15). Hier wird die Reputation des Leistungserbringers direkt bestimmt und nicht aufgrund von Informationen aus zweiter oder dritter Hand. Diese Art der Reputation kann von der in Punkt a) abweichen, da es durchaus vorstellbar ist, daß ein bestimmter Leistungserbringer innerhalb der Branche zwar keine oder nur eine mäßige Reputation besitzt, mit dem spezifischen Auftraggeber jedoch schon mehrfach erfolgreich zusammengearbeitet hat und somit in dessen Augen eine gute Reputation genießt. Eine wiederholte Zusammenarbeit zeigt die Zufriedenheit des Auftraggebers mit den Leistungen des Leistungserbringers.

148 Fama (1980: 298) führt z.B. für einen funktionierenden "Markt für Manager als Leistungserbringer" aus, daß allein die Auswirkungen einer Schlechtleistung auf die Reputation und damit auf die zukünftigen Erträge eines Leistungserbringers genügen müßten, um ohne zusätzliche Anreize ein Verhalten im Sinne des Auftraggebers zu erreichen.

149 Für alle nachfolgenden Hypothesen der Arbeit gilt die Bedingung ceteris paribus.

Nur unter ganz spezifischen Bedingungen kann aus einer wiederholten Zusammenarbeit nicht auf eine Zufriedenheit des Auftraggebers geschlossen werden, z.B. wenn der Leistungserbringer eine Monopolstellung auf dem relevanten Markt besitzt. Eine solche Marktsituation ist generell sehr selten anzutreffen und konnte für kein Wertschöpfungssegment bzw. für keine spezielle Bauleistung in der Branche festgestellt werden.

Weiterhin kann ein Auftraggeber per Weisung gezwungen werden, einen bestimmten Leistungserbringer zu akzeptieren. Diese Situation kann in großen Baukonzernen gegeben sein, in denen eine Niederlassung konzerneigene Kapazitäten auslasten muß. Infolge der Entwicklungen in den großen deutschen Baukonzernen, die Niederlassungen bzw. Bauprojekte dezentral zu führen, interne Aktivitäten und Baukapazitäten auszulagern und die verbleibenden Leistungsbereiche als Profit Center zu führen (Refisch 1993: 51; Mayer 1996: 41), ist jedoch genau eine gegenläufige Tendenz erkennbar. Zudem wurden in keinem der zahlreichen Gespräche mit Branchenvertretern explizite Zwänge zur Auslastung interner Kapazitäten bestätigt.

Da aus einer wiederholten Zusammenarbeit entsprechende Kenntnisse hinsichtlich des Verhaltens und der Leistungsfähigkeit des Leistungserbringers resultieren, wird der Auftraggeber eher auf umfangreiche Garantien und Sicherheitsleistungen zur Beeinflussung der zukünftigen Handlungen des Leistungserbringers verzichten.

Hypothese 2b:

Je häufiger ein Auftraggeber bereits mit einem Leistungserbringer in der Vergangenheit zusammengearbeitet hat, desto weniger werden vertragliche Garantien und Sicherheitsleistungen vereinbart.

c) Ein weiterer Einflußfaktor darauf, wie genau bzw. umfangreich vertragliche Garantien und Sicherheitsleistungen ausgestaltet werden, ist die relative Bedeutung der Leistung für den Leistungserbringer. Als bedeutend kann eine Leistung dann angesehen werden, wenn die zukünftige ökonomische Situation des Leistungserbringers von einer erfolgreichen bzw. nicht erfolgreichen Leistungserbringung in der Gegenwart berührt wird. Dies ist z.B. dann der Fall, wenn ein Projekt einer starken Aufmerksamkeit in der Branche ausgesetzt ist oder als Referenzprojekt dient. Auch die direkte ökonomische Bedeutung der Leistung kann relevant sein, z.B. durch den Umsatzanteil dieser Leistung am Gesamtumsatz des Leistungserbringers.

Infolge einer großen Bedeutung der Beziehung für den Leistungserbringer wird dieser tendenziell Aktionen und Verhaltensweisen vermeiden, welche die Interessen des Auftraggebers und damit den Erfolg der Leistungsbeziehung negativ beeinflussen könnten. Denn hierdurch würde der Leistungserbringer auch seine eigene Position verschlechtern, z.B. seinen guten Ruf, zukünftige Marktchancen, seinen zukünftigen Umsatz und damit insgesamt auch seinen späteren ökonomischen Erfolg (Spremann 1988: 619; Picot 1991: 152; Howard/Bell/McCormick 1997: 87; Sharma 1997: 778f.).

Die Bedeutung der Leistungsbeziehung für die zukünftigen Marktaktivitäten des Leistungserbringers beeinflußt so die Notwendigkeit, vertragliche Garantien und Sicherheitsleistungen festzulegen.

Hypothese 2c:

Je größer die Bedeutung der Leistungsbeziehung für den Leistungserbringers ist, desto weniger werden vertragliche Garantien und Sicherheitsleistungen vereinbart.

d) Die bisherigen Betrachtungen beziehen sich auf Informationsinhalte, um einen zukünftigen Leistungserbringer besser einschätzen zu können. In diesem Kontext ist jedoch zusätzlich von Belang, in welcher Situation die Informationen gewonnen werden. Finden die vorvertraglichen Aktivitäten des Auftraggebers in einer ökonomisch entspannten Situation statt, z.B. herrscht auf der Marktseite der potentiellen Leistungserbringer kein scharfer oder sogar ruinöser Wettbewerb, so besteht auch für den Auftraggeber eine geringere Gefahr, daß ein Leistungserbringer seine Leistungsfähigkeit und seinen Leistungswillen falsch darstellt, um den Auftrag zu erhalten. Solche Falschdarstellungen und die damit verbundenen *kurzfristigen* ökonomischen Vorteile sind vor allem in stark wettbewerblichen bis ruinösen Marktsituationen vorzufinden, in denen das wirtschaftliche Überleben eines Akteurs vom Zuschlag für das nächste Projekt abhängen kann.

In den meisten Bauleistungssegmenten der deutschen Bauwirtschaft ist in den vergangenen Jahren, vor allem aufgrund der rückläufigen Nachfrage, ein zunehmender Konkurrenzdruck unter den Marktteilnehmern festzustellen. Diese Entwicklungen führten zu hohen Überkapazitäten und sinkenden bis negativen Gewinnmargen. Die Folge davon ist, daß viele Ausschreibungen von Bauleistungen in Situationen erfolgen, die von einem äußerst heftigen Wettbewerb zwischen den potentiellen Leistungserbringern gekennzeichnet sind (Kühn 1991: 12; Bauer 1995: 666). Der Zuschlag für einen Leistungserbringer erfolgt hier oftmals nur noch über den Preis (Refisch 1993: 50; Rösel 1994: 103). Die dann für den Leistungserbringer zu erzielenden geringen Gewinnmargen bzw. entstehenden Verlustgeschäfte erhöhen die Gefahr, daß sich der Leistungserbringer bei der Ausführung der Leistung opportunistisch verhält. Eine weit verbreitete opportunistische Verhaltensweise in der Bauwirtschaft ist zum Beispiel, nach Beendigung der Leistungserstellung die geringe oder oftmals negative Gewinnspanne aus der Beziehung durch eine intensive Mängelsuche oder spitzfindige Vertragsinterpretationen nachträglich aufzubessern (Wingsch 1984: 196; Sommer 1994: 114; Derks 1996b: 254).

Je entspannter daher die Konkurrenzsituation auf der Marktseite des Leistungserbringers ist, desto geringer ist auch die Wahrscheinlichkeit solcher opportunistischer Verhaltensweisen und desto weniger sieht der Auftraggeber eine Notwendigkeit darin, entsprechende vertragliche Garantievereinbarungen und Sicherheitsleistungen festzulegen.

> *Hypothese 2d:*
>
> Je entspannter bei der Auftragsvergabe die Konkurrenzsituation auf der Marktseite des Leistungserbringers ist, desto weniger werden vertragliche Garantien und Sicherheitsleistungen vereinbart.

Neben den ausgeführten Informationsasymmetrien ex ante des Vertragsschlusses wäre es denkbar, daß das Ausmaß vereinbarter Garantien und Sicherheitsleistungen auch durch Faktoren beeinflußt wird, welche primär die Agenturprobleme ex post des Vertragsschlusses bestimmen. Beispielsweise könnten die Risikohaltungen der Akteure oder die Unsicherheiten hinsichtlich zu bewertender Inputs und Outputs eine Relevanz besitzen. Zu solchen Beziehungen werden jedoch keine expliziten Hypothesen formuliert, da nachfolgend diese Einflußfaktoren bereits neben den Garantien und Sicherheitsleistungen explizit zur Erklärung der Steuerung und Kontrolle von Austauschbeziehungen in das agenturtheoretische Modell eingehen. Trotzdem werden in der empirischen Untersuchung derartige mögliche Zusammenhänge überprüft, denn sollten die Risikohaltungen der Akteure bzw. die Input- und Output-Unsicherheiten auf die vereinbarten Garantien und Sicherheitsleistungen einwirken, so hätte dies in Form *indirekter* Effekte auch Auswirkungen auf die Erklärung der Steuerung und Kontrolle.

Darüber hinaus wäre es auch prinzipiell vorstellbar, daß die Informationsasymmetrien ex ante des Vertragsschlusses (Hypothesen 2a bis 2d) einen *direkten* Einfluß auf die Steuerung und Kontrolle ausüben. Solche möglichen Beziehungen werden im Rahmen der empirischen Untersuchung ebenfalls überprüft.

3.2.2 Agenturproblematik ex post des Vertragsschlusses

Vertragliche Garantien und Sicherheitsleistungen

Mit der Auswahl des Leistungserbringers ist die vorvertragliche Anbahnungphase der Leistungsbeziehung beendet: der Vertrag wird geschlossen.[150] Ein Vertrag beinhaltet als wesentlichen Teil die Ausgestaltung des Steuerungs- und Kontrollsystems, welches dazu dient, **nach Vertragsschluß** eine für beide Akteure zufriedenstellende Abwicklung der Leistungsbezie-

[150] An dieser Stelle sei nochmals darauf hingewiesen, daß ein Agenturvertrag alle expliziten und impliziten Vereinbarungen hinsichtlich der Abwicklung der Agenturbeziehung beinhaltet und nicht nur auf schriftliche oder rechtlich abgesicherte Vereinbarungen reduziert werden darf.

hung zu gewährleisten. Wie bereits dargestellt wurde, dient das Steuerungs- und Kontrollsystem dem Auftraggeber zur Erlangung von *Informationen* über die Leistungsausführung in Art und Ergebnis und soll darüber hinaus durch die Form der *Entlohnung* den Leistungserbringer zu einer im Sinne des geschlossenen Vertrages entsprechenden Leistungsausführung anreizen bzw. sanktionieren. Beide Steuerungs- und Kontrolldimensionen können eine Input- oder eine Output-Orientierung aufweisen.

Einen Einfluß auf die Ausrichtung des Steuerungs- und Kontrollsystems üben auch die im Vertrag vereinbarten Garantien und Sicherheitsleistungen (Gewährleistungszusagen, Konventionalstrafen, Bürgschaften, Nachbesserungsversprechen etc.) aus, die das Ergebnis der vorvertraglichen Aktivitäten zwischen dem Auftraggeber und dem Leistungserbringer sind (vgl. oben die Hypothesen 2a bis 2d). Mit zunehmender Anzahl und Genauigkeit von Garantien und Sicherheitsleistungen steigt die Wahrscheinlichkeit, daß sich der Leistungserbringer so verhalten wird, wie es der vertraglichen Zielsetzung und damit den Wünschen des Auftraggebers entspricht. Denn ansonsten entstehen für den Leistungserbringer im Falle einer Schlechtleistung entsprechende Aufwendungen aufgrund der Garantien und Sicherheitsleistungen.[151] Hierbei wird gemäß dem agenturtheoretischen Effizienzkriterium vorausgesetzt, daß für den Leistungserbringer der Nutzen aus einer Schlechtleistung nicht größer ist als seine direkten Aufwendungen durch die dann einzulösenden Garantien und Sicherheitsleistungen bzw. als der indirekte mittel- bis langfristige Schaden, z.B. hinsichtlich zukünftiger Beziehungen.

Die vertraglichen Regelungen aufgrund von ex ante-Informationsasymmetrien dienen ebenso wie das Steuerungs- und Kontrollsystem dem Ziel, die grundsätzlich bestehenden Interessendivergenzen zwischen den Akteuren anzugleichen (Baiman 1982: 162f.; Levinthal 1988: 178). Bei Deckungsgleichheit der Interessen handelt der Leistungserbringer, als sei er selbst der Auftraggeber – dies entspricht der first-best solution (Holmström 1979: 74). Durch die Interessendivergenzen als notwendige Annahme für das Entstehen von Agenturproblemen ist der Auftraggeber jedoch gezwungen, Informationen über das Verhalten und/oder die erzielten Ergebnisse des Leistungserbringers zu sammeln und entsprechende Anreize zu bieten bzw. mit wirksamen Sanktionen zu drohen, damit dieser im Sinne des Auftraggebers handelt (Eisenhardt 1988: 492; Bergen/Dutta/Walker 1992: 5).

Bei der Erstellung von Bauleistungen existieren viele verschiedene Möglichkeiten für Interessendivergenzen zwischen den Akteuren. Die am häufigsten angeführten Divergenzen beziehen sich auf die Qualität der erstellten Leistung, dem Streben nach optimalen Auslastungsgraden, die Bewertung von zusätzlichen oder geänderten Leistungen oder unterschiedliche terminliche Vorstellungen und deren Erfüllung (Lang 1993: 180f.; Heine 1996: 297f.; Howard/Bell/McCormick 1997: 84).

Um Interessendivergenzen zu begegnen, zielen Garantien und Sicherheitsleistungen auf die erzielten Ergebnisse (= den geleisteten Output) des Leistungserbringers ab. So müssen

[151] Solche Aufwendungen können nicht nur pekuniärer Art sein, sondern z.B. auch in Form von Reputationseinbußen des Leistungserbringers auftreten.

schlecht oder falsch ausgeführte Bauleistungen auf Kosten des Leistungserbringers nachgebessert werden, es können Konventionalstrafen bei überschrittenen Fertigstellungsterminen fällig werden oder unzureichend erbrachte Leistungen haben Abzüge an der Entlohnung des Leistungserbringers zur Folge (Rösel 1992: 109f.; Talaj 1993: 185; Bauer 1995: 666). Aus diesem Grund ist es für den Auftraggeber notwendig, Informationen hinsichtlich der fertigen Leistung (= output-orientiert) zu erlangen, denn diese Informationen bilden die Grundlage dafür, Ansprüche aus Garantieversprechungen und Sicherheitsleistungen bestimmen und durchsetzen zu können.

Solche Ansprüche durchzusetzen ist im Rahmen vieler Bauleistungen von sehr hoher Bedeutung, da dies oftmals dafür entscheidend ist, ob ein Akteur noch ein positives ökonomisches Ergebnis aus der Leistungsbeziehung erzielt oder nicht (Sommer 1994: 114; Derks 1996a: 202). Je umfangreicher und detaillierter Garantien und Sicherheitsleistungen vereinbart wurden, um so wichtiger wird auch für den Auftraggeber die Sammlung relevanter ergebnisorientierter Informationen zur Bestimmung und Durchsetzung von aus dem Vertrag resultierenden Ansprüchen. Mittels einer output-orientierten Informationsstrategie können diese Informationen gewonnen werden.

Hypothese 3a:[152]

Je mehr vertragliche Garantien und Sicherheitsleistungen des Leistungserbringers vereinbart wurden, desto stärker wird eine output-orientierte Informationsstrategie angewandt.

Da Garantien und Sicherheitsleistungen bei Bauleistungen auf den vom Leistungserbringer erzielten Output abstellen, wirken sie für den Leistungserbringer in ihren Konsequenzen, z.B. aufgrund von Nacharbeit, Erlösminderungen, Konventionalstrafen etc., wie eine – negative – output-orientierte Entlohnung. Somit stehen vertragliche Garantien und Sicherheitsleistungen in einer engen Verbindung mit der eigentlichen Entlohnung (= der Preis für die erbrachten Leistungen), denn werden Garantieversprechungen u.ä. fällig, muß der Leistungserbringer die daraus entstehenden Kosten bzw. Umsatzeinbußen mit dem für seine Leistungen erhaltenen Entgelt verrechnen. Garantien und Sicherheitsleistungen stellen jedoch keine Entlohnung im engeren Sinne dar, weil solche Verpflichtungen nicht zwangsweise entstehen, sondern nur für bestimmte Situationen der Schlecht- oder Nicht-Leistung relevant werden (Spremann 1988: 620).

Würde bei bestehenden Garantien und Sicherheitsleistungen eine input-orientierte Entlohnung gewählt, welche von den eingesetzten Ressourcen und ausgeführten Handlungen des

[152] In allen nachfolgenden Hypothesen zu den beiden Dimensionen der Steuerungs- und Kontrollstrategie wird für die Dimension der Information der Zusatzbuchstabe **a** und für die Dimension der Entlohnung der Buchstabe **b** verwandt.

Leistungserbringers abhängt (ohne dabei den erreichten Output zu berücksichtigen), würde dies die output-orientierte Sanktionswirkung von Garantien und Sicherheitsleistungen konterkarieren. Dem Leistungserbringer eröffneten sich so Chancen, durch ineffiziente Handlungsweisen oder durch einen unangemessenen Ressourceneinsatz mögliche negative Konsequenzen aus Garantien und Sicherheitsleistungen zu kompensieren. Eine output-orientierte Entlohnungsstrategie basiert hingegen auf der gleichen Art (= Orientierung) von Anreizen wie Garantien und Sicherheitsleistungen – zwischen beiden Strategien zur Reduzierung von Interessendivergenzen besteht kein negativer trade-off in der Anreizwirkung.

Hypothese 3b:

Je mehr vertragliche Garantien und Sicherheitsleistungen des Leistungserbringers vereinbart wurden, desto stärker wird eine output-orientierte Entlohnungsstrategie angewandt.

Risikohaltung des Akteure

Die Unterschiedlichkeit der Präferenzen der Akteure kommt neben den divergierenden Interessen auch in der Risikohaltung der Akteure zum Ausdruck. Sowohl der Auftraggeber als auch der Leistungserbringer besitzen eine individuelle Präferenz, Risiken zu übernehmen (Anderson/Oliver 1987: 79; Baiman 1990: 343). Das agenturtheoretisch relevante Risiko wird durch die Unsicherheit bestimmt, daß ein Ergebnis nicht nur auf die Anstrengungen des Leistungserbringers zurückzuführen ist, sondern auch durch Faktoren bedingt sein kann, die außerhalb des Einflußbereichs des Leistungserbringers liegen. Ein risikoaverser Leistungserbringer möchte solche Risiken nicht übernehmen. Aus diesem Grund bevorzugt er eine input-orientierte Vertragskonstruktion, die ihm die Risiken nicht aufbürdet. Ein risikoneutraler bzw. risikofreudiger Leistungserbringer ist zwar bereit, Risiken zu übernehmen, jedoch verlangt er dafür eine entsprechende risikoadäquate Kompensation (Arrow 1974: 1f.; Bergen/Dutta/Walker 1992: 4; Milgrom/Roberts 1992: 187; Howard/Bell/McCormick 1997: 86).

Agenturtheoretisch geht es um die grundsätzliche Frage der Aufteilung von Risiken. Dabei wird in den meisten Arbeiten unterstellt, daß ein Auftraggeber risikoneutral ist und ein Leistungserbringer risikoavers. Begründet wird diese Annahme aus den spezifischen Untersuchungsobjekten heraus, z.B. Arbeitgeber-Arbeitnehmer-Beziehungen, Beziehungen zwischen Eigentümern und Unternehmungsleitern oder Abnehmer-Zuliefer-Beziehungen. Einem Auftraggeber wird deshalb eine Risikoneutralität unterstellt, weil er seine Risiken besser zu diversifizieren vermag; ein Leistungserbringer wird demgegenüber als risikoavers angesehen, da er über diese Möglichkeiten nicht oder nur in wesentlich geringerem Ausmaß verfügt (Eisenhardt 1989: 62; Baiman 1990: 343; Beatty/Zajac 1994: 315f.). Danach ist die Größe eines Akteurs bzw. die Anzahl seiner Beziehungen und Einkommensquellen die Grundlage für seine Risikopräferenz. Auf dieser Vorabzuweisung der Risikopräferenzen aufbauend, wird in einigen agenturtheoretischen Arbeiten die Unsicherheit der Relation Anstrengung–Ergebnis (= outcome uncertainty) als relevante Einflußvariable für die Ausgestaltung eines Agenturvertrages angesehen (Eisenhardt 1988: 494; Beatty/Zajac 1994: 320f.; Bloom/Milkovich 1998: 285ff.). Die Ergebnisse solcher Arbeiten sind jedoch nur unter der Prämisse von im vorhinein glaubhaft zu unterstellenden Risikopräferenzen gültig und somit sinnvoll zu interpretieren.

Von einer solchen "per se-Festlegung" der Risikopräferenzen kann bei Leistungsbeziehungen in Bauprojekten nicht ausgegangen werden, denn des öfteren ist der Leistungserbringer die größere, in mehreren Bauprojekten gleichzeitig tätige Unternehmung, während der Auftraggeber als die kleinere Unternehmung nur in einem oder wenigen Projekten engagiert ist.[153] Aus diesem Grund ist es notwendig, die individuellen Risikopräferenzen der Akteure zu bestimmen.

Weiterhin ist zu klären, wie eine Risiko<u>präferenz</u> mit der Ergebnisunsicherheit einer bestimmten Leistungsbeziehung in Verbindung gebracht werden kann. Einen solchen Zusammenhang herzuleiten erscheint auf den ersten Blick redundant, denn eine Risikopräferenz gibt gerade die Einstellung des Akteurs zum Umgang mit Unsicherheit wieder – somit beinhalten Risikopräferenzen bereits Unsicherheitsüberlegungen. Daher ist es notwendig, zumindest die *grundsätzliche* Risikopräferenz eines Akteurs von der *spezifischen* Unsicherheitssituation einer Leistungsbeziehung getrennt zu erfassen und erst in einem zweiten Schritt zueinander in Beziehung zu setzen. Damit kann die individuelle Risiko<u>haltung</u> eines Akteurs in einer spezifischen Leistungsbeziehung erfaßt werden (vgl. dazu die Operationalisierung dieser Variable in Kapitel 4.2.2.1).

Die Ausführung von Bauleistungen ist mit der Unsicherheit behaftet, ob die eingesetzten Ressourcen und ausgeführten Handlungen auch zu dem entsprechenden Ergebnis führen. Maßgebliche Einflußfaktoren können zum Beispiel die Qualität notwendiger Vorarbeiten anderer Leistungsersteller, die Quantität und Qualität technischer Planungen und Berechnungen, das Boden- und Wetterrisiko oder schlecht spezifizierte bzw. überhaupt spezifizierbare Vorstellungen des Bauherrn sein (Refisch 1993: 44; Seeling 1995: 129; Heine 1996: 301). Ein Leistungserbringer wird derartige, für seine Leistungserstellung spezifische Unsicherheiten in seine Risikohaltung mit einfließen lassen. Ebenso wird der Auftraggeber Unsicherheiten der Leistungserstellung in seiner Risikohaltung berücksichtigen. In Abhängigkeit von ihrer Risikohaltung werden die Akteure eine bestimmte Orientierung der Steuerung und Kontrolle – sowohl hinsichtlich der Dimension der Information als auch der Entlohnung – präferieren.

[153] Unabhängig von diesem branchenspezifischen Betrachtungsgegenstand betonen auch andere Autoren die individuelle Variabilität von Risikopräferenzen (vgl. z.B. MacCrimmon/Wehrung 1986: 34ff.; Bromiley/Curley 1992: 93; Howard/Bell/McCormick 1997: 86).

Die Orientierung der Steuerung und Kontrolle in Abhängigkeit von der Risikohaltung des Auftraggebers:

Eine output-orientierte Steuerung und Kontrolle verlagert auf den Leistungserbringer das Risiko, daß trotz seiner geleisteten Anstrengungen und eingebrachten Ressourcen kein entsprechendes Ergebnis zustande gekommen ist. Der Auftraggeber informiert sich hier ausschließlich über das erzielte Ergebnis und die Entlohnung erfolgt output-orientiert. Eine solche Steuerungs- und Kontrollstrategie entspricht grundsätzlich den Präferenzen eines risikoaversen Auftraggebers, da er dann nicht, wie im Falle einer input-orientierten Steuerung und Kontrolle, das Erfüllungsrisiko (mit)trägt (Eisenhardt 1989: 62; Bergen/Dutta/Walker 1992: 5; Milgrom/Roberts 1992: 187; Lassar/Kerr 1996: 616). Zusätzlich besteht ein starker Anreiz für den Leistungserbringer, ein im Sinne des Auftraggebers richtiges Leistungsergebnis zu erzielen, da seine eigene Bewertung und Entlohnung von dem Leistungsergebnis abhängt (Fama/Jensen 1983: 304; Beatty/Zajac 1994: 317; Howard/Bell/McCormick 1997: 85).

Hypothese 4a:

Je stärker der Auftraggeber eine risikoaverse Haltung einnimmt, desto stärker wird eine output-orientierte Informationsstrategie angewandt.

Hypothese 4b:

Je stärker der Auftraggeber eine risikoaverse Haltung einnimmt, desto stärker wird eine output-orientierte Entlohnungsstrategie angewandt.

Die Orientierung der Steuerung und Kontrolle in Abhängigkeit von der Risikohaltung des Leistungserbringers:

Im Gegensatz zu einem risikoaversen Auftraggeber wird ein risikoaverser Leistungserbringer eine input-orientierte Steuerungs- und Kontrollstrategie vorziehen, da so das Ergebnisrisiko (aufgrund der Unsicherheit der Relation Anstrengung–Ergebnis) auf den Auftraggeber übertragen wird. Die Bewertung und Entlohnung des Leistungserbringers erfolgt hier auf der Basis der von ihm ausgeführten Handlungen und eingebrachten Ressourcen, er trägt somit kein Erfüllungsrisiko. Aber selbst wenn der Leistungserbringer bereit wäre, diese Risiken zu tragen, würde er dafür eine entsprechend hohe Risikoprämie verlangen (Eisenhardt 1989: 61; Milgrom/Roberts 1992: 187f.; Beatty/Zajac 1994: 316; Zajac/Westphal 1994: 123; Lassar/Kerr 1996: 616). Mit steigendem Risiko verteuert sich auch die Prämienzahlung als Risikoausgleich an den Leistungserbringer, so daß es für den Auftraggeber ceteris paribus immer günstiger würde, das Risiko in Form einer input-orientierten Steuerung und Kontrolle selbst zu tragen (Bergen/Dutta/Walker 1992: 5).

Hypothese 5a:

Je stärker der Leistungserbringer eine risikoaverse Haltung einnimmt, desto stärker wird eine input-orientierte Informationsstrategie angewandt.

Hypothese 5b:

Je stärker der Leistungserbringer eine risikoaverse Haltung einnimmt, desto stärker wird eine input-orientierte Entlohnungsstrategie angewandt.

Wie aus einer Gegenüberstellung der Hypothesen 4a, 4b und 5a, 5b ersichtlich wird, kann es bei gleichen Risikohaltungen der Akteure zu Konflikten kommen. In solchen Fällen werden entweder Kompromißlösungen vereinbart, z.B. indem an den Leistungserbringer für einen Teil des Risikos eine Risikoausgleichsprämie gezahlt wird und der Auftraggeber den anderen Teil des Risikos selbst übernimmt (Spremann 1988: 617), oder andere Einflußfaktoren determinieren die Risikoverteilung zu Ungunsten eines der Akteure, z.B. aufgrund von Informationsvorsprüngen oder Macht: "...that they [die Leistungserbringer, Anmerk. d. Verf.] are powerless to resist the imposition of a risk greater than they would like to bear." (Sharma 1997: 762; vgl. auch Perrow 1986a: 227).

Informationsasymmetrien der Leistungserstellung

Das grundsätzliche Problem der hidden action bedeutet, daß die eingebrachten Ressourcen und ausgeführten Handlungen des Leistungserbringers durch den Auftraggeber nicht bzw. nur unzureichend beobachtet und bewertet werden können (Arrow 1985: 38f.). Gründe dafür können in fehlenden aufgabenspezifischen Kenntnissen des Auftraggebers, zu geringen zeitlichen Ressourcen oder nicht beobachtbaren Verhaltensspielräumen des Leistungserbringers liegen (Baiman 1982: 163; Eisenhardt 1989: 61; Roth/O'Donnell 1996: 679f.). Diese Informationsasymmetrie kann der Leistungserbringer zu opportunistischem Verhalten ausnutzen. Die Folge für den Auftraggeber ist ein ceteris paribus schlechteres Leistungsergebnis. Aufgrund dessen sieht sich der Auftraggeber genötigt, Informationen über den Ressourceneinsatz (= Input) und/oder das erzielte Ergebnis (= Output) der Leistungserbringung gewinnen zu müssen (Eisenhardt 1985: 136; Bergen/Dutta/Walker 1992: 4; Kerr/Kren 1992: 372f.; Lassar/ Kerr 1996: 616).

Im Rahmen der verschiedenen Leistungsbeziehungen in Bauprojekten gibt es unterschiedliche Quellen für Informationsasymmetrien zwischen den Akteuren. So ist ein Teil der Bauleistungen aufgrund des geringen Komplexitätsgrades der Erstellung vergleichsweise einfach durch den Auftraggeber beobachtbar, z.B. der einfache Erdaushub oder das Pflastern von Wegen. Andere Bauleistungen hingegen sind in ihrer Erstellung nicht oder nur unter sehr hohem Aufwand durch den Auftraggeber zu beobachten, beispielsweise Anlagen der Haustechnik, spezielle Hochbauverfahren, Planungsleistungen oder Statikberechnungen (Rösel 1994: 254; Bauer 1995: 61ff.; Syben 1996: 13). Eine weitere Quelle für Informationsasymmetrien ist, inwieweit der Auftraggeber Informationen überhaupt richtig verarbeiten und nutzen kann.[154] Dies ist dann gut möglich, wenn er über entsprechendes Know-how bezüglich der Leistungsausführung verfügt, sei es z.B., weil er solche Leistungen in der Vergangenheit selbst ausgeführt hat oder sei es, weil sich das Know-how einfach und schnell aneignen läßt. Informationsasymmetrien können zudem dadurch entstehen, daß der Auftraggeber zwar über das notwendige Know-how zur Beurteilung der Leistungsausführung bzw. des -ergebnisses verfügen würde, aber Kapazitätsengpässe, insbesondere im personellen Bereich, eine Verwertung dieses Know-hows verhindern oder einschränken.

Zur Überwindung von solchen Informationsasymmetrien kann der Auftraggeber versuchen, Informationen über das Verhalten und den Ressourceneinsatz des Leistungserbringers zu gewinnen. Der Auftraggeber reduziert damit seine Unsicherheit bezüglich der geleisteten Inputs (= Input-Unsicherheit). Die Anwendung dieser input-orientierten Informationsstrategie ist um so effizienter, je einfacher (= kostengünstig) der Auftraggeber solche Informationen erlangen, verarbeiten und interpretieren kann (Harris/Raviv 1979: 232; Anderson/Oliver 1987: 80; Bergen/Dutta/Walker 1992: 4; Howard/Bell/McCormick 1997: 85). Das ist beispielsweise dann der Fall, wenn Informationen sehr leicht zugänglich sind, der Auftraggeber über ein gutes Know-how zur Bestimmung des Ausführungsablaufes oder der einzubringenden Ressourcen verfügt, die Aufgabe eine geringe Komplexität aufweist oder der Auftraggeber sich ständig am Ort der Leistungserstellung aufhält. Agenturtheoretisch sind Informationen ein frei handelbares Gut (Eisenhardt 1989: 491; Govindarajan/Fisher 1990: 262), allerdings kann der Preis von Informationen auch deren Nutzen übersteigen. In diesem Fall wird eine input-orientierte Informationsstrategie gegenüber der zweiten Alternative zur Verringerung von Informationsasymmetrien, der output-orientierten Informationsstrategie, weniger vorteilhaft (Eisenhardt 1985: 137; Brickley/Dark 1987: 415f.; Beatty/Zajac 1994: 317f.).

Hypothese 6a:

Je effizienter der Auftraggeber Informationen hinsichtlich des Inputs des Leistungserbringers erlangen, verarbeiten und interpretieren kann (= geringe Input-Unsicherheit), desto stärker wird eine input-orientierte Informationsstrategie angewandt.

Bei einer output-orientierten Informationsstrategie beschränkt sich der Auftraggeber auf die Messung und Beurteilung des fertigen Ergebnisses der Leistungsausführung. Der Auftraggeber reduziert damit seine Unsicherheit bezüglich des erzielten Outputs (= Output-Unsicher-

[154] Grundsätzlich können Bauleistungen innerhalb von Bauprojekten aufgrund der vielfältigen Interdependenzen und Unsicherheiten bei der Leistungsausführung als informationsintensive Produktionsart eingestuft werden.

heit). Analog zu den oben ausgeführten Voraussetzungen für die Anwendung einer input-orientierten Informationsstrategie muß der Auftraggeber bei einer output-orientierten Informationsstrategie die fertige Leistung bestimmen und messen können und über ein entsprechendes Know-how und die Kapazität zur Verarbeitung der erlangten Informationen verfügen. Die Kosten der Gewinnung von Informationen über das Leistungsergebnis dürfen jedoch deren Nutzen nicht übersteigen. Grundsätzlich ist daher die Anwendung einer output-orientierten Informationsstrategie um so effizienter, je einfacher (= kostengünstig) der Auftraggeber Informationen hinsichtlich des Ergebnisses erlangen, verarbeiten und interpretieren kann (Holmström 1979: 89; Anderson/Oliver 1987: 80; Eisenhardt 1989: 61f.; Bergen/Dutta/Walker 1992: 4f.; Howard/Bell/McCormick 1997: 86; Tosi/Katz/Gomez-Mejia 1997: 588).

Hypothese 7a:

Je effizienter der Auftraggeber Informationen hinsichtlich des Outputs des Leistungserbringers erlangen, verarbeiten und interpretieren kann (= geringe Output-Unsicherheit), desto stärker wird eine output-orientierte Informationsstrategie angewandt.

Für die Steuerung und Kontrolle des Leistungserbringers mittels der Dimension der Entlohnung werden agenturtheoretisch die gleichen Anwendungsbedingungen wie bei der Informationsstrategie unterstellt. Die Anwendung einer input-orientierten [output-orientierten] Entlohnungsstrategie ist um so effizienter, je einfacher (= kostengünstig) der Auftraggeber Informationen hinsichtlich der Inputs [Outputs] des Leistungserbringers erlangen, verarbeiten und interpretieren kann (Anderson/Oliver 1987: 80; Eisenhardt 1989: 61f.; Bergen/Dutta/Walker 1992: 4f.; Beatty/Zajac 1994: 314; Howard/Bell/McCormick 1997: 85; Tosi/Katz/Gomez-Mejia 1997: 588).

Hypothese 6b:

Je effizienter der Auftraggeber Informationen hinsichtlich des Inputs des Leistungserbringers erlangen, verarbeiten und interpretieren kann (= geringe Input-Unsicherheit), desto stärker wird eine input-orientierte Entlohnungsstrategie angewandt.

Hypothese 7b:

Je effizienter der Auftraggeber Informationen hinsichtlich des Outputs des Leistungserbringers erlangen, verarbeiten und interpretieren kann (= geringe Output-Unsicherheit), desto stärker wird eine output-orientierte Entlohnungsstrategie angewandt.

In der nachfolgenden Abbildung 3.4 sind die einzelnen Hypothesen zu dem agenturtheoretischen Gesamtmodell zusammengefaßt:[155]

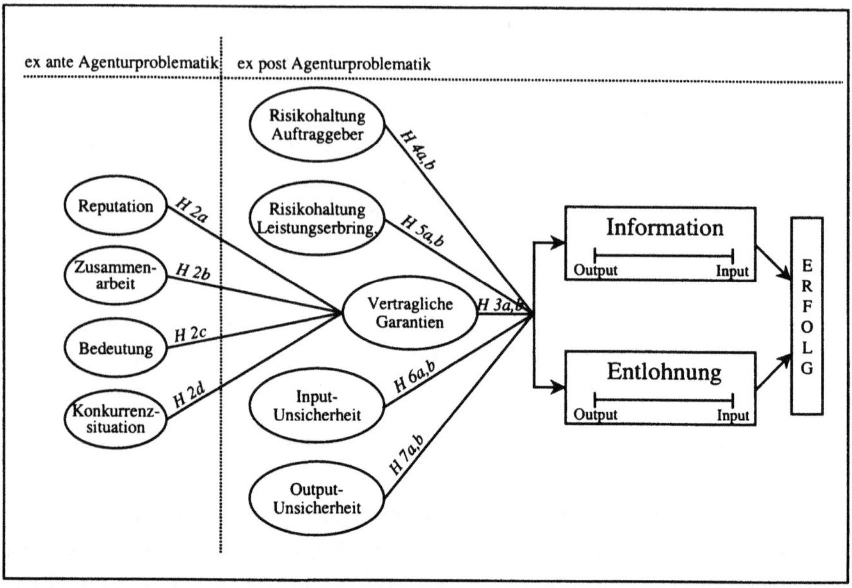

Abbildung 3.4: Das agenturtheoretische Modell

[155] Bei der Überprüfung des Modells soll zudem berücksichtigt werden, daß die vertragliche Gestaltung von Garantien und Sicherheitsleistungen auch durch die Risikohaltungen der Akteure und die bestehenden Informationsasymmetrien beeinflußt werden könnte (= *indirekte* Effekte) oder die Einflußfaktoren ex ante des Vertragsschlusses (H 2a bis H 2b) *direkt* auf die Steuerung und Kontrolle einwirken. Solche möglichen Beziehungen werden in der empirischen Überprüfung der Hypothesen in Kapitel 4.3.2 diskutiert und getestet.

3.3 Institutionalistische Analyse der Ausgestaltung des Steuerungs- und Kontrollsystems

In der agenturtheoretischen, rational-ökonomisch orientierten Sichtweise dient das Steuerungs- und Kontrollsystem der effizienten Begegnung vorgegebener Steuerungs- und Kontrollprobleme. Die Charakteristika der spezifischen Aufgabenstellung einer Austauschbeziehung und der Akteure bestimmen die Ausgestaltung des Systems. Nach der institutionalistischen Sichtweise wird das Steuerungs- und Kontrollsystem jenseits von rational, effizienzorientierten Gesichtspunkten durch Zwänge, normative Vorgaben oder dem Reproduzieren von Verhaltensweisen und Strukturen determiniert. Das interne und externe Umfeld einer Austauschbeziehung ist dafür maßgeblich, nicht die spezifischen Charakteristika der Aufgabe oder der Akteure.

Das institutionalistische Umfeld einer Organisation kann sich als sehr unüberschaubar erweisen, vielfältige institutionalistische Einflußfaktoren können auf eine Organisation einwirken. Im Gegensatz zu einer agenturtheoretischen Argumentationsweise müssen aus diesem Grund die relevanten Determinanten *kontextabhängig* bestimmt werden (DiMaggio/Powell 1991b: 65; Gupta/Dirsmith/Fogarty 1994: 273). Kontextabhängig bedeutet, daß für den spezifischen Untersuchungsgegenstand (= die Steuerung und Kontrolle von Leistungsbeziehungen in Bauprojekten) innerhalb der verschiedenen institutionalistischen Ebenen (Makro-, Meso- und Mikro-Ebene) die relevanten Institutionen mit den daraus wirkenden institutionalistischen Einflußfaktoren (Zwang, Normen und Mimese) identifiziert und in ihren Auswirkungen bewertet werden (vgl. Abbildung 3.5, in der die Bereiche eingeordnet sind, aus denen die nachfolgend diskutierten Hypothesen stammen).

		MECHANISMUS		
		Zwang	*Normativer Druck*	*Mimese*
EBENE	*Makro*	Gesetze	Ausbildung	
	Meso		Verbände	öffentliche Hand
	Mikro	interne Bestimmungen		Führung

Abbildung 3.5: Betrachtete Mechanismen der Institutionalisierung

3.3.1 Institutionalistischer Zwang

Zwang auszuüben setzt voraus, daß neben bestehenden Abhängigkeiten zwischen der betroffenen Organisation und der den Zwang ausübenden Institution auch die Möglichkeit besteht, die zu befolgenden Vorgaben und Regeln kommunizieren und überwachen zu können und darüber hinaus deren Befolgung bzw. Nichtbefolgung entsprechend sanktionieren zu können (DiMaggio/Powell 1991b: 67; Scott 1995: 35). Bezüglich Leistungsbeziehungen in Bauprojekten können von zwei unterschiedlichen Institutionen Zwänge ausgehen, welche die Steuerung und Kontrolle beeinflussen:[156]

1) staatliche Institutionen, die durch Gesetze und Verordnungen Einfluß auf die Leistungserstellung bzw. das Leistungsergebnis nehmen,
2) unternehmungsinterne Institutionen, die zu beachtende Vorschriften und Bestimmungen vorgeben können.

Zu 1) Zwang aufgrund von Gesetzen

Die Erstellung von Bauwerken ist eine der ältesten und herausragendsten Beschäftigungen des Menschen und dient neben religiösen, kulturellen und künstlerischen Motiven vor allem der Befriedigung der menschlichen Grundbedürfnisse des Wohnens und der Sicherung des Lebensunterhaltes durch Arbeit (Gebäude als Produktionsstätte von Gütern und Dienstleistungen). Aufgrund dieser elementaren Bedeutung des Bauens für den Menschen ist es nicht verwunderlich, daß schon frühzeitig Regelungen, Verordnungen und Vorschriften bezüglich der Errichtung von Bauwerken geschaffen wurden. Im Mittelalter erlegten sich beispielsweise die unterschiedlichen Zünfte Regeln der Bauausführung auf, deren Verletzung durch direkte ökonomische Auswirkungen in Form einer geringeren Entlohnung bis hin zur Zahlung von Strafen oder gar dem Ausschluß aus der Zunft geahndet wurde (Binding 1974: 20f.; Conrad 1990: 94). Im 17. Jahrhundert wurden bereits in verschiedenen Herrschaftsgebieten durch die Obrigkeit Vorschriften hinsichtlich der Bauausführung erlassen (Pfarr 1983: 17). Solche, heute staatlichen Regelungen, Vorschriften und Gesetze haben sich bis in die Gegenwart in Deutschland vervielfacht. Die Folge ist eine im internationalen Vergleich sehr hohe Regulierungsdichte in Deutschland (Schäfer 1993: 54; Rußig/Deutsch/Spillner 1996: 16), welche die Erstellung von Bauwerken in nicht unerheblichem Maße beeinflußt. Damit soll in erster Linie die Güte von Bauleistungen festgelegt werden, um die Sicherheit der Menschen und der Umwelt zu gewährleisten.

Gesetzliche Bestimmungen können zum einen auf die einzubringenden Ressourcen und auszuführenden Handlungen des Leistungserbringers abstellen. Derartige *input-orientierte*

[156] In der Sichtweise dieser Arbeit soll vornehmlich von Relevanz sein, daß ein zu befolgender Zwang besteht, da ansonsten entsprechende negative Sanktionen drohen. Aufgrund dieses Befolgenmüssens ist es von sekundärer Bedeutung, von wem der Zwang ausgeht – daher konzentrieren sich die Hypothesen zu institutionalistischen Zwängen (vgl. unten die Hypothesen 8a+b sowie 9a+b) in erster Linie auf das Bestehen eines Zwanges. Die Quellen dieses Zwanges sind von nachgeordneter Bedeutung.

Gesetze regeln beispielsweise die Art und Güte von zu verwendenden Materialien, die Anwendung bestimmter Techniken, den Einsatz von Hilfsmitteln, die Reihenfolge und Quantität auszuführender Arbeitsschritte oder die notwendigen Qualifikationen der ausführenden Personen (vgl. Mantscheff 1981: 59; Rösel 1992: 23; Leimböck/Heinlein 1996: 117). Zum anderen können gesetzliche Bestimmungen auf die Eigenschaften und Funktionen der fertigen Leistung abzielen. In diesen *output-orientierten* Regelungen wird z.B. die Funktionsweise von haustechnischen Anlagen wie Heizung, Klimaanlage oder Elektrik, die Beschaffenheit und Anzahl von Schutzeinrichtungen, die Abmessungen (Höhe, Breite, Tiefe) von Bauwerken oder baulichen Elementen festgelegt (vgl. Mantscheff 1981: 58, 61; Döbereiner/Cuypers 1993: 63f., 68; Rösel 1994: 112; Leimböck/Heinlein 1996: 117).

Gesetzliche Vorschriften und Bestimmungen werden zumeist auf der Grundlage von DIN-Regelungen (Deutsche Industrie-Normen des Deutschen Instituts für Normung e.V.) oder EU-Normen ausformuliert.[157] Die zu regulierenden Inhalte sind darin zum Teil äußerst differenziert und detailliert ausgeführt. Darüber hinaus werden auch Vorschriften ohne DIN-Normen festgelegt, insbesondere bei wenig bis nicht-technischen Regelungen (Rösel 1992: 22ff.; Arlt/Kiehl 1995: 62ff.). Erlassen werden die Gesetze von den Gesetzgebungsorganen in Bund und Ländern. Weiterhin werden Rechts- und Verwaltungsverordnungen von Regierungen, Ministerien und nachgeordneten Behörden getroffen, wodurch die auf der Gesetzgebung aufbauenden näheren Bestimmungen und Durchführungsvorschriften geregelt werden (Döbereiner/Cuypers 1993: 1ff.; Arlt/Kiehl 1995: 38ff.). Die Überwachung, ob gesetzliche Vorschriften eingehalten werden, gewährleisten die verschiedenen Bauaufsichtsbehörden (Oberste, Obere und Untere) oder Gemeindeämter. Es ist auch möglich, solche Aufgaben auf unabhängige Prüfingenieure zu übertragen (Mantscheff 1981: 73f.; Syben 1996: 19).

Der institutionelle Zwang aufgrund von Gesetzen und Vorschriften wirkt auf den Prozeß bzw. das Ergebnis der Leistungsausführung und nicht direkt auf die Steuerung und Kontrolle der Leistungsbeziehung. Denn grundsätzlich ist der Leistungserbringer für die Einhaltung der gesetzlichen Bestimmungen und Vorschriften verantwortlich und haftet gegenüber dem Auftraggeber für deren Einhaltung (Kleine-Möller 1991: 73; Leimböck/Heinlein 1996: 116). Prinzipiell würde sich daher für den Auftraggeber kein nennenswertes Steuerungs- und Kontrollbedürfnis bzw. -zwang ergeben, da die Verantwortung und Haftung bei dem Leistungserbringer liegt. Aus dreierlei Gründen entsteht jedoch für den Auftraggeber ein institutionalistischer Zwang, der auf die Ausgestaltung seines Steuerungs- und Kontrollsystems einwirkt:

Erstens liegt zunächst die übergeordnete Verantwortung, daß die Inputs und Outputs den gesetzlich geforderten Bestimmungen genügen, und die sich daraus ergebenden Gewährleistungs- und Haftungsverpflichtungen bei dem Auftraggeber als Projektverantwortlichen (z.B. als Generalunter- oder Generalübernehmer). Er kann zumeist erst in einem zweiten Schritt den Leistungserbringer für Verstöße gegen gesetzliche Vorschriften in Regreß nehmen,

[157] DIN-Normen und technische Regelungen sind selbst keine Rechtsvorschriften, sondern werden zur Konkretisierung von Gesetzen herangezogen (Arlt/Kiehl 1995: 44).

was für den Auftraggeber einen entsprechenden Aufwand bedeutet und mit der Unsicherheit verbunden ist, Ansprüche auch durchsetzen zu können (Bauer 1995: 599; Derks 1996b: 266; Kehrberg 1996: 399).

Zweitens muß der Auftraggeber als (Teil-)Projektgesamtverantwortlicher für die Erfüllung der gesetzlichen Bestimmungen eintreten, die sich erst aus der Kombination von Leistungen mehrerer verschiedener Leistungserbringer ergeben. Gesetzesverletzungen sind daher keinem bestimmten Leistungserbringer eindeutig zurechenbar und werden dann dem Auftraggeber zugeordnet (Bauer 1995: 593; Leimböck/Heinlein 1996: 117; Derks 1996b: 265 nennt dies auch Koordinationsrisiken).[158]

Drittens schließlich gibt es gesetzliche Regelungen, die explizit auf die Verantwortlichkeit des Auftraggebers als planende und steuernde Instanz abzielen. Dies betrifft insbesondere die gesetzliche Abnahme fertiger Gesamtleistungen, das sogenannte Abnahmewagnis, das z.B. für das komplette Bauwerk oder die gesamte Haustechnik besteht, für die dann der Auftraggeber allein verantwortlich ist (Bauer 1995: 593; Derks 1996b: 266; Kehrberg 1996: 399, 405).

Aus diesen Gründen ergibt sich für den Auftraggeber die Notwendigkeit, die Steuerung und Kontrolle der Leistungserstellung an den gesetzlichen Regelungen zur Ausführung von Bauleistungen auszurichten. Neben direkten ökonomischen Auswirkungen durch Gesetzesverletzungen wird hier ebenso die Reputation und damit die generelle Legitimation des Auftraggebers berührt. Daraus kann geschlossen werden, daß je stärker eine Leistungserstellung in ihren Inputs oder Outputs durch gesetzliche Bestimmungen und Vorschriften determiniert ist, desto stärker wird auch der Auftraggeber darauf zielen, sich mittels einer entsprechenden Ausgestaltung des Steuerungs- und Kontrollsystems über die Einhaltung der Gesetze zu *informieren.*

Neben der Notwendigkeit, entsprechende Informationen zu sammeln, aufzubereiten und auszuwerten, ist es auch wichtig, die *Entlohnung* an der Beachtung und Erfüllung gesetzlicher Regelungen auszurichten. Indem die Art und damit vor allem die Höhe der Entlohnung von der Erfüllung der input- oder output-orientierten gesetzlichen Bestimmungen abhängt, wird der Leistungserbringer zu einem entsprechenden Verhalten bzw. Ergebnis angereizt.

2) Zwang aufgrund unternehmungsinterner Bestimmungen

In gleicher Weise wie gesetzliche Regelungen können auch unternehmungsinterne Bestimmungen und Vorschriften bestehen, welche auf die einzubringenden Ressourcen und auszuführenden Handlungen (Inputs) oder die Ergebnisse (Outputs) der Leistungserstellung abstellen und die für den Leistungserbringer als verbindlich anzusehen sind. Gegenstand solcher internen Regelungen sind ebenfalls z.B. die Art und Güte von zu verwendenden Materialien,

[158] Z.B. besteht die Bauleistung, eine Baugrube auszuheben und zu sichern, aus Einzelleistungen wie der Bodenprobe, dem Ausbaggern, Abstützen, Fundamente setzen, Isolieren etc., welche von unterschiedlichen Leistungserbringern ausgeführt werden können und für die der Auftraggeber dann in ihrer Gesamtheit verantwortlich zeichnet.

die Anwendung bestimmter Techniken, die Reihenfolge auszuführender Arbeitsschritte, die Funktionsweise von Anlagen oder die Abmessungen und das Aussehen von Bauwerken oder baulichen Elementen (Seeling 1995: 128; Derks 1996a: 208; Leimböck/Heinlein 1996: 134; Mayer 1996: 35f.). Die Überwachung der Einhaltung der Vorschriften erfolgt durch unternehmungsinterne Instanzen.

Eine besondere Rolle spielen in diesem Zusammenhang die Bemühungen vieler Bauunternehmungen, ein ganzheitliches Qualitätsmanagement herzustellen. Die in diesem Zuge unter besonderer Berücksichtigung der Zertifizierung nach DIN EN ISO 9000 ff. (vgl. dazu Jungwirth 1995: 21ff.) durchgeführten Maßnahmen des Qualitätsmanagements beinhalten in nicht unerheblichem Ausmaß verbindliche Handlungs-, Verfahrensvorschriften und Prüfanweisungen (Jungwirth 1995: 53-79; Brandenberger/Ruosch 1996: 101ff.; Derks 1996a: 210ff.).

Solche Regelungen üben einen indirekten institutionalistischen Zwang auf die Steuerung und Kontrolle von Leistungsbeziehungen aus, denn grundsätzlich besitzen diese Bestimmungen und Vorschriften unternehmungsintern den gleichen Status wie gesetzliche Regelungen. Die Auswirkungen auf die Orientierung des Steuerungs- und Kontrollsystems sind daher als identisch zu gesetzlichen Bestimmungen und Vorschriften anzusehen.

Hypothese 8a:

Je stärker eine Leistung in ihrem Ergebnis (Output) durch gesetzliche Regelungen und unternehmungsinterne Bestimmungen determiniert wird, desto stärker wird eine output-orientierte <u>Informations</u>strategie angewandt.

Hypothese 9a:

Je stärker eine Leistung in ihrer Erstellung (Inputs) durch gesetzliche Regelungen und unternehmungsinterne Bestimmungen determiniert wird, desto stärker wird eine input-orientierte <u>Informations</u>strategie angewandt.

Hypothese 8b:

Je stärker eine Leistung in ihrem Ergebnis (Output) durch gesetzliche Regelungen und unternehmungsinterne Bestimmungen determiniert wird, desto stärker wird eine output-orientierte <u>Entlohnungs</u>strategie angewandt.

Hypothese 9b:

Je stärker eine Leistung in ihrer Erstellung (Inputs) durch gesetzliche Regelungen und unternehmungsinterne Bestimmungen determiniert wird, desto stärker wird eine input-orientierte <u>Entlohnungs</u>strategie angewandt.

3.3.2 Institutionalistischer normativer Druck

Normen definieren, wie etwas getan werden sollte und welche Mittel und Instrumente als legitim zu betrachten sind, um bestimmte Werte umzusetzen und vorgegebene Ziele zu erreichen. Auch die zu realisierenden Ergebnisse unterliegen normativen Einflüssen – damit können Normen nicht nur die als legitim anzusehenden Mittel und Wege determinieren, sondern gleichzeitig auch das zu erreichende Ziel (DiMaggio/Powell 1991b: 73; Scott 1995: 37f.). Durch normative Einflüsse werden Verhaltensweisen, Strukturen, Techniken, Abläufe etc. als obligatorisch, objektiv und angemessen angesehen (Scott 1995: 38f.).

Normativer Einfluß durch Verbände

Institutionalistisch werden Normen vor allem durch legitimierte professionalisierte Institutionen wie z.B. Interessenverbände oder Bildungsinstitutionen bestimmt und kommuniziert. Solche professionalisierten Institutionen üben Druck auf Organisationen aus, um diese dazu zu veranlassen, die Normen und dahinterliegenden Werte umzusetzen (Meyer/Rowan 1977: 344; DiMaggio/Powell 1991b: 70f.; Palmer/Jennings/Zhou 1993: 107). Normativer Druck bedeutet jedoch nicht, daß Organisationen zur Beachtung und Umsetzung der Normen direkt gezwungen werden können, denn professionalisierte Institutionen verfügen nicht über die dazu notwendigen legalen Sanktionsmöglichkeiten.

Innerhalb der deutschen Bauwirtschaft wirken eine Reihe unterschiedlicher Verbände und Vereinigungen. Die Verbände gliedern sich in zwei bundesweit tätige Verbände, den Hauptverband der Deutschen Bauindustrie e.V. (dem insbesondere große und mittlere Unternehmungen angehören) und den Zentralverband des Deutschen Baugewerbes e.V. (welchem vor allem kleinere Unternehmungen angehören), und in regional wirkende Verbände, z.B. den Verband der bayerischen Bauindustrie e.V. oder der Wirtschaftsvereinigung der Bauindustrie Nordrhein-Westfalen e.V. (Streeck/Hilbert 1991: 245ff.; Knechtel 1992: 114). Vereinigungen existieren beispielsweise in Form von Untergruppen des Vereins Deutscher Ingenieure (VDI-Fachgruppen und -gesellschaften, z.B. zu Bau- oder Haustechnik) und des Deutschen Instituts für Normung e.V. oder als Interessenvereinigungen einzelner Bauleistungserbringer (Architektenvereinigungen, Interessenvereinigungen der Baustoffzulieferindustrie etc.) (vgl. z.B. VDI-Gesellschaft Bautechnik 1984). Die Finanzierung der Verbände wird aus Beiträgen der Mitglieder (= Bauunternehmungen) (Knechtel 1992: 115) und Eigenleistungen in Form von Publikationen, Seminaren u.ä. bestritten.

Die Verbände und Vereinigungen verfolgen zwei Hauptaufgaben. Die Kommunikation mit staatlichen Institutionen, Parteien oder meinungsbildenden Institutionen im Sinne einer klassischen Lobbyarbeit für die den Verbänden angehörenden Mitglieder bzw. für die gesamte Branche ist ein Schwerpunkt. Der andere Schwerpunkt liegt in der Beratung und Information der Mitglieder auf verschiedenen Gebieten, u.a. Rechtsberatung, Wirtschaftsprognosen oder Informationen zu Gesetzen und Verordnungen (Schauer 1990: 46ff.; Knechtel 1992: 113;

Unger/van Waarden 1993: 50; Seeling 1995: 6f.). Innerhalb dieses Aufgabenbereichs nimmt die Beratung und Weiterbildung hinsichtlich technischer Verfahren, neuer Entwicklungen in der Bauwerkserstellung und -veränderung, Materialkunde etc. eine herausragende Stellung ein. Ingenieurtechnische Untersuchungen, Problemlösungen der Bauausführung und der Überwachung des ausführenden Personals bzw. von Nachunternehmern sind weitere zentrale Inhalte der von Verbänden und Vereinigungen gelieferten Informationen.[159]

Insgesamt stellt damit das durch Verbände und Vereinigungen zur Verfügung gestellte Wissen in der Tendenz sehr stark auf *input-orientierte* Informationen ab, da fast ausschließlich Probleme und Lösungsansätze der physischen Bauausführung und des materiellen und personellen Ressourceneinsatzes im Mittelpunkt der Betrachtungen stehen. Im Zuge dieser technikorientierten Ausrichtung der Verbände werden auch die traditionellen input-orientierten Entlohnungsformen wie Einheitspreise, die Abrechnung nach Aufmaß oder Stundenlöhne betont.

Der Fokus auf input-orientierte Informationen und Entlohnungsformen ist maßgeblich darauf zurückzuführen, daß bei dem in den Verbänden federführend wirkenden Personenkreis (Funktionäre, Ausschußmitglieder, hauptamtliche Angestellte usw.) die Profession des Bauingenieurs als beruflicher Hintergrund dominiert. Denn in der Tradition des Berufsbildes und der Profession des Bauingenieurs steht die Bauausführung und verfahrensorientierte Problemlösung (Inputs) im Mittelpunkt der Ausbildung und der späteren beruflichen Betätigung (Schäfer 1993: 60f.; Rösel 1994: 82f.; Möller 1996: 144).[160] Der direkte und indirekte normative Einfluß von Professionen auf Institutionen, insbesondere über gemeinsame Werte und Ziele der Individuen, wurde bereits durch verschiedene Studien bestätigt (vgl. Galaskiewicz 1985; Galaskiewicz/Wasserman 1989; Robson/Wholey/Barefield 1996), auch in der Bauwirtschaft (vgl. Oliver 1997).

Die Betonung input-orientierter Informationen und Vertragskonstruktionen ist weiterhin auf die starke Stellung und den Einfluß von technik- und ausführungsorientierten Vereinigungen wie dem Verein deutscher Ingenieure e.V. (VDI) oder dem Deutschen Institut für

---

159 Hinsichtlich des Aufbaus, der Inhalte, der maßgeblichen Personen, internen Strukturen, Informationsflüsse und -instrumente der Verbände der deutschen Bauwirtschaft liegen kaum (wissenschaftliche) Publikationen vor. Um dennoch einen Überblick über die komplexen Strukturen, Verbindungen und Inhalte des Verbandswesens in der Bauwirtschaft zu erlangen, wurden verschiedene weitere Informationsquellen genutzt. Als Sekundärmaterial wurde herangezogen: die Verbandspublikationen "Die Bauwirtschaft", "Das Baugewerbe", die Berichte der VDI-Gesellschaft Bautechnik, Publikationen des Deutschen Instituts für Normung e.V., Bereich Bauwerkserstellung, Veröffentlichungsverzeichnisse von verbandseigenen Verlagen wie Bauverlag, Baufachverlag und VDI-Verlag, sonstige Publikationen wie Jahrbücher, Fachreihen, Sondermitteilungen und -hefte etc. Eine zweite wichtige Informationsquelle stellten persönliche Gespräche bzw. unstrukturierte Interviews mit dem Leiter des Betriebswirtschaftlichen Instituts der Westdeutschen Bauindustrie, einem Vorstandsmitglied des Verbandes der Bayerischen Bauindustrie e.V. und verschiedenen Führungskräften aus großen Bauunternehmungen, die gleichzeitig Funktionen in unterschiedlichen Verbänden bekleiden, dar.

160 Die traditionell sehr starke Technikorientierung der Bauingenieure ist nach wie vor ungebrochen, wenngleich in den letzten Jahren die betriebswirtschaftliche, personalwirtschaftliche und juristische Aus- und Weiterbildung der Studenten und angehenden Führungskräfte intensiviert wurde (Höllrigl 1995: 35; Diederichs 1996b: 107ff.) – vgl. auch unten die Hypothesen 11a und 11b.

Normung e.V. zurückzuführen (vgl. Unger/van Waarden 1993: 51; Hauptverband der Deutschen Bauindustrie e.V. 1996: 29ff., 49ff.).

Durch ihre Legitimation als Interessenvertreter, Informationsbroker und wichtige Quellen bauspezifischen Wissens können Verbände und Vereinigungen institutionalistische Einflüsse in Form eines normativen Drucks auf die Akteure in der Branche ausüben. Daß Verbände und Vereinigungen ihr Wissen und die von ihnen favorisierten Verhaltensweisen in die Unternehmungen hineinzutragen vermögen, basiert auf folgenden Grundlagen:

- Zwischen den Verbänden und den Unternehmungen der Bauwirtschaft bestehen personelle Verflechtungen in der Form, als daß Führungs- und Fachkräfte aus Bauunternehmungen (Unternehmungseigentümer, angestellte Manager etc.) als Verbandsfunktionäre oder als Leiter von Arbeitskreisen und Informationszirkeln der Verbände wirken. Sie betätigen sich auch vielfach als Mitwirkende an Tagungen und als Autoren in Verbandspublikationen.
- In den Verbänden und Vereinigungen wird durch die Mitarbeit anerkannter Experten (professionals) fachspezifisches Know-how gebündelt. Die Verbände arbeiten zudem mit Experten aus anderen, für die Beratung der Mitglieder relevanten Fachbereichen (z.B. Physiker, Chemiker) zusammen und schließlich bestehen intensive Kooperationen mit Lehrstühlen und Instituten aus technikorientierten Fachbereichen wie Bauingenieurwesen, Bergbau oder Materialkunde.
- Die Bauverbände publizieren in nicht geringem Umfang selbst, z.B. durch Zeitschriften, Journale oder Fachreihen, und verfügen über eigene Verlage, die von praxisorientierten Themen bis zu wissenschaftlichen Lehr- und Forschungsbüchern entsprechende Fachliteratur verlegen. Darüber hinaus veranstalten die Verbände regelmäßig Fachtagungen, Arbeitskreise, Symposien u.ä.
- Die Verbände stehen in teilweise engem Kontakt mit staatlichen und staatlich beeinflußten Institutionen wie z.B. Forschungsgesellschaften oder Industrie- und Handelskammern, deren Legitimität und Ansehen die von Verbänden kommunizierten Inhalte und Informationen ebenfalls unterstützen.

Die Bauverbände und Vereinigungen verfügen aufgrund ihrer zentralen Stellung in der Branche über eine Legitimität, die ihnen vielfältige Möglichkeiten eröffnet, Inhalte zu verbreiten, um so einen normativen Druck auf die Unternehmungen und Individuen und damit auch auf die Steuerung und Kontrolle von Leistungsbeziehungen auszuüben. Durch die Betonung von input-orientierten Informationen und Inhalten werden die Denkhaltungen der Akteure entsprechend institutionalistisch beeinflußt – eine Input-Orientierung der Steuerung und Kontrolle ist die Folge. Dieser Zusammenhang ist jedoch nicht in einer invariablen Art und Weise zu unterstellen, da die Nähe und Verbundenheit zu Verbänden und damit auch die Stärke normativer Einflüsse von Unternehmung zu Unternehmung (bzw. Individuum zu Individuum) verschieden sein kann – denn normative Einflüsse müssen nicht auf alle Institutionen in gleichem

Maße einwirken (Powell 1991: 191). Insofern spielt auch die Intensität der Kontakte und Beziehungen zwischen der Unternehmung bzw. Unternehmungsmitgliedern und den Verbänden eine Rolle und beeinflußt so das Ausmaß, in dem ein derartiger normativer Druck zu wirken vermag (Galaskiewicz 1985: 641). Relevante Faktoren können in diesem Sinne z.B. eine Verbandsmitgliedschaft, das Engagement von Unternehmungsmitgliedern in den Verbänden oder die Zusammenarbeit bei der Aus- und Weiterbildung von Mitarbeitern sein.

Hypothese 10a:

Je stärker eine Unternehmung eine Nähe zu Verbänden und Vereinigungen der Branche aufweist, desto stärker wird eine input-orientierte Informationsstrategie angewandt.

Hypothese 10b:

Je stärker eine Unternehmung eine Nähe zu Verbänden und Vereinigungen der Branche aufweist, desto stärker wird eine input-orientierte Entlohnungsstrategie angewandt.

Normativer Einfluß aufgrund betriebswirtschaftlicher Ausbildung

Eine zweite wichtige Quelle normativer Beeinflussung stellt der Ausbildungshintergrund der Akteure dar. Die Ausbildung ist ein wichtiger Bestandteil der beruflichen Sozialisation des Menschen und beeinflußt die Denkhaltungen und Verhaltensweisen in der späteren Berufsausübung und damit auch in der Interaktion mit Austauschpartnern. Die für die berufliche Ausbildung maßgeblichen Institutionen wie z.B. Fach- und Hochschulen, Akademien und Weiterbildungsinstitute institutionalisieren durch die von ihnen gelehrten Inhalte, Weltanschauungen und Praktiken im Verlauf der zumeist mehrjährigen Ausbildungsphase die Menschen (DiMaggio/Powell 1991b: 71; Palmer/Jennings/Zhou 1993: 107). Dadurch werden die kommunizierten Verhaltensweisen, Strukturen und Techniken als richtig, angemessen und wünschenswert angesehen.

Wie bereits oben ausgeführt, steht in der Tradition der Ausbildung, des Berufsbildes und der Berufsausübung des Bauingenieurs[161] die technische Bauausführung und verfahrensorientierte Problemlösung (Input-Orientierung) im Mittelpunkt. Herausragende Schwerpunkte sind dabei der Bauablauf und die Bauorganisation, die Planungsmethoden, Bauverfahren, Mechanik, Maschinentechnik, Werkstoffkunde etc. (Schäfer 1993: 60f.; Rösel 1994: 82f.; Möller

[161] Dieser Berufsgruppe sind auch die Architekten zuzuordnen, da für beide Studiengänge das Grundstudium an Fach- und Technischen Hochschulen sowie Universitäten identisch ist und die Hauptstudiengänge große Parallelen aufweisen. Die Doppelqualifikation Bauingenieur-Architekt ist daher sehr häufig anzutreffen. Darüber hinaus sind auch Architekten als Baumanager tätig (Höllrigl 1995: 34f.).

1996: 144; vgl. auch Lessmann et al. 1990; Kühn 1991; Arlt/Kiehl 1995; Bauer 1995).[162] Die für die Steuerung und Kontrolle von Leistungsbeziehungen in Bauprojekten verantwortlichen Personen gehören fast ausschließlich dieser Berufsgruppe an und es ist daher zu vermuten, daß sich die Input-Orientierung ihrer Ausbildung auch auf die Art und Weise der von ihnen ausgeübten Steuerung und Kontrolle auswirkt (ergo input-orientiert).

Beginnend in den 80er Jahren ist jedoch ein partieller Wandel in der traditionellen Ausbildung von Bauingenieuren in Deutschland festzustellen, indem betriebswirtschaftliche Elemente und Inhalte zunehmend Raum greifen. Ein Anlaß für diese Entwicklung ist in den wirtschaftlichen Schwierigkeiten der Branche Mitte der 80er Jahre zu sehen, wodurch die bis dahin guten Gewinnmargen der Branche schrumpften. Als Folge davon wurden verstärkt Bauleistungen an Nachunternehmer ausgelagert, um die eigene (Fix-)Kostenstruktur zu verbessern und sich auf Kernaktivitäten zu konzentrieren. Auch beachteten die Unternehmungen generell stärker betriebswirtschaftliche Einflußfaktoren und Beurteilungskriterien, insbesondere in der Organisation und dem Management von Bauprojekten (Unger/van Waarden 1993: 70f.; Droege/Siegmund-Schultze 1994: 32; Diederichs 1996b: 114; Schütt 1996: 15). Darüber hinaus änderte sich die Vergabepraxis der Bauherren, die anstatt der traditionellen Einzelvergabe heute in zunehmendem Ausmaß das gesamte Bauprojekt oder wesentliche Teile in Form der Generalunternehmer- oder Generalübernehmerschaft abwickeln (Heine 1996: 288; Rußig/ Deutsch/Spillner 1996: 413f.) und dabei immer stärker auf funktionale (= output-orientierte) anstatt konstruktive (= input-orientierte) Leistungsbeschreibungen übergehen (Rast 1991: 106f.). Aufgrund dieser Veränderungen wurde ein Wandel vom ausschließlich technisch orientierten und die Bauausführung überwachenden Bauleiter hin zu einem Beziehungs- und Projektmanager in Gang gesetzt (Trapp 1990: 11ff.; BWI-Bau 1991; Höllrigl 1995: 35; Mayer 1996: 30), der zudem stärker mit dem kaufmännischen Personal innerhalb der Unternehmung kooperieren muß (Refisch 1988: 63).

Diesen Entwicklungen folgend wurden in die Ausbildung von Bauingenieuren an den Universitäten und Fachhochschulen verstärkt betriebswirtschaftliche und damit verbundene rechtliche Inhalte aufgenommen. Auch betriebswirtschaftliche Aufbaustudiengänge, Doppelstudien und Zusatzausbildungen von Instituten und Verbänden gewannen zunehmend an Bedeutung (Mayer 1996: 38f.).[163] Folgende Veränderungen sind in den Aus- und Weiterbildungsinhalten von Bauingenieuren festzustellen:

- Das ergebnisorientierte Projekt-, Ablauf- und Beziehungsmanagement wird mehr betont. Damit wird dem Umstand Rechnung getragen, daß immer mehr Generalunter- bzw. Gene-

---

[162] Diese Feststellung wird auch durch die Ergebnisse einer selbst durchgeführten Übersicht der Curricula-Inhalte in der Bauingenieursausbildung an ausgewählten Fachhochschulen, Technischen Hochschulen und Universitäten und dem dort vorhandenen Bestand an Lehrbüchern und Fachliteratur bestätigt.

[163] Im Zuge dieser Entwicklungen ist auch ein Anstieg von Fachbeiträgen und Publikationen zu betriebswirtschaftlichen Fragestellungen des Baumanagements zu beobachten.

ralübernehmerbeziehungen eingegangen werden anstatt Bauleistungen durch die traditionelle Einzelvergabe erstellen zu lassen (Mayer 1996: 34; Möller 1996: 147).

- Ausbildungsinhalte im Vertragsrecht und Vertragsmanagement nehmen zu, da in immer stärkerem Ausmaß output-orientierte Pauschalpreise anstatt input-orientierte Einheitspreise die Grundlage von Bauleistungsverträgen bilden (Heine 1996: 288). Das Vertragsrecht nimmt dadurch allgemein einen höheren Stellenwert ein (Diederichs 1996b: 108f.; Möller 1996: 147).

- Es wird verstärkt eine nach außen gerichtete, kundenorientierte Sichtweise der Bauwerkserstellung eingenommen. Dadurch gewinnen die auf das Ergebnis der Bauleistungserstellung abstellenden Ausbildungsinhalte (= Output-Orientierung) wie Qualitätsmanagement, Marketing oder Vertriebsstrategien an Bedeutung (Derks 1996a: 203; Diederichs 1996b: 96, 1996d: VII).

- Die Ausbildung in der Kosten- und Leistungsrechnung wird intensiviert. Beispielsweise wird die traditionelle Kalkulation nach Aufwand zur Bestimmung von input-orientierten Einheitspreisen immer mehr durch differenziertere, ergebnisorientierte Kosten- und Leistungsbetrachtungen, z.B. retrograde Kalkulationsverfahren oder Deckungsbeitragsrechnungen, abgelöst (Maurer 1994: 74; Bauer 1995: 574ff.; Drees/Bahner 1996 sowie Drees/ Haller/Kochendörfer 1977).

Im Gegensatz zu den ingenieurtechnischen, input-orientierten Ausbildungsinhalten richtet sich dieses betriebswirtschaftliche Denken tendenziell stärker an dem Ergebnis von Handlungen und Produktionsprozessen aus (Output-Orientierung) und weniger an der konkreten Erstellung und Durchführung der Leistung. Auch die betriebswirtschaftliche Betonung von Input-Output-Relationen weist in diese Richtung – weg von reinem Ausführungsdenken, hin zu ökonomisch ausgerichtetem Effektivitäts- und Effizienzdenken.

Da der Ausbildungshintergrund eine wichtige Quelle normativer Einwirkung darstellt, sollte sich dieser Wandel von einer reinen ingenieurtechnischen, input-orientierten Ausbildung zu einer ingenieurtechnisch-betriebswirtschaftlichen, mehr output-orientierten Aus- und Weiterbildung ebenfalls institutionalistisch widerspiegeln und die Orientierung der Steuerung und Kontrolle von Leistungsbeziehungen als eine der wichtigsten Aufgaben im Bauprojektmanagement beeinflussen.

Hypothese 11a:

Je höher der Anteil von Mitarbeitern mit einer betriebswirtschaftlichen (Zusatz-) Ausbildung ist, desto stärker wird eine output-orientierte <u>Informations</u>strategie angewandt.

Hypothese 11b:

Je höher der Anteil von Mitarbeitern mit einer betriebswirtschaftlichen (Zusatz-) Ausbildung ist, desto stärker wird eine output-orientierte Entlohnungsstrategie angewandt.

3.3.3 Institutionalistische Mimese

Um Unsicherheiten zu reduzieren, z.B. aufgrund unklarer Problemstellungen, nicht zu bewertender Alternativen oder Know-how-Mängel, und um sich gleichzeitig gegenüber verschiedenen externen und internen Anspruchsgruppen legitimieren zu können, kopieren Organisationen andere Organisationen (Zucker 1987: 444; DiMaggio/Powell 1991b: 69f.). Solche mimetischen Verhaltensweisen sind hinsichtlich Einstellungen, Strukturen, Regeln oder Handlungsweisen festzustellen (Scott 1987: 504f.; Powell 1991: 192) und betreffen folglich auch die Steuerung und Kontrolle von Leistungsbeziehungen. Stärker als institutionalistische Zwänge und normative Beeinflussungen intendieren mimetische Verhaltensweisen eine Wahlfreiheit der Akteure, die jedoch aufgrund kognitiver Grenzen und einer bedingten Informationsverarbeitungs- und Informationsbewertungsfähigkeit stark eingeschränkt ist. Mögliche Alternativen werden aufgrund der Taken-for-granted-Wahrnehmung einer Struktur oder Handlungsweise verworfen bzw. erst gar nicht in Erwägung gezogen (Zucker 1977: 728; Scott 1987: 505; Jepperson 1991: 147).

Mimese aufgrund der Zusammenarbeit mit öffentlichen Auftraggebern

Institutionen müssen bestimmte Eigenschaften oder Positionen aufweisen, damit deren Strukturen oder Handlungsweisen als taken-for-granted wahrgenommen und akzeptiert werden und so zu mimetischen Verhaltensweisen anderer Organisationen führen. Solche Eigenschaften sind beispielsweise in dem Ansehen, dem Erfolg oder der Dominanz bzw. Zentralität einer Institution zu sehen (DiMaggio/Powell 1991b: 70; Davis/Greve 1997: 15f.). In der deutschen Bauwirtschaft können innerhalb des organisationalen Feldes der bauausführenden Unternehmungen keine zentralen bzw. hervorstechend führenden Unternehmungen identifiziert werden. Weder in der Art der Bauausführung oder in einzelnen Bausparten, noch in der Größe (Umsatz, Mitarbeiter, Gewinne etc.)[164] oder der Reputation sind besonders dominante bzw. herausragend erfolgreiche Unternehmungen sowie einheitliche Strukturen und unternehmerische Vorgehensweisen zu erkennen. Wichtige Determinanten für diese Branchensituation sind die relativ starke Regionalisierung (Rast 1991: 103; Syben 1996: 11),

---

164 Die Bauwirtschaft weist insgesamt einen hohen Grad der Fragmentierung auf (Klemmer 1998: 11f.), denn die Verteilung von Unternehmungen innerhalb der Größenklassen klein, mittel und groß ist breit gestreut (vgl. Rußig/Deutsch/Spillner 1996: 45-56; Hauptverband der Deutschen Bauindustrie e.V. 1997a: 12f.). Zudem sind die wenigsten Bauunternehmungen eindeutig auf eine bestimmte Bausparte konzentriert, auch dominante Nischenspezialisten können nicht identifiziert werden.

die hohe Wettbewerbsintensität zwischen den Unternehmungen (Klemmer 1998: 64) und die häufig wechselnden Projektbeziehungen und Arbeitsgemeinschaften (Syben 1996: 2).

Jedoch existiert in der deutschen Bauwirtschaft eine dominante Gruppe von Organisationen, die als übergreifende Institution eine zentrale Position in der Branche einnimmt: die der öffentlichen Auftraggeber. Die öffentliche Hand wird durch verschiedene Organisationen repräsentiert, z.B. Kommunen, staatliche und staatlich dominierte Unternehmungen (Versorgungsunternehmungen, Post etc.), Behörden, Landes- oder Bundesministerien. Wenn auch der Anteil der öffentlichen Hand an der gesamten Bauleistung in der Bundesrepublik Deutschland zurückgeht, so bilden die öffentlichen Auftraggeber noch immer mit Abstand die größte einzelne Auftraggebergruppe (Klemmer 1998: 61).[165]

Obwohl die öffentliche Hand aus unterschiedlichen Organisationen besteht und dadurch keine vollkommen homogene Gruppe bildet, weisen die verschiedenen öffentlichen Organisationen hinsichtlich ihrer Strukturen und Verhaltensweisen bei der Abwicklung von Bauprojekten einen vergleichsweise homogenen Charakter auf: bei der Vergabe, der Durchführung, der Abnahme und der Entlohnung von Bauleistungen ist eine deutliche Input-Orientierung der öffentlichen Auftraggeber zu erkennen, was durch folgende Indikatoren sichtbar wird:[166]

- Es werden sehr detaillierte Vorplanungen einzubringender Ressourcen und auszuführender Arbeitsschritte verlangt bzw. sogar von den öffentlichen Auftraggebern selbst erstellt. Detaillierte, stark auf Normen und technischen Vorschriften beruhende input-orientierte Leistungsbeschreibungen und -verzeichnisse, zum Teil auf eigenen Vorschriften und Normen basierend, sind üblich und vielfach sogar gesetzlich vorgeschrieben (Mantscheff 1981: 103; Drees/Bahner 1996: 28; Syben 1996: 6, 11).

- Die öffentliche Hand verfügt über ein verhältnismäßig umfangreiches Know-how und viel Erfahrung hinsichtlich der Durchführung und sogar eigenen Ausführung von Bauleistungen, z.B. aufgrund eigener Bauabteilungen und -ämter und der Häufigkeit von Baumaßnahmen (Mantscheff 1981: 100).

- Traditionell überprüfen und bemustern öffentliche Auftraggeber durch eigenes Personal die Ausführung laufender Baumaßnahmen. So ist die Einzelvergabe von Leistungen gebräuchlich, die Beauftragung von Generalunternehmern nur in bestimmten Fällen zulässig und die Vergabe an Generalübernehmer verboten (Rast 1991: 104). Daraus resultiert für die öffentliche Hand ein entsprechend hoher eigener Steuerungs- und Kontrollaufwand bei der Leistungsausführung (Hofmann 1996: 441).

---

[165] 1988 betrug der Anteil der öffentlichen Auftraggeber an der Gesamtbauleistung des Bauhauptgewerbes ca. 36 % und 1995 noch ca. 28 % (Hauptverband der Deutschen Bauindustrie e.V. 1997a: 5).

[166] Die Input-Orientierung der öffentlichen Hand ist gerade auch im Vergleich zu den anderen, privatwirtschaftlichen Auftraggebern in der Bauwirtschaft zu bewerten, welche wesentlich stärker ergebnisorientiert (outputorientiert) agieren.

- Öffentliche Auftraggeber müssen strenge Preisvorschriften für Bauleistungen anwenden – dabei dominieren input-orientierte Entlohnungsformen. Beispielsweise wird die input-orientierte Selbstkostenerstattung fast nur bei der öffentlichen Hand angewandt (Mantscheff 1986: 35f., 211). Des weiteren können die öffentlichen Auftraggeber Preisprüfungsmaßnahmen durchführen, bei denen der Auftragnehmer die Preisbildung (= die Kalkulation seiner Input-Positionen) offenlegen muß (Döbereiner/Cuypers 1993: 138).

Verschiedene Gründe können dafür verantwortlich sein, daß die generelle Input-Ausrichtung der öffentlichen Hand bei der Erstellung von Bauleistungen einen institutionalistischen Einfluß im Sinne eines Taken-for-granted-Charakteristikums auf die Orientierung der Steuerung und Kontrolle ausübt, unabhängig davon, ob die betrachtete Leistungsbeziehung im Rahmen eines Bauprojektes der öffentlichen Hand abgewickelt wird oder nicht. Zum einen erhöht allgemein die Akzeptanz eines Akteurs die Wahrscheinlichkeit des Wirkens mimetischer Einflüsse (DiMaggio/Powell 1991b: 70; Davis/Greve 1997: 15f.). Die öffentliche Hand besitzt aufgrund enger und umfangreicher Beziehungen in der Vergangenheit, des anerkannten Know-hows ihres Personals und ihrer teilweisen Quasi-Monopolstellung in einigen Baubereichen (z.B. im Verkehrswegebau) eine vergleichsweise hohe Akzeptanz bzw. Stellenwert als relevanter Akteur. Zum anderen ist von Bedeutung, wie hoch das von der öffentlichen Hand nachgefragte Volumen an Bauleistungen einer Unternehmung ist – je höher dies ausfällt, desto stärker können institutionalistische Einflüsse wirken, denn der dadurch repräsentierte Status des öffentlichen Auftraggebers und die damit zwangsläufig verbundene häufige und enge Zusammenarbeit mit diesem Akteur ermöglichen und unterstützen institutionalistische Einflüsse.

Die Hypothesen 12a und 12b drücken aus, wie die generelle Input-Ausrichtung der öffentlichen Auftraggeber die Orientierung der Steuerungs- und Kontrolldimensionen beeinflußt.

Hypothese 12a:

Je höher insgesamt der Anteil an Bauleistungen ist, der für öffentliche Auftraggeber erbracht wird, desto stärker wird eine input-orientierte <u>Informations</u>strategie angewandt.

Hypothese 12b:

Je höher insgesamt der Anteil an Bauleistungen ist, der für öffentliche Auftraggeber erbracht wird, desto stärker wird eine input-orientierte <u>Entlohnungs</u>strategie angewandt.

Mimese aufgrund selbst empfangener Steuerung und Kontrolle (interne Führung)

Die für die Steuerung und Kontrolle von Leistungsbeziehungen verantwortlichen Individuen und organisatorischen Einheiten sind Teil der Unternehmungsorganisation. Sie unterliegen als nachgeordnete Stellen und Hierarchieebenen selbst einer Steuerung und Kontrolle durch übergeordnete Leitungseinheiten. Dieser Zusammenhang folgt aus den Grundprinzipien der Strukturierung von Organisationen.[167]

Die steuernde und kontrollierende organisatorische Einheit (= das Baumanagement, die Projektleitung, die Oberbauleitung) ist ein Teil der Organisationsstruktur der Unternehmung und wird im Rahmen der Aufgabenverteilung (Spezialisierung) mit entsprechenden Entscheidungs-, Handlungs- und Weisungsbefugnissen ausgestattet. Darüber hinaus unterliegt die Organisationseinheit jedoch selbst entsprechenden Weisungen und damit einer Steuerung und Kontrolle durch übergeordnete organisatorische Stellen (Refisch 1988: 62f.; Talaj 1993: 32). Diese innerorganisatorische Steuerung und Kontrolle kann analog zu der Steuerung und Kontrolle von Leistungserstellern eine Input- oder eine Output-Orientierung aufweisen, d.h. die übergeordnete organisatorische Stelle kann die Leistung der steuernden und kontrollierenden Einheit (= das Baumanagement) nach den von ihr eingebrachten bzw. verbrauchten Ressourcen und ausgeführten Handlungen (= Inputs) oder nach den erzielten Ergebnissen (= Outputs) bewerten.

Die organisatorische Einordnung von Bauprojekte abwickelnden Einheiten kann unterschiedlich erfolgen. In mittelständischen Unternehmungen ist das Baumanagement fast ausschließlich der Geschäftsführung direkt unterstellt bzw. die Geschäftsführer oder Firmeninhaber leiten die Baustellen selbst. In großen Bauunternehmungen sind Baumanager entweder der Leitung einer regionalen Niederlassung, einer Spartenniederlassung im Rahmen einer regionalen Niederlassung oder einer überregionalen Spartenleitung hierarchisch unterstellt. Auch Mehrfachunterstellungen bzw. Matrixstrukturen werden angewandt, gerade in großen Baukonzernen. Dabei sind Aufgaben-, Kompetenz- und Verantwortungsüberschneidungen möglich, wenn beispielsweise das Baumanagement eines Großprojektes von der Unternehmungsleitung, der Niederlassungsleitung und der Projektgesamtleitung Weisungen erhalten kann (Refisch 1988: 62f.; Talaj 1993: 32; Diederichs 1996b: 98-104, 113f.; Mayer 1996: 28, 41).

---

[167] Die Legitimation einer Organisation ergibt sich daraus, daß durch sie erst eine sinnvolle, d.h. rationale und ökonomische Anwendung des Prinzips der Arbeitsteilung (oder Spezialisierung, Differenzierung) zur Ausführung komplexer Aufgabenstellungen ermöglicht wird. Spezialisierung bedeutet die Zerlegung einer Gesamtaufgabe und die Aufteilung der daraus entstehenden Teilaufgaben, Tätigkeiten und Entscheidungsbefugnisse auf unterschiedliche Organisationseinheiten oder -mitglieder. Durch die Zerlegung der Gesamtaufgabe in Teilaufgaben wird eine Koordination der Beteiligten notwendig, d.h. die Teilaufgaben werden mittels Koordinationsmaßnahmen zusammengeführt. Die Konfiguration der Organisation ist das Ergebnis der Aufgabenverteilung und drückt das formelle Stellengefüge (hierarchische Ordnung) einer Organisation und damit die *Verteilung von Entscheidungs- und Weisungsbefugnissen* aus (vgl. Hoffmann 1980: 262ff.; Welge 1987: 392ff.; Kieser/Kubicek 1992: 73ff. und die dort einbezogenen und wiedergegebenen Arbeiten der Organisationsforschung, welche diese Zusammenhänge erarbeiteten). Die Verteilung dieser Entscheidungs- und Weisungsbefugnisse ist eng mit der betrachteten Steuerung und Kontrolle nachgeordneter Organisationseinheiten verbunden.

In den letzten Jahren hat sich zur Abwicklung von Großprojekten auch die Einrichtung von Profit Center etabliert.[168] Im Rahmen dieser organisatorischen Lösung ist die Projektleitung nicht mehr nur für die Abwicklung, sondern für das gesamte Projektergebnis, d.h. die Kosten und die Leistungen, verantwortlich (Mayer 1996: 41). Eine entsprechende Verteilung und Delegation der Verantwortlichkeiten und der Entscheidungs- und Weisungsrechte ist die Folge.

Mit den unterschiedlichen Möglichkeiten der organisatorischen Anbindung des Baumanagements als steuernde und kontrollierende Einheit und der damit verbundenen Führung ist eine bestimmte Ausrichtung der Steuerung und Kontrolle der Einheiten verbunden. Eine dezentrale Führung von Bauprojekten, z.B. in Form eines Profit Center, bei der das Baumanagement sehr weitreichende Entscheidungsrechte besitzt, wenig Weisungen von übergeordneten organisatorischen Einheiten erhält und die Ergebnisorientierung im Vordergrund steht, spiegelt eine output-orientierte Steuerungs- und Kontrollhaltung wider. Die Unternehmungsleitung ist hier an den Ergebnissen (= Outputs) der Aktionen der untergeordneten Einheit interessiert und nicht an der Art der Ausführung oder der genaueren Bestimmung und Bewertung der eingesetzten Ressourcen. Eingriffe, Ausführungsanweisungen oder Kontrollen der Tätigkeiten der untergeordneten Einheit erfolgen wenig bis nicht. Eine input-orientierte Steuerungs- und Kontrollhaltung wird hingegen durch eine zentralistische Führung und Überwachung mittels direkter und indirekter Eingriffe in die Tätigkeiten und Entscheidungen des Baumanagements ausgeübt. Durch solche Eingriffe wird das Verhalten und die eingebrachten Ressourcen (= Inputs) des Baumanagements aktiv gesteuert und kontrolliert.

Mimetische Verhaltensweisen sind bevorzugt an dominanten Institutionen ausgerichtet (Tolbert/Zucker 1996: 183; Davis/Greve 1997: 15f.) und die innerorganisatorische Führung stellt für das Baumanagement eine solche dominante Institution dar, bestimmt sie doch maßgeblich die Führungsphilosophie innerhalb der Unternehmung und damit auch die Einstellung und Ausübung von Steuerung und Kontrolle. Aus diesem Grund wird das Baumanagement dann eine input-orientierte Steuerung und Kontrolle der Leistungsbeziehungen präferieren, wenn es selbst von der übergeordneten organisatorischen Einheit input-orientiert gesteuert und kontrolliert wird.

Hypothese 13a:

Je stärker die steuernde Einheit selbst input-orientiert gesteuert und kontrolliert wird, desto stärker wird eine input-orientierte <u>Informations</u>strategie angewandt.

Hypothese 13b:

Je stärker die steuernde Einheit selbst input-orientiert gesteuert und kontrolliert wird, desto stärker wird eine input-orientierte <u>Entlohnungs</u>strategie angewandt.

[168] ...und hier vor allem bei Projekten, die im Rahmen von Arbeitsgemeinschaften abgewickelt werden.

In der nachfolgenden Abbildung 3.6 sind die einzelnen Hypothesen zu dem institutionalistischen Gesamtmodell zusammengefaßt:

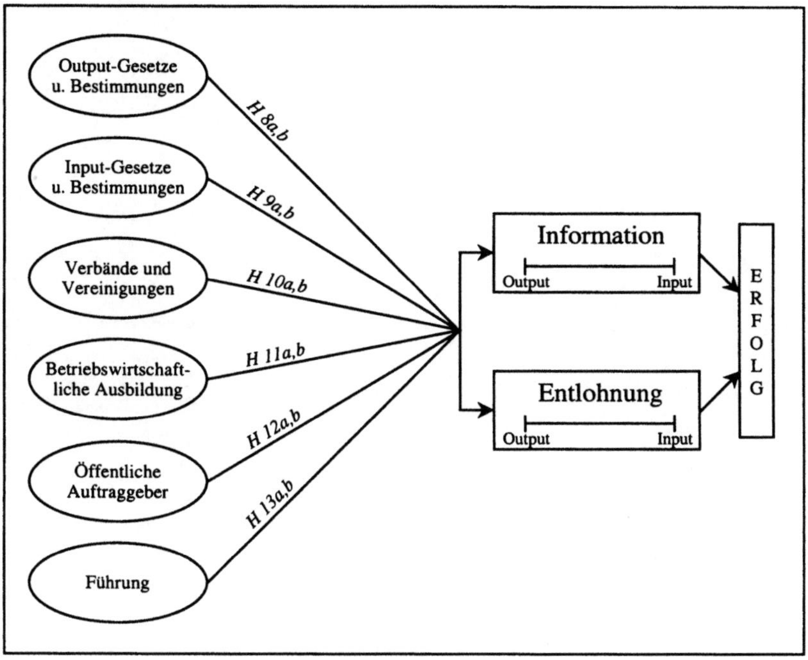

Abbildung 3.6: Das institutionalistische Modell

4 Empirische Untersuchung der Einflußbedingungen auf die Ausgestaltung der Steuerung und Kontrolle von Leistungsbeziehungen in Bauprojekten

Um die im vorangegangenen Kapitel 3 postulierten Zusammenhänge und die darauf aufbauenden Hypothesen zu überprüfen, wurde eine empirische Untersuchung in der deutschen Bauwirtschaft durchgeführt. Nachfolgend soll zuerst der Untersuchungsgegenstand und die Vorgehensweise bei der Erhebung der Daten näher beschrieben werden. Dieser Überblick über den Gegenstand der Untersuchung wird durch einige deskriptive statistische Betrachtungen abgerundet. Danach wird die Operationalisierung der theoretischen Konstrukte dargelegt. Den Schwerpunkt des Kapitels 4 bilden die sich daran anschließende Darstellung und Diskussion der Ergebnisse der empirischen Untersuchung.

4.1 Konzeption und Durchführung der Untersuchung

4.1.1 Untersuchungsgegenstand und Vorgehensweise

Die vorliegende Untersuchung wurde im Rahmen eines Forschungsprojektes des Lehrstuhls für Betriebswirtschaftslehre, Unternehmensführung und Organisation, Ordinarius Prof. Dr. Mark Ebers, an der Universität Augsburg durchgeführt. An diesem Forschungsprojekt waren mehrere Forscher mit jeweils unterschiedlichen organisationstheoretischen Forschungsinteressen beteiligt. Ein Schwerpunkt der Forschergruppe war die Konzeption und Realisierung einer gemeinsamen empirischen Primärerhebung in der deutschen Bauwirtschaft.

Den Untersuchungsgegenstand bilden Leistungsbeziehungen zwischen den projektverantwortlichen Unternehmungen (Generalunternehmer, Generalübernehmer etc.) zur Errichtung eines Bauwerks oder von Teilen eines Bauwerks und den verschiedenen Leistungserbringern (Nachunternehmer, Subunternehmer). Die untersuchten Leistungsbeziehungen wurden im Rahmen von Bauprojekten abgewickelt und stellten Teilleistungen einer Gesamtleistung "Bauwerk" dar. Dabei wurde das gesamte Spektrum unterschiedlicher Teilleistungen der Bauobjekterrichtung abgedeckt, von Architektur-, Design- und Ingenieurleistungen über Bauhauptleistungen wie die Rohbauerstellung bis zu Baunebenleistungen wie Haustechnik oder Gartenanlagen.

Für die Gewinnung von Daten war eine Primärerhebung notwendig, da keine dem Forschungsinteresse angemessene Sekundärdatenbasis zur Verfügung stand.[169] Als Erhebungs-

[169] Die Forschergruppe führte zu Beginn des Projektes eine umfangreiche Analyse möglicher vorhandener Datenbasen durch. Zu diesem Zweck wurde mit dem Statistischen Bundesamt in Wiesbaden, dem ifo Institut für Wirtschaftsforschung in München, dem Hauptverband der Deutschen Bauwirtschaft e.V. in Wiesbaden, dem betriebswirtschaftlichen Institut der Bauindustrie in Düsseldorf und zwei Universitätslehrstühlen für Baubetriebslehre Kontakt aufgenommen. Im Zuge dieser Gespräche und nach Durchsicht weiterer Quellen stellte sich heraus, daß die benötigten Daten als Sekundärdaten nicht zur Verfügung standen.

methode wurde die eines standardisierten Fragebogens gewählt – die Vorgehensweise zur Entwicklung des Fragebogens erfolgte in einem iterativen Prozeß. Bei der Konzeption des Fragebogens mußten folgende inhaltliche und erhebungstechnische Anforderungen bzw. Restriktionen beachtet werden:

- Da der Fragebogen mehreren Forschern zur Gewinnung von Daten dienen sollte, war betreffend der Quantität der Fragen und der Übersichtlichkeit der Fragekategorien die kritische Grenze der Handhabbarkeit für die befragten Personen schnell erreicht.
- Aufgrund des breiten Spektrums abgefragter Leistungsbeziehungen mußte ein Teil der Fragen auf einer schmalen Gratwanderung zwischen inhaltlicher Spezifität und Universalität sorgfältig formuliert und mehrfach überprüft werden.
- Die Bauproduktion weist im Vergleich zu anderen, stationären Industrien in nicht unerheblichem Ausmaß Besonderheiten auf, die es bei der Formulierung der Fragen zu beachten galt. Darüber hinaus ist die Branche traditionell äußerst technikdominiert, was unter anderem eine Vielfalt von zu beherrschenden technischen Fachtermini nach sich zieht.
- Es existieren keine organisationstheoretischen empirischen Untersuchungen in der deutschen Bauwirtschaft, so daß nicht auf entsprechende Erfahrungen aus der Vergangenheit zurückgegriffen werden konnte. Branchenbezogene Untersuchungen in anderen Ländern, die zudem ebenfalls in sehr geringer Anzahl vorliegen, konnten nur bedingt genutzt werden, da gerade in der Bauwirtschaft erhebliche länderspezifische Unterschiede bestehen.

Neben den allgemeinen Anforderungen an die Entwicklung von Fragebögen zur Erhebung sozialwissenschaftlicher Daten (vgl. Friedrichs 1990: 209ff., 237ff.; Schnell/Hill/Esser 1993: 330ff.) machten es diese Besonderheiten vor dem Pre-Test des ersten Fragebogens erforderlich, ein sehr intensives Literaturstudium von vor allem praxisorientierten Publikationen aus der Bauwirtschaft durchzuführen. Darüber hinaus wurden vorab sehr intensive Gespräche mit Personen aus unterschiedlichen Unternehmungen, Instituten und Verbänden geführt. Obwohl zumindest die Agenturtheorie (und weniger der Institutionalismus) als eine empirisch vergleichsweise umfassend bearbeitete Theorie gelten kann, die bereits in unterschiedlichen Kontexten angewandt wurde, eröffneten die Interviews weitere wichtige Einsichten, insbesondere hinsichtlich branchenrelevanter Zusammenhänge und Interpretationen. Dies trug dazu bei, einige aus anderen agenturtheoretischen Untersuchungen vorliegende Operationalisierungen im Branchenkontext zu überdenken und zu verändern.

Die erste Fassung des Fragebogens war umfangreicher als der endgültig erhobene. Mit diesem ausführlicheren Fragebogen wurde ein Pre-Test (vgl. dazu allgemein Friedrichs 1990: 153ff.; Schnell/Hill/Esser 1993: 358f.) durchgeführt, in dem 45 Leistungsbeziehungen in 15 verschiedenen Bauprojekten erhoben wurden. Durch die persönliche Erhebung der Fragebögen des Pre-Tests, anstatt postalischer Versendung, war es möglich, zusätzlich intensive Gespräche mit den befragten Personen zu führen. Die Güte der entwickelten Konstrukte wurde mit Hilfe der Anwendung von Cronbachs Alpha und einer konfirmatorischen Faktorenanalyse überprüft.[170] Der Pre-Test bestätigte überwiegend Güte der Meßkonstrukte, für einige wenige Konstrukte ergab sich jedoch ein Änderungsbedarf. Dabei mußten allerdings nicht ganze Meßkonstrukte verworfen werden, sondern es waren nur einzelne Indikatorvariablen für ein Meßkonstrukt umzuformulieren, zu ersetzen oder zu eliminieren. Auch die äußere Gestaltung des Fragebogens wurde nochmals leicht verändert, um ein Ausfüllen zu erleichtern. Bei der Überarbeitung des Fragebogens waren die parallel zur Erhebung des Pre-Tests durchgeführten Gespräche sehr nützlich; zudem wurde der Überarbeitungsprozeß von weiteren Einzelgesprächen mit Personen aus der Baubranche begleitet.

Nachdem die Überarbeitungen der Fragebogenkonzeption abgeschlossen waren, konnte die endgültige Version des Fragebogens erhoben werden. Befragt wurden Baumanager, die für die Steuerung und Kontrolle von Leistungsbeziehungen in einem spezifischen Bauprojekt verantwortlich waren. Je nach Unternehmung wurde der zuständige Baumanager auch als Projektmanager, Projektleiter, Oberbauleiter oder Bauleiter bezeichnet, entscheidend für die Befragung war jedoch die ausgeübte Funktion als steuernde und kontrollierende Instanz. Die Fragebögen wurden persönlich erhoben, dies bedeutet, daß alle Baumanager in ihren Unternehmungen oder auf den betreuten Baustellen persönlich aufgesucht wurden. Nach einer Erläuterung der Ziele und Inhalte des Forschungsprojektes füllten die befragen Baumanager einen bis maximal zwei Fragebögen im Beisein des Forschers aus. Darüber hinausgehende Fragebögen bearbeiteten die Befragten später und sandten diese per Post zurück.

Eine empirische Erhebung beschränkt sich aus forschungsökonomischen Gründen fast immer auf eine Stichprobe aus einer zuvor bestimmten Grundgesamtheit. Die notwendige Größe der Stichprobe ist von der Größe der Grundgesamtheit und einer gewählten Sicherheitswahrscheinlichkeit abhängig und kann unter anderem mittels einer Formel berechnet werden (Kaplitza 1983: 143; Friedrichs 1990: 146). Diese Lösung kann jedoch nur als grober Anhaltspunkt dienen und ist selbst mit Unsicherheiten in den Annahmen behaftet (Friedrichs 1990: 147). Aufgrund der großen Schwierigkeit, die relevante Grundgesamtheit dieser Untersuchung (= alle Bauprojekte und Bauteilprojekte in Deutschland) exakt zu ermitteln, ist eine Anwendung der vorgeschlagenen Formel nicht möglich. Zieht man jedoch vergleichbare organisationstheoretische Untersuchungen heran, so zeigt sich, daß die Größe der vorliegenden Stichprobe (n = 212) sehr gut ist. Um weiterhin eine Repräsentativität der Stichprobe zu gewährleisten, erfolgte die Auswahl der Bauprojekte und der darin erhobenen Leistungsbeziehungen zufällig (vgl. zur Wahrscheinlichkeitsauswahl Friedrichs 1990: 135f.).

In der Untersuchung wurde die Gruppe der zu befragenden Unternehmungen auf solche beschränkt, die mehr als 1.000 Mitarbeiter beschäftigen. Der Grund dafür ist, daß Unternehmungen in der Regel erst ab einer solchen Größe in der Lage sind, größere Bauprojekte als

---

[170] Vgl. zu Inhalten und Anwendung von Cronbachs Alpha Carmines/Zeller (1979: 44ff.), Homburg/Giering (1996: 8) und zur konfirmatorischen Faktorenanalyse Carmines/Zeller (1979: 62ff.), Backhaus et al. (1994: 251f., 409ff.), Homburg/Giering (1996: 9).

(Teil-)Generalunternehmer oder Generalübernehmer abzuwickeln und ein entsprechendes Nach- und Subunternehmermanagement durchzuführen. Diesem Kriterium entsprachen laut Kompass Industrieführer Deutschland (1996) 60 Unternehmungen in der Bundesrepublik Deutschland. Der Branchenübersicht konnten auch die Namen, Adressen und die Bausparten, in denen die in Frage kommenden Unternehmungen tätig waren, entnommen werden.[171]

Die Geschäftsleitungen aller 60 Unternehmungen wurden mit einem persönlichen Brief angeschrieben, in dem der Zweck und Nutzen des Forschungsprojektes und der organisatorische Ablauf der Durchführung erläutert waren (vgl. Anhang A). Wie in dem Schreiben angekündigt, wurde nach einigen Tagen telefonisch Kontakt mit den angeschriebenen Personen aufgenommen. Einige Bauunternehmungen lehnten eine Mitarbeit ab, andere sagten eine Mitarbeit sofort zu und eine dritte Gruppe von Unternehmungen konnte erst durch eine persönliche Präsentation des Projektes für eine Mitwirkung gewonnen werden. Letztlich beteiligten sich 17 Unternehmungen an der Untersuchung – berücksichtigt man, daß fünf Unternehmungen der in Frage kommenden 60 Unternehmungen nicht mehr existierten bzw. über diese das Konkursverfahren eröffnet war, so beträgt die Beteiligungsquote zufriedenstellende 31 % aller angesprochenen Unternehmungen.

Die Leistungsbeziehungen in Bauprojekten als die relevanten Untersuchungseinheiten wurden vorab als unterschiedliche Wertschöpfungsaktivitäten definiert (vgl. Abbildung 4.1). In vielen Unternehmungen konnten mehrere Bauprojekte betrachtet und innerhalb der Bauprojekte wiederum mehrere Leistungsbeziehungen erhoben werden.[172] Beispielsweise sind für ein Großprojekt im Rahmen der Erstellung des neuen Regierungsviertels in Berlin die Leistungsbeziehungen (= Wertschöpfungsaktivitäten) Architekturplanungen, Baugrubenaushub und -sicherung, Fundamenterstellung, Rohbauerrichtung und Installation von Haustechnik untersucht worden.

---

[171] Darüber hinaus wurden weitere Branchenverzeichnisse und die Geschäftsberichte der Unternehmungen genutzt, um u.a. die Namen der anzusprechenden Geschäftsleitungsmitglieder zu erhalten.

[172] Die Auswahl der Bauprojekte erfolgte in Zusammenarbeit mit der Geschäftsleitung bzw. mit den von dieser benannten Koordinatoren, welche die unternehmungsinterne Kommunikation und Ansprache der zu befragenden Baumanager abstimmten. Generelle Anforderungen an ein Bauprojekt waren: 1) das Projekt mußte bereits zu mindestens 75 % fertiggestellt sein, damit Aussagen über den Projekterfolg möglich wurden, 2) die Unternehmung mußte die Verantwortung über das ganze Projekt oder einen großen Teil des Projektes besitzen (in der Regel als Generalunter- oder Generalübernehmer), 3) die Projekte sollten in Größe, Bausparte, Ablauf und Erfolg/Mißerfolg den üblichen Geschäftsverlauf der Unternehmung widerspiegeln.

Die Bauprojekte waren über die gesamte Bundesrepublik verteilt. Es wurden insgesamt 212 Leistungsbeziehungen in 53 Niederlassungen[173] der 17 Unternehmungen betrachtet.[174]

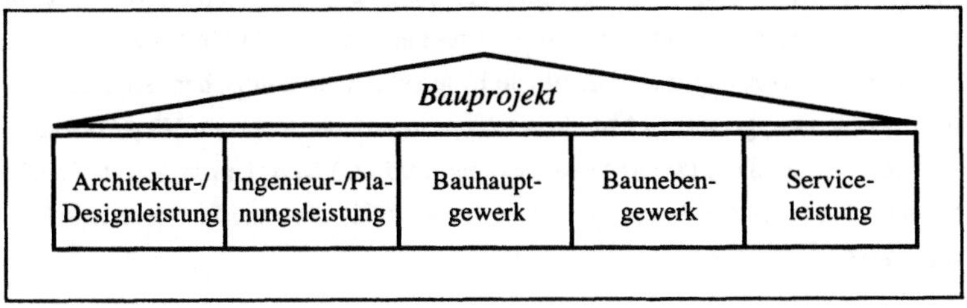

Abbildung 4.1: Die Leistungsbeziehungen (Wertschöpfungsaktivitäten)

4.1.2 Deskription der Stichprobe

Die Teilnahme an Ausschreibungen von Bauprojekten und deren Durchführung und Abwicklung ist Aufgabe der regionalen Niederlassungen der Unternehmungen. Die Niederlassungen zeichnen sich daher häufig durch weitestgehende wirtschaftliche und oftmals auch rechtliche Selbständigkeit aus. Aus diesem Grund werden nachfolgend einige deskriptive Merkmale der in die Untersuchung einbezogenen Niederlassungen, an Stelle der übergeordneten Unternehmungen und Konzerne, aufgezeigt. Einige Strukturmerkmale der betrachteten Bauprojekte und der unterschiedlichen Leistungsbeziehungen sollen ebenfalls kurz beschrieben werden.

[173] Aufgrund des traditionell regionalen bzw. lokalen Charakters der Bauwirtschaft unterhalten alle größeren Bauunternehmungen regionale Niederlassungen, die zumeist über das ganze Bundesgebiet verteilt sind (Syben 1996: 11ff.).

[174] Im Rahmen des gesamten Forschungsprojektes wurden 319 Fragebögen erhoben – zehn Fragebögen mußten aufgrund zu vieler fehlender Antworten vorab ausgeschlossen werden. Weitere 97 Fragebögen haben Leistungsbeziehungen zum Gegenstand, welche eine notwendige Bedingung für eine agenturtheoretische Untersuchung nicht erfüllen. Diese notwendige Bedingung ist das Bestehen von Informationsasymmetrien zwischen den Akteuren: "The problem acquires only interest when there is uncertainty at some point and, in particular, when the information available to the two participants is unequal." (Arrow 1985: 37) (vgl. auch Kapitel 2.1.1.4).

Die ausgeschlossenen 97 Fragebögen betrachten Leistungsbeziehungen, bei denen die Bauunternehmung Leistungen an Nachunternehmer vergibt, welche sie hätte ebenso erstellen können und die von der Bauunternehmung bereits in früheren Bauprojekten ausgeführt wurden bzw. auch zukünftig noch ausgeführt werden. Die Kapazitäten und das notwendige Know-how sind grundsätzlich vorhanden, die Vergabe der Leistung erfolgt aufgrund temporärer Kapazitätsengpässe oder vor allem aus preislichen Gründen, um so den starken bis ruinösen Wettbewerb in der Bauwirtschaft auszunutzen und sich einen Teil der Quasi-Rente des Leistungserbringers anzueignen. Der Agent besitzt in diesen Leistungsbeziehungen keinen Informationsvorsprung hinsichtlich der Leistungsausführung und der Bewertung des Leistungsergebnisses. Da derartige Informationsasymmetrien ex post des Vertragsschlusses in der vorliegenden Untersuchung explizit betrachtet werden, konnten diese Leistungsbeziehungen nicht in die Auswertung miteinbezogen werden. Die verbleibenden 212 Fragebögen bilden jedoch noch immer eine sehr gute Datenbasis.

Die Niederlassungen

Die 212 Leistungsbeziehungen wurden in 95 unterschiedlichen Bauprojekten erhoben, welche aus 51 Niederlassungen von 17 Unternehmungen stammen. Die Standorte der Niederlassungen sind über die gesamte Bundesrepublik Deutschland verteilt (34 Großstädte). Hinsichtlich der Größe der Niederlassungen sind deutliche Unterschiede auszumachen: so beschäftigte die kleinste Niederlassung gerade 13 Mitarbeiter (der Umsatz der kleinsten Niederlassung betrug DM 3,5 Mio.), die größte 2.000 Mitarbeiter (bzw. DM 600 Mio. Umsatz) (vgl. Tabelle 4.1). Eine Niederlassung bestand bereits seit dem Jahre 1872, die jüngste Niederlassung wurde 1997 gegründet.

Umsatz (in Mio. DM)	Mitarbeiter	Umsatz pro Mitarbeiter (in Tausend DM)
3,5 - 20............9,6 %	13 - 50.............23,9 %	13 - 50...........1.350
>20 - 50..........38,4 %	>50 - 100...........32,1 %	>50 - 100............520
>50 - 100........27,3 %	>100 - 300...........25,3 %	>100 - 300............586
>100 - 600........24,7 %	>300 - 2.000........18,7 %	>300 - 2.000.........285

Tabelle 4.1: Die Niederlassungen

Die erheblichen Unterschiede in der Niederlassungsgröße können durch verschiedene Faktoren erklärt werden: durch die unternehmungsindividuelle Aufteilung von Regionen (regionale Märkte) (Dresdner Bank 1998: o.S.), aufgrund der Branchentradition, daß Unternehmungen besondere lokale Stammregionen besitzen, die entsprechend intensiver bearbeitet werden als andere Regionalmärkte, infolge der Transportkostenempfindlichkeit der Produktionsfaktoren (Rußig/Deutsch/Spillner 1996: 15) oder durch die unterschiedlich verfolgten Strategien der Wertschöpfungstiefe (Outsourcing-Strategien). Darüber hinaus werden häufig große regionale Niederlassungen nochmals organisatorisch nach Bausparten unterteilt, welche dann jeweils eigenständige Niederlassungen darstellen (z.B. Niederlassung Straßenbau, Öffentlicher Hochbau, Spezialtiefbau usw.).

Die Bauprojekte

Die Untersuchung schloß das ganze Spektrum der Bauproduktion ein und bildet somit eine repräsentative Stichprobe der gesamten Bautätigkeiten (Wohnungsbau, industrieller Bau, Straßen- und Tunnelbau etc.). Es wurden Leistungsbeziehungen sowohl in kleineren Teilprojekten in der Größenordnung weniger Hunderttausend Mark als auch in Großprojekten über 100 Mio. DM untersucht (vgl. Tabelle 4.2). Bei der Auswahl der Projekte wurde zudem darauf geachtet, daß sowohl erfolgreiche als auch weniger und gänzlich unerfolgreiche Bauprojekte miteinbezogen wurden (65,9 % waren mit dem ökonomischen Erfolg des jeweiligen Projektes sehr zufrieden bis zufrieden, 34,1 % hingegen weniger bis sehr unzufrieden).

Entgegen ursprünglichen Befürchtungen differenzierten die befragten Personen sehr wohl zwischen der Erfolgsbewertung des gesamten Projektes und der Erfolgsbewertung einer einzelnen Leistungsbeziehung innerhalb des Projektes. Eine Korrelationsanalyse ergab keinen signifikanten Zusammenhang zwischen diesen beiden Größen – der Korrelationskoeffizient nach Pearson beträgt -0,028 bei einer zweiseitigen Signifikanz von 0,684. Somit ist davon auszugehen, daß die Bewertung einer Leistungsbeziehung nicht von der Bewertung des gesamten Projektes abhängt.

Projektvolumen (in Mio. DM)	Projektdauer (in Monaten)
0,12 - 10.........44,8 % >10 - 20.........20,8 % >20 - 50.........25,9 % >50 - 100.........4,7 % >100.................3,8 %	1 - 6..........22,0 % >6 - 12.........30,2 % >12 - 24.........32,0 % >24.................15,8 %
Ø = 36,2 Mio. DM	Ø = 19,2 Monate

Tabelle 4.2: Die Bauprojekte

Die Leistungsbeziehungen

Die unterschiedlichen Leistungsbeziehungen bilden die relevante Einheit der Erhebung. Da es das wesentliche Ziel der Untersuchung darstellt, die Steuerung und Kontrolle von Leistungsbeziehungen (und nicht einer einzelnen Art von Beziehungen) in Bauprojekten aufzuzeigen und zu erklären, ist in der Erhebung eine Streuung über die verschiedenen, in einem Bauprojekt relevanten Beziehungen notwendig. Zu diesem Zweck wurden fünf unterschiedliche Gruppen von Leistungsarten gebildet, die den Leistungserstellungsprozeß abbilden (vgl. Abbildung 4.2). Nach den Einschätzungen der zu dieser Thematik befragten Branchenvertreter entspricht die Verteilung der betrachteten Leistungsbeziehungen über die fünf Gruppen in etwa auch dem Anteil der verschiedenen Leistungsarten am finanziellen Volumen eines durchschnittlichen Bauprojektes.

Bauprojekt

Architektur-/ Designleistung	Ingenieur-/Planungsleistung	Bauhauptgewerk	Baunebengewerk	Serviceleistung
7 (3,3 %)	29 (13,7 %)	77 (36,3 %)	95 (44,8 %)	4 (1,9 %)

Insgesamt erhobene Leistungsbeziehungen: 212

Abbildung 4.2: Verteilung der Leistungsbeziehungen

Die nachfolgende Tabelle 4.3 gibt zusätzlich einen Überblick über die Verteilung der Leistungsbeziehungen hinsichtlich Leistungsvolumina und Dauer der Leistungserstellung.

Leistungsvolumen (in Tausend DM)	Dauer der Leistungserstellung (in Monaten)
10 - 500..........46,6 %	bis 1...........16,7 %
>500 - 1.000.......15,9 %	>1 - 6.........42,3 %
>1.000 - 5.000.......29,8 %	>6 - 12.......23,9 %
>5.000.....................7,7 %	>12...........17,1 %
Ø = 3,3 Mio.	Ø = 10,1 Monate

Tabelle 4.3: Volumen und Dauer der Leistungserstellungen

4.2 Operationalisierung der theoretischen Konstrukte

Die Konzeptionalisierung eines Konstruktes bedeutet die Erarbeitung der verschiedenen Dimensionen des Konstruktes – die darauf aufbauende Entwicklung eines Instrumentes zur Messung von Konstrukten wird als Operationalisierung bezeichnet (Homburg/Giering 1996: 5). Ein theoretisches Konstrukt (latente Variable, hypothetisches Konstrukt) ist eine nicht direkt beobachtbare und damit nicht direkt meßbare Größe. Mittels einer Operationalisierung wird das theoretische Konstrukt in beobachtbare Variablen (Indikatoren, items) übersetzt, um es empirisch meß- und somit überprüfbar zu machen (Friedrichs 1990: 79f.; Backhaus et al. 1994: 325). Ein einfaktorielles Konstrukt entspricht genau einer latenten Variable, d.h. die beobachtbaren Variablen lassen sich alle einem Faktor zuordnen. Demgegenüber wird ein mehrfaktorielles Konstrukt durch zwei oder mehrere Faktoren erfaßt (Homburg/Giering 1996:

6).[175] In der vorliegenden Untersuchung wurden einfaktorielle und mehrfaktorielle Konstrukte verwendet.

Ob eine Konstruktmessung eine ausreichende Güte besitzt, wird durch die Anforderungen an die Reliabilität (Zuverlässigkeit) und die Validität (Gültigkeit) bestimmt. *Reliabilität* bedeutet, inwieweit eine Messung keine Zufallsfehler enthält und somit wiederholte, unabhängige und vergleichbare Messungen hinsichtlich einer Variable miteinander übereinstimmen (Zeller/Carmines 1980: 48; Friedrich 1990: 102; Backhaus et al. 1994: 396). Der am häufigsten angewandte Koeffizient zur Bestimmung der Reliabilität einer Messung stellt Cronbachs Alpha dar.[176] Der Wert Alpha kann sich über einen Bereich von 0 bis 1 erstrecken; ein hohes Alpha weist auf eine hohe Reliabilität hin (Zeller/Carmines 1980: 56; Homburg/Giering 1996: 8). Ab wann ein Cronbachs Alpha als akzeptabel angesehen werden kann, ist umstritten – ein Minimumwert von 0,5 bis 0,6 (Churchill 1979: 68) oder 0,7 (Homburg/Giering 1996: 8) wird vielfach als ausreichend angesehen, aber auch schärfere Forderungen werden erhoben, z.B. ein Minimumwert von 0,8 bzw. 0,85 (Matiaske 1990: 101f.). Für grundlegend neue Forschungen werden auch Werte von >0,5 als befriedigend interpretiert (Churchill 1979: 68; Anderson/ Coughlan 1987: 75); in nicht wenigen empirischen Arbeiten weisen theoretische Konstrukte keine höheren Alpha-Werte auf (Anderson/Coughlan 1987: 75).[177]

Die *Validität* bezeichnet die Gültigkeit einer Messung, d.h. ob tatsächlich das gemessen wird, was gemessen werden soll. Während die Reliabilität als notwendige, aber nicht hinreichende Voraussetzung für eine valide Messung auf die Elimination von Zufallsfehlern abstellt, darf eine valide Messung auch keinen systematischen Fehler mehr enthalten (Zeller/ Carmines 1980: 77). Mehrere Arten von Validitäten werden in der Literatur unterschieden: Inhalts-, Konvergenz-, Diskriminanz- und nomologische Validität (vgl. dazu Zeller/Carmines 1980: 78ff.; Peter/Churchill 1986: 4f.; Matiaske 1990: 59ff.; Homburg/Giering 1996: 7f.).

Ein wichtiger, zumeist an erster Stelle stehender Schritt stellen die Überlegungen zur Inhaltsvalidität eines theoretischen Konstruktes dar. Dabei wird – notwendigerweise qualitativ orientiert – geprüft, ob die Variablen des abzubildenden Konstruktes diesem inhaltlich-semantisch zuzuordnen sind und die postulierten Indikatoren dessen Bedeutung und Facetten richtig wiedergeben (Matiaske 1990: 59f.; Homburg/Giering 1996: 7, 17). Für Überprüfungen der Konvergenz- und Diskriminanzvalidität eines Konstruktes hat sich das Verfahren der kon-

---

175 Lassen sich die Variablen dabei alle einer Dimension zuordnen, so spricht man von einem eindimensionalen Konstrukt, während die Verteilung der Variablen auf zwei und mehr Dimensionen ein mehrdimensionales Konstrukt entstehen läßt (Homburg/Giering 1996: 6).

176 Gemessen wird dabei die interne Konsistenz der Indikatoren, indem die Indikatoren nach allen Möglichkeiten in zwei Hälften geteilt werden und die jeweiligen Hälften miteinander korreliert werden. Der Mittelwert aller Korrelationen ergibt den Wert Alpha (vgl. zur Berechnung Zeller/Carmines 1980: 56ff.).

177 Darüber hinaus muß die Aussagekraft dieses Wertes generell als eingeschränkt betrachtet werden, denn Cronbachs Alpha kann selbst wiederum nicht getestet werden und zudem hängt die Höhe des Alpha-Wertes von der Anzahl der gemessenen Indikatoren ab (Zeller/Carmines 1980: 56-60; Homburg/Giering 1996: 8). Bei zunehmender Indikatoranzahl nähert sich der Alpha-Wert zwangsweise dem Wert Eins (Homburg/ Giering 1996: 22).

firmatorischen Faktorenanalyse bewährt (Homburg/Giering 1996: 9).[178] In der vorliegenden Arbeit wird die Faktorenanalyse so angewandt, daß vorab die Daten auf ihre generelle Eignung für eine faktorenanalytische Interpretation mit dem Kaiser-Meyer-Olkin-Kriterium (KMO-Kriterium) überprüft werden (Backhaus et al. 1994: 205).[179] Danach werden, ausschließlich aufgrund sachlich-inhaltlicher Überlegungen, mittels der Hauptkomponentenanalyse ein bzw. mehrere Faktoren extrahiert (Backhaus et al. 1994: 239).[180] Die Zahl der zu extrahierenden Faktoren wird nach dem Kaiser-Kriterium (Eigenwert >1) bestimmt (Backhaus et al. 1994: 225), wobei nach den üblichen Konventionen nur Faktorladungen >0,5 interpretiert werden sollen (Backhaus et al. 1994: 228).

Die nomologische Validität als vierte Validierungsform erfordert schließlich die Einbindung des Konstruktes in einen übergeordneten theoretischen Rahmen, innerhalb dessen Aussagen zu Beziehungen zwischen theoretischen Konstrukten getroffen werden. Indem die theoretischen Beziehungen durch eine empirische Überprüfung bestätigt werden, wird auch die Validität der Konstrukte bestätigt (Homburg/Giering 1996: 7f.).

Die Messung der beobachtbaren Variablen (Indikatoren) erfolgt in der vorliegenden Untersuchung fast ausschließlich auf Ordinalskalenniveau: Skalen mit fünf oder sechs Abstufungen, die semantisch differenziert sind, z.B. mit den Endpunkten "stimme voll zu" und "stimme gar nicht zu". Ausnahmen bilden eine Nominalskala zur Messung der Entlohnung und einige Intervallskalen, z.B. zur Erfassung von Größe (Leistungsvolumen, Umsatz, Mitarbeiter), der Dauer der Leistungserstellung oder dem Anteil an Aufträgen der öffentlichen Hand (vgl. den Fragebogen in Anhang A).

4.2.1 Die abhängige Variable: das Steuerungs- und Kontrollsystem

Wie in den Ausführungen in Kapitel 2.2.2.3 und Kapitel 3.1 festgestellt wurde, sind die bisherigen Konzeptionen in anderen Forschungsarbeiten und die darauf aufbauenden Operationalisierungen von Steuerung und Kontrolle entweder an eindimensionalen theoretischen Kon-

---

178 Im Gegensatz zu einer explorativen Faktorenanalyse werden bei einer konfirmatorischen Faktorenanalyse a priori konkrete, theoretisch geleitete Hypothesen über mögliche Korrelationen zwischen Indikatoren abgeleitet, die hinter bestimmten Faktoren stehen (Backhaus et al. 1994: 251).

179 Ein dadurch gemessener MSA-Wert (=*M*easure of *S*ampling *A*dequacy) von <0,5 wird als inakzeptabel angesehen, ansonsten werden folgende Abstufungen gemacht: ≥0,5 "kläglich", ≥0,6 "mittelmäßig", ≥0,7 "ziemlich gut", ≥0,8 "verdienstvoll" und ≥0,9 "erstaunlich" (Backhaus et al. 1994: 205). Vgl. zu weiteren, alternativen Verfahren wie z.B. der Bartlett-Test oder die Anti-Image-Kovarianzmatrix Backhaus et al. (1994: 202-205).

180 Das Ziel einer Hauptkomponentenanalyse ist die möglichst umfassende Widerspiegelung der Datenstruktur durch möglichst wenige Faktoren. Es werden darin keine kausalen Interpretationen der Faktoren (= Korrelationen *zwischen* den Faktoren) vorgenommen. Diese Interpretation entspricht der Zielsetzung in der vorliegenden Untersuchung, denn nicht die *Ursache* für die Ladungen von Indikatoren auf einen Faktor (zur Anwendung kommt hier die Hauptachsenanalyse) ist von Relevanz – dies wurde bereits aufgrund theoretischer Vorüberlegungen festgelegt –, sondern die *Sammlung und Zusammenfassung* von Indikatoren auf einen oder mehrere Faktoren steht im Vordergrund der Analyse (vgl. dazu Backhaus et al. 1994: 221f.).

strukten (z.B. einzelne Informations- bzw. Entlohnungsinstrumente) oder an dichotomen theoretischen Konstrukten ausgerichtet. Dichotome Konstrukte beinhalten dann zwar eine Differenzierung in eine Input- und eine Output-Orientierung, jedoch werden die dahinter liegenden Dimensionen der Information und Entlohnung nicht getrennt. So wird beispielsweise eine input-orientierte Verhaltenskontrolle einer output-orientierten Entlohnung gegenübergestellt – eine input-orientierte Entlohnung und/oder output-orientierte Informations- bzw. Kontrollinstrumente werden in diesen Arbeiten nicht überprüft (vgl. z.B. Eisenhardt 1988: 500; Govindarajan/Fisher 1990: 272; Beatty/Zajac 1994: 321-323; Celly/Frazier 1996: 208). Damit können zwar einzelne Steuerungs- und Kontrollinstrumente betrachtet werden, aber die Ausrichtung des gesamten Steuerungs- und Kontrollsystems wird nicht erklärt, abgebildet und überprüft.

In der organisatorischen Praxis kann demgegenüber die *simultane* Anwendung von sowohl output-orientierten als auch input-orientierten Steuerungs- und Kontrollinstrumenten der Information/Kontrolle und der Entlohnung festgestellt werden. Diese Tatsache legt eine Betrachtung des gesamten Steuerungs- und Kontrollsystems nahe. Eine wichtige Aufgabe der vorliegenden Untersuchung ist daher in der theoretischen Konzeption und der Abbildung bzw. Operationalisierung des gesamten Steuerungs- und Kontrollsystems zu sehen.

Ein Steuerungs- und Kontrollsystem besteht aus den Dimensionen der Information und der Entlohnung. Jede Dimension setzt sich aus einem output-orientierten und einem input-orientierten Faktor zusammen. Die jeweiligen Faktoren wiederum werden durch die verschiedenen Steuerungs- und Kontrollinstrumente als Indikatoren gebildet (in Abbildung 4.3 als Quadrate dargestellt).

Die relevanten Instrumente zur Steuerung und Kontrolle von Bauleistungen (Indikatoren) wurden in ihren Inhalten und Wirkungsweisen bereits in Kapitel 2.2.2.4 identifiziert und ausführlich beschrieben. Die Entwicklung des theoretischen Konstruktes ist damit eng an die theoretischen Erkenntnisse zu Steuerung und Kontrolle und die in der Baupraxis angewandten Instrumente angelehnt.[181]

[181] Aufgrund der Neuartigkeit des Konstruktes können keine vergleichbaren Operationalisierungen aus anderen Arbeiten herangezogen werden.

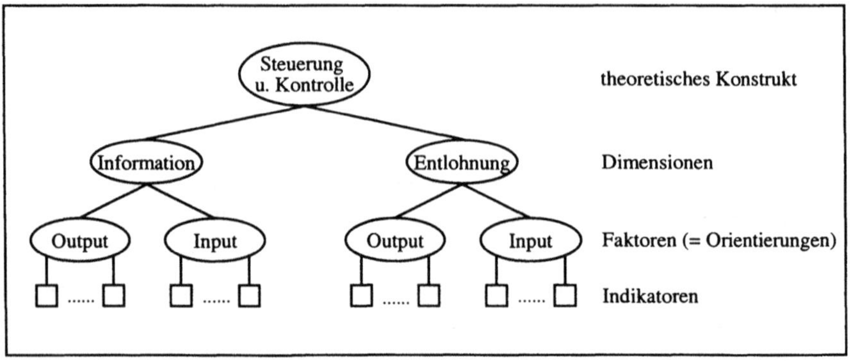

Abbildung 4.3: Das theoretische Konstrukt "Steuerungs- und Kontrollsystem"

Nachfolgend wird die Erläuterung und Konstruktion des gesamten theoretischen Konstruktes der Steuerung und Kontrolle in drei Schritten dargestellt:

a) Darstellung der Dimension der Information

b) Darstellung der Dimension der Entlohnung

c) Komposition des endgültigen Konstruktes der Steuerung und Kontrolle

a) Die Dimension der Information {info}[182]

Die Dimension der Information wurde mit zwölf Indikatoren operationalisiert, je sechs Indikatoren für eine output-orientierte und eine input-orientierte Information (vgl. Tabelle 4.4).

Die Reliabilitätsanalyse mittels Cronbachs Alpha ergab für die output-orientierte Dimension der Information einen Wert von 0,71 und für die input-orientierte einen Wert von 0,80. Vor dem Hintergrund der Neuartigkeit des theoretischen Konstruktes können die Werte als sehr gut bezeichnet werden.

[182] Die Namen der in die statistischen Auswertungen eingehenden Variablen werden in solche Klammern { } eingefaßt.

Indikator-bezeichnung[183]	*Inhaltliche Gestaltung des Indikators*	*Nummer der Frage*[184]
	output-orientierte Dimension	
berich_o	Berichte über Entwicklung der Leistungen	2.V.2b
plan_o	Planungen der Leistungsergebnisse	2.V.3b
kalk_o*	Kalkulationen ergebnisbezogener Kosten	2.V.4b, d
kenn_o	Kennzahlen hinsichtlich erstellter Leistungen	2.V.5b
beob_o	Persönliche Beobachtungen der Leistungsergebnisse	2.V.7b
pruef_o	Prüfungen der erstellten Leistungen	2.V.8b
	Input-orientierte Dimension	
berich_i	Berichte über die Kosten eingesetzter Inputs	2.V.2a
plan_i	Planungen einzusetzender Ressourcen	2.V.3a
kalk_i**	Kalkulationen einzusetzender/eingesetzter Ressourcen	2.V.4a, c
kenn_i	Kennzahlen hinsichtlich eingesetzter Ressourcen	2.V.5a
beob_i	Persönliche Beobachtungen der eingesetzten Ressourcen	2.V.7a
pruef_i	Prüfungen der eingesetzten Ressourcen	2.V.8a

* Der Indikator wurde vorab als Mittelwert aus den Indikatoren "output-orientierte Vorkalkulationen" und "output-orientierte Nachkalkulationen" gebildet.

** Der Indikator wurde vorab als Mittelwert aus den Indikatoren "input-orientierte Vorkalkulationen" und "input-orientierte Nachkalkulationen" gebildet.

Tabelle 4.4: Operationalisierung der Dimension der Information

Die Daten zur Messung der output- und input-orientierten Dimensionen der Information sind jeweils für eine Faktorenanalyse geeignet (das KMO-Kriterium der output-orientierten Indikatoren ist 0,71, das der input-orientierten 0,82).[185] Sowohl die Indikatoren der Output-Orientierung der Dimension als auch die Indikatoren der Input-Orientierung der Dimension laden alle auf einen Faktor (vgl. Tabelle 4.5 und 4.6).

183 Gegenüber dem Fragebogen wurde bei allen Indikatoren zur Abbildung der Informationsdimension die Skalierung gedreht.

184 In dieser Spalte wird jeweils die Nummer der Frage des in Anhang A aufgeführten Fragebogens angegeben, der die vollständige Formulierung der Frage enthält. Die Nummerierung wurde wie folgt gestaltet:

Fragebogenteil — Frage innerhalb des Abschnitts

1.II.6a

Abschnitt innerhalb des Fragebogenteils

185 Die Prüfung der Anti-Image-Korrelations-Matrix ergab, daß sich bis auf zwei Indikatoren, die als mittelmäßig anzusehen sind, alle Indikatoren durch die Güte "ziemlich gut" oder "verdienstvoll" auszeichnen.

Indikator	Kommuna-lität	Faktor	Eigenwert	Prozent der Varianz	Kumulierte Prozent	Faktor 1
berich_o	,456	1	2,451	40,9	40,9	,675
plan_o	,428		(0,999)			,654
kalk_o	,409					,640
kenn_o	,620					,787
pruef_o	,365					,604
beob_o	,173					,416

Tabelle 4.5: Erklärte Varianz und Faktorladungen der Messung der Dimension der output-orientierten Information

Indikator	Kommuna-lität	Faktor	Eigenwert	Prozent der Varianz	Kumulierte Prozent	Faktor 1
berich_i	,517	1	3,079	51,3	51,3	,719
plan_i	,440		(0,950)			,663
kalk_i	,658					,811
kenn_i	,704					,839
pruef_i	,553					,744
beob_i	,207					,455

Tabelle 4.6: Erklärte Varianz und Faktorladungen der Messung der Dimension der input-orientierten Information

Bei einer näheren Untersuchung der beiden Faktormatrizen fällt auf, daß zwar die Indikatoren "beob_o" bzw. "beob_i" auf den einzigen extrahierten Faktor laden, allerdings mit einer Faktorladung <0,5 (vgl. auch die relativ schwachen Kommunalitäten und der zweite Eigenwert von knapp unter 1). Aus diesem Grund wurde eine weitere Faktorenanalyse pro Dimension durchgeführt, in der zwei zu extrahierende Faktoren vorgegeben wurden. Die Analysen ergaben, daß sich dann beide Dimensionen sinnvoll in jeweils zwei Faktoren differenzieren lassen: ein Faktor ergibt sich aus den jeweiligen Indikatoren "berich", "plan", "kalk", "kenn" und "pruef", während der andere Faktor ausschließlich durch den Indikator "beob" gebildet wird[186] (vgl. die Tabellen B.1 und B.2 in Anhang B).

Betrachtet man bestimmte Charakteristika der einzelnen Steuerungs- und Kontrollinstrumente genauer, so läßt sich erkennen, daß im Vergleich zu dem Instrument der persönlichen Beobachtung ("beob_o" und "beob_i") alle anderen Instrumente einen tendenziell formalisierteren Charakter aufweisen. Die dort generierten Steuerungs- und Kontrollinformationen sind zumeist stärker standardisiert, werden in ihrer Ausgestaltung stärker projektübergreifend verwandt und ihre Erfassung und Interpretation ist weniger subjektiv als dies bei persönlichen

[186] Der Eigenwert dieses Faktors ist kleiner 1 (0,999 bzw. 0,950). Das bedeutet, daß der Faktor weniger Varianz erklärt, als der Indikator allein. Dies hat jedoch keine Auswirkungen auf die endgültige empirische Anwendung des theoretischen Konstruktes, da die Komposition der abhängigen Variablen (vgl. unten "c) Komposition des endgültigen Konstruktes") durch die Indikatoren und nicht mittels der Faktorwerte erfolgt, d.h. letztlich geht die gesamte Varianz der Indikatoren "beob_o" und "beob_i" in die Untersuchung ein.

Beobachtungen der Fall ist. Die oftmals sehr häufigen bis permanenten persönlichen Beobachtungen durch das Baumanagement stellen ein besonderes Spezifikum der Bauproduktion dar und sind in anderen Branchen gar nicht oder in wesentlich geringerem Umfang und geringerer Intensität vorzufinden. Daher kann die Bildung eines eigenen Faktors durch den Indikator der persönlichen Beobachtung nicht wirklich überraschen; und daß die Bildung eines eigenen Faktors durch den Indikator "beob" nicht zufällig erfolgt, wird zudem durch den Umstand gestützt, daß der Zusammenhang getrennt in beiden Orientierungen der Information (Output wie Input) auftritt.

Die Orientierungen der Dimension der Information werden somit jeweils durch zwei unterschiedliche Faktoren abgebildet, welche verschiedene Facetten des gleichen Konstruktes wiedergeben. Generell weist dieses neuartige theoretische Konstrukt insgesamt eine gute Konsistenz und inhaltliche Konvergenz der einzelnen Indikatoren auf.

b) Die Dimension der Entlohnung {entlohn}

Die Dimension der Entlohnung wurde mit sieben Indikatoren operationalisiert, drei Indikatoren für eine output-orientierte und vier für eine input-orientierte Entlohnung (vgl. Tabelle 4.7). Die Indikatoren können nur auf Nominalskalenniveau erhoben werden – eine Faktorenanalyse zur Ermittlung der Validität ist daher nicht anwendbar. Theoretisch ist zwar auch bei dichotomen Indikatoren eine Reliabilitätsanalyse möglich (Matiaske 1990: 101), da jedoch einzelne Entlohnungsformen sich gegenseitig ausschließen (z.B. Pauschalpreis *oder* freie Honorarvereinbarung), während andere Entlohnungsformen sehr wohl kombiniert werden können, aber nicht müssen (z.B. Einheitspreise und ergebnisbezogene Prämien), ist die Durchführung einer Reliabilitätsanalyse als nicht sinnvoll zu erachten.

Indikator-bezeichnung	*Inhaltliche Gestaltung des Indikators*	*Nummer der Frage*
	output-orientierte Dimension	
preis_o1	Entlohnung mittels Pauschalpreise	2.V.6a
preis_o2	Entlohnung mittels freier Honorarvereinbarung	2.V.6f
preis_o3	Entlohnung mittels ergebnisbezogener Prämien	2.V.6g
	input-orientierte Dimension	
preis_i1	Entlohnung mittels Einheitspreise	2.V.6b
preis_i2	Entlohnung mittels Kostenverrechnung plus Gewinnbeteiligung	2.V.6c
preis_i3	Entlohnung mittels Kostenverrechnung	2.V.6d
preis_i4	Entlohnung mittels Honorar nach Honorarordnung	2.V.6e

Tabelle 4.7: Operationalisierung der Dimension der Entlohnung

c) Komposition des endgültigen Konstruktes

Da das Ziel der vorliegenden Arbeit die Erklärung der *Gesamtausrichtung des Steuerungs- und Kontrollsystems* mittels der zwei Dimensionen Information und Entlohnung ist, muß sich auch dessen Abbildung und damit die Operationalisierung an dieser Zielsetzung ausrichten. Daher wurden die beiden Dimensionen wie folgt aggregiert:

Beide Dimensionen weisen jeweils eine Output- und eine Input-Orientierung auf. Daraus lassen sich dichotome Dimensionen bilden: die output- versus input-orientierte Dimension der Information und die output- versus input-orientierte Dimension der Entlohnung (vgl. Abbildung 4.4).

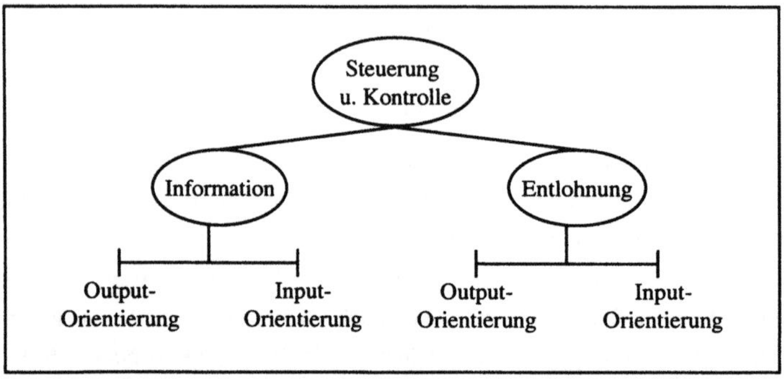

Abbildung 4.4: Kontinua der Dimensionen des Steuerungs- und Kontrollsystems

Der Aufbau der Dimension der *Information {info}* erfolgte in zwei Schritten:

In einem ersten Schritt wurden alle output-orientierten Steuerungs- und Kontrollindikatoren ("berich_o", "plan_o" etc.) durch die Bildung von Mittelwerten aggregiert. Das Gleiche wurde mit allen input-orientierten Steuerungs- und Kontrollindikatoren ("berich_i", "plan_i" etc.) durchgeführt.

Im zweiten Schritt wurden die im vorhergehenden Schritt entstandenen zwei aggregierten Größen der output- und input-orientierten Steuerung und Kontrolle zueinander in Beziehung gesetzt und damit zu einer Größe verdichtet (= mittels der mathematischen Verknüpfung "Input-Orientierung minus Output-Orientierung"). Das Ergebnis ist ein dichotomes Konstrukt, dessen theoretischer Mittelwert bei 0 liegt und dessen Endpunkte die Maximalwerte von -5

(= Verfolgung einer ausschließlich output-orientierten Informationsstrategie) und +5 (= Verfolgung einer ausschließlich input-orientierten Informationsstrategie) bilden.[187]

Die Dimension der *Entlohnung {entlohn}* wird mittels einer Dummy-Variable abgebildet: der Wert 1 wird für die ausschließliche bis stark überwiegende Verwendung von output-orientierten Entlohnungsformen benutzt, der Wert 3 für die ausschließliche bis stark überwiegende Verwendung von input-orientierten Entlohnungsformen und der Wert 2 für eine gemischte Entlohnungsform mit output- und input-orientierten Preisen.

4.2.2 Die unabhängigen Variablen: Einflußfaktoren auf das Steuerungs- und Kontrollsystem

Zur besseren Übersichtlichkeit wird die Operationalisierung der unabhängigen Variablen nach ihrer theoretischen Zuordnung in zwei unterschiedlichen Gliederungspunkten dargestellt.

4.2.2.1 Die agenturtheoretischen Konstrukte

Die agenturtheoretischen Konstrukte setzen sich aus den Variablen zur Abbildung der Informationsasymmetrien ex ante des Vertragsschlusses (vgl. Kapitel 3.2.1) und der Agenturproblematik ex post des Vertragsschlusses (vgl. Kapitel 3.2.2) zusammen.

Reputation des Leistungserbringers {rep}

Die einem Leistungserbringer von dem Auftraggeber zugeschriebene Reputation wurde durch vier Indikatoren gemessen, welche in der nachfolgenden Tabelle 4.8 aufgeführt sind.

Indikator-bezeichnung	*Inhaltliche Gestaltung des Indikators*	*Nummer der Frage*
fairness	Bekannt für faires Geschäftsgebahren	2.II.4b
professional	Besondere Ausführungsprofessionalität	2.II.4c
markterfolg	Schon lange mit dieser Leistung am Markt erfolgreich	2.II.4d
spezialisierung	Besonders auf diese Leistung spezialisiert	2.II.4e

Tabelle 4.8: Operationalisierung des Konstruktes "Reputation des Leistungserbringers"

Die Reputation eines Leistungserbringers ist eine Eigenschaft, die sich in der Regel erst im Zeitablauf entwickelt und durch zwei wesentliche Kriterien bestimmt wird: 1) durch die

[187] Die tatsächlichen Extrema werden durch die Werte -2,11 und +1,48 gebildet; der Mittelwert ist -0,265, d.h., daß über die gesamte Stichprobe hinweg eine leichte Output-Orientierung in der Ausgestaltung des Steuerungs- und Kontrollsystems festzustellen ist.

gezeigte Ausführungsqualität und 2) durch die Zuverlässigkeit, mit der eine Leistung erstellt wird, und dem dabei gezeigten Verhalten. Der Leistungserbringer muß zum Aufbau einer Reputation über einen längeren Zeitraum zeigen, daß er sowohl die Leistungsausführung gut beherrscht als auch in der Abwicklung der Leistungsbeziehung eine faires Verhalten an den Tag legt, z.B. hinsichtlich Vertragsinterpretationen, Termintreue oder dem Wahrheitsgehalt von Aussagen.

Diese zeitliche Dimension wurde in den Fragen berücksichtigt, indem Formulierungen wie "...ist bekannt dafür..." oder "...schon lange..." verwandt wurden. Die Qualität der Leistungserbringung bildeten die Indikatoren zur Ausführungsprofessionalität ("professional") und zum Spezialisierungsgrad ("spezialisierung") ab. Die Zuverlässigkeit im Verhalten wurde durch die Fairness im Geschäftsgebahren ("fairness") erfaßt. Eine diese Indikatoren überspannende Variable, die vor allem den zeitlichen Bezug betont, ist der langfristige Markterfolg des Leistungserbringers ("markterfolg") – denn in marktlichen und durch Konkurrenz charakterisierten Austauschbeziehungen ist davon auszugehen, daß eine Reputation auch entsprechende Auswirkungen auf den Erfolg hat.

Das Cronbachs Alpha des theoretischen Konstruktes Reputation ergab einen Wert von 0,82, die Faktorenanalyse zeigte, daß alle Indikatoren auf einen Faktor laden (KMO-Kriterium 0,75, erklärte Varianz 64,8 %) (vgl. Tabelle B.3 in Anhang B).

Zusammenarbeit in der Vergangenheit {zusamm}

Wie häufig der Auftraggeber mit dem Leistungserbringer bereits in der Vergangenheit zusammengearbeitet hat, wurde mit einer direkt beobachtbaren Variable erhoben (vgl. Tabelle 4.9).

Indikator-bezeichnung	*Inhaltliche Gestaltung des Indikators*	*Nummer der Frage*
zusamm (g)[188]	Häufigkeit der Zusammenarbeit in der Vergangenheit	2.I.5

Tabelle 4.9: Operationalisierung des Konstruktes "Zusammenarbeit in der Vergangenheit"

Bedeutung der Leistungsbeziehung {bedeut}

Ebenfalls mit einer direkt zu beobachtenden Variable (vgl. Tabelle 4.10) wurde gemessen, welche Bedeutung die betrachtete Leistungsbeziehung für den Leistungserbringer hat.

[188] (g) = der Indikator wurde gegenüber dem Fragebogen gedreht.

Indikator-bezeichnung	*Inhaltliche Gestaltung des Indikators*	*Nummer der Frage*
bedeut	Bedeutung des Auftrages für den Leistungserbringer	2.I.8

Tabelle 4.10: Operationalisierung des Konstruktes "Bedeutung der Leistungsbeziehung"

Die auf diese Weise erfolgte Messung des Konstruktes kann sicherlich nicht endgültig befriedigen, da keine Befragung des Leistungserbringers selbst erfolgte, sondern die Bedeutung für ihn nur indirekt über die Einschätzung des Auftraggebers gemessen wurde. Aus Gründen einer ökonomischen Erhebungsdurchführung und wegen der Zurückhaltung der befragten Unternehmungen bei der Weitergabe von Namen ihrer Leistungserbringer, war eine direkte Befragung nicht möglich. Infolge wiederholter Beziehungen der Partner, intensiven Vertragsvorgesprächen und der vergleichsweise hohen Branchentransparenz in der Bauwirtschaft vermögen jedoch die Auftraggeber gut einzuschätzen, wie hoch die Bedeutung des Auftrages für den Leistungserbringer ist.

Konkurrenzsituation des Leistungserbringers {markt}

Auf der Marktseite des Leistungserbringers wurde die Konkurrenzsituation durch drei Indikatoren abgebildet (vgl. Tabelle 4.11). Dadurch soll gemessen werden, in welchem Ausmaß und in welcher Intensität sich der Leistungserbringer bei der Auftragsvergabe mit anderen potentiellen Bewerbern um diesen Auftrag auseinandersetzen mußte. Im Mittelpunkt steht somit die unmittelbare Konkurrenzsituation bei der Vergabe der Leistung.

Indikator-bezeichnung	*Inhaltliche Gestaltung des Indikators*	*Nummer der Frage*
anzahl	Auswahl zwischen sehr vielen Leistungserbringern	2.II.3a
vergleichbar	Wettbewerbsfähigkeit und Qualität leicht zu vergleichen	2.II.3c
wettbewerb	Konkurrierten in einem intensiven Preiswettbewerb	2.II.3b

Tabelle 4.11: Operationalisierung des Konstruktes "Konkurrenzsituation des Leistungserbringers"

Ein Indikator für eine Konkurrenzsituation ist die Anzahl der Wettbewerber, die sich um einen Auftrag bemühen, denn je mehr potentielle Leistungserbringer an einer Ausschreibung teilnehmen, desto intensiver ist die Konkurrenzsituation (Anderson/Weitz 1986: 14). Auch gute Vergleichsmöglichkeiten zwischen den Wettbewerbern hinsichtlich Leistungsvermögen und Ausführungsqualitäten führen zu einer tendenziell höheren Konkurrenzintensität (Walker/ Weber 1984: 380). Als dritter Indikator wurde die Intensität des Preiswettbewerbs zwischen den potentiellen Leistungserbringern gemessen. Dieser Indikator zielt in Relation zu dem Indikator "vergleichbar" ausschließlich auf den in der Bauwirtschaft sehr stark betonten Preis der Erstellung ab, ohne engeren Einbezug des Leistungsvermögens und der Ausführungsqualität.

Für das theoretische Konstrukt wurde ein Cronbachs Alpha von 0,78 ermittelt, die Faktorenanalyse ergab, daß die drei Indikatoren alle auf einen Faktor laden (KMO-Kriterium 0,70, erklärte Varianz 69,8 %) (vgl. Tabelle B.4 in Anhang B).

Garantien und Sicherheitsleistungen {garant}

Das Konstrukt zur Erfassung des Ausmaßes vereinbarter Garantien und Sicherheitsleistungen des Leistungserbringers wurde mittels dreier Indikatoren erfaßt (vgl. Tabelle 4.12).

Indikator-bezeichnung	*Inhaltliche Gestaltung des Indikators*	*Numer der Frage*
bedingungen	Aspekte und Bedingungen der Leistungserstellung detailliert festgelegt	2.I.3a
termingarantie	Garantien und Sicherheiten hinsichtlich Termineinhaltung	2.I.3b
qualitäts-garantie	Garantien und Sicherheiten hinsichtlich Qualität	2.I.3c

Tabelle 4.12: Operationalisierung des Konstruktes "Garantien und Sicherheitsleistungen"

In Leistungsbeziehungen im Rahmen von Bauprojekten werden Garantien und Sicherheitsleistungen in Form von Gewährleistungszusagen, Selbstverpflichtungen, Bürgschaften etc. explizit vertraglich fixiert (Bayer 1991: 93; Döbereiner/Cuypers 1993: 76ff., 173ff.; Seeling 1995: 175). Aufgrund hoher Leistungsinterdependenzen zwischen den verschiedenen Leistungserbringern und den eigenen Verpflichtungen des Auftraggebers gegenüber dem Bauherrn ist in Bauprojekten die termingerechte und qualitativ richtige Erstellung jeder einzelnen Leistung von hoher Bedeutung. Diese wichtigen Vertragsgegenstände wurden daher jeweils mit einem Indikator erfaßt. Da es für die Durchsetzung von Garantien und Sicherheitsleistungen notwendig ist, daß der Gegenstand der Vereinbarungen ebenfalls entsprechend umfassend und genau festgelegt ist,[189] wurde ein dritter Indikator erhoben, der den Detaillierungsgrad der vertraglichen Vereinbarungen abbildet.

Die Reliabilitätsprüfung des Konstruktes ergab einen Alpha-Wert von 0,87. Alle drei Indikatoren lassen sich durch einen Faktor widerspiegeln (KMO-Kriterium 0,65, erklärte Varianz 79,9 %) (vgl. Tabelle B.5 in Anhang B).

[189] Ein hoher Anteil der rechtlichen Auseinandersetzungen zwischen Vertragspartnern bezieht sich auf Mängel in der Leistungsqualität und auf die Zuordnung der Verantwortlichkeiten für Terminüberschreitungen (Lang 1993: 180).

Risikohaltung des Auftraggebers {risiko_a}

In agenturtheoretischen Arbeiten wird die Bedeutung der Risikopräferenzen der Akteure hervorgehoben, jedoch werden in empirischen Untersuchungen in simplifizierender Weise die Risikopräferenzen den Akteuren bzw. Gruppen von Akteuren per se zugeordnet – eine explizite Differenzierung unterschiedlicher Risikohaltungen innerhalb einer Gruppe von Akteuren wird nicht vorgenommen (Baiman 1990: 343; Bergen/Dutta/Walker 1992: 4). Wie in Kapitel 3.2.2 bereits diskutiert wurde, kann von einer solchen "per se-Festlegung" der Risikopräferenzen bei der Erstellung von Bauleistungen nicht ausgegangen werden.[190]

Risiko bedeutet allgemein Unklarheit hinsichtlich zukünftiger Ergebnisse oder eintretender Ereignisse (Miller/Bromiley 1990: 757ff.; Bloom/Milkovich 1998: 285). Die Darstellung, Erklärung und Erfassung von Risiko und Risikoeinstellungen von Akteuren erfolgt sehr vielfältig (vgl. z.B. Arrow 1971; MacCrimmon/Wehrung 1986; Bromiley/Curley 1992; Yates/Stone 1992).[191] Zwei konzeptionelle Entscheidungsbereiche sind für die Abbildung und Erfassung von Risikohaltungen notwendigerweise zu unterscheiden: zum einen muß zwischen einer situationsunabhängigen, akteurspezifischen Risikopräferenz und einem situativ empfundenen Risiko differenziert werden (MacCrimmon/Wehrung 1986: 53ff.; March/Shapira 1987: 1405f.; Bromiley/Curley 1992: 92-94; Chiles/McMackin 1996: 81f.). Zum anderen ist die Art der Erhebung der Risikopräferenz festzulegen. Folgende Möglichkeiten sind denkbar: 1. die theoretisch begründete Zuordnung von Risikopräferenzen für einen Akteur bzw. einer Gruppe von Akteuren (= "per se-Festlegung"), 2. die Befragung des Akteurs hinsichtlich dessen eigener Einschätzung seiner Risikohaltung, 3. die Beobachtung des Akteurs in einer Vielzahl unterschiedlicher Situationen oder 4. der Aufbau einer Entscheidungssituation, innerhalb derer der Akteur eine Entscheidung treffen muß – aufgrund der getroffenen Entscheidung wird ihm dann eine Risikopräferenz zugeordnet.[192]

Eine exogene Zuordnung von Risikopräferenzen soll aufgrund ihrer Variabilität, selbst in relativ homogenen Gruppen von Akteuren, nicht vorgenommen werden (vgl. oben die Erhebungsmöglichkeit 1). Aus forschungsökonomischen Gründen muß weiterhin auf die Beobachtung eines Akteurs in unterschiedlichen Situationen bzw. den Aufbau einer Entscheidungssituation verzichtet werden (Erhebungsmöglichkeiten 3 und 4). Somit wird die individuelle Selbsteinschätzung der Akteure herangezogen, um die Risikopräferenzen zu erfassen.

Die Operationalisierung des theoretischen Konstruktes der Risiko*haltung* der Akteure verknüpft die akteurspezifische, im Zeitablauf als relativ stabil zu unterstellende (situations-

---

[190] Dort wurde ausgeführt, daß die in vielen agenturtheoretischen Arbeiten getroffene Unterstellung, der Leistungserbringer sei eher risikoavers und der Auftraggeber eher risikoneutral, im Kontext der Untersuchung nicht haltbar ist.

[191] "...risk is not an objective feature of a decision alternative itself. Instead, it represents an interaction between the alternative and the risk taker. In other words, risk is an inherently subjective construct." (Yates/Stone 1992: 5).

[192] Die beiden letzten Möglichkeiten stellen die aufwendigste Art der Ermittlung von Risikoeinstellungen dar – sie werden meist in Verbindung mit Laborexperimenten angewandt (vgl. z.B. Bromiley/Curley 1992: 100ff.).

unabhängige) Risiko*präferenz* mit der spezifischen *Situation* der Leistungserstellung und mißt damit die tatsächliche Risikohaltung der Akteure in einer bestimmten Situation. Folgende Indikatoren wurden dazu gemessen (vgl. Tabelle 4.13):

Indikator-bezeichnung	*Inhaltliche Gestaltung des Indikators*	*Nummer der Frage*
risiko_prinzipal	Neigung zu risikoreichen Projekten und Aktionen	1.I.5a
verantwortlich	Zuordnung von Verantwortlichkeiten bei Leistungs-störungen oder Schlechtleistung	2.II.1c

Tabelle 4.13: Operationalisierung des Konstruktes "Risikohaltung des Auftraggebers"

Der Indikator "risiko_prinzipal" drückt die situativ unabhängige und im Zeitablauf relativ stabile Risikopräferenz des Auftraggebers aus. Der Indikator "verantwortlich" mißt, ob die Ursachen von Leistungsstörungen und Fehlern dem Leistungsersteller zuzuordnen sind oder nicht. Dadurch wird das situativ empfundene Risiko des Auftraggebers wiedergegeben, die Folgen einer Leistungsstörung oder Schlechtleistung selbst tragen zu müssen.[193]

Einem Akteur kann zwar eine generelle Risikopräferenz zugeschrieben werden, denn einige Akteure verhalten sich tendenziell risikoavers, während andere eher risikofreudig sind, aber diese Risikopräferenz korrespondiert auch mit dem situativ empfundenen Risiko einer Leistungserstellung. Eine Risikohaltung ist nicht situationsübergreifend "betoniert". Damit wird unterstellt, daß beispielsweise ein tendenziell risikoavers ausgerichteter Akteur in einer Situation, die mit einem sehr geringen Risiko behaftet ist, eine andere Risikobereitschaft zeigen wird, als in einer Situation mit höherem oder sehr hohem Risiko. Die Abbildung dieses Zusammenhangs erfolgt mittels einer multiplikativen Verknüpfung der beiden Indikatoren (vgl. dazu Abbildung 4.5).[194]

193 Das situativ empfundene Risiko (als risk, uncertainty oder auch als outcome uncertainty bezeichnet) wird in agenturtheoretischen Arbeiten analog zum Betrachtungsgegenstand operationalisiert (vgl. z.B. Eisenhardt 1988: 494; Fladmoe-Lindquist/Jacque 1995: 1241f.; Celly/Frazier 1996: 201f.).

194 Durch die multiplikative Verknüpfung der Indikatoren, welche im Fragebogen jeweils durch eine 6er-Skala gemessen wurden, ergibt sich eine modifizierte Skala mit den Extremwerten von 1 (Akteur ist sehr risikoavers) und 36 (Akteur ist sehr risikofreudig).

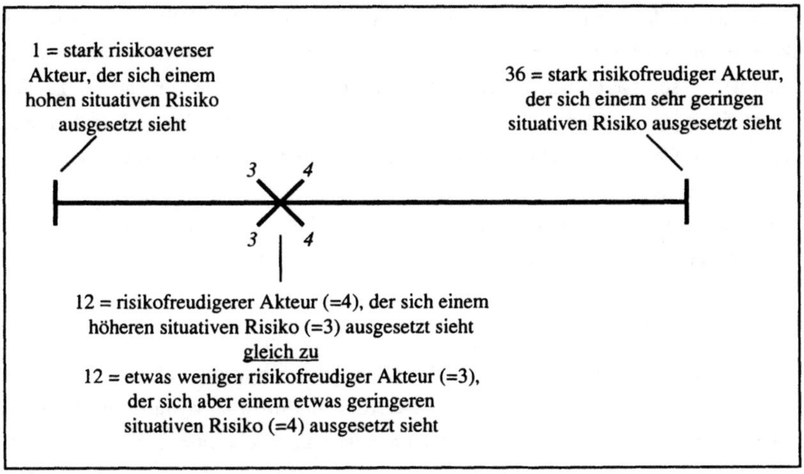

Abbildung 4.5: Multiplikative Verknüpfung der Indikatoren "risiko_prinzipal" und "verantwortlich"

Einige agenturtheoretische Arbeiten greifen diesen Zusammenhang ebenfalls auf (vgl. z.B. Eisenhardt 1988: 494f.; Beatty/Zajac 1994: 320f.; Bloom/Milkovich 1998: 285ff.), allerdings in einer einschränkenden, einfachen Art und Weise: die Unsicherheit der Beziehung Anstrengung–Ergebnis wird darin als situatives Risiko variiert, die generellen Risikopräferenzen werden jedoch nicht dazu in Beziehung gesetzt, sondern weiterhin per se bestimmt. Eine empirische Überprüfung erfolgt in diesen Arbeiten nicht, sondern die Risikopräferenzen werden allenfalls zur Interpretation der Ergebnisse herangezogen. Insofern geht die obige Operationalisierung einen Schritt weiter, indem zusätzlich die übergreifenden Risikopräferenzen gemessen werden und eine Beziehung zwischen situativem Risiko {verantwortlich} und situationsunabhängigen Risikopräferenzen {risiko_prinzipal} hergestellt wird.

Risikohaltung des Leistungserbringers {risiko_l}

Analog zur Messung der Risikohaltung des Auftraggebers wurden hier ebenfalls zwei Indikatoren zur Bildung des Konstruktes herangezogen (vgl. Tabelle 4.14).

Indikator-bezeichnung	*Inhaltliche Gestaltung des Indikators*	*Nummer der Frage*
risiko_agent (g)	Neigung zu risikoreichen Projekten und Aktionen	2.II.4g
abhängigkeit	Abhängigkeit von Leistungen anderer Leistungserbringer	2.II.2c

Tabelle 4.14: Operationalisierung des Konstruktes "Risikohaltung des Leistungserbringers"

Der Indikator "risiko_agent" drückt die situativ unabhängige und im Zeitablauf relativ stabile Risikopräferenz des Leistungserbringers aus. Der Indikator "abhängigkeit" mißt, in welchem Ausmaß der Leistungserbringer in der Ausführung seiner Leistungen von anderen Leistungserstellern abhängig ist. Aufgrund solcher Dependenzen liegt das Ergebnis seiner Anstrengungen nicht mehr allein in seinem Einflußbereich und es entsteht für ihn ein situatives Risiko ob des Leistungserfolges.

Die Konstruktion der Variable mittels einer multiplikativen Verknüpfung erfolgt entsprechend zu der der Risikohaltung des Auftraggebers (vgl. Abbildung 4.5).

Input-Unsicherheit {unsich_in}

Die Input-Unsicherheit bezeichnet eine Form der Informationsasymmetrie zwischen dem Auftraggeber und dem Leistungserbringer. Derartige Informationsasymmetrien liegen dann vor, wenn der Auftraggeber nicht oder nur unvollständig beobachten und beurteilen kann, welche Handlungen der Leistungserbringer ausgeführt hat und welche Ressourcen von ihm eingebracht wurden. Diese Unsicherheiten des Auftraggebers wurden durch die folgenden Indikatoren abgebildet (vgl. Tabelle 4.15):

Indikator-bezeichnung	*Inhaltliche Gestaltung des Indikators*	*Nummer der Frage*
vorstruktur (g)	Beschreibung und Vorstrukturierung der Leistungsausführung	2.II.2a
bewertung	Bewertung einzusetzender Produktionsfaktoren	2.II.2b
änderung	Änderungsmöglichkeiten während der Leistungsausführung	2.II.2d
ablauf	Möglichkeiten des Ablaufs der Leistungsausführung	2.II.2e
daten	Definition von Daten der Leistungsausführung	2.II.2f

Tabelle 4.15: Operationalisierung des Konstruktes "Input-Unsicherheit"

In dem theoretischen Konstrukt werden drei verschiedene Facetten differenziert, die zu Input-Unsicherheiten führen. Die Indikatoren "vorstruktur" und "bewertung" stellen auf die Kenntnisse des Auftraggebers hinsichtlich der Leistungsausführung ab. Die Indikatoren "änderung" und "ablauf" drücken aus, über welchen Spielraum in der Leistungsausführung der Leistungserbringer verfügt. Der Indikator "daten" gibt an, wie gut die Leistung tatsächlich vorab definiert war.

Das Cronbachs Alpha des theoretischen Konstruktes der Input-Unsicherheit ergab einen Wert von 0,55. Die Faktorenanalyse zeigte, daß alle Indikatoren auf einen Faktor laden (KMO-Kriterium 0,66, erklärte Varianz 36,3 %) (vgl. Tabelle B.6 in Anhang B). Das Konstrukt kann auf der Basis der Reliabilitäts- und Validitätsüberprüfung nicht vollkommen befriedigen, wenngleich z.B. Anderson/Coughlan (1987: 75) für neu entwickelte Meßmodelle ein Cronbachs Alpha von >0,5 als noch ausreichend klassifizieren. Daß die fünf Indikatoren auf einen Faktor laden, ist zwar ebenfalls eine Bestätigung für die Validität des Konstruktes, jedoch ist der Anteil der erklärten Varianz niedrig.[195] Ein Hauptgrund für die relative Schwäche des Konstruktes dürfte in der Heterogenität der in die Untersuchung einbezogenen Leistungsbeziehungen zu sehen sein: von der Architektur-, Design- und Ingenieurleistung über klassische Bauhaupt- und Baunebenleistungen bis hin zu speziellen Serviceleistungen. Dadurch mußten die Indikatoren mit in der Tendenz allgemeiner formulierten Fragen erhoben werden, woraus letztlich ein entsprechend weiter Interpretationsspielraum für die befragten Personen entstand, der wiederum die Konsistenz der Antworten zueinander beeinflußte.

Output-Unsicherheit {unsich_out}

Die Output-Unsicherheit begründet eine weitere Form der Informationsasymmetrie zwischen dem Auftraggeber und dem Leistungserbringer. Sie basiert darauf, daß der Auftraggeber das Ergebnis des Leistungsausführungsprozesses nur unvollständig zu beobachten und zu beurteilen vermag. Das theoretische Konstrukt wurde mit drei Indikatoren erfaßt (vgl. Tabelle 4.16).

Indikator-bezeichnung	*Inhaltliche Gestaltung des Indikators*	*Nummer der Frage*
beurteilen (g)	Ergebnis anhand weniger Kriterien zu beurteilen	2.II.1a
verbergen	Ergebnisqualität kann leicht verborgen werden	2.II.1b
erkennen (g)	Ergebnisqualität wird innerhalb kurzer Zeit erkennbar	2.II.1d

Tabelle 4.16: Operationalisierung des Konstruktes "Output-Unsicherheit"

Alle drei Indikatoren geben wieder, inwieweit es dem Auftraggeber aufgrund eigener Kenntnisse und sichtbarer bzw. meßbarer Qualitätsmerkmale der fertigen Leistung möglich ist, das Leistungsergebnis zu beurteilen.[196]

Für das theoretische Konstrukt wurde ein Cronbachs Alpha von 0,59 ermittelt. Darüber hinaus laden die drei Indikatoren alle auf einen Faktor (KMO-Kriterium 0,62, erklärte Varianz 55,2 %) (vgl. Tabelle B.7 in Anhang B). Damit ist zwar das theoretische Konstrukt der Output-Unsicherheit akzeptabel und auch besser als das der Input-Unsicherheit, vollkommen befriedigen kann es jedoch ebenfalls nicht. Die Ursache für die relative Schwäche dürfte analog zu der oben im Kontext der Input-Unsicherheit ausgeführten zu sehen sein.

195 Die Prüfergebnisse zu dem Konstrukt fielen im Pre-Test etwas besser aus. Zusätzlich wurde das Konstrukt nochmals um einen weiteren Indikator ergänzt, was jedoch keine Auswirkungen auf die endgültige Konstruktgüte hatte.

196 Der theoretisch unspezifischere Begriff der Qualität wurde deswegen gewählt, weil sich in den Vorgesprächen zur Untersuchung und in den Diskussionen mit Branchenvertretern zu den Inhalten des Fragebogens herausstellte, daß in der Baubranche dieser Begriff als umfassendes Synonym für das Ergebnis von Bauleistungen (Qualität, Quantität, äußeres Erscheinungsbild etc.) verwendet wird.

4.2.2.2 Die institutionalistischen Konstrukte

Unter institutionalistischen Forschern herrscht alles andere als Einigkeit darüber, wie ein institutionalistisches Umfeld und damit die relevanten Einflußfaktoren zu bestimmen sind und welche Faktoren weniger oder mehr Bedeutung bei der Beeinflussung von Organisationen besitzen (Scott 1987a: 501; DiMaggio/Powell 1991b: 65; Gupta/Dirsmith/Fogarty 1994: 273). Diese Sichtweise kann auch auf die Konzeptionaliserung und Operationalisierung der theoretischen Konstrukte ausgedehnt werden. Des weiteren existieren keine vergleichbaren institutionalistischen empirischen Untersuchungen. Aus diesen Gründen wurden im Vorfeld der Untersuchung intensive Diskussionen mit verschiedenen Branchenvertretern geführt, die dem Entwurf und der inhaltlich-semantischen Überprüfung der institutionalistischen theoretischen Konstrukte sowie der Formulierung der direkt beobachtbaren und latenten Variablen dienten.

Gesetze und unternehmungsinterne Bestimmungen {gesetz_out}, {gesetz_in}

Im Mittelpunkt der Betrachtungen stehen institutionalistische Zwänge, die eine Output- oder eine Input-Orientierung aufweisen können. In den Vorgesprächen und insbesondere nach Durchführung des Pre-Tests wurde erkennbar, daß die Auswirkungen und die Wirkungsrichtungen von Zwängen aufgrund gesetzlicher und unternehmungsinterner Bestimmungen gleichgerichtet verlaufen. Ursächlich dafür ist eine starke Dominanz gesetzlicher Vorschriften, welche durch unternehmungsinterne Regelungen meist nur weiter betont und ergänzt werden. Zudem können durch unternehmungsinterne Bestimmungen gesetzliche Vorschriften auf Baubereiche und -leistungen übertragen werden, für die der Gesetzgeber eine zwingende Anwendung nicht vorgesehen hat. Aufgrund der engen Verbindung der Wirkungsrichtung der beiden Bestimmungsfaktoren Gesetze und unternehmungsinterne Bestimmungen erfolgte keine separate Trennung in zwei theoretische Konstrukte.

Gemäß des Erkenntnisinteresses der Untersuchung sind die theoretischen Konstrukte auf die Orientierung (Output bzw. Input) der Einflüsse ausgerichtet – sie bestehen daher jeweils aus den beiden Indikatoren Gesetze und unternehmungsinterne, im Außenverhältnis als freiwillig zu betrachtende Vorschriften (vgl. Tabelle 4.17 und Tabelle 4.18).

Indikator-bezeichnung	*Inhaltliche Gestaltung des Indikators*	*Nummer der Frage*
output_gesetze (g)	Abnahme der fertigen Leistung durch Gesetze bestimmt	2.II.1e
output_bestimm (g)	Abnahme der fertigen Leistung durch (freiwillige) Normen bestimmt[197]	2.II.1f

Tabelle 4.17: Operationalisierung des Konstruktes "output-orientierte Gesetze und Bestimmungen"

Indikator-bezeichnung	*Inhaltliche Gestaltung des Indikators*	*Nummer der Frage*
input_gesetze (g)	Erstellung der Leistung durch Gesetze bestimmt	2.II.2g
input_bestimm (g)	Erstellung der Leistung durch (freiwillige) Normen bestimmt	2.II.2h

Tabelle 4.18: Operationalisierung des Konstruktes "input-orientierte Gesetze und Bestimmungen"

Durch die jeweilige Bildung des Mittelwertes der beiden Indikatoren wird die Stärke bestehender Gesetze und unternehmungsinterner Bestimmungen bestimmt.[198]

Verbände und Vereinigungen {verband}

Dieses theoretische Konstrukt wurde mittels zweier Indikatoren gebildet (vgl. Tabelle 4.19).

Indikator-bezeichnung	*Inhaltliche Gestaltung des Indikators*	*Nummer der Frage*
engagement	Engagement leitender Mitarbeiter in Verbänden	1.I.8
stellenwert	Stellenwert von Empfehlungen von Verbänden	1.I.9

Tabelle 4.19: Operationalisierung des Konstruktes "Verbände und Vereinigungen"

Der Einfluß von Verbänden und Vereinigungen ist sehr eng mit dem Stellenwert verbunden, den solche Institutionen in einer Unternehmung genießen. Der Stellenwert wiederum wird maßgeblich von den Ansichten bestimmt, welche die verantwortlichen, in leitenden Positionen tätigen Personen in einer Unternehmung hinsichtlich der Verbände und Vereinigungen hegen. Diesen Zusammenhang stellt der Indikator "stellenwert" dar. Der zweite Indikator "engagement" mißt die Aktivitäten und die unmittelbare Verbundenheit leitender Mitarbeiter der Unternehmungen in und zu Verbänden, z.B. als ehrenamtliche Funktionäre, Kommis-

197 In der Formulierung der Fragen wurde entsprechend berücksichtigt, daß unternehmungsinterne Bestimmungen und Regelungen im Kontext der Ausführung und Ergebnisse von Bauleistungen üblicherweise als Normen bezeichnet werden (vgl. auch die Hypothesenherleitung in Kapitel 3.3.1).

198 Eine faktorenanalytische Betrachtung von Konstrukten mit nur zwei Indikatoren soll nicht angestellt werden, da die Güte der Messung (KMO-Kriterium) nicht überprüft werden kann: bei nur zwei einbezogenen Indikatoren ist das KMO-Kriterium immer gleich 0,5 und damit als "kläglich" und inakzeptabel anzusehen (vgl. Backhaus et al. 1994: 205f.).

sions- und Gremienmitglieder, Berater oder Fachautoren in Verbandspublikationen. Aufgrund des persönlichen Engagements von Mitgliedern einer Unternehmung werden Informationen, präferierte Verhaltensweisen oder Welt- und Branchenbilder verstärkt in die Unternehmungen hineingetragen.

Die Indikatoren des Einflusses von Verbänden und Vereinigungen werden multiplikativ miteinander verknüpft. Der Verbandsempfehlungen beigemessene Stellenwert spiegelt dabei die *Grundhaltung* wider, welche Verbänden gegenüber eingenommen wird. Das Engagement von Unternehmungsmitgliedern bestimmt darüber hinaus, in welchem *Umfang* und mit welcher *Intensität* Verbandsempfehlungen in die Unternehmung aufgenommen werden. Der Einfluß von Verbänden ist dann als am größten einzuschätzen, wenn Verbandsempfehlungen ein hoher Stellenwert beigemessen wird und gleichzeitig ein starkes Engagement leitender Mitarbeiter in Verbänden für einen intensiven und umfangreichen Informationsfluß sorgt (dieser Skalenwert beträgt nach der multiplikativen Verknüpfung 36). Dem Engagement leitender Mitarbeiter wird somit eine besondere Multiplikatorwirkung zugeschrieben.

Betriebswirtschaftliche Ausbildung {ausbild}

Die betriebswirtschaftliche Ausbildung der Mitarbeiter wurde mit einer direkt beobachtbaren Variable gemessen (vgl. Tabelle 4.20).

Indikator-bezeichnung	*Inhaltliche Gestaltung des Indikators*	*Nummer der Frage*
ausbild	Anteil der Mitarbeiter mit einer betriebswirtschaftlichen (Zusatz-)Ausbildung	1.I.3

Tabelle 4.20: Operationalisierung des Konstruktes "betriebswirtschaftliche Ausbildung"

Zusammenarbeit mit öffentlichen Auftraggebern {öffentl}

Dieses Konstrukt wurde ebenfalls mit einer direkt beobachtbaren Variable abgebildet (vgl. Tabelle 4.21).

Indikator-bezeichnung	*Inhaltliche Gestaltung des Indikators*	*Nummer der Frage*
öffentl	Anteil der Bauleistungen für öffentliche Auftraggeber	1.I.2.a

Tabelle 4.21: Operationalisierung des Konstruktes "öffentliche Auftraggeber"

Selbst empfangene Steuerung und Kontrolle (interne Führung) {delega}

Die selbst empfangene Steuerung und Kontrolle wird mittels des Ausmaßes der Delegation von Entscheidungen (Dezentralisierungsgrad) abgebildet. Das theoretisches Konstrukt setzt sich aus drei Indikatoren zusammen (vgl. Tabelle 4.22).

Indikator-bezeichnung	*Inhaltliche Gestaltung des Indikators*	*Nummer der Frage*
ergebnis-orientierung	Nur das Ergebnis, nicht der Ressourceneinsatz zählt	1.I.6b
eigenverant-wortung	Eigenverantwortliches Akquirieren, Planen und Abwickeln der Bauprojekte	1.I.6a
eingriff	Eingriff in Entscheidungen durch die Unternehmungsleitung	1.I.6c

Tabelle 4.22: Operationalisierung des Konstruktes "Entscheidungsdelegation"

In dem Konstrukt wird die Delegation von Entscheidungen von der Ebene der Unternehmungsleitung auf die Ebene der Niederlassung, welche das Bauprojektmanagement bildet, aus zwei unterschiedlichen Blickwinkeln betrachtet. Zum einen wird abgebildet, inwieweit das Ergebnis (Output) der Anstrengungen der nachgeordneten Ebene das entscheidende Steuerungs- und Beurteilungsmoment für die Unternehmungsleitung ist. Dies wird durch den Indikator "ergebnisorientierung" wiedergegeben. Zum anderen wird aus dem entgegengesetzten Blickwinkel gemessen, in welchem Ausmaß die Unternehmungsleitung in das Management und die Ressourcen (Inputs) der nachgeordneten Einheit eingreift. Die Indikatoren "eigenverantwortung" und "eingriff" bilden dies ab. Ein geringer Umfang an Entscheidungsdelegation zeigt, daß die Unternehmungsleitung in hohem Ausmaß die Geschäftstätigkeit der Niederlassungen und damit die Handlungen und den Ressourceneinsatz (Inputs) in den Niederlassungen bestimmt.

Die Reliabilitätsprüfung des theoretischen Konstruktes ergab einen Cronbachs Alpha-Wert von 0,65. Alle drei Indikatoren lassen sich durch einen Faktor widerspiegeln (KMO-Kriterium 0,60, erklärte Varianz 59,6 %) (vgl. Tabelle B.8 in Anhang B).

4.2.3 Die Variablen zur Erfolgsmessung

Die Erfolgswirksamkeit einer agenturtheoretisch und institutionalistisch geleiteten Ausgestaltung des Steuerungs- und Kontrollsystems wird an der Systemeffizienz ("Wie effizient wurde das Teilziel der Steuerung und Kontrolle erfüllt?") und an der Aufgabeneffizienz ("Wie erfolgreich war die Leistungserstellung?") gemessen.

Systemeffizienz {sys_eff}

Das theoretische Konstrukt wurde mittels vier Indikatoren erfaßt (vgl. Tabelle 4.23).

Indikator-bezeichnung	*Inhaltliche Gestaltung des Indikators*	*Nummer der Frage*
aufwand_ nutzen	Zufriedenheit mit Aufwand-Nutzen-Verhältnis	2.VI.3
konflikte	Konflikte durch die Anwendung der Mechanismen	2.VI.4
anpassung	Anpassungsprobleme an geänderte Rahmenbedingungen	2.VI.5
güte	Güte der vorliegenden Informationen	2.VI.6

Tabelle 4.23: Operationalisierung des Konstruktes "Systemeffizienz"

Die vier Indikatoren dienen der Beurteilung, inwieweit durch den Einsatz des gewählten Instrumentariums das Ziel einer effizienten Steuerung und Kontrolle erreicht wurde. Der Indikator "aufwand_nutzen" bildet die übergeordnete Kosten-Nutzen-Relation der Steuerung und Kontrolle aus der Sicht des Auftraggebers ab. Die verbleibenden Indikatoren konzentrieren sich auf wichtige Auswirkungen durch die Anwendung des Steuerungs- und Kontrollinstrumentariums. Dies sind 1) die Konflikthaltigkeit, 2) die Anpassungsmöglichkeiten aufgrund geänderter Bedingungen und 3) die Güte (= Aktualität, Präzision) des Steuerungs- und Kontrollsystems.

Für das theoretische Konstrukt wurde ein Cronbachs Alpha von 0,69 ermittelt. Die vier Indikatoren laden alle auf einen Faktor (KMO-Kriterium 0,64, erklärte Varianz 52,8 %) (vgl. Tabelle B.9 in Anhang B).

Aufgabeneffizienz {auf_eff}

Die Effizienz der Aufgabenerfüllung (= die Leistungserstellung) wurde mit einer direkt beobachtbaren Variable erhoben (vgl. Tabelle 4.24).

Indikator-bezeichnung	*Inhaltliche Gestaltung des Indikators*	*Nummer der Frage*
auf_eff	Zufriedenheit mit dem Ablauf und dem ökonomischen Erfolg der Leistungserstellung	2.VI.1

Tabelle 4.24: Operationalisierung des Konstruktes "Aufgabeneffizienz"

4.3 Empirische Überprüfung und Ergebnisse der Untersuchung

In Kapitel 3 wurden die Hypothesen zur Erklärung des Steuerungs- und Kontrollsystems aufgestellt. Nachfolgend werden die Ergebnisse der empirischen Überprüfung der Hypothesen dargestellt und diskutiert.[199] Das agenturtheoretische und das institutionalistische Modell zur Erklärung des Steuerungs- und Kontrollsystems sind zunächst getrennt zu erörtern – in einem zweiten Schritt erfolgt die Gegenüberstellung der beiden Modelle hinsichtlich ihrer spezifischen und ihrer gemeinsamen Erklärungskraft. Abschließend werden die Zusammenhänge zwischen der Erklärungskraft der jeweiligen Annahmen der Theorien und der Effizienz des Steuerungs- und Kontrollsystems (Systemeffizienz) sowie dem Erfolg der Leistungsbeziehung (Aufgabeneffizienz) aufgezeigt und diskutiert.

Für die Überprüfung der postulierten theoretischen Modelle wurde das statistische Analyseverfahren der linearen Regression gewählt.[200] Dieses stellt eines der flexibelsten und am häufigsten verwandten Auswertungsverfahren zur Überprüfung von Beziehungen zwischen einer abhängigen Variablen und einer oder mehreren unabhängigen Variablen dar (Backhaus et al. 1994: 1f.). Sowohl die abhängige als auch die unabhängigen Variablen müssen metrisch skaliert sein, jedoch können auch zweiwertige Variablen wie metrische behandelt und somit in ein Regressionsmodell aufgenommen werden (Backhaus et al. 1994: 2).[201]

Die lineare Regressionsanalyse beruht auf der Annahme eines linearen Zusammenhangs zwischen einer abhängigen und einer oder mehreren unabhängigen Variablen, d.h. die Variablen verändern sich in konstanten Relationen zueinander. Lineare Relationen werden auch für die vorliegenden Beziehungen unterstellt.[202] Eine weitere Voraussetzung ist die Normalverteilung der Variablen in der Grundgesamtheit, die aufgrund der Anzahl der in dieser Untersuchung vorliegenden Fälle (n = 212) unterstellt werden kann.[203] Schließlich darf für ein lineares Regressionsmodell keine Multikollinearität (= lineare Abhängigkeiten zwischen den unabhängigen Variablen) vorliegen, da sonst die Ergebnisse der Analyse verfälscht werden könnten. Ein erster Anhaltspunkt für solche möglichen Abhängigkeiten ergibt sich durch die

---

199 Die statistischen Berechnungen zur Auswertung der Erhebung erfolgten mit der Software SPSS für Windows (ursprünglich: Statistical Package for the Social Sciences), Version 7.5.2G.

200 Vgl. allgemein zur Regressionsanalyse Schneeweiß (1990: 29ff.), Backhaus et al. (1994: 1ff.), Sirkin (1995: 383ff.).

201 Die im Fragebogen verwandten Intervallskalen (vgl. Anhang A) wurden zur Auswertung so kodiert, daß der linke Endpunkt der Skala den Wert 1 erhielt und der rechte Endpunkt den Wert 5 bzw. 6.

202 Die Annahme der Linearität stellt trotz des Umstandes, daß sie in reiner Form in der Realität wohl kaum anzutreffen ist, eine "brauchbare Approximation" (Backhaus et al. 1994: 6) dar.

203 Für die Überprüfung der Normalverteilung existieren Tests und graphische Unterstützungen, deren Durchführung allerdings sehr aufwendig ist (Schneeweiß 1990: 41; Backhaus et al. 1994: 32). Die Annahme einer Normalverteilung aufgrund der vergleichsweise großen Fallzahl wird in der Literatur allgemein akzeptiert (vgl. zur Begründung Schneeweiß 1990: 68).

Betrachtung der Korrelationsmatrix, in welche alle relevanten Variablen einbezogen werden (Schneeweiß 1990: 135; Backhaus 1994: 33f.).

Die auf der nachfolgenden Seite abgebildete Matrix der Korrelationen (vgl. Tabelle 4.25) zwischen den in die Untersuchung eingehenden Variablen zeigt, daß lediglich zwischen den institutionalistischen Variablen {gesetz_out} und {gesetz_in} eine hohe, signifikante und daher weiter zu untersuchende Korrelation vorliegt. Bei der Prüfung des betreffenden Modells auf Multikollinearität werden die beiden Variablen später eingehender betrachtet.

	info	entlohn	rep	zu-samm	bedeut	markt	garant	risiko_a	risiko_l	unsich_out	unsich_in	gesetz_out	gesetz_in	ver-band	ausbild	öffentl	delega
info	1,000																
entlohn	,165*	1,000															
rep	-,080	-,088	1,000														
zusamm	-,138*	-,240*	,480*	1,000													
bedeut	-,026	-,002	,005	-,045	1,000												
markt	,122	,222*	,083	-,041	-,003	1,000											
garant	,189*	,282*	-,034	-,321*	-,087	,259*	1,000										
risiko_a	,159	,181*	-,125	-,057	-,065	,022	-,027	1,000									
risiko_l	,029	-,024	,109	,052	,131	,024	,032	-,090	1,000								
unsich_o	-,217	-,021	,066	,136*	,059	-,128	-,214*	,036	,038	1,000							
unsich_in	,001	-,033	-,059	,072	,048	-,249*	-,237*	-,037	,012	,420*	1,000						
gesetz_ou	-,113	-,148*	-,226*	,024	-,073	-,040	-,149*	,049	-,183*	-,021	-,068	1,000					
gesetz_in	-,063	-,151*	-,172*	-,045	-,092	,058	-,009	,021	-,267*	-,082	-,111	,682*	1,000				
verband	,176*	,096	-,199*	-,080	,065	-,139*	,159*	,005	,104	-,114	-,139*	,204*	,147*	1,000			
ausbild	-,111	-,118	,040	,026	,128	-,253*	-,038	-,089	,148*	,091	,137	,030	,016	,365*	1,000		
öffentl	,044	,256*	-,053	-,139*	-,093	-,038	,201*	,146*	,012	-,056	-,139*	,167*	,082	,282*	-,011	1,000	
delega	,193*	,147*	,063	,099	,049	,187*	-,028	,108	,092	-,084	-,082	-,090	-,102	-,277*	-,193*	-,261*	1,000

* = die Korrelation ist auf dem Niveau von 0,05 (zweiseitig) signifikant

Tabelle 4.25: Korrelationen zwischen den in die Untersuchung einbezogenen Variablen

Grundlage für die Interpretation der Ergebnisse einer linearen multiplen Regression sind die folgenden Koeffizienten und Gütewerte (vgl. zum nachfolgenden Matiaske 1990: 112ff.; Backhaus et al. 1994: 17ff.; Sirkin 1995: 397ff.):

- Der *standardisierte Regressionskoeffizient Beta* gibt die Stärke des Einflusses einer unabhängigen Variable auf die abhängige Variable an. Der Wert kann zwischen -1 und +1 liegen. Bei einem Wert von 0 besteht kein linearer Zusammenhang zwischen den beiden Variablen, je stärker der Wert gegen -1 oder +1 tendiert, desto stärker ist auch die Beziehung. Bei einem Wert von +1 [-1] besteht ein vollkommener positiver [negativer] Zusammenhang. Es existiert die Konvention, daß Beta-Koeffizienten erst ab einem Wert von >0,1 bzw. <-0,1 sinnvoll interpretiert werden können.

- Das *Bestimmtheitsmaß* R^2 wird als Ausdruck für den in einem Regressionsmodell mittels der unabhängigen Variable erklärten Anteils der Variation der abhängigen Variablen verwandt. Ein R^2 von 0 besagt, daß die Variation der abhängigen Variable überhaupt nicht durch die unabhängigen Variablen erklärt werden kann, ein Wert von 1 sagt aus, daß die gesamte Variation durch die unabhängigen Variablen zu erklären ist.

- Da das Bestimmtheitsmaß R^2 auch von der Stichprobengröße und der Anzahl einbezogener unabhängiger Variablen abhängt, wird zusätzlich das *korrigierte Bestimmtheitsmaß* R^2_{korr} gebildet. Dadurch wird das Bestimmtheitsmaß R^2 um diese Einflüsse bereinigt und es wird erkennbar, ob der Erklärungsanteil der Variation der abhängigen Variable in zu hohem Ausmaß durch die Anzahl der einbezogenen unabhängigen Variablen bedingt ist (overfitting des Regressionsmodells).

- Schließlich muß überprüft werden, ob die festgestellten Zusammenhänge innerhalb eines Regressionsmodells nicht vielleicht nur zufällig zustande gekommen sind. Das *Signifikanzniveau* gibt an, mit welcher Wahrscheinlichkeit die Nullhypothese, welche besagt, daß kein Zusammenhang zwischen zwei Variablen besteht, abgelehnt werden kann (...und somit die Hypothese Hx, die besagt, daß ein Zusammenhang besteht, angenommen werden kann). Üblicherweise wird in den Sozialwissenschaften von einer Irrtumswahrscheinlichkeit von höchstens 5 % oder sogar 1 % (= Signifikanzniveau von 0,05 bzw. 0,01) ausgegangen (Friedrichs 1990: 16, 389; Backhaus et al. 1994: 25).[204]

---

[204] Bei sogenannten gerichteten Hypothesen wird die Richtung des Zusammenhangs zwischen einer unabhängigen und einer abhängigen Variablen vorgegeben. In diesem Fall muß, im Gegensatz zu ungerichteten Hypothesen, bei denen ein zweiseitiger Signifikanztest durchzuführen ist, die Signifikanz des ermittelten Zusammenhangs durch einen einseitigen Test überprüft werden (Matiaske 1990: 72; Sirkin 1995: 193).

Für die überprüften Beziehungen in dieser Arbeit wird ein Signifikanzniveau von 0,05 (= Vorhersagewahrscheinlichkeit von 95 %) gewählt. Damit wird die oben angesprochene Konvention in den Sozialwissenschaften erfüllt.[205]

4.3.1 Die Dimensionen des Steuerungs- und Kontrollsystems

Die Herleitung und die Konzeption des Steuerungs- und Kontrollsystems in die beiden Dimensionen der Information und der Entlohnung geht von der Prämisse aus, daß beide Dimensionen unabhängig voneinander sind. Eine Analyse des Zusammenhangs zwischen den diese Dimensionen abbildenden Variablen {info} und {entlohn} ergab einen Korrelationskoeffizienten von 0,165.[206] Damit ist Hypothese 1, welche besagt, daß kein Zusammenhang zwischen der jeweiligen Orientierung der Dimensionen der Information und der Entlohnung besteht, als bestätigt anzusehen (bzw. kann die korrespondierende Nullhypothese abgelehnt werden).

Da sich die Dimensionen jeweils aus einer Output- und einer Input-Orientierung zusammensetzen und die Orientierungen in einem ersten Schritt separat gemessen wurden – und erst in einem zweiten Schritt zu einer Dimension zusammengefügt wurden –, könnte eine über die Korrelation der aggregierten Dimensionen hinausgehende, differenzierte Analyse der Korrelationen der einzelnen Orientierungen weitere Aufschlüsse erbringen. Die Dimension der Information {info} besteht aus der Aggregation aller output-orientierten Informationsinstrumente {info_out} und aller input-orientierten Informationsinstrumente {info_in}. Weil die Dimension der Entlohnung {entlohn} keine Aggregation verschiedener Instrumente darstellt, sondern als 3er Dummy-Variable gebildet wurde (vgl. die Operationalisierung in Kapitel 4.2.1), kann diese in die weitergehende Analyse unverändert übernommen werden. Die nachfolgende Tabelle 4.26 zeigt das Ergebnis der zweiten, differenzierteren Korrelationsanalyse.

Variable	{entlohn}
{info_out}	,239*
{info_in}	,312*

*zweiseitig signifikant auf dem Signifikanzniveau von 0,01

Tabelle 4.26: Korrelationen zwischen der Steuerungs- und Kontrolldimension der Entlohnung und den deaggregierten Orientierungen der Information

205 Die Wahl dieses eher strengen Signifikanzniveaus ist zudem durch die relativ große Fallzahl der Untersuchung zu rechtfertigen, da statistische Signifikanzen auch von der Fallzahl abhängen – was bedeutet, daß mit steigender Fallzahl auch die Wahrscheinlichkeit statistisch signifikanter Ergebnisse wächst. Ein Signifikanzniveau von 0,1 erscheint daher mit einer zu hohen Irrtumswahrscheinlichkeit behaftet, insbesondere hinsichtlich der Interpretation von Beziehungen mit Beta-Werten von wenig über 0,1 bzw. unter -0,1.

206 Zweiseitig signifikant auf einem Signifikanzniveau von 0,05.

Hier ist eine nur schwache Korrelation zwischen den Dimensionen der Information und der Entlohnung zu erkennen (0,312 bzw. 0,239). Beachtenswert ist die Richtung der, wenn auch sehr geringen, Korrelationen: je stärker output-orientierte *oder* input-orientierte Informationsinstrumente zum Einsatz gelangen, desto stärker wird tendenziell eine input-orientierte Entlohnung angewandt. Die Art der Entlohnung scheint damit zumindest in einem schwachen Zusammenhang zur generellen *Stärke* der Anwendung von Informationsinstrumenten zu stehen und nicht in einer Beziehung zu deren spezifischen *Orientierung*.[207] Insgesamt ist durch die Ergebnisse dieser Analyse Hypothese 1 abermals nicht zu widerlegen.

Zusammenfassend kann als Ergebnis der Korrelationsanalysen festgehalten werden: erstens wird die in dieser Arbeit eingenommene Sichtweise der Differenzierung von Information und Entlohnung in zwei grundsätzlich voneinander unabhängige Dimensionen der Steuerung und Kontrolle gestützt. Zweitens wird dadurch nicht der in verschiedenen anderen Arbeiten unterstellte Zusammenhang bestätigt, wonach aus einer output-orientierten [input-orientierten] Informationsstrategie auch eine output-orientierte [input-orientierte] Entlohnung zu folgern ist.

4.3.2 Das agenturtheoretische Modell

Analog zur Hypothesenableitung wird in der folgenden Ergebnisdarstellung zunächst das Modell zur Erklärung der vertraglichen Vereinbarungen von Garantien und Sicherheitsleistungen (= Informationsasymmetrien *ex ante* des Vertragsschlusses) diskutiert. Dadurch wird eine wichtige Variable vorab untersucht, welche in das eigentliche Modell zur Erklärung der Steuerung und Kontrolle von Leistungsbeziehungen (= Agenturproblematik *ex post* des Vertragsschlusses) eingeht.

Informationsasymmetrien ex ante des Vertragsschlusses

Wie bereits ausgeführt, stellen die in einem Vertrag festgelegten Garantien und Sicherheitsleistungen eine wichtige unabhängige Variable des agenturtheoretischen Modells zur Erklärung der Steuerung und Kontrolle dar. Die vertragliche Festlegung von Garantien und Sicherheitsleistungen wiederum hängt von den ex ante des Vertragsschlusses vorherrschenden Informationsasymmetrien ab. Neben diesen ex ante-Informationsasymmetrien soll gleichzeitig überprüft werden, ob auch die ex post des Vertragsschlusses relevanten unabhängigen Variablen einen Einfluß auf die festgelegten Garantien und Sicherheitsleistungen ausüben. Hin-

[207] Für einen solchen Zusammenhang ist weder agenturtheoretisch noch institutionalistisch eine konsistente Erklärung zu ersehen. Da die Analyse nur einen ersten und zudem äußerst schwachen Hinweis auf eine solche Beziehung liefert, sollte dieses Ergebnis nur wieder aufgenommen werden, wenn sich durch die Ergebnisse der folgenden – gegenüber einer Korrelationsanalyse statistisch wesentlich differenzierteren – Regressionsanalysen weitere Anhaltspunkte in diese Richtung ergeben. Die folgenden Analysen in Kapitel 4.3.2 und 4.3.3 zeigen jedoch, daß dies nicht der Fall ist.

sichtlich solcher Einflüsse wurden allerdings keine expliziten Hypothesen formuliert (vgl. die Ausführungen in Kapitel 3.2.1).

Vorab war das lineare Regressionsmodell auf eine mögliche Multikollinearität hin zu überprüfen. Bei Durchsicht der Korrelationen der in das Modell eingehenden Variablen (vgl. Tabelle 4.25) konnte kein Hinweis auf eine Multikollinearität gefunden werden, da keine Korrelationen >0,48 existieren.[208] Für eine weitergehende Überprüfung wurde eine Regression jeder unabhängigen Variablen auf jeweils alle anderen unabhängigen Variablen durchgeführt. Die Messung ergab für das höchste R^2 einen Wert von 0,249 – eine Multikollinearität ist danach nicht zu erkennen (vgl. Tabelle C.1 in Anhang C).[209]

Im Anschluß an die Multikollinearitätsprüfung wurden in ein vorläufiges Regressionsmodell neben den unabhängigen Variablen, bei denen theoretisch von einem Einfluß auf die vertragliche Festlegung von Garantien und Sicherheitsleistungen ausgegangen werden kann (Hypothesen 2a bis 2d), zusätzlich die ex post des Vertragsschlusses relevanten vier Variablen {unsich_out}, {unsich_in}, {risiko_a} und {risiko_l} aufgenommen. Die Ergebnisse der Regression zeigten jedoch, daß zwischen diesen vier ("ex post-")Variablen und den vertraglich vereinbarten Garantien und Sicherheitsleistungen {garant} kein signifikanter Zusammenhang besteht (vgl. Tabelle C.2 in Anhang C). Zumindest ein Einfluß der Variable {risiko_a}, welche die Risikohaltung des Auftraggebers abbildet, hätte nicht überrascht – denn für einen (risikoaversen) Auftraggeber bieten Garantien und Sicherheitsleistungen eine Möglichkeit, Erfüllungsrisiken aus einer Leistungsbeziehung abzusichern. Aber wie ursprünglich vermutet, werden vertragliche Garantien und Sicherheitsleistungen an den Informationen über das Verhalten und die Eigenschaften des Vertragspartners und die spezifische Situation der Vertragsanbahnung ausgerichtet, und nicht an den Kontingenzen der späteren Leistungserfüllung. Aufgrund des nicht signifikanten Einflusses der vier unabhängigen Variablen {unsich_out}, {unsich_in}, {risiko_a} und {risiko_l} wurden diese wieder aus dem Modell entfernt.

Das Ergebnis der endgültigen Regressionsanalyse hinsichtlich des Zusammenhangs zwischen ex ante des Vertragsschlusses bestehenden Informationsasymmetrien und der vertrag-

---

[208] Ab welchem Wert von einer deutlichen Korrelation gesprochen werden kann, ist nicht klar ersichtlich. So bezeichnet Matiaske (1990: 125) eine Korrelation von ≥0,5 als hoch, während andere Autoren diese Frage generell unbeantwortet lassen.

[209] Es herrscht ebenfalls keine Übereinstimmung darin, ab welchem R^2 von einer Multikollinearität ausgegangen werden kann. Während Backhaus et al. in der 4. Auflage ihres Buches (1987: 35) noch ein R^2 von 0,347 für tolerierbar halten, fehlt in den folgenden Auflagen (vgl. z.B. die 7. Auflage 1994: 33f.) diese Festlegung. Hier wird statt dessen auf eine "subjektive Beurteilung zur Einschätzung von Multikollinearitäten" verwiesen (ebenso Matiaske 1990: 125).

lichen Festlegung von Garantien und Sicherheitsleistungen ist in Tabelle 4.27 wiedergegeben.[210]

Variable	**Hypothese (erwartetes Vorzeichen)**	**Beta**	**Signifikanz**
Reputation des Leistungserbringers {rep}	2a (-)	(0,123)	(0,055)[211]
Zusammenarbeit in der Vergangenheit {zusamm}	2b (-)	-0,382	0,000
Bedeutung der Leistungsbeziehung {bedeut}	2c (-)	-0,124	0,032
Konkurrenzsituation des Leistungserbringers {markt}	2d (+)	0,236	0,001
Modell: $\mathbf{R^2 = 0{,}188}$ ($R^2_{korr} = 0{,}171$), Signifikanz = 0,000			

Tabelle 4.27: Agenturtheoretische Einflußfaktoren auf das Ausmaß der vertraglichen Festlegung von Garantien und Sicherheitsleistungen

Da für diese Arbeit ein Signifikanzniveau von 0,05 gewählt wurde, können die Hypothesen 2b, 2c und 2d angenommen werden, die Ergebnisse bestätigen hingegen nicht die Vermutung in Hypothese 2a.

Mit den *Hypothesen 2a und 2b* wird der Einfluß der Leistungsfähigkeit und Leistungswilligkeit des Leistungserbringers überprüft. Dabei stellt Hypothese 2a auf die allgemeine Reputation des Leistungserbringers innerhalb der Branche ab, während sich Hypothese 2b auf die spezifischen Erfahrungen des Auftraggebers bezieht. Die Ergebnisse zeigen, daß eine allgemeine, branchenweite Reputation keine signifikante Rolle bei der vertraglichen Festlegung von Garantien und Sicherheitsleistungen einnimmt. Die Güte und damit Brauchbarkeit von Brancheninformationen wird aufgrund des höheren Allgemeinheitsgrades solcher Informationen und den vielen Möglichkeiten verzerrter, verfälschter oder unvollständig transportierter Informationen offensichtlich eher gering eingeschätzt.[212]

---

210 Die Hypothesen lauten:
H 2a: Je höher die Reputation eines Leistungserbringers ist, desto weniger werden vertragliche Garantien und Sicherheitsleistungen vereinbart.
H 2b: Je häufiger ein Auftraggeber bereits mit einem Leistungserbringer in der Vergangenheit zusammengearbeitet hat, desto weniger werden vertragliche Garantien und Sicherheitsleistungen vereinbart.
H 2c: Je größer die Bedeutung der Leistungsbeziehung für den Leistungserbringers ist, desto weniger werden vertragliche Garantien und Sicherheitsleistungen vereinbart.
H 2d: Je entspannter bei der Auftragsvergabe die Konkurrenzsituation auf der Marktseite des Leistungserbringers ist, desto weniger werden vertragliche Garantien und Sicherheitsleistungen vereinbart.

211 Nicht signifikante und damit nicht interpretierbare Ergebnisse sind in Klammern gesetzt.

212 In jenen Fällen, in welchen den befragten Personen keine Informationen aus der Branche vorlagen bzw. in denen diese eine Bewertung solcher Informationen ablehnten, wurden die Fragen auch nicht beantwortet.

Im Gegensatz dazu greift der Auftraggeber zur Gestaltung des Vertrages sehr stark auf eigene Erfahrungen aus vergangenen Beziehungen mit dem Leistungserbringer zurück (Hypothese 2b, die einen Regressionskoeffizienten von -0,382 aufweist). Derartige unmittelbare Informationen, die nicht auf Einschätzungen anderer Akteure beruhen und die nicht durch Informationswege und -filter verzerrt sein könnten, stellen für den Auftraggeber eine zuverlässigere Entscheidungsgrundlage dar als allgemein verbreitete Einschätzungen und Sichtweisen in der Branche.

Die Hypothesen 2c und 2d beziehen sich auf wichtige Kontingenzen der Leistungsbeziehung aus dem Umfeld des Leistungserbringers. Ein signifikanter, aber vergleichsweise schwacher Zusammenhang besteht hinsichtlich der Bedeutung (= Wichtigkeit) der Leistungsbeziehung für den Leistungserbringer *(Hypothese 2c)*. Die relativ geringe Stärke kann auf die seit einigen Jahren vorherrschende angespannte Wettbewerbssituation zurückgeführt werden, mit welcher sich viele Unternehmungen in der Branche konfrontiert sehen: die Mehrzahl der in die Untersuchung einbezogenen Leistungserbringer sind mittlere bis mittelgroße Unternehmungen (Architektur- und Ingenieurbüros, mittlere Bauunternehmungen, Handwerksbetriebe), die einem verstärkten und weiter wachsenden Konkurrenzdruck ausgesetzt sind, vor allem aufgrund von Überkapazitäten und dem Markteintritt ausländischer Konkurrenten (Bauer 1995: 666; Klemmer 1998: 1, 62). Diese Situation führt dazu, daß mittel- bis langfristige Zukunftsorientierungen in der Branche wenig Beachtung finden. Viele Leistungserbringer orientieren sich ausschließlich an dem aktuellen Auftragsbestand und führen ihre Unternehmung nur noch von Projekt zu Projekt. Vergleichs- und Konkursverfahren, selbst von namhaften großen Traditionsunternehmungen, stellen keine außergewöhnlichen Ereignisse in der deutschen Bauwirtschaft dar (Dresdner Bank 1998: o.S.; Klemmer 1998: 1). Aufgrund der längeren Erstellungszeit von Bauprojekten ist es daher auch keine Seltenheit, daß ein beteiligter Leistungserbringer den Abschluß der Baumaßnahme wirtschaftlich nicht überlebt. Die hier zu Tage tretenden kurzfristigen Planungshorizonte und Denkhaltungen der Unternehmungen lassen die Bedeutung von Faktoren, welche nicht auf kurzfristiges Handeln gründen, eher in den Hintergrund treten – daher der vergleichsweise schwache, wenn auch signifikante, Erklärungszusammenhang.

Für viele Unternehmungen in der Branche hat sich der Schwerpunkt auf ein kurzfristigeres ökonomisches Erfolgsdenken verlegt. Dadurch wird auch der in dem Modell verhältnismäßig hohe signifikante Einfluß der Konkurrenzsituation auf dem Markt der Leistungserbringer verständlich *(Hypothese 2d)*. Der Konkurrenzdruck ist hauptverantwortlich für die schlechte Ertragssituation vieler Unternehmungen und zwingt sie zu preislichen Zugeständnissen gegenüber den Auftraggebern. So ist oftmals bei Auftragsannahme schon ersichtlich, daß unter den gegebenen Umständen kein positives Ergebnis mehr zu erzielen ist. Die Folgen sind häufig Minderleistungen, Terminverzögerungen oder unlautere Verhaltensweisen des Leistungserbringers (wie z.B. das Suchen und Ausnutzen vertraglicher Lücken), um letztlich ein bei Vertragsschluß bereits vorprogrammiertes negatives Ergebnis noch zu vermeiden (Bayer

1991: 93). Vertragliche Garantien und Sicherheitsleistungen helfen, solchen opportunistischen Verhaltensweisen vorzubeugen.

Insgesamt zeigen die Ergebnisse die hohe Relevanz der ex ante des Vertragsschlusses bestehenden Informationsasymmetrien auf die Ausgestaltung des Leistungsvertrages mit Garantien und Sicherheitsleistungen. Wie im nachfolgenden Modell bestätigt wird, beeinflussen diese ex ante bestehenden Informationsasymmetrien über die vertraglich vereinbarten Garantien und Sicherheitsleistungen auch *indirekt* die Ausgestaltung des Steuerungs- und Kontrollsystems.

Agenturproblematik ex post des Vertragsschlusses

Da das Steuerungs- und Kontrollsystem aus den zwei voneinander unabhängigen Dimensionen der Information und der Entlohnung besteht, muß für jede Dimension eine entsprechende Regressionsanalyse durchgeführt werden. Innerhalb beider Dimensionen werden die gleichen unabhängigen Variablen überprüft, so daß die Ergebnisse der vorab durchzuführenden Multikollinearitätsanalyse für beide Modelle Gültigkeit besitzen. Die ausgeführten Regressionen lassen keinen Anhaltspunkt für eine Multikollinearität erkennen – das höchste gemessene Bestimmtheitsmaß R^2 ergab eine Wert von 0,197 (vgl. Tabelle C.3 in Anhang C).

Weiterhin wurde vorab untersucht, ob die Risikohaltungen der Akteure, {risiko_a} und {risiko_l}, sowie die Informationsasymmetrien hinsichtlich der Inputs {unsich_in} und der Outputs {unsich_out} einen Einfluß auf die vertragliche Ausgestaltung von Garantien und Sicherheitsleistungen {garant} ausüben. Hierdurch können sogenannte indirekte Effekte auf die Steuerung und Kontrolle als abhängige Variable auftreten.[213] Mittels einer solchen Analyse werden die Einflüsse bestimmter unabhängiger Variablen (hier: {risiko_a}, {risiko_l}, {unsich_in}, {unsich_out}) auf die abhängige Variable in direkte und indirekte Effekte zerlegt, indem zwei Regressionsanalysen durchgeführt werden.[214] Die Addition der direkten und indirekten Effekte ergibt die sogenannte Produktmomentkorrelation (= totaler kausaler Effekt). Je stärker ein indirekter Effekt vorliegt, desto mehr werden die Ergebnisse der direkten, in den Hypothesen postulierten Zusammenhänge verändert. Die Analyse ergab für die Risikohaltungen der Akteure und die Informationsasymmetrien hinsichtlich der Inputs keinen indirekten Einfluß und nur für die Informationsasymmetrien in bezug auf die Outputs {unsich_out} einen äußerst geringen und deshalb vernachlässigbaren indirekten Einfluß – das Ergebnis der direkten Regression dieser Variable wird dadurch nicht maßgeblich verändert (der Regressi-

---

[213] Im Gegensatz zu der bereits durchgeführten *vorläufigen* Regressionsanalyse im Rahmen der Problematik der Informationsasymmetrien ex ante des Vertragsschlusses (vgl. Tabelle C.2 in Anhang C) werden bei dieser Analyse zusätzlich die Dimensionen der Steuerung und Kontrolle, {info} und {entlohn}, miteinbezogen.

[214] Erste Regression: unabhängige Variablen = {risiko_a}, {risiko_l}, {unsich_in}, {unsich_out}, abhängige Variable = {garant}. Zweite Regression: unabhängige Variablen = {garant}, {risiko_a}, {risiko_l}, {unsich_in}, {unsich_out}, abhängige Variable = die Dimension der Information der Steuerung und Kontrolle {info}.

onskoeffizient wird um -0,033 verstärkt) (vgl. Tabelle C.4 in Anhang C). Insgesamt müssen daher keine indirekten Effekte in die Analyse miteinbezogen werden.

Die nachfolgende Tabelle 4.28 zeigt die Ergebnisse der Regressionsanalyse zur agenturtheoretischen Bestimmung der Steuerungs- und Kontrolldimension der *Information*.[215]

Variable	**Hypothese (erwartetes Vorzeichen)**	**Beta**	**Signifikanz**
Garantien und Sicherheitsleistungen {garant}	3a (+)	0,206	0,003
Risikohaltung des Auftraggebers {risiko_a}	4a (+)	0,186	0,004
Risikohaltung des Leistungserbringers {risiko_l}	5a (-)	(0,049)	(0,244)
Input-Unsicherheit {unsich_in}	6a (+)	0,220	0,003
Output-Unsicherheit {unsich_out}	7a (-)	-0,255	0,001
Modell: $\mathbf{R^2 = 0{,}141}$ ($R^2_{korr} = 0{,}117$), Signifikanz = 0,000			

Tabelle 4.28: Agenturtheoretische Einflußfaktoren auf die Steuerungs- und Kontrolldimension der Information

Übergreifend läßt sich das gesamte Modell als stabil und aussagekräftig bezeichnen. Mit Ausnahme von Hypothese 5a werden alle Hypothesen in der postulierten Richtung des Zusammenhangs signifikant bestätigt.

Die in *Hypothese 3a* postulierte Beziehung wird durch die Ergebnisse der Untersuchung gestützt – Garantien und Sicherheitsleistungen als Folge vorvertraglicher Informationsasymmetrien wirken signifikant positiv auf die Anwendung einer output-orientierten Informa-

[215] Die Hypothesen lauten:
H 3a: Je mehr vertragliche Garantien und Sicherheitsleistungen des Leistungserbringers vereinbart wurden, desto stärker wird eine output-orientierte Informationsstrategie angewandt.
H 4a: Je stärker der Auftraggeber eine risikoaverse Haltung einnimmt, desto stärker wird eine output-orientierte Informationsstrategie angewandt.
H 5a: Je stärker der Leistungserbringer eine risikoaverse Haltung einnimmt, desto stärker wird eine input-orientierte Informationsstrategie angewandt.
H 6a: Je effizienter der Auftraggeber Informationen hinsichtlich des Inputs des Leistungserbringers erlangen, verarbeiten und interpretieren kann (= geringe Input-Unsicherheit), desto stärker wird eine input-orientierte Informationsstrategie angewandt.
H 7a: Je effizienter der Auftraggeber Informationen hinsichtlich des Outputs des Leistungserbringers erlangen, verarbeiten und interpretieren kann (= geringe Output-Unsicherheit), desto stärker wird eine output-orientierte Informationsstrategie angewandt.

tionsstrategie.[216] Der Auftraggeber benötigt die output-orientierten Informationen, um eventuelle Ansprüche aus Garantieversprechen, Bürgschaften, Selbstverpflichtungen oder Gewährleistungszusagen erkennen und durchsetzen zu können. Und je höher das Ausmaß ist, in dem derartige vertragliche Vereinbarungen zwischen dem Auftraggeber und dem Leistungserbringer geschlossen werden, desto stärker ist der Auftraggeber auch bemüht, durch eine output-orientierte Informationsstrategie relevante Daten zu sammeln und aufzubereiten. Die Anwendung output-orientierter Informationsinstrumente ist schließlich nicht nur eine notwendige Voraussetzung, bestimmte vertragliche Ansprüche überhaupt erst durchsetzen zu können, sondern dient auch vorab als Anreiz bzw. Abschreckung für den Leistungserbringer – denn dadurch wird signalisiert, daß im Falle von Minder-/Schlechtleistungen oder opportunistischen Verhaltensweisen eine negative Sanktionierung durch den Auftraggeber möglich und auch durch die Investitionen in diese Informationen wahrscheinlich ist.

Ein sehr interessantes Ergebnis der Regressionsanalyse ist einerseits der signifikante Zusammenhang zwischen der Risikohaltung des Auftraggebers und der Ausrichtung des Steuerungs- und Kontrollsystems *(Hypothese 4a)* und gleichzeitig andererseits der Umstand, daß hinsichtlich der Risikohaltung des Leistungserbringers und der Steuerungs- und Kontrollorientierung keine Verbindung besteht *(Hypothese 5a)*. Den Risikoeinstellungen der beiden Akteure kann grundsätzlich eine enge Beziehung zueinander zugesprochen werden, denn bei gleichen Risikopräferenzen entsteht eine Konfliktsituation. Ein risikoaverser Auftraggeber präferiert eine output-orientierte Steuerung und Kontrolle, während ein risikoaverser Leistungserbringer dem genauen Gegenteil zuneigt. In solchen Fällen sind Kompromißlösungen zu vereinbaren, z.B. in Form einer Risikoausgleichsprämie für den Leistungserbringer oder der Auftraggeber übernimmt einen Teil des Risikos (Spremann 1988: 617).[217] Weiterhin können auch andere Einflußfaktoren die Risikoverteilung determinieren, z.B. Informationsvorsprünge oder eine ungleiche Machtverteilung, was dazu führt, daß sich ein Akteur gegenüber dem anderen Akteur durchzusetzen vermag.

Ungeachtet dessen ist grundsätzlich davon auszugehen, daß ein risikoaverser Akteur mehr Wert auf eine in seinem Sinne richtige Gestaltung der Steuerung und Kontrolle legt als ein risikofreudiger, da einer risikozugeneigten Einstellung ein gewisser "laissez faire-Gedanke" immanent ist und somit Risiken eher eingegangen werden. Ein risikofreudiger Akteur wird

[216] Es wurde zusätzlich überprüft, ob die die Informationsasymmetrie ex ante des Vertragsschlusses repräsentierenden Variablen {rep}, {zusamm}, {bedeut} und {markt} nicht nur indirekt über die Garantien und Sicherheitsleistungen auf die Steuerung und Kontrolle wirken, sondern auch direkt. Dazu wurde eine Regressionsanalyse durchgeführt, in der neben diesen Variablen auch die Variablen {garant}, {risiko_a}, {risiko_l}, {unsich_in} und {unsich_out} eingingen. Als Ergebnis konnte festgestellt werden, daß keine der Informationsasymmetrien ex ante des Vertragsschlusses einen signifikanten, direkten Einfluß auf die Steuerung und Kontrolle besitzt. Dadurch wird nochmals die Bedeutung des vorab untersuchten Modells hinsichtlich der Informationsasymmetrien ex ante des Vertrages (Hypothesen 2a bis 2d) betont.

[217] Dies stellt agenturtheoretisch die idealtypische und problemfreie Lösung dar, welche jedoch auf der Annahme gleichverteilter Macht und Verhandlungsstärke der Akteure basiert. In den meisten Situationen kann diese Annahme allerdings nicht aufrecht erhalten werden (Perrow 1986a: 227; Sharma 1997: 762).

danach im Gegensatz zu einem risikoaversen in geringerem Ausmaß auf bestimmte Regelungen und Risikoverteilungen achten bzw. insistieren. In der vorliegenden Untersuchung ist im Vergleich zu den Auftraggebern eine eindeutig risikoaversere Haltung der Leistungserbringer festzustellen (vgl. Tabelle 4.29). Daher wäre zu vermuten, daß die Risikohaltung der Leistungserbringer mit höherer Wahrscheinlichkeit einen signifikanten Einfluß auf die Steuerung und Kontrolle ausüben müßte als die Risikohaltung der Auftraggeber – die Ergebnisse der Regressionsanalyse zeigen jedoch genau das Gegenteil.

statistische Größe (Skala von 1-36: 1 = risikoavers)	Risikohaltung des Auftraggebers {risiko_a}	Risikohaltung des Leistungserbringers {risiko_l}
Spannweite	2 - 36	1 - 30
Mittelwert	15,9	9,6
Anteil der Werte ≤15	58,5 %	81,7 %
Standardabweichung	8,3	6,0

Tabelle 4.29: Deskriptiver Vergleich der Risikohaltung der Auftraggeber und der Leistungserbringer

Der Grund für die Dominanz der Auftraggeber dürfte primär in der zwischen den Akteuren ungleich verteilten Verhandlungsmacht zu finden sein. Auf der Marktseite der meisten Leistungserbringer herrscht ein vergleichsweise intensiver Verdrängungswettbewerb, der sich in hohen Preiszugeständnissen von Seiten der Leistungserbringer niederschlägt und diese darüber hinaus oftmals zwingt, für sie unvorteilhafte Vertragskonstruktionen zu akzeptieren (Hansen 1995: 15; Diederichs 1996a: 55; Klemmer 1998: 1). Durch diese Situation ist begründbar, warum die Risikohaltung des Auftraggebers einen signifikanten Einfluß auf die Steuerungs- und Kontrolldimension der Information hat, während die Risikohaltung des Leistungserbringers ohne Belang ist.

Den stärksten Einfluß auf die Orientierung der Informationsdimension der Steuerung und Kontrolle weist in dem Modell die Unsicherheit des Auftraggebers bezüglich der geleisteten Inputs und des erzielten Leistungsergebnisses auf *(Hypothesen 6a und 7a)*. Agenturtheoretisch konform richten die Auftraggeber die Sammlung und Aufbereitung von Steuerungs- und Kontrollinformationen nach effizienzorientierten Gesichtspunkten (= Senkung von Steuerungskosten) aus: je leichter und damit kostengünstiger die jeweiligen output- bzw. inputorientierten Informationen zur Steuerung und Kontrolle des Leistungserbringers zu erlangen und zu verarbeiten sind, desto stärker wird auch das Steuerungs- und Kontrollsystem daran ausgerichtet.

Die hohe Bedeutung dieser beiden Variablen ist in einem technisch und ablauforganisatorisch komplexen Produktionsprozeß wie die Errichtung eines Bauwerkes leicht nachvollziehbar, denn sowohl innerhalb des Erstellungsprozesses als auch in Hinblick auf die fertige Leistung ergeben sich viele Möglichkeiten für den Leistungserbringer, Informationsasymmetrien auszunutzen. Die Folge davon ist eine aus der Sicht des Auftraggebers suboptimale Leistungserstellung. Eine entsprechende Informationssammlung und -aufbereitung wirkt dieser Agenturproblematik der ex post-Informationsasymmetrien entgegen. Aufgrund der auch für die Auftraggeber in den meisten Branchensegmenten hohen Konkurrenzintensität und der niedrigen Gewinnmargen ist gerade eine effizienzorientierte, (agentur-)kostenminimierende Steuerung und Kontrolle sehr wichtig.

Die *Entlohnung* als die zweite Dimension der Steuerung und Kontrolle von Leistungsbeziehungen wurde durch eine weitere Regressionsanalyse überprüft. Das Ergebnis wird ebenfalls nicht durch signifikante indirekte Effekte der Variablen {risiko_a}, {risiko_l}, {unsich_in} und {unsich_out} beeinflußt (vgl. Tabelle C.5 in Anhang C). Die Resultate der Analyse werden in Tabelle 4.30 dargelegt.[218]

Variable	Hypothese (erwartetes Vorzeichen)	Beta	Signifikanz
Garantien und Sicherheitsleistungen {garant}	3b (+)	0,331	0,000
Risikohaltung des Auftraggebers {risiko_a}	4b (+)	0,183	0,005
Risikohaltung des Leistungserbringers {risiko_l}	5b (-)	(0,000)	(0,498)
Input-Unsicherheit {unsich_in}	6b (+)	(0,040)	(0,307)
Output-Unsicherheit {unsich_out}	7b (-)	(0,056)	(0,240)
Modell: $\mathbf{R^2 = 0{,}134}$ ($R^2_{korr} = 0{,}110$), Signifikanz = 0,000			

Tabelle 4.30: Agenturtheoretische Einflußfaktoren auf die Steuerungs- und Kontrolldimension der Entlohnung

218 Die Hypothesen lauten:
H 3b: Je mehr vertragliche Garantien und Sicherheitsleistungen des Leistungserbringers vereinbart wurden, desto stärker wird eine output-orientierte Entlohnungsstrategie angewandt.
H 4b: Je stärker der Auftraggeber eine risikoaverse Haltung einnimmt, desto stärker wird eine output-orientierte Entlohnungsstrategie angewandt.
H 5b: Je stärker der Leistungserbringer eine risikoaverse Haltung einnimmt, desto stärker wird eine input-orientierte Entlohnungsstrategie angewandt.
H 6b: Je effizienter der Auftraggeber Informationen hinsichtlich des Inputs des Leistungserbringers erlangen, verarbeiten und interpretieren kann (= geringe Input-Unsicherheit), desto stärker wird eine input-orientierte Entlohnungsstrategie angewandt.
H 7b: Je effizienter der Auftraggeber Informationen hinsichtlich des Outputs des Leistungserbringers erlangen, verarbeiten und interpretieren kann (= geringe Output-Unsicherheit), desto stärker wird eine output-orientierte Entlohnungsstrategie angewandt.

Das Gesamtmodell ist aussagekräftig, obwohl drei der fünf postulierten Hypothesen keinen signifikanten Einfluß auf die Dimension der Entlohnung besitzen. Gegenüber dem Modell der Dimension der Information (vgl. Tabelle 4.28) sind die Informationsasymmetrien hinsichtlich der Inputs und Outputs, welche dort den höchsten und zweithöchsten Erklärungsbeitrag liefern, für die Entlohnung ohne Belang. Dies kann als weiterer gewichtiger Anhaltspunkt für die oben gezeigte Annahme der Unabhängigkeit der beiden Steuerungs- und Kontrolldimensionen der Information und der Entlohnung gewertet werden.

Ein starker signifikanter Einfluß geht von bestehenden vertraglichen Garantien und Sicherheitsleistungen aus *(Hypothese 3b)*. Derartige vertragliche Vereinbarungen zur Begegnung von Informationsasymmetrien sind in Bauleistungsbeziehungen in Form von Gewährleistungszusagen, Selbstverpflichtungen oder Nachbesserungsversprechen sehr häufig vorzufinden und bestimmen einen wesentlichen Teil des gesamten Leistungsvertrages (Döbereiner/ Cuypers 1993: 14; Seeling 1995: 175). Eine bedeutende Funktion der Entlohnung besteht darin, die aus vereinbarten Garantien und Sicherheitsleistungen resultierenden Ansprüche durchzusetzen – eine entsprechende Ausrichtung der Steuerungs- und Kontrolldimension der Entlohnung ist in diesem Sinne konsequent.

Die Risikohaltung des Auftraggebers stellt einen zweiten signifikanten Einfluß auf die Orientierung der Entlohnung des Leistungserbringers dar *(Hypothese 4b)*, während die Risikohaltung des Leistungserbringers nicht relevant ist *(Hypothese 5b)*. Das Ergebnis überrascht insbesondere deshalb, weil in vielen agenturtheoretischen Arbeiten gerade hinsichtlich der Entlohnung die Relevanz der Risikohaltung des Leistungserbringers besonders betont wird. Darüber hinaus spiegelt dieses Resultat auf fast identische Weise das Ergebnis der Analyse der Dimension der Information wider: die Konkurrenzintensität auf der Marktseite der Leistungserbringer und die daraus resultierende hohe Verhandlungsmacht der Auftraggeber führt dazu, daß sich die Auftraggeber gemäß ihrer Risikohaltung durchzusetzen vermögen. Den Leistungserbringern bleibt dann zumeist nur die Möglichkeit, entweder eine Entlohnungskonstruktion zu akzeptieren, die nicht ihren Risikopräferenzen entspricht, oder eine Beziehung generell abzulehnen. In der momentan angespannten wirtschaftlichen Situation ist es Leistungserbringern jedoch vielfach nicht möglich, auch für sie ungünstige Entlohnungskonstruktionen abzulehnen, da Kapazitäten ausgelastet und Fixkosten gedeckt werden müssen.

Es besteht kein Zusammenhang zwischen den ex post des Vertragsschlusses vorherrschenden Informationsasymmetrien hinsichtlich Inputs und Outputs und der Entlohnung *(Hypothesen 6b und 7b)*, was ein erstaunliches Ergebnis darstellt. Erstaunlich deshalb, weil in der Agenturtheorie die Beziehung zwischen derartigen Informationsasymmetrien und der Entlohnung besonders hervorgehoben wird. Eine Ursache für das Ergebnis könnte in der Messung der abhängigen Variable der Entlohnung gesehen werden. Neben den in ihrer Orientierung eindeutigen Entlohnungsformen der Pauschalpreise/freie Honorarvereinbarung (= output-orientiert) und der Einheitspreise/Honorarverrechnung nach HOAI (= input-orientiert) stehen verschiedene weitere Entlohnungsformen (Prämien, Gewinnbeteiligungen, Kostenverrechnungen für bestimmte Teilleistungen etc.) zur Verfügung, die mit diesen kombiniert werden können. In Bauleistungsbeziehungen werden des öfteren verschiedene Teile einer Leistung unterschiedlich entlohnt, z.B. ein Einheits- oder Pauschalpreis für die Hauptleistung, Prämien für eingehaltene Termine oder eingesparte Materialien und Kostenverrechnungen für eventuelle Leistungsänderungen oder Nachträge. Dadurch eröffnet sich für den Auftraggeber die Möglichkeit, spezifischen Informationsasymmetrien hinsichtlich bestimmter Teile einer Leistung auch mit unterschiedlichen Entlohnungsformen zu begegnen. Möglicherweise konnte mit der vorliegenden Operationalisierung und Messung der Entlohnung mittels der Variable {entlohn} diese Vielfalt an Kombinationen nicht entsprechend differenziert abgebildet werden.[219]

Da es sich bei der Bauwirtschaft um eine noch sehr von Traditionen geprägte Branche handelt und die Beziehungen zwischen den Branchenteilnehmern vergleichsweise eng sind, könnten auch institutionalistische Einflußfaktoren die Ursache für das vorliegende Ergebnis sein. Derartige Einflußfaktoren könnten die effizienzorientierten, rationalen Einflußfaktoren in den Hintergrund drängen. So ist es beispielsweise möglich, daß für eine bestimmte Bauleistung eine bestimmte Form der Entlohnung branchenüblich ist und die davon ausgehenden institutionalistischen Effekte die spezifischen Informationsasymmetrien bei der Beurteilung der Inputs und der Outputs überlagern. Eine Bauleistung wird demgemäß primär branchenüblich entlohnt und nicht nach agenturtheoretischen, informationsökonomischen Erfordernissen. Die nachfolgend dargelegten Ergebnisse der institutionalistischen Analyse der Entlohnung bestätigen die Relevanz solcher Einflußfaktoren.

4.3.3 Das institutionalistische Modell

Im Gegensatz zum agenturtheoretischen Modell zeigt die Korrelationsmatrix (vgl. oben Tabelle 4.25) zwischen zwei institutionalistischen Variablen eine hohe Korrelation – betroffen sind die Variablen {gesetz_out} und {gesetz_in} mit einem Korrelationskoeffizienten von 0,682, zweiseitig signifikant auf dem Niveau von 0,05. Dieser Hinweis auf Multikollinearität bestätigt sich auch durch die weitergehenden Multikollinearitätsprüfungen mittels Regressionsanalysen (vgl. Spalte 2 in Tabelle C.6 in Anhang C). Danach weist die Variable der output-orientierten Gesetze und unternehmungsinternen Bestimmungen ein R^2 von 0,442 und die der input-orientierten ein R^2 von 0,429 auf. Da die Möglichkeit der Stichprobenvergrößerung nicht in Frage kommt, muß zur Beseitigung der Multikollinearität eine der beiden betroffenen Variablen entfernt werden (Schneeweiß 1990:140; Backhaus et al. 1994:34). In einem ersten Schritt erscheint es zweckmäßig, zu überprüfen, ob die beiden kritischen Variablen überhaupt einen Einfluß auf die Dimensionen der Steuerung und Kontrolle als abhängige Variablen

[219] Daher wäre zu vermuten, daß mit einer weiteren Verfeinerung des theoretischen Konstruktes der Entlohnung die Hypothesen 6b und 7b bestätigt werden könnten.

besitzen. Sollte kein Einfluß bestehen, so kann/können die betreffende(n) Variable(n) aus dem Modell entfernt werden.

Die jeweiligen Regressionen unter Einbezug aller relevanten unabhängigen Variablen ergaben, daß die output-orientierten Gesetze und unternehmungsinternen Bestimmungen in beiden Modellen einen signifikanten Einfluß ausüben, während die input-orientierten jeweils keinen Einfluß besitzen. Folglich bot sich an, die Variable {gesetz_in} aus dem Modell zu eliminieren.[220] Die Prüfung des reduzierten Modells ergab keinen Anhaltspunkt mehr für eine bestehende Multikollinearität (vgl. Spalte 3 in Tabelle C.6 in Anhang C).

Die folgende Tabelle 4.31 zeigt die Ergebnisse der Regressionsanalyse zur institutionalistischen Bestimmung der Steuerungs- und Kontrolldimension der *Information*.[221]

Variable	**Hypothese (erwartetes Vorzeichen)**	**Beta**	**Signifikanz**
Output-orientierte Gesetze und unternehmungsinterne Bestimmungen {gesetz_out}	8a (-)	-0,187	0,004
Verbände und Vereinigungen {verband}	10a (+)	0,335	0,000
Betriebswirtschaftliche Ausbildung {ausbild}	11a (-)	-0,165	0,013
Zusammenarbeit mit öffentlichen Auftraggebern {öffentl}	12a (+)	(0,042)	(0,289)
Führung/Grad der Delegation {delega}	13a (+)	0,276	0,000
Modell: $\mathbf{R^2 = 0,157}$ ($R^2_{korr} = 0,134$), Signifikanz = 0,000			

Tabelle 4.31: Institutionalistische Einflußfaktoren auf die Steuerungs- und Kontrolldimension der Information

220 Zwischen den output-orientierten und den input-orientierten Gesetzen/unternehmungsinternen Bestimmungen besteht eine enge Verbindung. Der nicht signifikante Einfluß der input-orientierten Bestimmungen könnte dadurch zu erklären sein, daß ein Teil solcher Regelungen zumeist nicht explizit während der Leistungserstellung nachverfolgt und überprüft wird, sondern erst zusammen mit den output-orientierten am Ende des Leistungserstellungsprozesses. Der Einfluß von input-orientierten Gesetzen und unternehmungsinternen Bestimmungen wird so stark mit dem Einfluß der output-orientierten vermischt.

221 Die Hypothesen lauten:
H 8a: Je stärker eine Leistung in ihrem Ergebnis (Output) durch gesetzliche Regelungen und unternehmungsinterne Bestimmungen determiniert wird, desto stärker wird eine output-orientierte Informationsstrategie angewandt.
H 10a: Je stärker eine Unternehmung eine Nähe zu Verbänden und Vereinigungen der Branche aufweist, desto stärker wird eine input-orientierte Informationsstrategie angewandt.
H 11a: Je höher der Anteil von Mitarbeitern mit einer betriebswirtschaftlichen (Zusatz-)Ausbildung ist, desto stärker wird eine output-orientierte Informationsstrategie angewandt.
H 12a: Je höher insgesamt der Anteil an Bauleistungen ist, der für öffentliche Auftraggeber erbracht wird, desto stärker wird eine input-orientierte Informationsstrategie angewandt.
H 13a: Je stärker die steuernde Einheit selbst input-orientiert gesteuert und kontrolliert wird, desto stärker wird eine input-orientierte Informationsstrategie angewandt.

Das Modell ist insgesamt aussagekräftig, wenngleich eine Hypothese (Hypothese 12a) nicht signifikant bestätigt werden konnte.

Ein signifikanter Einfluß auf die Steuerung und Kontrolle wird durch das Bestehen von output-orientierten Gesetzen und unternehmungsinternen Bestimmungen ausgeübt *(Hypothese 8a)*. Die auf die Eigenschaften und Funktionen der fertigen Leistung abzielenden Vorschriften und Regelungen stellen einen institutionalistischen Zwang dar, weil der Gesetzgeber und die unternehmungsinternen Instanzen (coercive institutions) aus der Sicht des Baumanagements als steuernde und kontrollierende Einheit das Recht besitzen, erwünschte und unerwünschte Verhaltensweisen und Ergebnisse zu bestimmen; zudem verfügen sie über eine entsprechende Sanktionsmacht, die Regelungen auch durchzusetzen. Die betroffenen Akteure vermögen sich solchen Zwängen nicht zu entziehen und richten ergo ihr Steuerungs- und Kontrollsystem an den Forderungen und Zielsetzungen der beeinflussenden Institutionen aus. Obwohl die hier untersuchten institutionalistischen Zwänge nicht direkt auf die Steuerung und Kontrolle von Leistungsbeziehungen zielen, sondern nur indirekt auf Ausführungs- und Ergebnisvorgaben abstellen, ist eine signifikante Einwirkung festzustellen. Damit wird auch die Relevanz indirekt wirkender institutionalistischer Zwänge aufgezeigt, welche in bisherigen institutionalistischen Untersuchungen noch nicht explizit berücksichtigt wurden.[222]

Weiterhin haben legitimierte, professionalisierte Institutionen einen starken Einfluß auf die Steuerung und Kontrolle von Leistungsbeziehungen: sowohl die Institutionen Verbände und Vereinigungen *(Hypothese 10a)* als auch die den Ausbildungshintergrund der Mitarbeiter bestimmenden Institutionen wie Hochschulen, Akademien und Weiterbildungsinstitute *Hypothese 11a)* determinieren signifikant in der postulierten Tendenz die Ausrichtung der Informationsdimension des Steuerungs- und Kontrollsystems (Regressionskoeffizient Beta = 0,335 bzw. -0,165).

Verbände und Vereinigungen weisen in dem Modell den stärksten Einfluß auf. Damit wird die bereits in der Begründung der Hypothese betonte dominante, zentrale Stellung jener Institutionen in der Branche und die engen Verflechtungen zwischen den Institutionen und den Unternehmungen bestätigt. Die herausragende Legitimität der Verbände und Vereinigungen als Interessenvertreter, Informationsbroker und wichtige Quellen bauspezifischen Wissens erlaubt es ihnen, ihre technischen und schwerpunktmäßig auf die konkrete Bauausführung gerichteten Vorstellungen in die Unternehmungen zu transportieren. Zugleich bestätigen die Ergebnisse, daß die Nähe zwischen exponierten Mitgliedern einer Unternehmung und den Verbänden von Bedeutung ist – indem die Unternehmungsmitglieder in die Verbände und Vereinigungen involviert sind, werden ihnen mittels eines Informations- und Kulturaus-

[222] Die Erstellung von Bauleistungen ist eine vergleichsweise stark durch gesetzliche Regelungen determinierte Produktionsart. Aufgrund der starken Kontextbezogenheit institutionalistischer Einflüsse kann in anderen Branchen bzw. für andere Arten von Produktionsleistungen das Wirken eines solchen institutionalistischen Einflusses in diesem Ausmaß nicht zwingend angenommen werden.

tausches entsprechende Denkhaltungen vermittelt, welche wiederum die Ausrichtung des Steuerungs- und Kontrollsystems beeinflussen.

Auch die zweite wichtige Quelle normativer Beeinflussung, der Ausbildungshintergrund der Unternehmungsmitglieder, besitzt einen signifikanten Einfluß auf die Dimension der Information des Steuerungs- und Kontrollsystems. Traditionell ist die Ausbildung, das Berufsbild und die Berufsausübung des Bauingenieurs, der für die Steuerung und Kontrolle von Leistungsbeziehungen verantwortlich zeichnet, an Ausführungshandlungen, Techniken und dem Einsatz von Ressourcen ausgerichtet und damit eindeutig input-orientiert. Demgegenüber weisen die Ergebnisse darauf hin, daß ein veränderter Ausbildungs- und Sozialisationshintergrund der Bauingenieure in Richtung betriebswirtschaftlicher Inhalte und Instrumente die traditionelle Input-Orientierung aufzubrechen vermag. Durch die Ergebnisse wird zugleich gezeigt, daß sich ein grundlegender institutioneller Wandel in einer vergleichsweise geringen Zeitspanne (10 - 15 Jahre) zu vollziehen vermag und sich ein solcher Wandel rasch auf die mit einer Institution in Verbindung stehenden Organisationen auswirkt. Die Annahme einer institutional inertia muß daher differenziert betrachtet werden und darf nicht generell mit einem über eine sehr lange Zeitspanne invariaten (Verhaltens-)Prozeß gleichgesetzt werden.

Da der Prozeß eines veränderten Ausbildungshintergrundes erst in den 80er Jahren einzusetzen begann und sich bis heute fortsetzt (Maurer 1994: 74; Heine 1996: 288; Mayer 1996: 38f.; vgl. auch die Ausführungen zur Herleitung der Hypothese 11a), ist zukünftig ein weiterer Anstieg der Bedeutung des institutionalistischen Einflusses betriebswirtschaftlicher Inhalte und Denkhaltungen anzunehmen. Die Folge wäre eine ceteris paribus im Vergleich zu den Ergebnissen der Untersuchung weiter zunehmende Verbreitung und Anwendung output-orientierter Informationsinstrumente der Steuerung und Kontrolle.

Mimetische Prozesse zeigen, wie sich Organisationen oder Individuen an führenden und hervorgehobenen Institutionen orientieren. Aus der Sicht des steuernden und kontrollierenden Baumanagements stellt die Unternehmungsleitung eine derartige dominante Institution dar. Folgerichtig bestätigen auch die Untersuchungsergebnisse eine signifikante Wirkung der Unternehmungsleitung (Beta = 0,276) auf die Ausrichtung der Steuerungs- und Kontrolldimension der Information *(Hypothese 13a)*. Eine delegierende/dezentralistische, output-orientierte [zentralistische, input-orientierte] Steuerung und Kontrolle des Baumanagements durch die Unternehmungsleitung führt demgemäß zu einer stärker output-orientierten [input-orientierten] Informationsdimension der Steuerung und Kontrolle von Leistungsbeziehungen. Damit kopiert das Baumanagement die Steuerungs- und Kontrollorientierung der Unternehmungsleitung als übergeordnete organisatorische Einheit.

Daß sich das Baumanagement so verhält, kann auf deren Unsicherheit zurückgeführt werden, bestehende Alternativen für eine Steuerung und Kontrolle richtig bewerten zu können. Darüber hinaus kann eine Taken-for-granted-Haltung gar die Wahrnehmung von Alternativen verhindern (DiMaggio/Powell 1991b: 69; Caeldris 1996: 235f.). Schließlich könnte ein mimetisches Verhalten für das Baumanagement auch den Zweck erfüllen, sich gegenüber bestimmten Anspruchsgruppen besser legitimieren zu können.

In der Untersuchung wurde eine weitere dominante Institution als Vorbild für mimetische Verhaltensweisen betrachtet: die öffentlichen Auftraggeber *(Hypothese 12a)*. Es konnte jedoch kein signifikanter Zusammenhang zwischen dem Anteil der Bauleistungen, der mit öffentlichen Auftraggebern abgewickelt wird, und der Ausrichtung der Dimension der Information der Steuerung und Kontrolle festgestellt werden. Möglicherweise besitzen öffentliche Auftraggeber nicht mehr die dominante Position, welche im Institutionalismus als Voraussetzung für mimetische Verhaltensweisen der anderen Akteure angesehen wird. Dies könnte auf den Rückgang des Anteils der öffentlichen Auftraggeber am gesamten Bauvolumen zurückzuführen sein (Hauptverband der Deutschen Bauindustrie e.V. 1997a: 5). Des weiteren sind auch erste Anzeichen zu einer veränderten Einstellung der öffentlichen Auftraggeber bezüglich ihres eigenen Verhaltens bei der Abwicklung von Bauprojekten ersichtlich: beispielsweise erfolgen in der jüngsten Vergangenheit Ausschreibungen von einzelnen Leistungen durch die öffentliche Hand bereits zum Teil mittels funktionaler Leistungsbeschreibungen und nicht mehr ausschließlich mittels konstruktiver (Rast 1991: 106f.).

Wie im agenturtheoretischen Modell wurde auch hier die *Entlohnung* als die zweite Dimension der Steuerung und Kontrolle von Leistungsbeziehungen mittels einer weiteren Regressionsanalyse überprüft. In nachfolgender Tabelle 4.32 sind die Ergebnisse der Analyse dargelegt.[223]

---

[223] Die Hypothesen lauten:

H 8b: Je stärker eine Leistung in ihrem Ergebnis (Output) durch gesetzliche Regelungen und unternehmungsinterne Bestimmungen determiniert wird, desto stärker wird eine output-orientierte Entlohnungsstrategie angewandt.

H 10b: Je stärker eine Unternehmung eine Nähe zu Verbänden und Vereinigungen der Branche aufweist, desto stärker wird eine input-orientierte Entlohnungsstrategie angewandt.

H 11b: Je höher der Anteil von Mitarbeitern mit einer betriebswirtschaftlichen (Zusatz-)Ausbildung ist, desto stärker wird eine output-orientierte Entlohnungsstrategie angewandt.

H 12b: Je höher insgesamt der Anteil an Bauleistungen ist, der für öffentliche Auftraggeber erbracht wird, desto stärker wird eine input-orientierte Entlohnungsstrategie angewandt.

H 13b: Je stärker die steuernde Einheit selbst input-orientiert gesteuert und kontrolliert wird, desto stärker wird eine input-orientierte Entlohnungsstrategie angewandt.

Variable	Hypothese (erwartetes Vorzeichen)	Beta	Signifikanz
output-orientierte Gesetze und unternehmungsinterne Bestimmungen {gesetz_out}	8b (-)	-0,196	0,003
Verbände und Vereinigungen {verband}	10b (+)	0,191	0,010
Betriebswirtschaftliche Ausbildung {ausbild}	11b (-)	-0,129	0,040
Zusammenarbeit mit öffentlichen Auftraggebern {öffentl}	12b (+)	0,258	0,001
Führung/Grad der Delegation {delega}	13b (+)	0,220	0,002
Modell: $\mathbf{R^2 = 0,150}$ ($R^2_{korr} = 0,127$), Signifikanz = 0,000			

Tabelle 4.32: Institutionalistische Einflußfaktoren auf die Steuerungs- und Kontrolldimension der Entlohnung

Alle in dem Modell überprüften Hypothesen konnten signifikant in der postulierten Richtung bestätigt werden. Somit ist die Art der Entlohnung von Leistungen in Bauprojekten durch das Wirken institutionalistischer Einflußfaktoren zu erklären.

Unterzieht man die unterschiedlichen Einflüsse einer differenzierten Betrachtung nach ihrer Stärke, so zeigt sich, daß mimetische Verhaltensweisen (Hypothesen 12b und 13b) den größten Erklärungsbeitrag leisten (Beta = 0,258 bzw. 0,220). Das Ausmaß dieses Befundes spiegelt eine bezüglich der Art der Entlohnung ausgeprägte Taken-for-granted-Haltung der Auftraggeber wider. Primär eigenständige, von anderen Organisationen und von internen Einflüssen unabhängige Überlegungen werden in Zusammenhang mit den eingesetzten Entlohnungsformen offensichtlich nicht angestellt bzw. in den Hintergrund gedrängt.

Trotz der seit Jahren rückläufigen Auftragsvolumina der öffentlichen Hand unterstreicht das Ergebnis zumindest hinsichtlich der Steuerungs- und Kontrolldimension der Entlohnung[224] deren nach wie vor zentrale Stellung in der Bauwirtschaft und damit ihre Bedeutung für die einzelnen Bauunternehmungen *(Hypothese 12b)*. Die öffentlichen Auftraggeber determinieren durch ihre input-orientierten Grundhaltungen zur Entlohnung von in Auftrag gegebenen Bauleistungen auch das Entlohnungsverhalten der privatwirtschaftlichen Auftraggeber.

Ein zweiter starker, im Sinne des Institutionalismus mimetischer Einflußfaktor auf die Orientierung der Entlohnung ist der Grad der Entscheidungsdelegation der Unternehmungsleitung *(Hypothese 13b)*. Steuert und beurteilt die Unternehmungsleitung das Baumanagement als die ihr nachgeordnete Organisationseinheit output-orientiert, d.h. wird das Baumanagement an seinen erzielten Ergebnissen gemessen und greift die Unternehmungsleitung nicht

224 Im Gegensatz zu den Ergebnissen zur Steuerungs- und Kontrolldimension der Information (vgl. oben die Ergebnisdiskussion zu Hypothese 12a).

bzw. wenig in die operativen Tätigkeiten ein, so neigt auch das Baumanagement dazu, seinerseits die leistungsausführenden Auftragnehmer ergebnisorientiert zu entlohnen. Die Ursache für diese mimetischen Prozesse ist in der dominanten Stellung der Unternehmungsleitung als maßgebliche Institution für das Baumanagement zu sehen. Dies fördert eine solche Taken-for-granted-Haltung des Baumanagements.

Ein ebenfalls signifikanter Einfluß auf die Art der eingesetzten Entlohnung wird durch normative institutionalistische Prozesse ausgeübt. Zum einen übertragen sich aufgrund eines starken Engagements von leitenden Mitarbeitern in Verbänden und Vereinigungen die durch solche Institutionen präferierten und kolportierten Verhaltensweisen und Ansichten auf die Anwendung bestimmter Entlohnungsformen *(Hypothese 10b)*. Zum anderen sind auch normative Einflüsse durch den Ausbildungshintergrund der Berufsgruppe des Bauingenieurs,[225] der fast ausschließlich alle Baumanager angehören, festzustellen *(Hypothese 11b)*. Normative institutionalistische Einwirkungen stellen daher eine zweite wesentliche Quelle dar, um die Wahl der verschiedenen Formen zur Entlohnung von Bauleistungen erklären zu können.

Die Orientierung der Entlohnung wird ferner durch Gesetze und unternehmungsinterne Bestimmungen und Vorschriften determiniert *(Hypothese 8b)*. Die Wirkungen dieses institutionalistischen Faktors kommen analog zu der Steuerungs- und Kontrolldimension der Information (vgl. Hypothese 8a) auf indirekte Art und Weise zustande. Indem gesetzliche und unternehmungsinterne Vorschriften auf das Ergebnis des Leistungserstellungsprozesses und die Funktionsweise eines fertigen Bauwerks bzw. Bauwerkteils abstellen, wird auch die Entlohnung an diesen Zielsetzungen orientiert. Damit korrespondiert die Anreizung mit dem gewünschten Leistungsergebnis.

4.3.4 Das Gesamtmodell

Im Anschluß an die Darstellung und Diskussion der einzelnen agenturtheoretischen und institutionalistischen Modelle werden nun die Gesamtmodelle der Steuerungs- und Kontrolldimensionen der Information und der Entlohnung dargelegt. Dadurch soll überprüft werden, ob und inwieweit die beiden unterschiedlichen theoretischen Ansätze eine Komplementarität zur Erklärung des Steuerungs- und Kontrollsystems besitzen. Schließlich wäre es auch denkbar, daß sich die Theorien aufgrund von Interaktionseffekten zwischen den unterschiedlichen theoretischen Einflußfaktoren gegenseitig in ihren Aussagen beeinflussen.

Die Ergebnisse der Regression des Gesamtmodells hinsichtlich der Steuerungs- und Kontrolldimension der *Information* werden in Tabelle 4.33 veranschaulicht.

[225] Wie bereits ausgeführt, sind dieser Berufsgruppe auch die Architekten zuzuordnen.

Variable	Hypothese (erwartetes Vorzeichen)	Beta	Signifikanz	Veränderung*
Garantien und Sicherheitsleistungen {garant}	3a (+)	0,141	0,036	nein
Risikohaltung des Auftraggebers {risiko_a}	4a (+)	0,203	0,004	nein
Risikohaltung des Leistungserbringers {risiko_l}	5a (-)	(-0,045)	(0,280)	nein
Input-Unsicherheit {unsich_in}	6a (+)	0,210	0,008	nein
Output-Unsicherheit {unsich_out}	7a (-)	-0,172	0,021	nein
output-orientierte Gesetze und interne Bestimmungen {gesetz_out}	8a (-)	-0,196	0,007	nein
Verbände und Vereinigungen {verband}	10a (+)	0,321	0,000	nein
Betriebswirtschaftliche Ausbildung {ausbild}	11a (-)	-0,175	0,016	nein
Zusammenarbeit mit öffentlichen Auftraggebern {öffentl}	12a (+)	(-0,006)	(0,474)	nein
Führung/Grad der Delegation {delega}	13a (+)	0,143	0,034	nein
Modell: $\mathbf{R^2 = 0{,}225}$ ($R^2_{korr} = 0{,}173$), Signifikanz = 0,000				

* wesentliche Veränderung zum Einzelmodell bezüglich "signifikant/nicht signifikant" oder "Vorzeichenwechsel"

Tabelle 4.33: Agenturtheoretische und institutionalistische Einflußfaktoren auf die Steuerungs- und Kontrolldimension der Information

Durch den Einbezug der agenturtheoretischen *und* der institutionalistischen Variablen erklärt das Gesamtmodell signifikant einen größeren Anteil der Variation der abhängigen Variablen als die jeweiligen Einzelmodelle. Es sind keine nennenswerten Interaktionseffekte zu erkennen, so daß insgesamt von einer starken Komplementarität der beiden theoretischen Ansätze zur Erklärung der Steuerungs- und Kontrolldimension der Information ausgegangen werden kann.[226]

In der nachfolgenden Tabelle 4.34 sind die Ergebnisse der Regression des Gesamtmodells hinsichtlich der Steuerungs- und Kontrolldimension der *Entlohnung* dargestellt.

[226] Damit stützt dieses Ergebnis die bereits in den Arbeiten von Eisenhardt (1988) und Conlon/Parks (1990) festgestellten Komplementaritäten zwischen beiden theoretischen Ansätzen.

Variable	Hypothese (erwartetes Vorzeichen)	Beta	Signifikanz	Veränderung*
Garantien und Sicherheitsleistungen {garant}	3b (+)	0,223	0,003	nein
Risikohaltung des Auftraggebers {risiko_a}	4b (+)	(0,062)	(0,206)	ja
Risikohaltung des Leistungserbringers {risiko_l}	5b (-)	(-0,037)	(0,316)	nein
Input-Unsicherheit {unsich_in}	6b (+)	(0,092)	(0,147)	nein
Output-Unsicherheit {unsich_out}	7b (-)	(0,048)	(0,289)	nein
output-orientierte Gesetze und interne Bestimmungen {gesetz_out}	8b (-)	-0,150	0,030	nein
Verbände und Vereinigungen {verband}	10b (+)	0,154	0,041	nein
Betriebswirtschaftliche Ausbildung {ausbild}	11b (-)	(-0,096)	(0,122)	ja
Zusammenarbeit mit öffentlichen Auftraggebern {öffentl}	12b (+)	0,251	0,002	nein
Führung/Grad der Delegation {delega}	13b (+)	0,199	0,007	nein
Modell: $\mathbf{R^2 = 0{,}206}$ ($R^2_{korr} = 0{,}153$), Signifikanz = 0,000				

* wesentliche Veränderung zum Einzelmodell bezüglich "signifikant/nicht signifikant" oder "Vorzeichenwechsel"

Tabelle 4.34: Agenturtheoretische und institutionalistische Einflußfaktoren auf die Steuerungs- und Kontrolldimension der Entlohnung

Auch hier erklärt aufgrund des gemeinsamen Einbezugs der agenturtheoretischen und der institutionalistischen Variablen das Gesamtmodell einen signifikant größeren Anteil der Variation der abhängigen Variablen als die jeweiligen Einzelmodelle. Es treten jedoch Interaktionseffekte auf, die dazu führen, daß gegenüber dem agenturtheoretischen und dem institutionalistischen Einzelmodell die Variablen der Risikohaltung des Auftraggebers {risiko_a} und der betriebswirtschaftlichen Ausbildung {ausbild}[227] in dem Gesamtmodell keinen signifikanten Einfluß mehr besitzen. Offensichtlich besteht eine Abhängigkeit zwischen der agenturtheoretischen Variable {risiko_a} und einer oder mehreren institutionalistischen Variable(n) bzw. zwischen der institutionalistischen Variable {ausbild} und einer oder mehreren agenturtheoretischen Variable(n). Da keine Korrelationen erkennbar sind (vgl. Korrelationsmatrix in Tabelle 4.25), müßte zur Aufdeckung solcher Interaktionseffekte eine umfangreiche

227 Der vermutete Interaktionseffekt bezüglich der Variable {ausbild} ist nur sehr gering, so daß dieses Ergebnis auch auf einen Zufallsfehler in der Messung zurückzuführen sein könnte.

Kausalanalyse (z.B. mittels LISREL: vgl. Long 1983; Backhaus et al. 1994: 322ff.) durchgeführt werden.[228]

Trotz der beiden Interaktionseffekte zeigen die Ergebnisse die Komplementarität der beiden theoretischen Ansätze zur Erklärung der Steuerungs- und Kontrolldimension der Entlohnung. Dabei wird ersichtlich, daß die institutionalistischen Einflußfaktoren im Gesamtmodell einen insgesamt größeren Anteil zur Erklärung der Entlohnung beisteuern als die agenturtheoretischen, denn nur eine von fünf agenturtheoretischen Variablen besitzt noch einen signifikanten Einfluß, hingegen leisten vier institutionalistische Variablen einen signifikanten Erklärungsbeitrag (vgl. darüber hinaus auch die standardisierten Regressionskoeffizienten der einzelnen Variablen). Die Entlohnung im Rahmen von Leistungsbeziehungen ist damit stärker institutionalistisch geprägt. Dieses Ergebnis stützt letztlich auch die bei der agenturtheoretischen Untersuchung der Entlohnung geäußerte Vermutung, daß institutionalistische Bedingungsfaktoren den Einfluß von Informationsasymmetrien überlagern könnten.

Insgesamt demonstrieren die Ergebnisse zu beiden Dimensionen der Steuerung und Kontrolle eine sich gegenseitig ergänzende Erklärungskraft der beiden unterschiedlichen theoretischen Ansätze. Dadurch können mehr relevante organisationsinterne und -externe Einflußfaktoren miteinbezogen werden, als dies eine Theorie zulassen würde, ohne daß damit die Erklärungskraft der meisten einzelnen Determinanten schwindet (mit Ausnahme zweier Variablen im Modell der Entlohnung) oder gar die Beziehungsrichtung umgekehrt wird. Mittels des Einsatzes beider Theorien wird somit die Lösung dieser organisationstheoretischen Problemstellung im Ganzen deutlich verbessert (vgl. dazu auch DiMaggio 1988: 17; Greening/Gray 1994: 469; Pouder 1996: 103f.; Dacin 1997: 75).

---

[228] Darüber hinaus ist es für die sinnvolle Interpretation der z.B. mittels einer LISREL-Analyse aufgedeckten Interaktionseffekte notwendig, daß eine gesicherte Theorie über die Zusammenhänge zwischen den Variablen vorliegt (Backhaus et al. 1994: 425). Eine solche existiert hinsichtlich von Zusammenhängen zwischen agenturtheoretischen und institutionalistischen Variablen nicht und würde, wenn dies überhaupt möglich ist, ein sehr umfangreiches Forschungsprogramm erfordern.

4.3.5 Erfolgswirksamkeit der Ausgestaltung des Steuerungs- und Kontrollsystems

Die Analyse der Erfolgswirksamkeit des Steuerungs- und Kontrollsystems erfolgt für die zwei unterschiedlichen Betrachtungsperspektiven der Systemeffizienz und der Aufgabeneffizienz (vgl. die Ausführungen in Kapitel 2.2.3). Damit wird der Beitrag des angewandten Steuerungs- und Kontrollsystems zur Erreichung zweier verschiedener unternehmerischer Zielsetzungen überprüft: den Erfüllungsgrad des Subziels der Steuerung und Kontrolle (= Systemeffizienz) und den Erfüllungsgrad des übergeordneten Ziels der Leistungserstellung (= Aufgabeneffizienz). Der Fokus dieser Betrachtungen ist es, zu überprüfen, ob eine im Sinne der Agenturtheorie bzw. des Institutionalismus konforme (= erklärbare) Ausgestaltung des Steuerungs- und Kontrollsystems mit positiven, negativen oder neutralen Erfolgsauswirkungen verbunden ist. Wären Wirkungen auf den Erfolg feststellbar, so ließen sich daraus Empfehlungen für die erfolgswirksame Ausgestaltung der Steuerung und Kontrolle von Leistungsbeziehungen ableiten.

Vorab wurde getestet, ob – unabhängig von agenturtheoretischen oder institutionalistischen Einflußfaktoren – zwischen der Ausrichtung des Steuerungs- und Kontrollsystems und der System- bzw. Aufgabeneffizienz ein direkter Zusammenhang besteht. Die entsprechenden Korrelations- und Regressionsanalysen zeigen keine derartigen signifikanten Beziehungen auf (vgl. Tabelle C.7 in Anhang C).

Um die Analysen der Erfolgswirksamkeit durchführen zu können, wird die Stichprobe in Abhängigkeit der mit der Systemeffizienz und der Aufgabeneffizienz korrespondierenden Erfolgsvariablen, {sys_eff} und {auf_eff}, jeweils in zwei Hälften geteilt: in der einen Hälfte befinden sich die erfolgreichen bis sehr erfolgreichen Leistungserstellungen (bzw. Steuerungs- und Kontrollsysteme), während die andere Hälfte durch die mittelmäßigen und wenig bis überhaupt nicht erfolgreichen Leistungserstellungen (respektive Steuerungs- und Kontrollsysteme) gebildet wird.[229] Im Anschluß daran werden in jeder der Stichprobenhälften mittels Regressionen die Zusammenhänge zwischen den beiden Steuerungs- und Kontrolldimensionen und den agenturtheoretischen bzw. institutionalistischen Einflußfaktoren überprüft. Das Ziel dieser Analysen besteht darin, herauszufinden, ob sich die Erklärungsleistung der jeweiligen Theorien in der Gruppe der erfolgreichen Leistungserstellungen (= Aufgabeneffizienz)

---

229 Das primäre Zuordnungskriterium war die ordinale Skalierung der erhobenen Erfolgsvariablen (mit den Endpunkten "sehr unzufrieden" bis "sehr zufrieden", "sehr schlecht" bis "sehr gut" etc. – vgl. die Fragen 2.VI.1 und 2.VI.3 bis 2.VI.6 des Fragebogens in Anhang A). Zudem sollte sichergestellt werden, daß die erfolgreichen Leistungsbeziehungen (bzw. Steuerungs- und Kontrollsysteme) eindeutig von den unerfolgreichen bzw. nur höchstens durchschnittlichen (aufgrund der Mittelwerte) getrennt sind. Deshalb wurden zur Beurteilung der Aufgabeneffizienz alle mittelmäßigen sowie wenig und überhaupt nicht erfolgreichen Leistungserstellungen (Skalenwerte 1 bis 3; n=96) und alle eher bis sehr erfolgreichen Leistungserstellungen (Skalenwerte 4 und 5; n=114) der jeweiligen Hälfte zugeordnet. Zur Beurteilung der Systemeffizienz wurden alle mittelmäßigen sowie wenig bis überhaupt nicht erfolgreichen Steuerungs- und Kontrollsysteme (Skalenwerte ≤3,75; n=108) und alle eher bis sehr erfolgreichen Steuerungs- und Kontrollsysteme (Skalenwerte >3,75; n=104) der jeweiligen Hälfte zugeordnet.

von der Gruppe der nicht erfolgreichen Leistungserstellungen sowie der gesamten Stichprobe signifikant unterscheidet.[230] Liefert beispielsweise eine Theorie eine signifikant höhere Erklärungsleistung in der Gruppe der erfolgreichen [nicht erfolgreichen] Leistungserstellungen, so weist dies darauf hin, daß eine im Sinne dieser Theorie konforme Ausgestaltung des Steuerungs- und Kontrollsystems den Erfolg einer Leistungserstellung positiv [negativ] beeinflußt.

4.3.5.1 Auswirkungen der Ausgestaltung des Steuerungs- und Kontrollsystems auf die Effizienz der Steuerung und Kontrolle

Durch die Betrachtung der *Systemeffizienz {sys_eff}* wird der Erfüllungsgrad des Steuerungs- und Kontrollsystems zur Lenkung der spezifischen Leistungserstellung untersucht: "Wie erfolgreich wurde das Teilziel der Steuerung und Kontrolle erfüllt?"

Das agenturtheoretische Modell

Die nachfolgende Tabelle 4.35 zeigt die Ergebnisse der separaten Regressionsanalysen für die Gruppen der erfolgreichen und der nicht erfolgreichen Steuerungs- und Kontrollsysteme sowie nochmals im Vergleich die Ergebnisse der gesamten Stichprobe.[231]

Steuerungs- und Kontrolldimension	nicht erfolgreiche Steuerungs- und Kontrollsysteme	erfolgreiche Steuerungs- und Kontrollsysteme	gesamte Stichprobe
Information R^2 (R^2_{korr}) *Signifikanz*	0,116 (0,067) *0,023*	0,203 (0,155) *0,001*	0,141 (0,117) *0,000*
Entlohnung R^2 (R^2_{korr}) *Signifikanz*	0,106 (0,057) *0,034*	0,195 (0,146) *0,002*	0,134 (0,110) *0,000*

Tabelle 4.35: Agenturtheoretische Analyse der Gruppen der erfolgreichen und der nicht erfolgreichen Steuerungs- und Kontrollsysteme

Die Ergebnisse sind eindeutig. Der Erklärungsbeitrag der agenturtheoretischen Einflußfaktoren in der Gruppe der erfolgreichen Steuerungs- und Kontrollsysteme ist sowohl bei der Steuerungs- und Kontrolldimension der *Information* als auch der *Entlohnung* signifikant größer als in der Gruppe der nicht erfolgreichen und der gesamten Stichprobe. Des weiteren

[230] In gleicher Weise sind alle erfolgreichen und nicht erfolgreichen Steuerungs- und Kontrollsysteme (= Systemeffizienz) zu überprüfen.

[231] Bestandteile dieser Regressionsanalysen waren selbstverständlich die selben unabhängigen und abhängigen Variablen wie in den bisherigen Betrachtungen. Da dort gerichtete Hypothesen überprüft wurden, mußten die Ergebnisse der nachfolgend betrachteten Regressionsanalysen wiederum auf die Richtung der Zusammenhänge (= Vorzeichen) kontrolliert werden. Das Ergebnis ist, daß alle Zusammenhänge in ihrer Richtung mit den ursprünglichen Ergebnissen übereinstimmen, also keine Vorzeichenwechsel in den verschiedenen Gruppen auftreten.

ist der Erklärungsbeitrag zu beiden Dimensionen in der Gruppe der nicht erfolgreichen Steuerungs- und Kontrollsysteme geringer als in der gesamten Stichprobe.

Somit kann festgestellt werden: wenn die Ausgestaltung des Steuerungs- und Kontrollsystems an agenturtheoretischen Einflußfaktoren ausgerichtet ist, hat dies eine höhere Effizienz der Steuerung und Kontrolle (manifestiert durch das Aufwand-Nutzen-Verhältnis, die Konflikthaltigkeit, die Anpassungsfähigkeit und die Güte des Steuerungs- und Kontrollsystems) zur Folge hat. Die Orientierung an den ökonomisch-rationalen Effizienz- und damit Entscheidungskriterien der Agenturtheorie mindert bei einer gleichbleibenden Qualität der Steuerung und Kontrolle die entsprechenden Steuerungs- und Kontrollkosten (Agenturkosten) bzw. ermöglicht zu konstanten Steuerungs- und Kontrollkosten eine qualitativ höherwertige Steuerung und Kontrolle. Diese Effizienzsteigerung des Steuerungs- und Kontrollsystems sollte sich auch in dem Erfolg der Leistungsbeziehung niederschlagen, da die organisatorische Effizienz (= Systemeffizienz) auf die Aufgabeneffizienz einwirkt (vgl. dazu Kapitel 2.2.3, Abbildung 2.16 und die Ausführungen unten in Kapitel 4.3.5.2).

Das institutionalistische Modell

Analog zur agenturtheoretischen Betrachtung wurden auch hier separate Regressionsanalysen für die Gruppen der erfolgreichen und der nicht erfolgreichen Steuerungs- und Kontrollsysteme durchgeführt (vgl. Tabelle 4.36).

Steuerungs- und Kontrolldimension	nicht erfolgreiche Steuerungs- und Kontrollsysteme	erfolgreiche Steuerungs- und Kontrollsysteme	gesamte Stichprobe
Information R^2 (R^2_{korr}) *Signifikanz*	[0,079 (0,029) *0,086 → n.s.* *]	0,307 (0,266) *0,000*	0,157 (0,134) *0,000*
Entlohnung R^2 (R^2_{korr}) *Signifikanz*	0,169 (0,124) *0,002*	0,162 (0,113) *0,005*	0,150 (0,127) *0,000*

*n.s. = nicht signifikantes Modell (auf dem Signifikanzniveau von 0,05)

Tabelle 4.36: Institutionalistische Analyse der Gruppen der erfolgreichen und der nicht erfolgreichen Steuerungs- und Kontrollsysteme

Bei der Steuerungs- und Kontrolldimension der *Information* haben institutionalistische Einflußfaktoren in der Gruppe der nicht erfolgreichen Steuerungs- und Kontrollsysteme keine Auswirkungen auf die Systemeffizienz. In der Gruppe der erfolgreichen Steuerungs- und Kontrollsysteme ist jedoch ein sehr deutlicher Zusammenhang zwischen institutionalistischen Einflußfaktoren und der Effizienz der Steuerung und Kontrolle zu konstatieren. Die Aussagekraft der institutionalistischen Faktoren ist in dieser Gruppe im Vergleich zur gesamten Stichprobe wesentlich höher. Daraus läßt sich folgern: indem das Baumanagement nach Legitimität im institutionalistischen Sinne strebt, wird auch das angewandte Steuerungs- und Kontrollsystem effizienter. Denn die Qualität eines Steuerungs- und Kontrollsystems ist aufgrund wichtiger Beurteilungskriterien wie z.B. die Konflikthaltigkeit oder die Anpassungsfähigkeit des Systems sehr stark davon abhängig, daß alle daran beteiligten und davon betroffenen Akteure die angewandte Steuerung und Kontrolle als angemessen und ergo legitim betrachten. Das Streben nach Legitimität durch die Ausrichtung der Informationsdimension an relevanten Institutionen fördert die Akzeptanz und damit die Effizienz des Steuerungs- und Kontrollsystems.

Bei der Steuerungs- und Kontrolldimension der *Entlohnung* sind keine wesentlichen Unterschiede zwischen den Gruppen der erfolgreichen und der nicht erfolgreichen sowie der gesamten Stichprobe vorhanden. Die institutionalistischen Einflüsse auf die Ausgestaltung der Entlohnung wirken sich demgemäß nicht auf die Effizienz der Steuerung und Kontrolle von Leistungsbeziehungen aus.

4.3.5.2 Auswirkungen der Ausgestaltung des Steuerungs- und Kontrollsystems auf die Effizienz der Leistungserstellung

Wird die *Aufgabeneffizienz* als Teilziel der Unternehmung zum Betrachtungsfokus, so muß der Erfüllungsgrad des Steuerungs- und Kontrollsystems als Determinante für den Erfolg der Leistungserstellung untersucht werden: "Leistet das Steuerungs- und Kontrollsystem einen Beitrag zu einer erfolgreichen Leistungserstellung und damit zum Erfolg des Bauprojektes?"

Das agenturtheoretische Modell

In der nachfolgenden Tabelle 4.37 werden die Befunde der separaten Regressionsanalysen jeweils für die Gruppe der erfolgreichen und der nicht erfolgreichen Leistungserstellungen dargestellt sowie dazu im Vergleich die Ergebnisse der gesamten Stichprobe.

Steuerungs- und Kontrolldimension	nicht erfolgreiche Leistungserstellungen	erfolgreiche Leistungserstellungen	gesamte Stichprobe
Information R^2 (R^2_{korr}) *Signifikanz*	[0,071 (0,012) *0,157 → n.s.**]	0,218 (0,175) *0,000*	0,141 (0,117) *0,000*
Entlohnung R^2 (R^2_{korr}) *Signifikanz*	0,221 (0,172) *0,001*	0,098 (0,049) *0,043*	0,134 (0,110) *0,000*

*n.s. = nicht signifikantes Modell (auf dem Signifikanzniveau von 0,05)

Tabelle 4.37: Agenturtheoretische Analyse der Gruppen der erfolgreichen und der nicht erfolgreichen Leistungserstellungen

In der Gruppe der erfolgreichen Leistungserstellungen ist die Aussagekraft der agenturtheoretischen Einflußfaktoren auf die Steuerungs- und Kontrolldimension der *Information* signifikant besser als in der Gruppe der nicht erfolgreichen (nicht signifikant) und der gesamten Stichprobe. Eine agenturtheoretisch geleitete Ausgestaltung dieser Steuerungs- und Kontrolldimension wirkt sich somit positiv auf den Erfolg der Leistungserstellung aus. Dafür kann als ursächlich angesehen werden, daß sich der positive Einfluß der agenturtheoretischen Bestimmungsfaktoren auf den Erfolg der Steuerung und Kontrolle (die Systemeffizienz, vgl. Tabelle 4.35) auch auf den Erfolg der Leistungserstellung (die Aufgabeneffizienz) auswirkt – denn wie bereits in Kapitel 2.2.3 (vgl. dort insbesondere Abbildung 2.16) dargelegt wurde, besteht ein Zusammenhang zwischen der Effizienz des Steuerungs- und Kontrollsystems und der Effizienz der Leistungserstellung.

Bei der Steuerungs- und Kontrolldimension der *Entlohnung* muß eine genau gegensätzliche Aussage getroffen werden. Hier sind in der Gruppe der nicht erfolgreichen Leistungserstellungen die agenturtheoretischen Einflußfaktoren signifikant stärker als in der Gruppe der erfolgreichen bzw. der gesamten Stichprobe. Daraus ist zu schließen, daß sich eine agenturtheoretisch konforme Gestaltung der Entlohnung negativ auf den Erfolg der Leistungserstellung auswirkt. Eine genauere Analyse der einzelnen agenturtheoretischen Einflußfaktoren zeigt jedoch in allen Gruppen nur einen signifikanten Einfluß der beiden agenturtheoretischen Variablen "vertragliche Garantien und Sicherheitsleistungen" {garant} und "Risikohaltung des Auftraggebers" {risiko_a}. Die Risikohaltung des Leistungserbringers {risiko_l} und die Unsicherheiten bezüglich Inputs {unsich_in} und Outputs {unsich_out} besitzen keinen signifikanten Einfluß. Der Einbezug verschiedener agenturtheoretischer Einflußfaktoren ist somit stark unausgewogen.

Wie in vielen agenturtheoretischen Arbeiten hervorgehoben wird, spielt neben den Bewertungsunsicherheiten insbesondere die Risikohaltung des Leistungserbringers eine wichtige Rolle bei der Gestaltung der Entlohnung. Eine nicht adäquate Berücksichtigung dieser Risikohaltung bei der Entlohnungsgestaltung kann als Hauptursache für die negative Erfolgswirkung der in dem Modell verbleibenden signifikanten agenturtheoretischen Bestimmungsfaktoren angesehen werden. Ein Auftraggeber muß sich als Konsequenz aus diesem Ergebnis vergegenwärtigen, daß beispielsweise eine einseitige Ausgestaltung der Entlohnung nach seinen Risikopräferenzen (aufgrund von z.B. Ressourcenvorteilen oder Marktmacht) und einer ungenügenden Beachtung der Präferenzen des Leistungserbringers letztlich zu einer geringeren Effizienz der Leistungserstellung führt. Denn mit großer Wahrscheinlichkeit wird der Leistungserbringer bei der Leistungsausführung diesen Nachteil entsprechend auszugleichen suchen (das Problem des moral hazard).

Die gleichen agenturtheoretischen Determinanten der Entlohnung haben jedoch einen positiven Einfluß auf die Systemeffizienz – damit steht hinsichtlich der Entlohnung die positive Systemeffizienz in Kontrast zu einer negativen Aufgabeneffizienz. Dieses Ergebnis weist auf die Möglichkeit einer Trade-off-Beziehung zwischen den unterschiedlichen Erfolgsparametern hin: denn weil die Realisierung einer erfolgreichen Steuerung und Kontrolle (= Systemeffizienz) mittels geeigneter Entlohnungsformen einen entsprechend hohen Ressourceneinsatz der Akteure erfordert, wirkt sich der dadurch verursachte Aufwand negativ auf den gesamten Erfolg der Leistungserstellung (= Aufgabeneffizienz) aus.

Das institutionalistische Modell

Hinsichtlich der institutionalistischen Einflußfaktoren sind die Resultate der separaten Regressionsanalysen für die Gruppen der erfolgreichen und der nicht erfolgreichen Leistungserstellungen in Tabelle 4.38 aufgeführt.

Steuerungs- und Kontrolldimension	nicht erfolgreiche Leistungserstellungen	erfolgreiche Leistungserstellungen	gesamte Stichprobe
Information R^2 (R^2_{korr}) *Signifikanz*	0,186 (0,132) *0,004*	0,209 (0,169) *0,000*	0,157 (0,134) *0,000*
Entlohnung R^2 (R^2_{korr}) *Signifikanz*	0,274 (0,226) *0,000*	0,129 (0,085) *0,008*	0,150 (0,127) *0,000*

Tabelle 4.38: Institutionalistische Analyse der Gruppen der erfolgreichen und der nicht erfolgreichen Leistungserstellungen

Bei der Betrachtung der Analyseergebnisse bezüglich der Steuerungs- und Kontrolldimension der *Information* wird die signifikant höhere Aussagekraft institutionalistischer Einflußfaktoren in der Gruppe der erfolgreichen Leistungserstellungen ersichtlich. In der Gruppe der nicht erfolgreichen Leistungserstellungen ist hingegen nur ein sehr geringer Unterschied zur gesamten Stichprobe vorhanden, so daß hier die institutionalistischen Einflußfaktoren keine negativen Erfolgswirkungen besitzen. Zusammengefaßt zeigen die Ergebnisse, daß als Folge eines Strebens nach Legitimität auch die Effizienz einer Aktivität verbessert werden kann. Indem die Anwendung bestimmter Informationsmechanismen als durch andere Institutionen akzeptiert (als legitim) angesehen wird, verbessert sich zugleich die Zusammenarbeit der Partner bei der Leistungserstellung, was wiederum Auswirkungen auf die Effizienz der Leistungserstellung hat. Institutionalistische Verhaltensweisen lassen sich demgemäß mit einer technisch-rationalen Sichtweise verknüpfen und sind so erfolgswirksam im Sinne ökonomischer Erfolgsmaßstäbe.

In gleicher Weise wie im agenturtheoretischen Modell beeinflussen bei der Steuerungs- und Kontrolldimension der *Entlohnung* die institutionalistischen Erklärungsfaktoren den Erfolg der Leistungserstellung negativ: der Zusammenhang zwischen den institutionalistischen Variablen und der Entlohnung ist in der Gruppe der nicht erfolgreichen Leistungserstellungen deutlich größer als in der gesamten Stichprobe. Zugleich ist der Einfluß der institutionalistischen Faktoren in der Gruppe der erfolgreichen Leistungserstellungen geringer als in den beiden Vergleichsgruppen. Im Gegensatz zum agenturtheoretischen Modell, in welchem nur zwei Variablen einen Einfluß besitzen, wirken jedoch hier alle fünf einzelnen institutionalistischen Bestimmungsfaktoren signifikant auf die Entlohnung ein. Daraus läßt sich ableiten, daß eine Orientierung des Baumanagements an den verschiedenen relevanten Institutionen zum Mißerfolg von Leistungserstellungen beiträgt – nach Legitimität zu streben kann den ökonomischen Erfolg einer Leistungserstellung also auch negativ beeinflussen. In besonderem Ausmaß verursachen mimetische Prozesse (= Nachahmung der Entlohnungspraktiken der öffentlichen Auftraggeber {öffentl} und Übertragung der von der Unternehmungsleitung praktizierten Steuerung und Kontrolle {delega})[232] diese Ergebnisse. Sollte die Ausgestaltung der Entlohnung weniger durch die Einflüsse anderer Institutionen bestimmt sein, so kann eine positive Auswirkung auf den Erfolg der Leistungserstellung angenommen werden.

Zusammengefaßt ergibt sich für die Erklärung der Erfolgswirksamkeit der eingesetzten Steuerungs- und Kontrolldimensionen das folgende, in Tabelle 4.39 dargestellte Bild:

	Steuerungs- und Kontroll-dimension	**Erfolg der Steuerung und Kontrolle (Systemeffizienz)**	**Erfolg der Leistungserstellung (Aufgabeneffizienz)**
agentur-theoretisch	Information	positive Erfolgswirkung	positive Erfolgswirkung
	Entlohnung	positive Erfolgswirkung	negative Erfolgswirkung
institutiona-listisch	Information	positive Erfolgswirkung	positive Erfolgswirkung
	Entlohnung	keine Erfolgswirkung	negative Erfolgswirkung

Tabelle 4.39: Zusammenfassung der Analyse der erfolgswirksamen Ausgestaltung des Steuerungs- und Kontrollsystems

Hinsichtlich der Systemeffizienz weisen die festgestellten Erfolgswirkungen theorieübergreifend in eine Richtung: eine Ausrichtung beider Dimensionen des Steuerungs- und Kontrollsystems sowohl an agenturtheoretischen als auch institutionalistischen Einflußbedingungen wirkt sich positiv auf den Erfolg der Steuerung und Kontrolle aus.[233]

Ein differenzierteres Bild ergibt sich bezüglich der Aufgabeneffizienz. Hier wird zwar der Erfolg der Leistungserstellung ebenfalls positiv durch eine im agenturtheoretischen und institutionalistischen Sinne konforme Ausgestaltung der Informationsdimension beeinflußt, parallel dazu wirkt sich jedoch eine gleichgerichtete Gestaltung der Entlohnung negativ auf

[232] Mit Beta-Werten von 0,478 bzw. 0,354.

[233] Nur die institutionalistische Beeinflussung der Dimension der Entlohnung ist erfolgsneutral (jedoch auch nicht erfolgsmindernd).

den Erfolg der Leistungserstellung aus. Im agenturtheoretischen Modell läßt sich dieser Widerspruch noch durch eine genauere Analyse der einzelnen Einflußfaktoren relativieren: nur zwei von fünf Variablen besitzen hier einen signifikanten Einfluß auf die Steuerung und Kontrolle und die daraus zu folgernde, im Sinne der Agenturtheorie unausgewogene Ausgestaltung des Steuerungs- und Kontrollsystems könnte Ursache für dieses Ergebnis sein.[234]

Im institutionalistischen Modell beeinflussen jedoch alle fünf überprüften Variablen signifikant die Steuerung und Kontrolle. Damit wird ein eindeutiger Trade-off in der Ausgestaltung der beiden Steuerungs- und Kontrolldimensionen sichtbar, denn die Erreichung von Legitimität kann zwar positiv auf den ökonomischen Erfolg wirken (im Falle der Dimension der Information), sie kann jedoch auch gleichzeitig den ökonomischen Erfolg negativ beeinflussen (im Falle der Dimension der Entlohnung). Dies zeigt, daß eine institutionalistisch konsistente Formulierung von eindeutigen, an ökonomischen Effizienzen ausgerichteten Handlungsempfehlungen begrenzt ist: Legitimität und ökonomische Effizienz können positiv miteinander verbunden sein, müssen dies aber nicht.

4.3.6 Zusammenfassung der Ergebnisse der empirischen Untersuchung

Die empirische Untersuchung der Steuerung und Kontrolle von Leistungsbeziehungen in Bauprojekten hat zu einer Reihe sehr interessanter Ergebnisse geführt. Dabei konnte generell die Relevanz der beiden theoretischen Ansätze der Agenturtheorie und des Institutionalismus zur Erklärung unterschiedlicher Steuerungs- und Kontrollstrategien gezeigt werden. Die wichtigsten Ergebnisse und Erkenntnisse aus dieser Untersuchung werden hier nochmals zusammengefaßt.

- Eine umfangreiche, nuancierte und am Erfolg einer Organisation orientierte Betrachtung des Forschungsgegenstands der Steuerung und Kontrolle von Leistungsbeziehungen eröffnet neue Einsichten in die komplexe Problematik interorganisatorischer Beziehungen. Der Beitrag schließt an die bisherigen organisationstheoretischen Betrachtungen zu Steuerung und Kontrolle an, bildet jedoch diese durch die beiden Dimensionen der Information und der Entlohnung differenzierter ab, als dies in bisherigen Forschungsarbeiten vorzufinden ist.[235] Die Ergebnisse der Überprüfung des theoretischen Konstruktes stützen diese Differenzierung. Zudem erweitert der Beitrag die organisationstheoretische Sichtweise von Steuerung und Kontrolle, indem sich die Konzeption des Steuerungs- und Kontrollsystems an Controlling-theoretische Erkenntnisse und die in der Praxis angewandten Steuerungs- und Kontrollinstrumente anlehnt.

---

[234] Vgl. zu dieser Problematik die Ausführungen zum agenturtheoretischen Modell der Steuerungs- und Kontrolldimension der Entlohnung in Kapitel 4.3.2.

[235] Darüber hinaus wurden beide Dimensionen jeweils mittels mehrerer verschiedener Indikatoren umfassend abgebildet und gemessen.

- Informationsasymmetrien ex ante des Vertragsschlusses bestimmen durch ihren Einfluß auf die vereinbarten vertraglichen Garantien und Sicherheitsleistungen auch die Agenturproblematik ex post des Vertragsschlusses. Agenturprobleme müssen somit zeitlich umfassend aufgespaltet und analysiert werden.

- Agenturtheoretisch relevante Determinanten erklären die Ausrichtung beider Dimensionen der Steuerung und Kontrolle von Leistungsbeziehungen. Entgegen den Annahmen der Agenturtheorie besitzt jedoch die Risikopräferenz des Leistungserbringers keine signifikante Bedeutung. Als ursächlich dafür ist anzusehen, daß die in der Theorie vorausgesetzte Machtbalance zwischen den Akteuren und ihre darauf aufbauenden Handlungsfreiheiten oftmals in realen Beziehungssituationen nicht vorzufinden sind.[236]

- Auch die im Sinne der Theorie des Institutionalismus relevanten Einflußfaktoren bestimmen die Ausrichtung beider Dimensionen der Steuerung und Kontrolle von Leistungsbeziehungen. Normative und vor allem mimetische Wirkungsmechanismen sind hierbei als besonders bedeutend hervorzuheben.

- Agenturtheorie und Institutionalismus stellen zwei eigenständige und deutlich voneinander abzugrenzende theoretische Ansätze dar. Aufgrund des festgestellten komplementären Erklärungspotentials der Theorien können jedoch beide gleichzeitig erkenntnisfördernd eingesetzt werden, um die Steuerung und Kontrolle von Leistungsbeziehungen zu erklären. Die Aussagekraft der Modelle erhöhte sich durch den simultanen Einbezug beider Theorien.

- Sowohl agenturtheoretische als auch institutionalistische Einflußfaktoren bestimmen den Erfolg der Steuerung und Kontrolle (die Systemeffizienz) und den Erfolg der Leistungserstellung (die Aufgabeneffizienz). Die Erfolgswirkungen singulärer theoretischer Zusammenhänge und einzelner Determinanten, sowohl auf die Steuerung und Kontrolle selbst als auch auf die gesamte Leistungserstellung, sind unterschiedlich – daher lassen es die Ergebnisse zu, differenzierte Handlungsempfehlungen für die Gestaltung der Steuerung und Kontrolle von Leistungsbeziehungen abzuleiten. Besonders hervorhebenswert ist der Einfluß institutionalistischer Faktoren auf den Erfolg der Leistungserstellung. Damit konnte gezeigt werden, daß die Legitimität von Handlungen und Strukturen auch ökonomische Wirkungen nach sich ziehen kann.

  Übergreifend wurde sichtbar, daß organisatorische Effizienz (in Form einer erfolgreichen Steuerung und Kontrolle) auch Auswirkungen auf den ökonomischen Erfolg einer Leistungserstellung hat: Organisation ist ein Erfolgsfaktor ökonomischer Austauschbeziehungen.

---

[236] Dies ist auch ein wesentlicher Kritikpunkt hinsichtlich des Praxisbezugs der Agenturtheorie.

4.3.7 Betrachtungen zur Aussagekraft und Weiterentwicklung der Untersuchung

Abschließend sollen nochmals kritische Aspekte der Untersuchung angesprochen werden, um Anregungen für die Weiterentwicklung zukünftiger Arbeiten in diesem Forschungsgebiet zu geben.

- Obwohl gezeigt werden konnte, daß die beiden Steuerungs- und Kontrolldimensionen der Information und der Entlohnung als grundsätzlich voneinander unabhängig anzusehen sind, weisen bestimmte theoretische Annahmen sowie Ergebnisse der Untersuchung auf mögliche Beziehungen zwischen den Dimensionen hin. Dahingehend wäre zu untersuchen, unter welchen Bedingungen und hinsichtlich welcher spezifischer Einzelinstrumente ein Zusammenhang bestehen könnte.

- Es existieren sehr unterschiedliche Möglichkeiten, verschiedene Entlohnungsformen miteinander zu kombinieren bzw. einzelne Entlohnungsformen vertraglich diffizil auszugestalten. Daher erscheint es sinnvoll, die in dieser Arbeit verwandte Operationalisierung der Dimension der Entlohnung weiter zu verfeinern.

- Die Güte der agenturtheoretischen Konstrukte der Output- und Input-Unsicherheit ist zwar noch akzeptabel, sie konnte jedoch insgesamt nicht voll befriedigen. Der Konstruktion dieser wichtigen agenturtheoretischen Variablen sollte darum zukünftig besondere Beachtung geschenkt werden.

  Ein wesentlicher Grund für die relative Schwäche dieser theoretischen Konstrukte kann in dem Umstand gesehen werden, daß sehr unterschiedliche Bauaktivitäten (Planungs- und Berechnungsleistungen, Bauhaupt- und Baunebengewerke) in die Untersuchung miteinbezogen wurden. Dies wirkt sich zwar negativ auf die Konsistenz der Indikatoren aus, erhöht aber andererseits auch die Allgemeingültigkeit der Untersuchungsergebnisse.

5 Resümee

Die auf dem deutschen Baumarkt agierenden Unternehmungen befinden sich in einer sehr angespannten Wettbewerbssituation, die sich mittelfristig vor allem aufgrund einer anhaltend sinkenden Nachfrage und dem verstärkten Eindringen ausländischer Bauunternehmungen weiter verschlechtern dürfte. Auch strategische Maßnahmen wie z.B. die Diversifikation in vor- und nachgelagerte Wertschöpfungsaktivitäten (Finanzierungsleistungen, Public Private Partnership, Facility Management etc.) oder das verstärkte Vordringen einiger Unternehmungen in internationale Märkte konnten bisher keine entscheidenden Impulse geben. Daher beeinflußt weiterhin die Organisation und Durchführung der operativen Bauwerkserstellung maßgeblich den wirtschaftlichen Erfolg der Bauunternehmungen – und der Erfolg der Bauwerkserstellung wird wiederum von einer effizienten Steuerung und Kontrolle der vielfältigen Leistungsbeziehungen in einem Bauprojekt mitbestimmt.

Aus dieser zentralen Problemstellung der Arbeit wurden drei unterschiedliche, jedoch *interdependente* Zielsetzungen abgeleitet: ein betriebswirtschaftlich-pragmatisches, ein spezifisch-organisationstheoretisches und ein allgemein-organisationstheoretisches Erkenntnisziel. Die drei Erkenntnisziele zu erfüllen war Hauptgegenstand der theoretischen und baupraxisorientierten Ausführungen und der empirischen Untersuchung.

Die Beantwortung der mit dem *betriebswirtschaftlich-pragmatischen Erkenntnisziel* der Arbeit verbundenen Fragestellungen versetzt Bauunternehmungen in die Lage, die von ihnen angewandten Systeme zur Steuerung und Kontrolle von Nach- und Subunternehmern erfolgsorientiert zu überdenken. Eine wesentliche Grundvoraussetzung dafür ist, zu erkennen, daß ein Steuerungs- und Kontrollsystem in die zwei relevanten Dimensionen der Information und der Entlohnung mit den entsprechenden Steuerungs- und Kontrollinstrumenten differenziert werden kann. Darauf aufbauend zeigt die Arbeit, inwiefern die Ausgestaltung und Anwendung des Steuerungs- und Kontrollinstrumentariums nicht nur von rational-ökonomisch fundierten Einflußfaktoren, sondern auch von institutionalistischen Einflüssen aus der relevanten Umwelt der Unternehmung und dem Bauprojekt bestimmt wird. Diese Erkenntnis ist für Bauunternehmungen von entscheidender Bedeutung, da die praktische Gestaltung der Steuerung und Kontrolle in Bauprojekten in Abhängigkeit von den unterschiedlichen Einflußfaktoren *erfolgswirksam* ist: nicht nur die Effizienz der Steuerung und Kontrolle von Leistungsbeziehungen wird dadurch bestimmt, sondern auch der Erfolg der Leistungserstellung und damit der Erfolg des gesamten Bauprojektes!

Sind die Beziehungszusammenhänge und deren Auswirkungen auf den Erfolg einer Leistungserstellung und somit auch auf den Erfolg des Bauprojektes aufgedeckt, so können generelle, bauprojektübergreifende organisatorische Veränderungen zu einem verbesserten Steuerungs- und Kontrollsystem beitragen. Beispielsweise hat die Untersuchung gezeigt, daß eine zentralistische Führung der Niederlassungen durch die Gesamtunternehmungsleitung zu einer verstärkten input-orientierten Entlohnung von Leistungsbeziehungen führt, was jedoch signifikant negative Auswirkungen auf den Erfolg jener Leistungserstellungen hatte. Weiterhin lassen sich aus den Untersuchungsergebnissen auch Möglichkeiten ersehen, durch aufgaben- und akteurspezifische Anpassungen des Steuerungs- und Kontrollsystems den Erfolg einer Leistungserstellung zu verbessern (oder auch zu verschlechtern). Zum Beispiel konnte gezeigt werden, daß eine Orientierung der Steuerungs- und Kontrolldimension der Information an den Charakteristika der Aufgabe und der Akteure zu einer signifikant erfolgreicheren Leistungserstellung führt, während eine Orientierung der Entlohnung an solchen Charakteristika eine weniger erfolgreiche Leistungserstellung zur Folge hat. Solche gegensätzlichen Erfolgswirkungen weisen jedoch zusätzlich auf mögliche Trade-off-Beziehungen und damit allgemein auf die Komplexität der Ausgestaltung eines erfolgreichen Steuerungs- und Kontrollsystems hin.

Das *spezifisch-organisationstheoretische* Erkenntnisziel der Arbeit wurde durch die Aufarbeitung von Steuerung und Kontrolle und die Konzeption des Steuerungs- und Kontrollsystems zu erfüllen gesucht. Die Konzeptionalisierung von Steuerung und Kontrolle stellt aus organisationstheoretischer Sicht eine (weitere) sinnvolle Möglichkeit dar, Interorganisationsbeziehungen allgemein abzubilden. Darauf aufbauend konnte durch die empirische Untersuchung die Relevanz dieser Konzeptionalisierung von Interorganisationsbeziehungen gezeigt werden, denn erstens korrespondiert das Steuerungs- und Kontrollsystem mit wichtigen organisationstheoretischen Einflußfaktoren und zweitens wirkt sich eine entsprechende Ausgestaltung des Steuerungs- und Kontrollsystems auch auf den Erfolg der Organisation aus.

Mit dem *allgemein-organisationstheoretischen* Erkenntnisziel wurde die Absicht verfolgt, die in ihren theoretischen Erklärungsfiguren sehr unterschiedlichen Ansätze der Agenturtheorie und des Institutionalismus mittels einer empirischen Untersuchung weiter zu beleuchten, gegenüberzustellen und kritisch zu diskutieren. Dabei wurde der komplementäre Charakter der beiden theoretischen Ansätze zueinander ersichtlich: das gleichzeitige Heranziehen beider Theorien zur Erklärung organisatorischer Fragestellungen führt zu einer signifikant höheren Erklärungsleistung als Betrachtungen vor einem singulären theoretischen Hintergrund. Schließlich konnte offengelegt werden, daß *beide* Theorien in der Lage sind, die erfolgswirksame Ausgestaltung des Steuerungs- und Kontrollsystems in interorganisatorischen Leistungsbeziehungen zu erklären. Ein erfolgreiches Steuerungs- und Kontrollsystem darf demgemäß nicht nur an technisch-rationalen Effizienzkriterien ausgerichtet werden, sondern muß auch die Anforderungen aus dem legitimierten Umfeld der Organisation reflektieren. Damit schließt dieses wichtige dritte Erkenntnisziel der Arbeit den Kreis zu dem betriebswirtschaftlich-pragmatischen Erkenntnisziel – denn Organisationstheorien eignen sich auch trefflich, konkrete Aussagen über die Ausgestaltung von Organisationen und organisatorischen Beziehungen zu gewinnen.

Anhang A: Konzeption der Untersuchung und Fragebogen

UNIVERSITÄT AUGSBURG

Lehrstuhl für Betriebswirtschaftslehre
Unternehmensführung und Organisation

Prof. Dr. Mark Ebers

Prof. Dr. Mark Ebers • Universität Augsburg • 86135 Augsburg

Forschungsprojekt „Strategisches Management und Organisation in der deutschen Bauindustrie"

Wer sind wir?

Der Lehrstuhl für Unternehmensführung und Organisation an der Universität Augsburg führt in Kooperation mit mehreren europäischen Universitäten (Bocconi/Mailand, Genf und Groningen) eine internationale Untersuchung über das strategische Management und die Organisation europäischer (respektive deutscher) Bauunternehmen durch.

Was sind die Ziele des Projektes?

Zielsetzung dieses Forschungsprojektes ist die Identifikation und Analyse kritischer Erfolgsfaktoren für Unternehmen der Bauindustrie. Im Zentrum des Interesses stehen neben Wettbewerbsstrategien und -strukturen insbesondere die effektive Gestaltung der Schnittstellen zwischen den maßgeblichen Akteuren dieser Branche (Generalunternehmer, Architekten und Ingenieure, Subunternehmer, Erbringer von Serviceleistungen) sowie die eingesetzten Management- und Koordinationsinstrumente.

Vor dem Hintergrund der ökonomischen Bedeutung der Bauindustrie und den noch unzureichend wissenschaftlich fundierten Kenntnissen über erfolgreiche Unternehmensführung in dieser Industrie erwarten wir von dieser Untersuchung Ergebnisse, die gleichermaßen für die Wissenschaft, die Branche und einzelne Unternehmen von großer Relevanz sind.

Was ist der Nutzen für Ihr Unternehmen?

Für die Mitwirkung an dieser Untersuchung erhält jedes teilnehmende Unternehmen eine spezielle unternehmensspezifische Auswertung, die selbstverständlich auch nur demselben zugänglich gemacht wird. Darüber hinaus wird allen Teilnehmern ein vollständiger Abschlußbericht des gesamten Forschungsprojektes übergeben.

Eine Beteiligung Ihres Unternehmens ermöglicht Ihnen insgesamt Zugang zu wettbewerbsrelevanten Informationen in den folgenden Bereichen:

- strategische Erfolgsfaktoren der Branche
- erfolgreiche Wettbewerbspositionen in der Branche
- erfolgreiche Management- und Koordinationsinstrumente der Branche
- Benchmarking der von Ihrem Unternehmen eingesetzten Koordinationsinstrumente für das Schnittstellenmanagement
- Entscheidungsunterstützung bzgl. der Frage „Selbsterstellung versus Fremdvergabe von Leistungen"

Aufwand für Ihr Unternehmen?

Ihrem Unternehmen entstehen keine direkten Kosten. Den Ergebnisbericht sowie die Sonderauswertung für Ihr Unternehmen erhalten Sie kostenlos für Ihre Mitarbeit.

Die empirische Untersuchung erfolgt mittels eines vorbereiteten Fragebogens. Im Rahmen der Erhebung werden die Leiter von solchen Bauprojekten, bei denen Ihr Unternehmen als Generalunternehmer oder Generalübernehmer auftritt, befragt. Es sollen mehrere verschiedene Bauprojekte aus unterschiedlichen Bausparten innerhalb eines Unternehmens analysiert werden. Hierzu wird ein Mitarbeiter unseres Teams die von Ihnen bestimmten Gespächspartner (i.d.R. Bauprojektleiter) aufsuchen und mit diesen den Fragebogen durchgehen. Die Befragung innerhalb eines Projektes dauert ca. zwei Stunden.

Datenschutz!

Wir versichern Ihnen einen absolut vertraulichen Umgang mit den erhobenen Daten, denn dies ist eine zentrale Voraussetzung für die Durchführung eines empirischen Forschungsprojektes. Es wird dafür Sorge getragen, daß Dritten keinerlei unternehmensbezogene Daten und Auswertungen zugänglich gemacht werden.

Ihr Ansprechpartner:

Dipl.-Kfm. Martin Matzke, Universitätsstraße 16, 86159 Augsburg, Tel.: 0821/598-4166 (oder -4164), Fax: 0821/598-4228, e-mail: martin.matzke@wiso.uni-augsburg.de

„Strategisches Management und Organisation in der deutschen Bauindustrie"

- Ein Forschungsprojekt des Lehrstuhls für Unternehmensführung und Organisation an der Universität Augsburg -

Teil 1 des Fragebogens:

Die Niederlassung und die Bausparte

Projekt: ______________________

Projektvolumen: ________________

Projektdauer: __________________

Kreuzen Sie bitte an, in welche Bausparte dieses Projekt einzuordnen ist:

Niederlassung							
Industrieller Hochbau	Gewerblicher Hochbau	Wohnungsbau	Öffentlicher Hochbau	Verkehrswegebau ❑ öffentlich ❑ privat	Brücken-/ Tunnelbau ❑ öffentlich ❑ privat	Umwelttechnik/Entsorgung ❑ öffentlich ❑ privat	Sonstige ______ ❑ öffentlich ❑ privat

Projektleitung: Prof. Dr. Mark Ebers

Projektmitarbeiter: Dipl.-Kfm. Martin Hermesch
Dipl.-Kfm. Martin Matzke
Dipl.-Kfm. Andreas Mehlhorn

Lehrstuhl für Unternehmensführung und Organisation
Universität Augsburg, Universitätsstraße 16, 86159 Augsburg
Tel.: 0821/598-4164, e-mail: martin.matzke@wiso.uni-augsburg.de

Teil I: Fragen zu Ihrer Niederlassung

1. Machen Sie bitte die folgenden Angaben zu Ihrer Niederlassung:

Gründungsjahr	Anzahl der Mitarbeiter	Umsatz im abgelaufenen Geschäftsjahr

2. Kennzeichnen Sie die Bedeutung der folgenden Bausparten für die Gesamtleistung Ihrer Niederlassung mit den folgenden Kennziffern: 1=große Bedeutung, 2=mittlere Bedeutung, 3=keine Bedeutung

Bausparte	Kennziffer	Bausparte	Kennziffer
Industrieller Hochbau		Verkehrswegebau	
Gewerblicher Hochbau		Brücken-, Tunnelbau	
Wohnungsbau		Umwelttechnik/Entsorgung	
Öffentlicher Hochbau		Sonstiges:	

Wieviel Prozent der gesamten Bauleistung erbringt Ihre Niederlassung...

- ...für öffentliche Auftraggeber? *(a)* ca. _________ %
- ...im Rahmen von Arbeitsgemeinschaften (Argen)? ca. _________ %

3. Wieviel Prozent der Angestellten Ihrer Niederlassung haben eine betriebswirtschaftliche Ausbildung bzw. eine mehr als einjährige betriebswirtschaftliche Zusatzausbildung?

ca. _________ Prozent

4. In welchem Ausmaß existiert in Ihrer Niederlassung bzw. Gesamtunternehmung eine übergreifende Grundhaltung bzw. konkrete Maßnahmen, Unternehmensfunktionen oder -bereiche auszulagern (=Outsourcing)?

keine Outsourcing-Bestrebungen ❑ ❑ ❑ ❑ ❑ ❑ starke Outsourcing-Bestrebungen

5. Inwieweit stimmen Sie folgenden Aussagen zu?

„Wir haben im Vergleich zur Konkurrenz eine geringere Neigung zu risikoreichen Projekten oder Aktionen.“ *(a)*

stimme voll zu ❑ ❑ ❑ ❑ ❑ ❑ stimme gar nicht zu

„Bei der Bauplanung und –ausführung achten wir darauf, daß nur schon sehr lange bewährte Ausführungstechniken, Verfahren und Materialien eingesetzt werden.“ ***(b)***

stimme voll zu ❑ ❑ ❑ ❑ ❑ ❑ stimme gar nicht zu

6. Wie würden Sie generell die Führung Ihrer Niederlassung durch Ihre Gesamtunternehmungsleitung kennzeichnen?

	trifft voll zu … trifft gar nicht zu
Unsere Niederlassung kann Ihre Bauprojekte vollkommen eigenverantwortlich akquirieren, planen und abwickeln. *(a)*	❑ ❑ ❑ ❑ ❑ ❑
Für die Gesamtunternehmungsleitung ist es vollkommen unerheblich, welche Ressourcen wir einsetzen, nur das Ergebnis zählt. *(b)*	❑ ❑ ❑ ❑ ❑ ❑
Die Gesamtunternehmungsleitung greift nur selten in Entscheidungen ein, die die geschäftliche Tätigkeit unserer Niederlassung betreffen. *(c)*	❑ ❑ ❑ ❑ ❑ ❑

7. Wie nahe steht Ihre Niederlassungsleitung tendenziell den folgenden betrieblichen Funktionsbereichen (z.B. Führungspersonen waren dort sehr lange tätig oder leiteten diese)?

	sehr starke Nähe					keine Nähe
▪ Marketing/Akquisition	❑	❑	❑	❑	❑	❑
▪ Konstruktion/Design	❑	❑	❑	❑	❑	❑
▪ Produktion/Bauabwicklung	❑	❑	❑	❑	❑	❑
▪ Rechnungswesen/Finanzen	❑	❑	❑	❑	❑	❑

8. In welchem Ausmaß engagieren sich leitende Mitarbeiter Ihrer Niederlassung/Gesamtunternehmung in Verbänden der Bauindustrie?

engagieren sich nicht ❑ ❑ ❑ ❑ ❑ ❑ engagieren sich sehr stark

9. Welchen Stellenwert messen Sie Empfehlungen von Verbänden der Bauindustrie bei?

keinen Stellenwert ❑ ❑ ❑ ❑ ❑ ❑ starken Stellenwert

Teil II: Fragen zu dieser Bausparte

1. Alles in allem, wie zufrieden sind Sie mit dem ökonomischen Erfolg dieser Bausparte im Vergleich zu Ihren Konkurrenten

sehr zufrieden ❑ ❑ ❑ ❑ ❑ ❑ sehr unzufrieden

2. Wie würden Sie die Wettbewerbssituation für Ihren relevanten Markt in dieser Bausparte anhand der folgenden Aussagen beschreiben?

	stimme voll zu					stimme gar nicht zu
▪ Der Bauherr konnte bei der Vergabe dieses Bauprojektes zwischen sehr vielen Bauunternehmen entscheiden.	❑	❑	❑	❑	❑	❑
▪ Die Bauunternehmen, die sich um diesen Bauauftrag bemühten, konkurrierten in einem sehr intensiven Preiswettbewerb.	❑	❑	❑	❑	❑	❑
▪ Die Strategien und Aktionen unserer Konkurrenten waren gut vorhersehbar.	❑	❑	❑	❑	❑	❑
▪ Die Marktanteile der wichtigsten Unternehmen in diesem Markt waren gleich verteilt.	❑	❑	❑	❑	❑	❑

3. Unsere Wettbewerbsstrategie in dieser Bausparte ist gekennzeichnet...

	stimme voll zu					stimme gar nicht zu
▪ ...durch eine Positionierung als Anbieter technisch komplexer und innovativer Verfahren und Bauleistungen.	❑	❑	❑	❑	❑	❑
▪ ...durch eine Positionierung als absolut kostengünstigster Anbieter standardisierter Verfahren und Bauleistungen.	❑	❑	❑	❑	❑	❑
▪ ...durch das Angebot zusätzlicher Baudienstleistungen.	❑	❑	❑	❑	❑	❑
▪ ...durch eine Konzentration des Angebots auf eine abgegrenzte Marktnische.	❑	❑	❑	❑	❑	❑
▪ ...durch ein breites Angebot von Bauleistungen für den Gesamtmarkt.	❑	❑	❑	❑	❑	❑

Teil III: Erfolg dieses Bauprojekts

1. Alles in allem, wie zufrieden sind Sie mit dem ökonomischen Erfolg dieses Bauprojekts?

sehr zufrieden ❑ ❑ ❑ ❑ ❑ sehr unzufrieden

2. Wie würden Sie bezüglich der folgenden Kriterien den Erfolg dieses Bauprojekts beurteilen?

	sehr schlecht				sehr gut
▪ Kosteneffizienz	❑	❑	❑	❑	❑
▪ Qualität der Bauleistung	❑	❑	❑	❑	❑
▪ termingerechte Abwicklung	❑	❑	❑	❑	❑

„Strategisches Management und Organisation in der deutschen Bauindustrie"

- Ein Forschungsprojekt des Lehrstuhls für Unternehmensführung und Organisation an der Universität Augsburg -

SIGILLUM UNIVERSITATIS AUGUSTANAE

Teil 2 des Fragebogens:

Die Leistungserstellung

Kreuzen Sie bitte an, welche Leistungserstellung im folgenden betrachtet wird:

Bauprojekt

Architektur-/ Designleistung	Ingenieur-/ Planungsleistung	Projekt-management	Bauhaupt-gewerke	Bauneben-gewerke	Service-leistungen
			Welches Bauhaupt-gewerk?	Welches Bauneben-gewerk?	Welche Service-leistung?
			______________	______________	______________
			______________	______________	______________

Benennen Sie hier bitte den von Ihnen ausgewählten Leistungsersteller.
Bei diesem Leistungsersteller kann es sich um ein Mitglied der eigenen Niederlassung/Gesamtunternehmung (bzw. Konzern) handeln oder um einen externen Anbieter dieser Leistung!

Leistungsersteller:

Teil I: Allgemeine Beziehungen zu diesem Leistungsersteller

1. Gehört der Leistungsersteller zu Ihrer Niederlassung/Gesamtunternehmung?

❑ nein ❑ ja

→ Höhe der Kapitalbeteiligung: _________ %

2. Die Auswahl des Leistungserstellers für dieses Projekt erfolgte durch vergleichsweise sehr umfangreiche Analysen/Beurteilungen...

	stimme voll zu					stimme gar nicht zu
▪ ...der Ressourcenausstattung.	❑	❑	❑	❑	❑	❑
▪ ...des technischen Know-hows und/oder der Managementfähigkeiten.	❑	❑	❑	❑	❑	❑
▪ ...des Geschäftsgebahrens und/oder der Reputation.	❑	❑	❑	❑	❑	❑

3. Charakterisieren Sie die Ausführlichkeit der vertraglichen Vereinbarungen.

	stimme voll zu				stimme gar nicht zu
▪ In den Vereinbarungen wurde versucht, alle Aspekte und Bedingungen der Leistungserstellung so detailliert wie möglich vorab festzulegen. *(a)*	❑	❑	❑	❑	❑
In dem Vertrag wurden sehr genau festgelegt...					
▪ ...Garantie- und Sicherheitsleistungen (z.B. Vertragsstrafen) bezüglich der termingerechten Fertigstellung der Leistung. *(b)*	❑	❑	❑	❑	❑
▪ ...Garantie- und Sicherheitsleistungen (z.B. Vertragsstrafen) bezüglich der Qualität der zu erbringenden Leistung. *(c)*	❑	❑	❑	❑	❑

4. Charakterisieren Sie das Ausmaß der vereinbarten Regelungen zur Anpassung der Leistung an sich verändernde Rahmenbedingungen.

Hinsichtlich der Anpassung wurden sehr genau vereinbart...	stimme voll zu				stimme gar nicht zu
▪ ...Mechanismen/Verfahren zur Preis- und Mengenanpassung.	❑	❑	❑	❑	❑
▪ ...Mechanismen/Verfahren zur Anpassung von Leistungsspezifikationen.	❑	❑	❑	❑	❑
▪ ...Regelungen für umfangreichen Austausch von Informationen/Dokumenten während der Leistungserstellung.	❑	❑	❑	❑	❑
▪ ...regelmäßige Arbeitstreffen/Projektbesprechungen während der Leistungserstellung.	❑	❑	❑	❑	❑

5. Wie häufig hat Ihre Niederlassung/Gesamtunternehmung schon mit diesem Leistungsersteller zusammengearbeitet?

gar nicht ❑ ❑ ❑ ❑ ❑ ❑ sehr häufig

6. Erwarten Sie, auch noch in Zukunft mit diesem Leistungsersteller zusammenzuarbeiten?

nicht mehr ❑ ❑ ❑ ❑ ❑ ❑ sehr häufig

7. Volumen der Leistungserstellung: __________ DM | **Dauer der Leistungserstellung:** _______ Monate

8. Schätzen Sie bitte, wie bedeutend dieser Auftrag für den Leistungsersteller ist (z.B. für seinen Gesamtumsatz, seine Reputation etc.).

sehr bedeutend ❑ ❑ ❑ ❑ ❑ ❑ relativ unbedeutend

Teil II: Technische und ökonomische Charakteristika der Leistungserstellung

Kreuzen Sie bitte an, in welchem Ausmaß Sie den unten angeführten Aussagen zustimmen können!

1.

	stimme voll zu					stimme gar nicht zu
▪ Die Qualität der fertigen Leistung kann von uns anhand einiger weniger Kriterien beurteilt werden. *(a)*	❑	❑	❑	❑	❑	❑
▪ Für den Leistungsersteller wäre es leicht möglich, die Qualität der fertigen Leistung vor uns zu verbergen. *(b)*	❑	❑	❑	❑	❑	❑
▪ Es ist sehr schwierig, im Falle von Leistungsstörungen oder qualitativ schlechten Leistungen die Verantwortlichkeiten festzulegen. *(c)*	❑	❑	❑	❑	❑	❑
▪ Die Qualität der fertigen Leistung wird innerhalb kurzer Zeit erkennbar. *(d)*	❑	❑	❑	❑	❑	❑
▪ Die Abnahme der fertigen Leistung wird sehr stark durch gesetzliche Vorschriften bestimmt. *(e)*	❑	❑	❑	❑	❑	❑
▪ Die Abnahme der fertigen Leistung wird sehr stark durch (freiwillige) Normen (z.B. ISO) bestimmt. *(f)*	❑	❑	❑	❑	❑	❑

2.

	stimme voll zu					stimme gar nicht zu
▪ Der Prozeß der Leistungserstellung kann vor Auftragsausführung gut beschrieben bzw. vorstrukturiert werden. *(a)*	❑	❑	❑	❑	❑	❑
▪ Es ist sehr schwierig, die für die Erstellung notwendige Anzahl und Qualität der einzusetzenden Produktionsfaktoren (Betriebsmittel, Mitarbeiter etc.) zu bewerten. *(b)*	❑	❑	❑	❑	❑	❑
▪ Die Erstellung dieser Leistung hängt sehr stark von Leistungen anderer Leistungsersteller ab (Parallel-/Vorleistungen). *(c)*	❑	❑	❑	❑	❑	❑
▪ Unmittelbar während der Leistungserstellung können Änderungen in der Leistungsausführung notwendig werden. *(d)*	❑	❑	❑	❑	❑	❑
▪ Es gibt sehr viele unterschiedliche Möglichkeiten, wie der Erstellungsprozeß dieser Leistung ablaufen kann. *(e)*	❑	❑	❑	❑	❑	❑
▪ Bei Auftragsvergabe waren nur einige zentrale Rahmendaten der Leistung definiert, jedoch nicht genau alle Spezifikationen, technischen und terminlichen Details. *(f)*	❑	❑	❑	❑	❑	❑
▪ Die Erstellung der Leistung wird sehr stark durch gesetzliche Vorschriften bestimmt. *(g)*	❑	❑	❑	❑	❑	❑
▪ Die Erstellung der Leistung wird sehr stark durch (freiwillige) Normen (z.B. ISO) bestimmt. *(h)*	❑	❑	❑	❑	❑	❑

3.

	stimme voll zu					stimme gar nicht zu
▪ Bei der Vergabe dieser Leistungserstellung konnten wir zwischen sehr vielen Leistungserstellern auswählen. *(a)*	❑	❑	❑	❑	❑	❑
▪ Die Leistungsersteller, die sich um den Auftrag bemühten, konkurrierten in einem äußerst intensiven Preiswettbewerb. *(b)*	❑	❑	❑	❑	❑	❑
▪ Es war bei der Auftragsvergabe leicht, die Wettbewerbsfähigkeit und Qualität der für diese Leistung infrage kommenden Leistungsersteller zu vergleichen. *(c)*	❑	❑	❑	❑	❑	❑
▪ Wenn diese Leistungsbeziehung abgebrochen würde, wäre es für uns aufwendig, eine solche Leistung von einem anderen Ersteller zu erhalten. *(d)*	❑	❑	❑	❑	❑	❑
▪ Wenn diese Leistungsbeziehung abgebrochen würde, wäre es für diesen Leistungsersteller aufwendig, seine Leistungen an einen anderen Kunden abzusetzen. *(e)*	❑	❑	❑	❑	❑	❑
▪ Die vom Kunden wahrgenommene Qualität der Gesamtleistung hängt in großem Ausmaß von der Ausführung dieser Leistung ab. *(f)*	❑	❑	❑	❑	❑	❑

4.	stimme voll zu					stimme gar nicht zu
▪ Der Leistungsersteller hatte selbst einen hohen Aufwand, um diesen Auftrag von uns zu erhalten. *(a)*	❑	❑	❑	❑	❑	❑
▪ Der Leistungsersteller ist bekannt für sein faires Geschäftsgebahren. *(b)*	❑	❑	❑	❑	❑	❑
▪ Der Leistungsersteller zeichnet sich durch eine besondere Professionalität bei der Ausführung dieser Leistung aus. *(c)*	❑	❑	❑	❑	❑	❑
▪ Der Leistungsersteller ist schon lange erfolgreich mit der Ausführung dieser Leistung am Markt tätig. *(d)*	❑	❑	❑	❑	❑	❑
▪ Der Leistungsersteller ist auf diese Leistung besonders spezialisiert. *(e)*	❑	❑	❑	❑	❑	❑
▪ Der Leistungsersteller setzt ausschließlich bewährte Ausführungstechniken, Verfahren und Materialien ein. *(f)*	❑	❑	❑	❑	❑	❑
▪ Der Leistungsersteller hat im Vergleich zu anderen Leistungserstellern der Branche eine höhere Neigung zu risikoreichen Projekten oder Aktionen. *(g)*	❑	❑	❑	❑	❑	❑

5. Unser Unternehmen kann für diese Leistung in großem Umfang auf Know-how aus früheren Bauprojekten zurückgreifen...

	stimme voll zu					stimme gar nicht zu
▪ ...hinsichtlich der technischen Verfahren und Problemlösungen bei der Ausführung der Leistung.	❑	❑	❑	❑	❑	❑
▪ ...hinsichtlich der quantitativen und qualitativen Auswahl der im Rahmen dieser Leistung benötigten Ressourcenausstattung.	❑	❑	❑	❑	❑	❑
▪ ...hinsichtlich der genauen Durchführungsplanung.	❑	❑	❑	❑	❑	❑

6.	stimme voll zu					stimme gar nicht zu
▪ Die Durchführung dieser Leistung setzt viel praktisches Erfahrungswissen voraus, das nur schwer in generellen Verfahrensbeschreibungen abgebildet werden kann.	❑	❑	❑	❑	❑	❑
▪ Der Prozeß dieser Leistungserstellung basiert auf relativ komplexen Verfahren/ Technologien und vielfältigen Fähigkeiten der ausführenden Personen.	❑	❑	❑	❑	❑	❑
▪ Die Durchführung dieser Leistung erfordert einen zeitlich und inhaltlich sehr genau abgestimmten Einsatz unterschiedlicher Personen/Experten.	❑	❑	❑	❑	❑	❑
▪ Die genaue Festlegung der Leistungsspezifikationen und die Koordination dieser Leistung im Projektverlauf erfordert einen intensiven technischen Dialog mit dem Leistungsersteller.	❑	❑	❑	❑	❑	❑
▪ Die genaue Spezifikationen und technischen Details dieser Leistung werden im Projektverlauf schrittweise zusammen mit dem Leistungsersteller konkretisiert.	❑	❑	❑	❑	❑	❑

Teil III: Art und Umfang eingesetzter Investitionen und Ressourcen

1. Charakterisieren Sie bitte die für die Leistungserstellung eingesetzten Investitionen/Ressourcen, indem Sie ankreuzen, in welchem Ausmaß Sie den angeführten Aussagen zustimmen.

	stimme voll zu					stimme gar nicht zu
▪ Die Leistungserstellung erfolgt mit speziell auf unser Unternehmen und/oder dieses Projekt zugeschnittenen Betriebsmittel (z.B. Betriebsanlagen, Maschinen, technische Ausrüstung, Hard-/Software).	❑	❑	❑	❑	❑	❑
▪ Der Einsatz standardisierter/branchenüblicher Betriebsmittel für diese Leistungserstellung würden zu suboptimalen Ergebnissen führen (z.B. geringere Produktivität oder Qualität, längere Ausführungszeiten).	❑	❑	❑	❑	❑	❑
▪ Die Leistungserstellung in diesem Projekt erfordert spezifische(s), nicht branchenübliche(s) Fähigkeiten/Know-how.	❑	❑	❑	❑	❑	❑
▪ Der Leistungsersteller hat seine operativen Verfahren/Produktionsprozesse in größerem Umfang an die Besonderheiten dieses Projektes angepaßt.	❑	❑	❑	❑	❑	❑
▪ Andere Leistungsersteller würden eine gewisse Einarbeitungszeit benötigen, um diese Leistung vergleichbar effektiv zu erstellen.	❑	❑	❑	❑	❑	❑
▪ Für die Durchführung der Leistungserstellung erfolgte eine gegenseitige Anpassung interner Abläufe und Vorgehensweisen.	❑	❑	❑	❑	❑	❑
▪ Ein anderer Leistungsersteller würden eine gewisse Zeit benötigen, um sich an die Abläufe und Vorgehensweisen in diesem Projekt anzupassen.	❑	❑	❑	❑	❑	❑
▪ Für die Abwicklung und Durchführung der Leistungserstellung wurden zusätzliche Betriebsmittel angeschafft und/oder zusätzliche Arbeitnehmer eingestellt.	❑	❑	❑	❑	❑	❑

2. Beantworten Sie bitte die folgenden Fragen nur, wenn der Leistungsersteller <u>nicht</u> Ihrer Niederlassung/Gesamtunternehmung angehört.

	wurden von unserer Niederlassung/Gesamtunt. getätigt		wurden von beiden getätigt		wurden vom Leistungsersteller getätigt
▪ Die Aufwendungen für speziell auf unser Unternehmen und/oder dieses Projekt zugeschnittene Betriebsmittel...	❑	❑	❑	❑	❑
▪ Die Aufwendungen für Qualifikation von Mitarbeitern (z.B. technisches Know-how, Fähigkeiten), die speziell auf die Erfordernisse unseres Unternehmens/oder dieses Projekt zugeschnitten sind...	❑	❑	❑	❑	❑
▪ Aufwendungen für die Anpassung interner Abläufe und Vorgehensweise...	❑	❑	❑	❑	❑
▪ Aufwendungen für zusätzliche Betriebsmittel bzw. zusätzliche Arbeitnehmer...	❑	❑	❑	❑	❑

3. Betrachtet man alle finanziellen und zeitlichen Aufwendungen für die effiziente und effektive Ausgestaltung der Geschäftsbeziehung mit diesem Leistungsersteller, so hat...

der Leistungsersteller wesentlich mehr aufgewendet ❑ ❑ ❑ ❑ ❑ ❑ unsere Niederlassung/Gesamtunternehmung wesentlich mehr aufgewendet

4. Wie würden Sie die für diese Leistungsbeziehung eingesetzten Ressourcen beschreiben?

	stimme voll zu					stimme gar nicht zu
▪ Durch die Kombination der Erbringung dieser Leistung mit anderen Leistungen unserer Niederlassung/Gesamtunternehmung können Synergievorteile realisiert werden.	❑	❑	❑	❑	❑	❑
▪ Die Durchführung dieser Leistung erfordert Ressourcen/Know-how, die auch für andere Leistungen unserer Niederlassung/Gesamtunternehmung verwendet werden können.	❑	❑	❑	❑	❑	❑
▪ Die Durchführung dieser Leistung erfordert Ressourcen/Know-how, die auch für andere Niederlassungen unserer Gesamtunternehmung verwendet werden können.	❑	❑	❑	❑	❑	❑

Teil IV: Entscheidungsrechte über die Leistungserstellung

1. Wie sind die Entscheidungsrechte während des Prozesses der Leistungserstellung verteilt?

Der Leistungsersteller hat weitgehend alleinige Entscheidungsrechte über...	stimme voll zu				stimme gar nicht zu
▪ ...die einzusetzenden Ressourcen/Produktionsfaktoren.	❑	❑	❑	❑	❑
▪ ...die Vorgehensweise bzw. den Ablauf der Leistungserstellung.	❑	❑	❑	❑	❑

2. Geben Sie bitte in der ersten Spalte an, in welchem Ausmaß Ihre Niederlassung/Gesamtunternehmung Entscheidungsrechte hinsichtlich der genannten <u>Entscheidungen dieses Leistungserstellers</u> hat.

Geben Sie bitte in der zweiten Spalte an, inwieweit Ihre Einflußnahme auf die Entscheidungen, die nicht vom Leistungsersteller allein getroffen werden, festgelegt ist. Festgelegt bedeutet, daß Ihre Niederlassung/Gesamtunternehmung nur unter ganz bestimmten und im Vertrag vereinbarten Bedingungen einen Einfluß auf die Entscheidungen des Leistungserstellers ausüben kann.

	Leistungs-ersteller entscheidet allein				unsere NL/ Gesamtunt. entscheidet allein	nicht festgelegt		genau festgelegt
▪ Auswahl von Rohstoffen oder Zulieferern	❑	❑	❑	❑	❑	❑	❑	❑
▪ Auswahl oder Einsatz von Produktionsfaktoren (z.B. Anzahl/Art der einzusetzenden Maschinen)	❑	❑	❑	❑	❑	❑	❑	❑
▪ Veränderung von Produktionsfaktoren	❑	❑	❑	❑	❑	❑	❑	❑
▪ Auswahl oder Einsatz des Personals (z.B. Anzahl/ Qualifikationen, Einsatzort)	❑	❑	❑	❑	❑	❑	❑	❑
▪ Art und Umfang von Qualitätskontrollen	❑	❑	❑	❑	❑	❑	❑	❑
▪ Preisanpassungen, wenn unvorhergesehene Änderungen eintreten	❑	❑	❑	❑	❑	❑	❑	❑
▪ Mengenanpassungen, wenn unvorhergesehene Änderungen eintreten	❑	❑	❑	❑	❑	❑	❑	❑
▪ Anpassung der Leistungsspezifikationen, wenn unvorhergesehene Änderungen eintreten	❑	❑	❑	❑	❑	❑	❑	❑
▪ Produktionsplanung des Leistungserstellers (z.B. Terminplanung)	❑	❑	❑	❑	❑	❑	❑	❑
▪ Leistungsprogramm des Leistungserstellers	❑	❑	❑	❑	❑	❑	❑	❑
▪ Mittel-/langfristige Geschäftspolitik (Investitionsentscheidungen) des Leistungserstellers	❑	❑	❑	❑	❑	❑	❑	❑
▪ Art und Umfang der Finanzierung von Investitionsvorhaben des Leistungserstellers	❑	❑	❑	❑	❑	❑	❑	❑
▪ Verwendung des aus der Leistungserstellung resultierenden Gewinns	❑	❑	❑	❑	❑	❑	❑	❑
▪ Veräußerung der für diese Leistungserstellung notwendigen Produktionsfaktoren	❑	❑	❑	❑	❑	❑	❑	❑

Teil V: Steuerungs- und Kontrollinstrumente dieser Leistungsbeziehung

1. Der Prozeß dieser Leistungserstellung wird/wurde* sehr stark durch Verfahrensrichtlinien bzw. -vorschriften bestimmt.

stimme voll zu ❑ ❑ ❑ ❑ ❑ stimme gar nicht zu

*aus Vereinfachungsgründen wird in den nachfolgenden Fragen sprachlich die Vergangenheitsform gewählt - bei noch laufenden Projekten gilt die Fragestellung synonym.

2. In dieser Leistungsbeziehung bestanden explizite Leistungsdokumentations- bzw. Berichtspflichten in Form von...

	stimme voll zu				stimme gar nicht zu
...Kosten-Kontrollberichten. *(a)*	❑	❑	❑	❑	❑
...Baustellen-Kontrollberichten. *(b)*	❑	❑	❑	❑	❑
...Termin-Kontrollberichten.	❑	❑	❑	❑	❑

3. In dieser Leistungsbeziehung wurden umfangreiche Planungen erstellt in Form von...

	stimme voll zu				stimme gar nicht zu
...Verfahrens-, Ablauf-, Material-, Kapazitätsplanungen. *(a)*	❑	❑	❑	❑	❑
...expliziten Quantitäts-/Qualitätsplanungen der Leistung. *(b)*	❑	❑	❑	❑	❑
...Terminplanungen (Zwischen- und Endtermine).	❑	❑	❑	❑	❑

4. Für diese Leistung wurde von Ihnen detailliert vorkalkuliert...

	stimme voll zu				stimme gar nicht zu
...Kosten der einzusetzenden Mitarbeiter, Maschinen, Werkstoffe. *(a)*	❑	❑	❑	❑	❑
...Kosten, die durch Produktionsrisiken, Leistungsstörungen, Schlechtleistung hätten entstehen können. *(b)*	❑	❑	❑	❑	❑
Für diese Leistung wurde von Ihnen detailliert nachkalkuliert...					
...Kosten der eingesetzten Mitarbeiter, Maschinen, Werkstoffe. *(a)*	❑	❑	❑	❑	❑
...Kosten, die durch Produktionsrisiken, Leistungsstörungen, Schlechtleistung entstanden. *(b)*	❑	❑	❑	❑	❑

5. Für diese Leistungsbeziehung wurden umfangreich Kennzahlen (z.B. Rentabilitäten, Auslastungsgrade, Produktivitäten) ermittelt...

	stimme voll zu				stimme gar nicht zu
...hinsichtlich der eingesetzten Mitarbeiter, Maschinen, Werkstoffe. *(a)*	❑	❑	❑	❑	❑
...hinsichtlich der erstellten Leistungen. *(b)*	❑	❑	❑	❑	❑
...hinsichtlich der Erfüllung von Terminen.	❑	❑	❑	❑	❑

6. Für die Entlohnung der erbrachten Leistung(en) wurden die folgenden Arten von (Verrechnungs-)Preisen verwendet:

	verwendet	nicht verwendet
Pauschalpreis *(a)*	❑	❑
Einheitspreis *(b)*	❑	❑
Kostenverrechnung/Stundenentlohnung plus eines festen oder variablen Gewinnaufschlags *(c)*	❑	❑
nur Kostenverrechnung/Stundenentlohnung *(d)*	❑	❑
Honorar nach HOAI *(e)*	❑	❑
freie Honorarvereinbarung *(f)*	❑	❑
zusätzliche Prämien (z.B. bei Terminunterschreitung) *(g)*	❑	❑

7. In dieser Leistungsbeziehung fanden vor Ort durch Sie intensive <u>persönliche Beobachtungen</u> statt...	stimme voll zu				stimme gar nicht zu
▪ ...hinsichtlich der eingesetzten Mitarbeiter, Maschinen, Werkstoffe. *(a)*	❑	❑	❑	❑	❑
▪ ...hinsichtlich der Quantität/Qualität der fertigen Leistung(en). *(b)*	❑	❑	❑	❑	❑
▪ ...hinsichtlich des zeitlichen Fortgangs der Leistungserstellung.	❑	❑	❑	❑	❑

8. In dieser Leistungsbeziehung wurden umfassend <u>sachliche oder technische Prüfverfahren und -methoden</u>...	stimme voll zu				stimme gar nicht zu
▪ ...zur Überprüfung der eingesetzten Mitarbeiter, Maschinen, Werkstoffe eingesetzt. *(a)*	❑	❑	❑	❑	❑
▪ ...zur Überprüfung der erstellten Leistung(en) eingesetzt. *(b)*	❑	❑	❑	❑	❑

9. <u>Wir verlassen uns darauf</u>, daß der Leistungsersteller auch ohne umfangreiche Kontrollen in unserem Sinne angemessen und richtig handeln wird...	stimme voll zu				stimme gar nicht zu
▪ ...hinsichtlich der Auswahl und des Einsatzes der erforderlichen Mitarbeiter, Maschinen, Werkstoffe.	❑	❑	❑	❑	❑
▪ ...hinsichtlich der Quantität/Qualität der zu erstellenden Leistung(en).	❑	❑	❑	❑	❑
▪ ...hinsichtlich der Einhaltung von Terminen.	❑	❑	❑	❑	❑

---

10. <u>Konsequenzen</u> der Steuerung und Kontrolle

Die von Ihnen in dieser Leistungsbeziehung eingesetzten Steuerungs- und Kontrollmechanismen können nun mit mehr oder weniger starken positiven oder negativen Konsequenzen für den Leistungsersteller verknüpft sein, z.B. monetäre Einbußen/Zugewinne, Entzug von/Zugang zu Ressourcen, Reputationsverlust/-gewinn, Abbruch/Ausdehnung der Beziehungen etc.
Gehen Sie nun davon aus, daß Sie durch diese Mechanismen Informationen über diesen Leistungsersteller erhalten haben und geben Sie nachfolgend für die aufgeführten Mechanismen an, in welchem Ausmaß dann diese gewonnenen Informationen <u>Konsequenzen für diesen Leistungsersteller</u> haben:

	keine Konsequenzen				starke Konsequenzen
▪ Abweichung von Verfahrensrichtlinien/-vorschriften	❑	❑	❑	❑	❑
▪ Nichteinhaltung von Leistungsdokumentations-/Berichtspflichten	❑	❑	❑	❑	❑
▪ Abweichen von Planungen	❑	❑	❑	❑	❑
▪ negatives/positives Abschneiden innerhalb der Vor-/Nachkalkulationen	❑	❑	❑	❑	❑
▪ negatives/positives Abschneiden aufgrund erhobener Kennzahlen	❑	❑	❑	❑	❑
▪ Ausnutzen der durch die (Verrechnungs-)Preise gesetzten Spielräume	❑	❑	❑	❑	❑
▪ negatives/positives Abschneiden aufgrund persönlicher Beobachtungen	❑	❑	❑	❑	❑
▪ negatives/positives Abschneiden innerhalb der Prüfverfahren/Prüfmethoden	❑	❑	❑	❑	❑
▪ unzureichende Rechtfertigung des entgegengebrachten Vertrauens	❑	❑	❑	❑	❑

Teil VI: Erfolg der Leistungserstellung

1. Alles in allem, wie zufrieden sind Sie mit dem Ablauf und dem ökonomischen Erfolg der Leistungserstellung?

sehr unzufrieden ❑ ❑ ❑ ❑ ❑ sehr zufrieden

2. Wie zufrieden sind Sie mit der Durchführung/Abwicklung der Leistungserstellung bezüglich der folgenden Kriterien?

	sehr un-zufrieden				sehr zufrieden
▪ Kosten der Leistungserstellung	❑	❑	❑	❑	❑
▪ Qualität der Leistungserstellung	❑	❑	❑	❑	❑
▪ Aufwand für Aushandlung und Etablierung der Verträge/Vereinbarungen	❑	❑	❑	❑	❑
▪ Beeinflußbarkeit und Kontrolle der Leistung während der Erstellung	❑	❑	❑	❑	❑
▪ Anpassungsfähigkeit an geänderte Rahmenbedingungen	❑	❑	❑	❑	❑
▪ Sicherung des Zugangs zu wichtigen Ressourcen	❑	❑	❑	❑	❑
▪ Schutz von Investitionen/Know-how	❑	❑	❑	❑	❑
▪ Aufbau und Weiterentwicklung von Know-how	❑	❑	❑	❑	❑

3. Wie zufrieden sind Sie mit dem Verhältnis des in die Steuerung und Kontrolle dieser Leistung investierten Aufwands und des daraus resultierenden Nutzens?

sehr unzufrieden ❑ ❑ ❑ ❑ ❑ sehr zufrieden

4. In welchem Ausmaß entstanden durch die Anwendung der Steuerungs- und Kontrollmechanismen Konflikte mit dem Leistungsersteller?

in hohem Ausmaß ❑ ❑ ❑ ❑ ❑ gar nicht

5. Wie gut kann Ihr Steuerungs- und Kontrollsystem an unterschiedliche Situationen oder geänderte Rahmenbedingungen (intern wie extern) angepaßt werden?

sehr schlecht ❑ ❑ ❑ ❑ ❑ sehr gut

6. Wie beurteilen Sie die Güte (=Aktualität, Präzision) der für die Steuerung und Kontrolle des Leistungserstellers vorliegenden Informationen?

sehr gering ❑ ❑ ❑ ❑ ❑ sehr hoch

Herzlichen Dank für das Ausfüllen dieses Fragebogens!

Anhang B: Zur Operationalisierung der theoretischen Konstrukte

Indikator	Kommuna-lität	Faktor	Eigenwerte	Prozent der Varianz	Kumulierte Prozent	Faktor 1	Faktor 2
berich_o	,593	1	2,451	40,9	40,9	,675	-,371
plan_o	,739	2	0,999	16,7	57,6	,654	-,557
kalk_o	,545		(0,886)			,640	,369
kenn_o	,620					,787	<,1
pruef_o	,395					,604	,174
beob_o	,558					,416	,620

Tabelle B.1: Erklärte Varianz und Faktorladungen der Messung der Dimension der output-orientierten Information

Indikator	Kommuna-lität	Faktor	Eigenwerte	Prozent der Varianz	Kumulierte Prozent	Faktor 1	Faktor 2
berich_i	,601	1	3,079	51,3	51,3	,719	-,290
plan_i	,545	2	0,950	15,8	67,1	,663	-,324
kalk_i	,679		(0,637)			,811	-,148
kenn_i	,705					,839	<,1
pruef_i	,627					,744	,271
beob_i	,872					,455	,815

Tabelle B.2: Erklärte Varianz und Faktorladungen der Messung der Dimension der input-orientierten Information

Indikator	Kommuna-lität	Faktor	Eigenwert	Prozent der Varianz	Faktor 1
fairness	,548	1	2,593	64,8	,740
professional	,744		(0,708)		,863
markterfolg	,719				,848
spezialisierung	,582				,763

Tabelle B.3: Erklärte Varianz und Faktorladungen der Messung der Variable "Reputation des Leistungserbringers" {rep}

Indikator	Kommuna-lität	Faktor	Eigenwert	Prozent der Varianz	Faktor 1
anzahl	,739	1	2,094	69,8	,860
vergleichbar	,650		(0,513)		,806
wettbewerb	,705				,839

Tabelle B.4: Erklärte Varianz und Faktorladungen der Messung der Variable "Konkurrenzsituation des Leistungserbringers" {markt}

Indikator	Kommuna-lität	Faktor	Eigenwert	Prozent der Varianz	Faktor 1
bedingungen	,686	1	2,396	79,9	,828
termingarantie	,900		(0,463)		,949
qualitätsgarantie	,810				,900

Tabelle B.5: Erklärte Varianz und Faktorladungen der Messung der Variable "Garantien und Sicherheitsleistungen" {garant}

Indikator	Kommuna-lität	Faktor	Eigenwert	Prozent der Varianz	Faktor 1
vorstruktur	,427	1	1,815	36,3	,653
bewertung	,287		(0,984)		,536
änderung	,299				,547
ablauf	,425				,652
daten	,378				,615

Tabelle B.6: Erklärte Varianz und Faktorladungen der Messung der Variable "Input-Unsicherheit" {unsich_in}

Indikator	Kommuna-lität	Faktor	Eigenwert	Prozent der Varianz	Faktor 1
beurteilen	,620	1	1,656	55,2	,787
verbergen	,451		(0,758)		,672
erkennen	,585				,765

Tabelle B.7: Erklärte Varianz und Faktorladungen der Messung der Variable "Output-Unsicherheit" {unsich_out}

Indikator	Kommuna-lität	Faktor	Eigenwert	Prozent der Varianz	Faktor 1
ergebnisorientierung	,594	1	1,789	59,6	,770
eigenverantwortung	,468		(0,759)		,684
eingriff	,728				,853

Tabelle B.8: Erklärte Varianz und Faktorladungen der Messung der Variable "Entscheidungsdelegation" {delega}

Indikator	Kommuna-lität	Faktor	Eigenwert	Prozent der Varianz	Faktor 1
aufwand_nutzen	,576	1	2,113	52,8	,759
konflikte	,497		(0,974)		,705
anpassung	,453				,673
güte	,587				,766

Tabelle B.9: Erklärte Varianz und Faktorladungen der Messung der Variable "Systemeffizienz" {sys_eff}

Anhang C: Zur empirischen Überprüfung und zu den Ergebnissen

Variable	Bestimmtheitsmaß R^2
{rep}	0,249
{zusamm}	0,229
{bedeut}	0,005
{markt}	0,038
{unsich_in}	0,208
{unsich_out}	0,187
{risiko_a}	0,016
{risiko_l}	0,000

Tabelle C.1: Ergebnisse der Multikollinearitätsprüfung des Modells der Informationsasymmetrien ex ante des Vertragsschlusses

Variable	Beta	Signifikanz
{rep}	0,146	0,033
{zusamm}	-0,375	0,000
{bedeut}	(-0,092)	(0,092)
{markt}	0,178	0,007
{unsich_out}	(-0,115)	(0,065)
{unsich_in}	(-0,093)	(0,117)
{risiko_a}	(-0,019)	(0,392)
{risiko_l}	(0,039)	(0,283)
Modell: $R^2 = 0{,}215$ ($R^2_{korr.} = 0{,}180$) Signifikanz = 0,000		

Tabelle C.2: Vorläufiges Regressionsmodell zur Bestimmung der Einflußfaktoren auf das Ausmaß der vertraglichen Festlegung von Garantien und Sicherheitsleistungen

Variable	Bestimmtheitsmaß R^2
{garant}	0,051
{risiko_a}	0,010
{risiko_l}	0,010
{unsich_in}	0,196
{unsich_out}	0,197

Tabelle C.3: Ergebnisse der Multikollinearitätsprüfung der agenturtheoretischen Modelle der Steuerungs- und Kontrolldimensionen der Information und der Entlohnung

Variable	direkter Effekt	indirekter Effekt	totaler kausaler Effekt
{risiko_a}	0,186	(-0,002)	0,186
{risiko_l}	(0,049)	(0,006)	(0,049)
{unsich_in}	0,220	(-0,031)	0,220
{unsich_out}	-0,255	-0,033	-0,288

( ) = nicht signifikant auf dem Signifikanzniveau von 0,05

Tabelle C.4: Ergebnisse der Überprüfung der indirekten Effekte des agenturtheoretischen Modells der Steuerungs- und Kontrolldimension der Information

Variable	direkter Effekt	indirekter Effekt	totaler kausaler Effekt
{risiko_a}	0,183	(-0,004)	0,183
{risiko_l}	(0,000)	(0,010)	(0,000)
{unsich_in}	(0,040)	(-0,049)	(0,040)
{unsich_out}	(0,056)	-0,053	(0,056)

( ) = nicht signifikant auf dem Signifikanzniveau von 0,05

Tabelle C.5: Ergebnisse der Überprüfung der indirekten Effekte des agenturtheoretischen Modells der Steuerungs- und Kontrolldimension der Entlohnung

Variable	Bestimmtheitsmaß R^2 vor Elimination der Variable {gesetz_in}	Bestimmtheitsmaß R^2 nach Elimination der Variable {gesetz_in}
{gesetz_out}	0,442	0,041
{gesetz_in}	0,429	-
{verband}	0,249	0,263
{ausbild}	0,107	0,116
{öffentl}	0,148	0,153
{delega}	0,116	0,119

Tabelle C.6: Ergebnisse der Multikollinearitätsprüfung der institutionalistischen Modelle der Steuerungs- und Kontrolldimensionen der Information und der Entlohnung

Korrelationsanalysen		
Variable	{sys_eff}	{auf_eff}
{info}	0,106	0,048
Signifikanz	*0,125*	*0,486*
{entlohn}	0,101	0,076
Signifikanz	*0,144*	*0,272*

Regressionsanalysen
Regressoren: {info}, {entlohn}; Regressand: {sys_eff}
Modellsignifikanz: 0,145
Regressoren: {info}, {entlohn}; Regressand: {auf_eff}
Modellsignifikanz: 0,477

Tabelle C.7: Ergebnisse der Korrelations- und der Regressionsanalysen zwischen den Dimensionen der Steuerung und Kontrolle und den Erfolgsvariablen

Literaturverzeichnis

Abell, P. (1995): The New Institutionalism and Rational Choice Theory, in: *Scott, W. R.; Christensen, S. (Eds.): The Institutional Construction of Organizations: International and Longitudinal Studies*, Thousand Oaks, CA, pp. 3-14.

Abernethy, M. A.; Brownell, P. (1997): Management control systems in research and development organizations: The role of accounting, behavior and personnel controls, in: *Accounting, Organizations and Society*, Vol. 22, pp. 233-248.

Agrawal, A.; Mandelker, G. N. (1987): Managerial Incentives and Corporate Investment and Financing Decisions, in: *Journal of Finance*, Vol. 42, pp. 823-837.

Akerlof, G. A. (1970): The Market for 'Lemons': Quality Uncertainty and the Market Mechanism, in: *Quarterly Journal of Economics*, Vol. 84, pp. 488-500.

Alchian, A. A. (1950): Uncertainty, evolution, and economic theory, in: *Journal of Political Economy*, Vol. 58, pp. 211-221.

Alchian, A. A. (1961): Some economics of property, Santa Monica, CA.

Alchian, A. A.; Demsetz, H. (1972): Production, Information Costs, and Economic Organization, in: *American Economic Review*, Vol. 62, pp. 777-795.

Alchian, A. A.; Woodward, S. (1987): Reflections on the Theory of the Firm, in: *Journal of Institutional and Theoretical Economics*, Vol. 143, pp. 110-136.

Aldrich, H. E. (1992): Incommensurable Paradigms? Vital Signs from Three Perspectives, in: *Reed, M.; Hughes, M. (Eds.): Rethinking Organization: New Directions in Organization Theory and Analysis*, London, pp. 17-45.

Amshoff, B. (1993): Controlling in deutschen Unternehmungen. Realtypen, Kontext und Effizienz, 2., aktualisierte Auflage, Wiesbaden.

Anderson, E. (1985): The salesperson as outside agent or employee: A transaction cost analysis, in: *Marketing Science*, Vol. 4, pp. 234-254.

Anderson, E.; Coughlan, A. T. (1987): International Market Entry and Expansion via Independent or Integrated Channels of Distribution, in: *Journal of Marketing*, Vol. 51, pp. 71-82.

Anderson, E.; Oliver, R. L. (1987): Perspectives on behavior-based versus outcome-based salesforce control systems, in: *Journal of Marketing*, Vol. 51, pp. 76-88.

Anderson, E.; Weitz, B. A. (1986): Make-or-Buy Decisions: Vertical Integration and Marketing Productivity, in: *Sloan Management Review*, Vol. 27, pp. 3-19.

Anderson, J. C.; O'Reilly III, C. A. (1981): Effects of an Organizational Control System of Managerial Satisfaction and Performance, in: *Human Relations*, Vol. 34, pp. 491-501.

Anthony, R. N. (1965): Planning and Control Systems: A Framework for Analysis, Boston, MA.

Anthony, R. N. (1988): The Management Control Function, Boston, MA.

Anthony, R. N.; Dearden, J.; Bedford, N. M. (1984): Mangement Control Systems, 5th ed., Homewood, IL.

Anthony, R. N.; Govindarajan, V. (1995): Management control systems, 8th ed., Chicago.

Antle, R. (1989): Intellectual Boundaries in Accounting Research, in: *Accounting Horizons*, Vol. 3, pp. 103-109.

Arlt, J.; Kiehl, P. (1995): Bauplanung mit DIN-Normen. Grundlagen für den Hochbau, Stuttgart u.a.

Arrow, K. J. (1964): Control in large organizations, in: *Management Science*, Vol. 10, pp. 397-408.

Arrow, K. J. (1971): Essays in the theory of risk bearing, Chicago.

Arrow, K. J. (1974): The Limits of Organization, New York.

Arrow, K. J. (1985): The Economics of Agency, in: *Pratt, J. W.; Zeckhauser, R. J. (Eds.): Principals and Agents: The Structure of Business*, Boston, MA, pp. 37-51.

Aßmann, M. (1984): Projektleitung als Aufgabe des Consulting – Überblick, Definition, Schnittstellen –, in: *VDI-Gesellschaft Bautechnik (Hrsg.): Projektsteuerung und Bauleitung*, Düsseldorf, S. 1-38.

Atkinson, A. A.; Feltham, G. A. (1982): Agency Theory Research and Financial Accounting Standards, in: *Basu, S.; Milburn, J. A. (Eds.): Research to Support Standard-Setting in Accounting: A Canadian Perspective*, Clarkson Gordon Foundation, pp. 257-289.

Auster, E. R. (1994): Macro and Strategic Perspectives on Interorganizational Linkages: A Comparative Analysis and Review with Suggestions for Reorientation, in: *Advances in Strategic Management*, Vol. 10B, pp. 3-40.

Backhaus, K.; Erichson, B.; Plinke, W.; Weiber, R. (1987): Multivariate Analysemethoden. Eine anwendungsorientierte Einführung, 4. Auflage, Berlin u.a.

Backhaus, K.; Erichson, B.; Plinke, W.; Weiber, R. (1994): Multivariate Analysemethoden. Eine anwendungsorientierte Einführung, 7., vollständig überarbeitete und erweiterte Auflage, Berlin u.a.

Baetge, J. (1974): Betriebswirtschaftliche Systemtheorie, Opladen.

Baetge, J. (1983): Kybernetische Methoden und Lösungen in der Unternehmenspraxis, Berlin.

Baiman, S. (1982): Agency research in managerial accounting: A survey, in: *Journal of Accounting Literature*, Vol. 1, pp. 154-213.

Baiman, S. (1990): Agency research in managerial accounting: A second look, in: *Accounting, Organizations and Society*, Vol. 15, pp. 341-371.

Baiman, S.; Evans, J. H. (1983): Pre-Decision Information and Participative Management Control Systems, in: *Journal of Accounting Research*, Vol. 21, pp. 371-395.

Baker, G. P.; Jensen, M. C.; Murphy, K. J. (1988): Compensation and Incentives: Practice vs. Theory, in: *Journal of Finance*, Vol. 43, pp. 593-616.

Bamberg, G.; Spremann, K. (Eds.) (1987): Agency Theory, Information, and Incentives, Berlin et al.

Banker, R. D.; Lee, S.-Y.; Potter, G.; Srinivasan, D. (1996): Contextual analysis of performance impacts of outcome-based incentive compensation, in: *Academy of Mangement Journal*, Vol. 39, pp. 920-948.

Barnard, C. I. (1938): The functions of the executive, Cambridge, MA.

Baron, J. N.; Dobbin, F. R.; Jennings, P. D. (1986): War and Peace: The Evolution of Modern Personnel Administration in U.S. Industry, in: *American Journal of Sociology*, Vol. 92, pp. 350-383.

Barringer, M. W.; Milkovich, G. T. (1998): A theoretical exploration of the adoption and design of flexible benefit plans: A case of human resource innovation, in: *Academy of Management Review*, Vol. 23, pp. 305-324.

Barron, D. N. (1998): Pathways to Legitimacy Among Consumer Loan Providers in New York City, 1914-1934, in: *Organization Studies*, Vol. 19, pp. 207-233.

Basu, A. K.; Lal, R.; Srinivasan, V.; Staelin, R. (1985): Salesforce compensation plans: An agency theoretic perspective, in: *Marketing Science*, Vol. 4, pp. 267-291.

Bauer, H. (1995): Baubetrieb, 2. Auflage, Berlin u.a.

Bauer, H. H.; Bayón, T. (1995): Zur Relevanz prinzipal-agenten-theoretischer Aussagen für das Kontraktgütermarketing: Design, Ergebnisse und Implikationen einer empirischen Studie zur Beschaffung von Fertigungs-Sondermaschinen, in: *Kaas, K. P. (Hrsg.): Kontrakte, Geschäftsbeziehungen, Netzwerke: Marketing und Neue Institutionenökonomie, ZfbF-Sonderheft Nr. 35*, Düsseldorf, Frankfurt am Main, S. 79-99.

Baum, J. A. C.; Oliver, C. (1991): Institutional Linkages and Organizational Mortality, in: *Administrative Science Quarterly*, Vol. 36, pp. 187-218.

Baum, J. A. C.; Oliver, C. (1996): Toward an institutional ecology of organizational founding, in: *Academy of Management Journal*, Vol. 39, pp. 1378-1427.

Baumgartner, B. (1980): Controlling-Konzeption. Theoretische Darstellung und praktische Anwendung, Bern und Stuttgart.

Bayer, W. (1991): Planung und Bauausführung in einer Hand, in: *Seminar Pauschalvertrag und schlüsselfertiges Bauen: Rechtliche Probleme*, Wiesbaden und Berlin, S. 85-100.

Bealing, W. E.; Dirsmith, M. W.; Fogarty, T. (1996): Early regulatory actions by the SEC: An institutional theory perspective on the dramaturgy of political exchanges, in: *Accounting, Organizations and Society*, Vol. 21, pp. 317-338.

Beardsworth, A. D.; Keil, E. T.; Bresnen, M.; Bryman, A. (1988): Management, transience and subcontracting: The case of the construction site, in: *Journal of Management Studies*, Vol. 25, pp. 603-625.

Beatty, R. P.; Zajac, E. J. (1994): Managerial Incentives, Monitoring, and Risk Bearing: A Study of Executive Compensation, Ownership, and Board Structure in Initial Public Offerings, in: *Administrative Science Quarterly*, Vol. 39, pp. 313-335.

Becker, W. (1990): Funktionsprinzipien des Controlling, in: *Zeitschrift für Betriebswirtschaft*, 60. Jg., S. 295-318.

Bergen, M.; Dutta, S.; Walker, O. C. Jr. (1992): Agency Relationships in Marketing: A Review of the Implications and Applications of Agency and Related Theories, in: *Journal of Marketing*, Vol. 56, pp. 1-24.

Berger, P. L.; Kellner, H. (1981): Sociology Reinterpreted: An Essay on Method and Vocation, Garden City, NY.

Berger, P. L.; Luckmann, T. (1969): Die gesellschaftliche Konstruktion der Wirklichkeit, Frankfurt am Main.

Berger, U.; Bernhard-Mehlich, I. (1995): Die verhaltenswissenschaftliche Entscheidungstheorie, in: *Kieser, A. (Hrsg.): Organisationstheorien*, 2., überarbeitete Auflage, Stuttgart u.a., S. 123-153.

Bergh, D. D. (1995): Size and relatedness of units sold: An agency theory and resource-based perspective, in: *Strategic Management Journal*, Vol. 16, pp. 221-239.

Berle, A. A.; Means, G. C. (1932): The modern corporation and private property, New York.

Binding, G. (Hrsg.) (1974): Beiträge über Bauführung und Baufinanzierung im Mittelalter, Abteilung Architektur des Kunsthistorischen Instituts der Universität Köln, Köln.

Birk, S. (1991): Berichtssysteme. Operative Berichterstattung in Konzernen, München.

Birnberg, J. G.; Turopolec, L.; Young, S. M. (1983): The organizational context of accounting, in: *Accounting, Organizations and Society*, Vol. 8, pp. 111-129.

Blau, P. M.; Scott, W. R. (1962): Formal Organizations: A Comparative Approach, San Francisco, CA.

Blau, P. M.; Schoenherr, R. A. (1971): The Structure of Organizations, New York.

Blickle-Liebersbach, M. (1990): Agency-Theorie. Rahmenbedingungen und Entlohnung, Ulm.

Blohm, H. (1974): Die Gestaltung des betrieblichen Berichtswesens als Problem der Leitungsorganisation, 2. Auflage, Herne und Berlin.

Bloom, M.; Milkovich, G. T. (1998): Relationships among risk, incentive pay, and organizational performance, in: *Academy of Management Journal*, Vol. 41, pp. 283-297.

Brandenberger, J.; Ruosch, E. (Hrsg.) (1996): Projektmanagement im Bauwesen, 4., überarbeitete und aktualisierte Auflage, Dietikon.

Brickley, J. A.; Dark, F. H. (1987): The Choice of Organizational Form: The Case of Franchising, in: *Journal of Financial Economics*, Vol. 18, pp. 401-420.

Brint, S.; Karabel, J. (1991): Institutional Origins and Transformations: The Case of American Community Colleges, in: *Powell, W. W.; DiMaggio, P. J. (Eds.): The New Institutionalism in Organizational Analysis*, Chicago, London, pp. 337-360.

Bromiley, P.; Curley, S. P. (1992): Individual differences in risk taking, in: *Yates, J. F. (Ed.): Risk-taking behavior*, Chichester, pp. 87-132.

Buchner, M. (1981): Controlling - ein Schlagwort? Eine kritische Analyse der betriebswirtschaftlichen Diskussion um die Controlling-Konzeption, Frankfurt am Main.

Buckley, P. J. (Ed.) (1994): Cooperative Forms of Transnational Corporation Activity, London.

BWI-Bau (Hrsg.) (1991): Aktuelle Fragen der Bauingenieurausbildung, Hochschultag 1990 der nordrhein-westfälischen Bauindustrie, Düsseldorf.

Caeldris, F. (1996): The institutional embeddedness of strategy: Predation through legislation (or, see you in court), in: *Advances in Strategic Management*, Vol. 13, pp. 215-246.

Cameron, K. (1986a): A study of organizational effectiveness and its predictors, in: *Management Science*, Vol. 32, pp. 87-112.

Cameron, K. (1986b): Effectiveness as paradox: Consensus and conflict in conceptions of organizational effectiveness, in: *Management Science*, Vol. 32, pp. 539-553.

Carmines, E. G.; Zeller, R. A. (1979): Reliability and Validity Assessment, Newbury Park, CA.

Casson, M. (1987): The Firm and the Market: Studies on Multinational Enterprise and the Scope of the Firm, Oxford.

Celly, K. S.; Frazier, G. L. (1996): Outcome-Based and Behavior-Based Coordination Efforts in Channel Relationships, in: *Journal of Marketing Research*, Vol. 33, pp. 200-210.

Challagalla, G. N.; Shervani, T. A. (1997): A Measurement Model of the Dimensions and Types of Output and Behavior Control: An Empirical Test in a Salesforce Context, in: *Journal of Business Research*, Vol. 39, pp. 159-172.

Chau, K. W.; Walker, A. (1994): Subcontracting in the construction industry - a transaction cost minimization perspective, Paper presented at the 21st Annual Meeting of W-55 CIB Building Economics Working Commission, Hong Kong.

Chiles, T. H.; McMackin, J. F. (1996): Integrating variable risk preferences, trust, and transaction cost economics, in: *Academy of Management Review*, Vol. 21, pp. 73-99.

Christensen, S.; Molin, J. (1995): Origin and Transformation of Organizations: Institutional Analysis of the Danish Red Cross, in: *Scott, W. R.; Christensen, S. (Eds.): The Institutional Construction of Organizations: International and Longitudinal Studies*, Thousand Oaks, CA, pp. 67-90.

Chua, W. F.; Lowe, T.; Puxty, T. (Eds.) (1989): Critical perspectives in management control, London.

Churchill, G. A. (1979): A Paradigm for Developing Better Measures of Marketing Constructs, in: *Journal of Marketing Research*, Vol. 16, pp. 64-73.

Coase, R. H. (1937): The nature of the firm, in: *Economica*, Vol. 4, pp. 386-405.

Coenenberg, A. G. (1997): Kostenrechnung und Kostenanalyse, 3., überarbeitete und erweiterte Auflage, Landsberg am Lech.

Coenenberg, A. G.; Baum, H.-G. (1987): Strategisches Controlling. Grundfragen der strategischen Planung und Kontrolle, Stuttgart.

Cohen, E. G.; Deal, T. E.; Meyer, J. W.; Scott, W. R. (1976): Organization and Instruction in the Elementary School, in: *Technical Report 50, Stanford Center for Research and Development in Teaching, Stanford University*, Stanford, CA.

Cohen, E. G.; Deal, T. E.; Meyer, J. W.; Scott, W. R. (1979): Technology and teaming in the elementary school, in: *Sociology of Education*, Vol. 52, pp. 20-33.

Coleman, J. S. (1988): Social Capital in the Creation of Human Capital, in: *American Journal of Sociology*, Supplement, 94, pp. 95-120.

Collins, R. (1979): The Credential Society: An Historical Sociology of Education and Stratification, New York.

Conlon, E. J.; Parks, J. M. (1990): Effects of monitoring and tradition on compensation arrangements: An experiment with principal-agent dyads, in: *Academy of Management Journal*, Vol. 33, pp. 603-622.

Conrad, D. (1990): Kirchenbau im Mittelalter. Bauplanung und Bauausführung, Leipzig.

Coser, L. A.; Kadushin, C.; Powell, W. W. (1982): Books: The Culture and Commerce of Publishing, New York.

Covaleski, M. A.; Dirsmith, M. W. (1988): An Institutional Perspective on the Rise, Social Transformation, and Fall of a University Budget Category, in: *Administrative Science Quarterly*, Vol. 33, pp. 562-587.

Cyert, R. M.; March, J. G. (1963): A behavioral theory of the firm, Englewood Cliffs, NJ.

Dacin, M. T. (1997): Isomorphism in context: The power and prescription of institutional norms, in: *Academy of Management Journal*, Vol. 40, pp. 46-81.

Davis, G. F. (1991): Agents without Principles? The Spread of the Poison Pill through the Intercorporate Network, in: *Administrative Science Quarterly*, Vol. 36, pp. 583-613.

Davis, G. F.; Greve, H. R. (1997): Corporate Elite Networks and Governance Changes in the 1980s, in: *American Journal of Sociology*, Vol. 103, pp. 1-37.

Deal, T. E.; Meyer, J. W.; Scott, W. R. (1975): Organizational Influences on Educational Innovation, in: *Baldridge, J. V.; Deal, T. E. (Eds.): Managing Change in Educational Organizations*, Berkeley, CA, pp. 109-132.

Demski, J. S.; Feltham, G. A. (1978): Economic Incentives in Budgetary Control Systems, in: *Accounting Review*, Vol. 53, pp. 336-359.

Derks, K. (1996a): Qualitätsmanagement, in: *Diederichs, C. J. (Hrsg.): Handbuch der strategischen und taktischen Bauunternehmensführung*, Wiesbaden und Berlin, S. 197-233.

Derks, K. (1996b): Risikomanagement, in: *Diederichs, C. J. (Hrsg.): Handbuch der strategischen und taktischen Bauunternehmensführung*, Wiesbaden und Berlin, S. 235-285.

Diederichs, C. J. (1994): Grundlagen der Projektentwicklung/Teil 2, in: *Die Bauwirtschaft*, 48. Jg., H. 12, S. 55-58.

Diederichs, C. J. (1995): Grundlagen der Projektentwicklung/Teil 3, in: *Die Bauwirtschaft*, 49. Jg., H. 1, S. 45-49.

Diederichs, C. J. (1996a): Grundlagen der strategischen und taktischen Bauunternehmensführung, in: *Diederichs, C. J. (Hrsg.): Handbuch der strategischen und taktischen Bauunternehmensführung*, Wiesbaden und Berlin, S. 47-81.

Diederichs, C. J. (1996b): Personal- und Organisationsentwicklung, in: *Diederichs, C. J. (Hrsg.): Handbuch der strategischen und taktischen Bauunternehmensführung*, Wiesbaden und Berlin, S. 83-118.

Diederichs, C. J. (1996c): Grundlagen der Projektentwicklung, in: *Diederichs, C. J. (Hrsg.): Handbuch der strategischen und taktischen Bauunternehmensführung*, Wiesbaden und Berlin, S. 347-410.

Diederichs, C. J. (Hrsg.) (1996d): Handbuch der strategischen und taktischen Bauunternehmensführung, Wiesbaden und Berlin.

DiMaggio, P. J. (1983): State Expansion and Organizational Fields, in: *Hall, R. H.; Quinn, R. E. (Eds.): Organizational Theory and Public Policy*, Beverly Hills, CA, pp. 147-161.

DiMaggio, P. J. (1988): Interest and Agency in Institutional Theory, in: *Zucker, L. G. (Ed.): Institutional Patterns and Organizations: Culture and Environment*, Cambridge, MA, pp. 3-21.

DiMaggio, P. J. (1991): Constructing an Organizational Field as a Professional Project: U.S. Art Museums, 1920-1940, in: *Powell, W. W.; DiMaggio, P. J. (Eds.): The New Institutionalism in Organizational Analysis*, Chicago, London, pp. 267-292.

DiMaggio, P. J.; Powell, W. W. (1991a): Introduction, in: *Powell, W. W.; DiMaggio, P. J. (Eds.): The New Institutionalism in Organizational Analysis*, Chicago, London, pp. 1-38.

DiMaggio, P. J.; Powell, W. W. (1991b): The Iron Cage Revisited: Institutional Isomorphism and Collective Rationality in Organizational Fields, in: *Powell, W. W.; DiMaggio, P. J. (Eds.): The New Institutionalism in Organizational Analysis*, Chicago, London, pp. 63-82. (Überarbeitete Version eines 1983 erstmalig erschienenen, gleich betitelten Artikels, in: *American Sociological Review*, Vol. 48, pp. 147-160.)

Dobbin, F. R.; Edelman, L.; Meyer, J. W.; Scott, W. R.; Swidler, A. (1988): The Expansion of Due Process in Organizations, in: *Zucker, L. G. (Ed.): Institutional Patterns and Organizations: Culture and Environment*, Cambridge, MA, pp. 71-98.

Döbereiner, W.; Cuypers, M. (1993): Baurecht für Praktiker, 4., neubearbeitete und erweiterte Auflage, Wiesbaden und Berlin.

Donaldson, L. (1995): American anti-management theories of organization: A critique of paradigm proliferation, Cambridge, UK.

Dornbusch, S. M.; Scott, W. R. (1975): Evaluation and the exercise of authority, San Francisco, London.

Drees, G.; Haller, P.; Kochendörfer, B. (1977): Kalkulation von Baupreisen, 1. Auflage, Wiesbaden und Berlin.

Drees, G.; Bahner, A. (1996): Kalkulation von Baupreisen, 4., durchgesehene Auflage, Wiesbaden und Berlin.

Dresdner Bank (1998): Branchen-Analysen, Branchen-Nr. 45, Frankfurt am Main.

Dressel, K.-M.; Reinfelder, R. (1997): Hilfestellungen zur erfolgreichen Restrukturierung. Teil V: Der Wertschöpfungsprozeß, in: *Die Bauwirtschaft*, 51. Jg., H. 7, S. 25-27.

Droege, W. P. J.; Siegmund-Schultze, M. (1994): Umbau der Organisation in Unternehmen der Bauwirtschaft, in: *Die Bauwirtschaft*, 48. Jg., H. 4, S. 31-34.

Ebers, M. (1992): Organisationstheorie, situative, in: *Frese, E. (Hrsg.): Handwörterbuch der Organisation*, 3., völlig neu gestaltete Auflage, Stuttgart, Sp. 1817-1838.

Ebers, M. (Ed.) (1997a): The Formation of Inter-Organizational Networks, Oxford.

Ebers, M. (1997b): Explaining Inter-Organizational Network Formation, in: *Ebers, M. (Ed.): The Formation of Inter-Organizational Networks*, Oxford, pp. 3-40.

Ebers, M.; Gotsch, W. (1995): Institutionenökonomische Theorien der Organisation, in: *Kieser, A. (Hrsg.): Organisationstheorien*, 2., überarbeitete Auflage, Stuttgart u.a., S. 185-235.

Eccles, R. G. (1985): Transfer Pricing as a Problem of Agency, in: *Pratt, J. W.; Zeckhauser, R. J. (Eds.): Principals and Agents: The Structure of Business*, Boston, MA, pp. 151-186.

Edelman, L. B. (1992): Legal Ambiguity and Symbolic Structures: Organizational Mediation of Civil Rights Law, in: *American Journal of Sociology*, Vol. 97, pp. 1531-1576.

Eisenhardt, K. M. (1985): Control: Organizational and economic approaches, in: *Management Science*, Vol. 31, pp. 134-149.

Eisenhardt, K. M. (1988): Agency- and institutional-theory explanations: The case of retail sales compensation, in: *Academy of Management Journal*, Vol. 31, pp. 488-511.

Eisenhardt, K. M. (1989): Agency Theory: An Assessment and Review, in: *Academy of Management Review*, Vol. 14, pp. 57-74.

Elschen, R. (1991): Gegenstand und Anwendungsmöglichkeiten der Agency-Theorie, in: *Zeitschrift für betriebswirtschaftliche Forschung*, 43. Jg., S. 1002-1012.

Etzioni, A. (1965): Organizational Control Structure, in: *March, J. G. (Ed.): Handbook of Organizations*, Chicago, pp. 650-677.

Fama, E. F. (1980): Agency Problems and the Theory of the Firm, in: *Journal of Political Economy*, Vol. 88, pp. 288-307.

Fama, E. F.; Jensen, M. C. (1983): Separation of ownership and control, in: *Journal of Law and Economics*, Vol. 26, pp. 301-325.

Fayol, H. (1949): General and Industrial Management, London.

Filley, A. C.; House, R. J.; Kerr, S. (1976): Managerial process and organizational behavior, 2nd ed., Glenview, IL.

Fladmoe-Lindquist, K.; Jacque, L. L. (1995): Control Modes in International Service Operations: The Propensity of Franchise, in: *Management Science*, Vol. 41, pp. 1238-1249.

Flamholtz, E. (1979): Organizational Control Systems as a Managerial Tool, in: *California Management Review*, Vol. 22, pp. 50-59.

Flamholtz, E. G.; Das, T. K.; Tsui, A. S. (1985): Toward an integrative framework of organizational control, in: *Accounting, Organizations and Society*, Vol. 10, pp. 35-50.

Fligstein, N. (1985): The spread of the multidivisional form among large firms, 1919-1979, in: *American Sociological Review*, Vol. 50, pp. 377-391.

Fligstein, N. (1990): The Transformation of Corporate Control, Cambridge, MA.

Fligstein, N. (1991): The Structural Transformation of American Industry: An Institutional Account of the Cases of Diversification in the Largest Firms, 1919-1979, in: *Powell, W. W.; DiMaggio, P. J. (Eds.): The New Institutionalism in Organizational Analysis*, Chicago, London, pp. 311-336.

Freimuth, J. (1987): Controlling und Unternehmenskultur – paradoxe Reaktionen bei der Unternehmenssteuerung, in: *Organisationsentwicklung*, 6. Jg., S. 15-29.

Frese, E. (1968): Kontrolle und Unternehmungsführung, Wiesbaden.

Frese, E. (1992): Organisationstheorien. Historische Entwicklung – Ansätze – Perspektiven, 2., überarbeitete und wesentlich erweiterte Auflage, Wiesbaden.

Friedland, R.; Alford, R. R. (1991): Bringing Society Back In: Symbols, Practices, and Institutional Contradictions, in: *Powell, W. W.; DiMaggio, P. J. (Eds.): The New Institutionalism in Organizational Analysis*, Chicago, London, pp. 232-263.

Friedman, M. (1953): Essays in Positive Economics, Chicago.

Friedrichs, J. (1990): Methoden empirischer Sozialforschung, 14. Auflage, Opladen.

Furubotn, E. G.; Pejovich, S. (1974): The Economics of Property Rights, Cambridge, MA.

Galaskiewicz, J. (1985): Professional networks and the institutionalization of a single mind set, in: *American Sociological Review*, Vol. 50, pp. 639-658.

Galaskiewicz, J.; Wasserman, S. (1989): Mimetic Processes within an Interorganizational Field: An Empirical Test, in: *Administrative Science Quarterly*, Vol. 34, pp. 454-479.

Garud, R.; Kumaraswamy, A. (1995): Coupling the Technical and Institutional Faces of Janus in Network Industries, in: *Scott, W. R.; Christensen, S. (Eds.): The Institutional Construction of Organizations: International and Longitudinal Studies*, Thousand Oaks, CA, pp. 226-242.

Gaydoul, P. (1980): Controlling in der deutschen Unternehmenspraxis, Darmstadt.

Geertz, C. (1973): The interpretation of cultures, New York.

Geringer, J. M.; Hebert, L. (1989): Control and performance of international joint ventures, in: *Journal of International Business Studies*, Vol. 20, pp. 235-254.

Goldberg, V. (1976): Regulation and administered contracts, in: *Bell Journal of Economics*, Vol. 7, pp. 426-448.

Goodrick, E.; Salancik, G. R. (1996): Organizational Discretion in Responding to Institutional Practices: Hospitals and Cesarean Births, in: *Administrative Science Quarterly*, Vol. 41, pp. 1-28.

Goodstein, J. D. (1994): Institutional pressures and strategic responsiveness: Employer involvement in work-family issues, in: *Academy of Management Journal*, Vol. 37, pp. 350-382.

Govindarajan, V.; Fisher, J. (1990): Strategy, control systems, and resource sharing: Effects on business-unit performance, in: *Academy of Management Journal*, Vol. 33, pp. 259-285.

Green, S. G.; Welsh, M. A. (1988): Cybernetics and Dependence: Reframing the Control Concept, in: *Academy of Management Review*, Vol. 13, pp. 287-301.

Greening, D. W.; Gray, B. (1994): Testing a model of organizational response to social and political issues, in: *Academy of Management Journal*, Vol. 37, pp. 467-498.

Greenwood, R.; Hinings, C. R. (1996): Understanding radical organizational change: Bringing together the old and new institutionalism, in: *Academy of Management Review*, Vol. 21, pp. 1022-1054.

Grossman, S. J.; Hart, O. D. (1986): The costs and benefits of ownership: A theory of vertical and lateral integration, in: *Journal of Political Economy*, Vol. 94, pp. 691-719.

Günther, T. (1991): Erfolg durch strategisches Controlling?, München.

Gupta, P. P.; Dirsmith, M. W.; Fogarty, T. J. (1994): Coordination and Control in a Government Agency: Contingency and Institutional Theory Perspectives on GAO Audits, in: *Administrative Science Quarterly*, Vol. 39, pp. 264-284.

Haberfellner, R. (1974): Die Unternehmung als dynamisches System. Der Prozesscharakter der Unternehmungsaktivitäten, Zürich.

Haberstock, L. (1997): Kostenrechnung I – Einführung –, 9., vollständig überarbeitete Auflage, Hamburg.

Haberstroh, C. J. (1960): Control as an organizational process, in: *Management Science*, Vol. 6, pp. 165-171.

Hahn, D. (1994): PuK. Controllingkonzepte: Planung und Kontrolle, Planungs- und Kontrollsysteme, Planungs- und Kontrollrechnung, 4., vollständig überarbeitete und erweiterte Auflage, Wiesbaden.

Hall, A. D. (1962): A Methodology for Systems Engineering, Princeton, NJ.

Hannan, M. T.; Freeman, J. (1977): The Population Ecology of Organizations, in: *American Journal of Sociology*, Vol. 82, pp. 929-964.

Hansen, T. (1995): 400.000 Bau-Arbeitsplätze gehen 1995/96 im Westen verloren, in: *Die Bauwirtschaft*, 49. Jg., H. 12, S. 15-16.

Harbert, L. (1982): Controlling-Begriffe und Controlling-Konzeptionen - Eine kritische Betrachtung des Entwicklungsstandes des Controlling und Möglichkeiten seiner Fortentwicklung, Bochum.

Harris, M.; Raviv, A. (1979): Optimal Incentive Contracts with Imperfect Information, in: *Journal of Economic Theory*, Vol. 20, pp. 231-259.

Hart, O. (1989): An Economist's Perspective on the Theory of the Firm, in: *Columbia Law Review*, Vol. 89, pp. 1757-1774.

Hart, O.; Holmström, B. (1987): The theory of contracts, in: *Bewley, T. F. (Ed.): Advances in economic theory*, Cambridge, MA, pp. 71-155.

Hart, O. D.; Moore, J. (1990): Property rights and the nature of the firm, in: *Journal of Political Economy*, Vol. 98, pp. 1119-1158.

Hauptverband der Deutschen Bauindustrie e.V. (Hrsg.) (1996): Jahresbericht 1996, Frankfurt am Main.

Hauptverband der Deutschen Bauindustrie e.V. (Hrsg.) (1997a): Baustatistisches Jahrbuch 1996, 36. Auflage, Frankfurt am Main.

Hauptverband der Deutschen Bauindustrie e.V. (Hrsg.) (1997b): Bauwirtschaft im Zahlenbild, Wiesbaden u.a.

Haveman, H. A. (1993): Follow the Leader: Mimetic Isomorphism and Entry into New Markets, in: *Administrative Science Quarterly*, Vol. 38, pp. 593-627.

Heide, J. B.; John, G. (1988): The Role of Dependence Balancing in Safeguarding Transaction-Specific Assets in Conventional Channels, in: *Journal of Marketing*, Vol. 52, pp. 20-35.

Heine, S. (1996): Controlling bei Generalunternehmereinsatz, in: *Diederichs, C. J. (Hrsg.): Handbuch der strategischen und taktischen Bauunternehmensführung*, Wiesbaden und Berlin, S. 287-308.

Henderson, J. H.; Quandt, R. E. (1983): Mikroökonomische Theorie - Eine mathematische Darstellung, 5., überarbeitete Auflage, München.

Hill, W.; Fehlbaum, R.; Ulrich, P. (1989): Organisationslehre 1, 4., durchgesehene Auflage, Bern und Stuttgart.

Hinings, C. R.; Thibault, L.; Slack, T.; Kikulis, L. M. (1996): Values and Organizational Structure, in: *Human Relations*, Vol. 49, pp. 885-916.

Hirsch, P. M. (1985): The study of industries, in: *Research in the Sociology of Organizations*, Vol. 4, pp. 271-309.

Hirsch, P.; Michaels, S.; Friedman, R. (1987): "Dirty hands" versus "clean models": Is sociology in danger of being seduced by economics?, in: *Theory and Society*, Vol. 16, pp. 317-336.

Hirschberger, H. (1994): Möglichkeiten und Grenzen der Leistungsbeschreibung, in: *Die Bauwirtschaft*, 48. Jg., H. 3, S. 28-31.

Höllrigl, M. (1995): Ingenieure und Architekten in der Bauindustrie, in: *Betriebswirtschaftliches Institut der Bauindustrie (Hrsg.): Bauwirtschaftliche Informationen 1994/1995*, Düsseldorf, S. 33-38.

Hofmann, H. (1996): Private Public Partnership, in: *Diederichs, C. J. (Hrsg.): Handbuch der strategischen und taktischen Bauunternehmensführung*, Wiesbaden und Berlin, S. 427-443.

Hoffmann, F. (1968): Der Controller im deutschen Industriebetrieb, in: *Der Betrieb*, 21. Jg., S. 2181-2185.

Hoffmann, F. (1980): Führungsorganisation, Band I, Stand der Forschung und Konzeption, Tübingen.

Hofstede, G. (1981): Management control of public and non-for-profit activities, in: *Accounting, Organizations and Society*, Vol. 6, pp. 193-211.

Holm, P. (1995): The Dynamics of Institutionalization: Transformation Processes in Norwegian Fisheries, in: *Administrative Science Quarterly*, Vol. 40, pp. 398-422.

Holmström, B. (1979): Moral hazard and observability, in: *Bell Journal of Economics*, Vol. 10, pp. 74-91.

Homburg, C.; Giering, A. (1996): Konzeptionalisierung und Operationalisierung komplexer Konstrukte. Ein Leitfaden für die Marketingforschung, in: *Marketing-Zeitschrift für Planung*, H. 1, S. 5-24.

Horváth, P. (1994): Controlling, 5., überarbeitete Auflage, München.

Howard, W. E.; Bell, L. C.; McCormick, R. E. (1997): Economic Principles of Contractor Compensation, in: *Journal of Management in Engineering*, Vol. 13, pp. 81-89.

Hybels, R. C. (1995): On legitimacy, legitimation, and organizations: A critical review and integrative theoretical model, in: *Best Papers Proceedings, Academy of Management*, Chicago, pp. 241-245.

Inzerilli, G.; Rosen, M. (1983): Culture and Organizational Control, in: *Journal of Business Research*, Vol. 11, pp. 281-292.

Jaworski, B. J. (1988): Toward a Theory of Marketing Control: Environmental Context, Control Types, and Consequences, in: *Journal of Marketing*, Vol. 52, pp. 23-39.

Jaworski, B. J.; Stathakopoulos, V.; Krishnan, H. S. (1993): Control Combinations in Marketing: Conceptual Framework and Empirical Evidence, in: *Journal of Marketing*, Vol. 57, pp. 57-69.

Jensen, M. C. (1983): Organization theory and methodology, in: *Accounting Review*, Vol. 58, pp. 319-339.

Jensen, M. C.; Meckling, W. H. (1976): Theory of the firm: Managerial behavior, agency costs and ownership structure, in: *Journal of Financial Economics*, Vol. 3, pp. 305-360.

Jensen, M. C.; Meckling, W. H. (1992): Specific and General Knowledge, and Organizational Structure, in: *Werin, L.; Wijkander, H. (Eds.): Contract Economics*, Oxford, pp. 251-274.

Jepperson, R. L. (1991): Institutions, Institutional Effects, and Institutionalism, in: *Powell, W. W.; DiMaggio, P. J. (Eds.): The New Institutionalism in Organizational Analysis*, Chicago, London, pp. 143-163.

Jepperson, R. L.; Meyer, J. W. (1991): The Public Order and the Construction of Formal Organizations, in: *Powell, W. W.; DiMaggio, P. J. (Eds.): The New Institutionalism in Organizational Analysis*, Chicago, London, pp. 204-231.

John, G.; Weiss, A. M.; Weitz, B. (1987): An Organizational Coordination Model of Salesforce Compensation Plans: Theoretical Analysis and Empirical Test, in: *Journal of Law, Economics, and Organization*, Vol. 3, pp. 373-395.

Jungwirth, D. (Hrsg.) (1995): Qualitätsmanagement im Bauwesen, Düsseldorf.

Kaplitza, G. (1983): Die Stichprobe, in: *Holm, K. (Hrsg.): Die Befragung*, 3. Auflage, Tübingen, S. 136-186.

Karnøe, P. (1995): Institutional Interpretations and Explanations of Differences in American and Danish Approaches to Innovation, in: *Scott, W. R.; Christensen, S. (Eds.): The Institutional Construction of Organizations: International and Longitudinal Studies*, Thousand Oaks, CA, pp. 243-276.

Kehrberg, L. (1996): Generalübernehmer-/Generalunternehmereinsatz bei der Projektentwicklung, in: *Diederichs, C. J. (Hrsg.): Handbuch der strategischen und taktischen Bauunternehmensführung*, Wiesbaden und Berlin, S. 383-410.

Kenis, I. (1979): Effects of Budgetary Goal Characteristics on Managerial Attitudes and Performance, in: *Accounting Review*, Vol. 54, pp. 707-721.

Kerr, J. L.; Kren L. (1992): Effect of relative decision monitoring on chief executive compensation, in: *Academy of Management Journal*, Vol. 35, pp. 370-397.

Kiener, S. (1990): Die Principal-Agent-Theorie aus informationsökonomischer Sicht, Heidelberg.

Kieser, A. (Hrsg.) (1995): Organisationstheorien, 2. Auflage, Stuttgart u.a.

Kieser, A.; Kubicek, H. (1992): Organisation, 3., völlig neu bearbeitete Auflage, Berlin und New York.

Kilger, W. (1987): Einführung in die Kostenrechnung, 3., durchgesehene Auflage, Wiesbaden.

Kleine-Möller, N. (1991): Leistung und Gegenleistung bei einem Pauschal-Vertrag, in: *Seminar Pauschalvertrag und schlüsselfertiges Bauen: Rechtliche Probleme*, Wiesbaden und Berlin, S. 69-83.

Klemmer, J. (1998): Neustrukturierung bauwirtschaftlicher Wertschöpfungsketten: Leistungstiefenoptimierung als strategisches Problemfeld, Wiesbaden.

Kluenker, C. H. (1996): The Construction Manager as Project Integrator, in: *Journal of Management in Engineering*, Vol. 12, pp. 17-20.

Knechtel, E. F. (1992): Die Bauwirtschaft in der EG. Unternehmen im internationalen Vergleich, Wiesbaden und Berlin.

Kompass Industrieführer Deutschland (1996): Jahrbuch der deutschen Wirtschaft, 24. Ausgabe, 1996/97, Band 3 und 4: Firmenprofile, Freiburg/Breisgau.

Koontz, H. (1958): A preliminary statement of principles of planning and control, in: *Academy of Management Journal*, Vol. 1, pp. 45-61.

Koontz, H.; Bradspies, R. W. (1972): Managing through feedforward control, in: *Business Horizons*, Vol. 15, No. 3, pp. 25-36.

Koontz, H.; O'Donnell (1976): Management: A Systems and Contingency Analysis of Managerial Functions, 6th ed., New York.

Kosnik, R. D.; Bettenhausen, K. L. (1992): Agency Theory and the Motivational Effect of Management Compensation, in: *Group & Organization Management*, Vol. 17, pp. 309-330.

Kraatz, M. S.; Zajac, E. J. (1996): Exploring the limits of the new institutionalism: The causes and consequences of illegitimate organizational change, in: *American Sociological Review*, Vol. 61, pp. 812-836.

Krafft, M. (1996): Neue Einsichten in ein klassisches Problem? - Eine Überprüfung von Hypothesen der Neuen Institutionenlehre zur Frage "Handelsvertreter oder Reisende", in: *Die Betriebswirtschaft*, 56. Jg., S. 759-776.

Kreps, D. M. (1990): A course in microeconomic theory, New York.

Krieg, W. (1971): Kybernetische Grundlagen der Unternehmungsgestaltung, Bern und Stuttgart.

Krippaehne, R. C.; McCullouch, B. G.; Vanegas, J. A. (1992): Vertical Business Integration Strategies for Construction, in: *Journal of Management in Engineering*, Vol. 8, pp. 153-166.

Kühn, G. (1991): Handbuch Baubetrieb. Organisation – Betrieb – Maschinen, Düsseldorf.

Küpper, H.-U. (1987): Konzeption des Controlling aus betriebswirtschaftlicher Sicht, in: *Scheer, A.-W. (Hrsg.): Rechnungswesen und EDV*, Heidelberg, S. 82-116.

Kumar, S.; Seth, A. (1998): The design of coordination and control mechanisms for managing joint venture-parent relationships, in: *Strategic Management Journal*, Vol. 19, pp. 579-599.

Kurrle, A. (1995): Controlling und Effizienz, Bielefeld.

Lachmann, L. M. (1970): The legacy of Max Weber, London.

Lane, C. (1992): European Business Systems: Britain and Germany Compared, in: *Whitley, R. (Ed.): European Business Systems: Firms and Markets in Their National Contexts*, London, pp. 64-97.

Lang, A. (1993): Baubetriebliche Probleme bei Bauverzögerungen und Leistungsänderungen (Claim-Management), in: *Motzel, E. (Hrsg.): Projektmanagement in der Baupraxis bei industriellen und öffentlichen Bauprojekten*, Berlin, S. 180-188.

Langlois, R. N. (1986): The New Institutional Economics: An Introductory Essay, in: *Langlois, R. N. (Ed.): Economics as a Process: Essays in the New Institutional Economics*, Cambridge, pp. 1-25.

Lassar, W. M.; Kerr, J. L. (1996): Strategy and control in supplier-distributor relationships: An agency perspective, in: *Strategic Management Journal*, Vol. 17, pp. 613-632.

Lawler III, E. E. (1976): Control Systems in Organizations, in: *Dunnette, M. D. (Ed.): Handbook of industrial and organizational psychology*, Chicago, pp. 1247-1291.

Lawler III, E. E.; Rhode, J. G. (1976): Information and control in organizations, Pacific Palisades, CA.

Ledford, G. E.; Mohrman, S. A.; Mohrman, A. M.; Lawler III, E. E. (1989): The Phenomenon of Large-Scale Organizational Change, in: *Mohrman, A. M. et al. (Eds.): Large-Scale Organizational Change*, San Francisco, London, pp. 1-31.

Leimböck, E.; Heinlein, K. (1996): Recht und Wirtschaft bei der Planung und Durchführung von Bauvorhaben. Band 2: Von der Ausführungsplanung bis zur Objektbetreuung und Dokumentation, Wiesbaden und Berlin.

Lessmann, H. et al. (1990): Qualitatives Baumangement, Berlin.

Levinthal, D. (1988): A survey of agency models of organizations, in: *Journal of Economic Behavior and Organization*, Vol. 9, pp. 153-185.

Long, J. S. (1983): Covariance Structure Models: An Introduction to LISREL, Beverly Hills, CA.

Lorange, P.; Morton, M. S. S. (1974): A Framework for Management Control Systems, in: *Sloan Management Review*, Vol. 16, Fall, pp. 41-56.

Lowe, T.; Puxty, T. (1989): The problem of a paradigm: A critique of the prevailing orthodoxy in management control, in: *Chua, W. F.; Lowe, T.; Puxty, T. (Eds.): Critical perspectives in management control*, London, pp. 9-25.

Luhmann, N. (1973): Zweckbegriff und Systemrationalität, Frankfurt am Main.

Lyles, M. A. (1991): Parental desire for control of joint ventures: A case study of an international joint venture, in: *Advances in Strategic Management*, Vol. 7, pp. 185-208.

Macaulay, S. (1963): Non-contractual relations in business: A preliminary study, in: *American Sociological Review*, Vol. 28, pp. 55-67.

MacCrimmon, K. R.; Wehrung, D. A. (1986): Taking Risks: The Management of Uncertainty, New York.

MacDonald, G. M. (1984): New directions in the economic theory of agency, in: *Canadian Journal of Economics*, Vol. 17, pp. 415-440.

Maciariello, J. A.; Kirby, C. J. (1994): Management control systems, 2nd ed., Englewood Cliffs, NJ.

Macneil, I. R. (1978): Contracts: Adjustment of long-term economic relations under classical, neoclassical and relational contract law, in: *Northwestern University Law Review*, Vol. 72, pp. 854-905.

Mantscheff, J. (1981): Einführung in die Baubetriebslehre, Teil 1: Bauvertrags- und Verdingungswesen, 2., neubearbeitete und erweiterte Auflage, Düsseldorf.

Mantscheff, J. (1986): Einführung in die Baubetriebslehre, Teil 2: Baumarkt, Bewertungen, Preisermittlung, 3., neubearbeitete Auflage, Düsseldorf.

March, J. C.; March, J. G. (1977): Almost Random Careers: The Wisconsin School Superintendency, 1940-1972, in: *Administrative Science Quarterly*, Vol. 22, pp. 377-409.

March, J. G.; Olsen, J. P. (1976): Ambiguity and Choice in Organizations, Bergen et al.

March, J. G.; Shapira, Z. (1987): Managerial perspectives on risk and risk taking, in: *Management Science*, Vol. 33, pp. 1404-1418.

March, J. G.; Simon, H. A. (1958): Organizations, New York.

Marhold, K. (1996): Baumarketing, in: *Diederichs, C. J. (Hrsg.): Handbuch der strategischen und taktischen Bauunternehmensführung*, Wiesbaden und Berlin, S. 309-344.

Matiaske, W. (1990): Statistische Datenanalyse mit Mikrocomputern. Einführung in P-STAT und SPSS/PC, München und Wien.

Maurer, G. J. U. (1994): Unternehmenssteuerung im mittelständischen Bauunternehmen, Stuttgart.

Mayer, L. (1996): Unternehmensziele und -philosophie aus der Sicht der Praxis, in: *Diederichs, C. J. (Hrsg.): Handbuch der strategischen und taktischen Bauunternehmensführung*, Wiesbaden und Berlin, S. 25-45.

McGuire, J. B. (1988): Agency theory and organizational analysis, in: *Managerial Finance*, Vol. 14, pp. 6-9.

McMahon, J. T.; Ivancevich, J. M. (1976): A Study of Control in a Manufacturing Organization: Managers and Nonmanagers, in: *Administrative Science Quarterly*, Vol. 21, pp. 66-83.

Meissner, K. (1991): Leistungsumfang und Gewährleistungspflicht des Auftragnehmers beim Pauschalvertrag, in: *Seminar Pauschalvertrag und schlüsselfertiges Bauen: Rechtliche Probleme*, Wiesbaden und Berlin, S. 9-19.

Merchant, K. A. (1981): The Design of the Corporate Budgeting System: Influences on Managerial Behavior and Performance, in: *Accounting Review*, Vol. 56, pp. 813-829.

Merchant, K. A. (1985): Control in business organizations, Boston et al.

Mescon, M. H.; Albert, M.; Khedouri, F. (1988): Management, 3rd ed., New York.

Meyer, J. W. (1977): The Effects of Education as an Institution, in: *American Journal of Sociology*, Vol. 83, pp. 55-77.

Meyer, J. W. (1983a): Centralization of Funding and Control in Educational Governance, in: *Meyer, J. W.; Scott, W. R. (Eds.): Organizational Environments: Ritual and Rationality*, Beverly Hills, CA, pp. 179-197.

Meyer, J. W. (1983b): Conclusion: Institutionalization and the Rationality of Formal Organizational Structure, in: *Meyer, J. W.; Scott, W. R. (Eds.): Organizational Environments: Ritual and Rationality*, Beverly Hills, CA, pp. 261-282.

Meyer, J. W. (1994a): Rationalized Environments, in: *Scott, W. R.; Meyer, J. W. (Eds.): Institutional Environments and Organizations: Structural Complexity and Individualism*, Thousand Oaks, CA, pp. 28-54.

Meyer, J. W. (1994b): Social Environments and Organizational Accounting, in: *Scott, W. R.; Meyer, J. W. (Eds.): Institutional Environments and Organizations: Structural Complexity and Individualism*, Thousand Oaks, CA, pp. 121-136.

Meyer, J. W. (1994c): Institutional and Organizational Rationalization in the Mental Health System, in: *Scott, W. R.; Meyer, J. W. (Eds.): Institutional Environments and Organizations: Structural Complexity and Individualism*, Thousand Oaks, CA, pp. 215-227.

Meyer, J. W.; Boli, J.; Thomas, G. M. (1987): Ontology and Rationalization in the Western Cultural Account, in: *Thomas, G. M.; Meyer, J. W.; Ramirez, F. O.; Boli, J. (Eds.): Institutional Structure: Constituting State, Society, and the Individual*, Newbury Park, CA, pp. 12-37.

Meyer, J. W.; Rowan, B. (1977): Institutionalized Organizations: Formal Structure as Myth and Ceremony, in: *American Journal of Sociology*, Vol. 83, pp. 340-363.

Meyer, J. W.; Scott, W. R. (Eds.) (1983a): Organizational Environments: Ritual and Rationality, Beverly Hills, CA.

Meyer, J. W.; Scott, W. R. (1983b): Centralization and the Legitimacy Problems of Local Government, in: *Meyer, J. W.; Scott, W. R. (Eds.): Organizational Environments: Ritual and Rationality*, Beverly Hills, CA, pp. 199-215.

Meyer, J. W.; Scott, W. R.; Deal, T. E. (1983): Institutional and Technical Sources of Organizational Structure: Explaining the Structure of Educational Organizations, in: *Meyer, J. W.; Scott, W. R. (Eds.): Organizational Environments: Ritual and Rationality*, Beverly Hills, CA, pp. 45-67. (Dieser Beitrag wurde erstmals 1981 veröffentlicht in: *Stein, H. D. (Ed.): Organization and the Human Services*, pp. 151-178.)

Meyer, J. W.; Scott, W. R.; Strang, D. (1987): Centralization, Fragmentation, and School District Complexity, in: *Administrative Science Quarterly*, Vol. 32, pp. 186-201.

Meyer, J. W.; Scott, W. R.; Strang, D.; Creighton, A. L. (1994): Bureaucratization Without Centralization: Changes in the Organizational System of U.S. Public Education, 1940-1980, in: *Scott, W. R.; Meyer, J. W. (Eds.): Institutional Environments and Organizations: Structural Complexity and Individualism*, Thousand Oaks, CA, pp. 179-205.

Meyer, M. W.; Stevenson, W.; Webster, S. (1985): Limits to Bureaucratic Growth, Berlin, New York.

Meyer, M. W.; Zucker, L. G. (1989): Permanently Failing Organizations, Newbury Park, CA.

Mezias, S. J. (1995): Using Institutional Theory to Understand For-Profit-Sectors: The Case of Financial Reporting Standards, in: *Scott, W. R.; Christensen, S. (Eds.): The Institutional Construction of Organizations: International and Longitudinal Studies*, Thousand Oaks, CA, pp. 164-196.

Milgrom, P.; Roberts, J. (1992): Economics, organization and management, Englewood Cliffs, NJ.

Miller, K. D.; Bromiley, P. (1990): Strategic risk and corporate performance: An analysis of alternative risk measures, in: *Academy of Management Journal*, Vol. 33, pp. 756-779.

Mintzberg, H. (1979): The structuring of organizations, Englewood Cliffs, NJ.

Mirrlees, J. A. (1976): The optimal structure of incentives and authority within an organization, in: *Bell Journal of Economics*, Vol. 7, pp. 105-131.

Mitnick, B. M. (1992): The Theory of Agency and Organizational Analysis, in: *Bowie, N. E.; Freeman, R. E. (Eds.): Ethics and Agency Theory: An Introduction*, New York.

Moe, T. M. (1990): Political Institutions: The Neglected Side of the Story, in: *Journal of Law, Economics, and Organization*, Vol. 6, pp. 213-253.

Möller, T. (1996): Personalmanagement, in: *Diederichs, C. J. (Hrsg.): Handbuch der strategischen und taktischen Bauunternehmensführung*, Wiesbaden und Berlin, S. 119-152.

Monahan, S. C.; Meyer, J. W.; Scott, W. R. (1994): Employee Training: The Expansion of Organizational Citizenship, in: *Scott, W. R.; Meyer, J. W. (Eds.): Institutional Environments and Organizations: Structural Complexity and Individualism*, Thousand Oaks, CA, pp. 255-271.

Müller, C. (1995): Agency-Theorie und Informationsgehalt, in: *Die Betriebswirtschaft*, 55. Jg., S. 61-76.

Neus, W. (1989): Die Aussagekraft von Agency Costs, in: *Zeitschrift für betriebswirtschaftliche Forschung*, 41. Jg., S. 472-490.

Niedermayr, R. (1994): Entwicklungsstand des Controlling. System, Kontext und Effizienz, Wiesbaden.

Nienhüser, W. (1989): Die praktische Nutzung theoretischer Erkenntnisse in der Betriebswirtschaftslehre, Stuttgart.

Nilakant, V.; Rao, H. (1994): Agency Theory and Uncertainty in Organizations: An Evaluation, in: *Organization Studies*, Vol. 15, pp. 649-672.

Nohria, N.; Eccles, R. G. (Eds.) (1992): Networks and Organizations: Structure, Form, and Action, Boston, MA.

North, D. C. (1990): Institutions, institutional change and economic performance, Cambridge.

Oliver, A. L.; Ebers, M. (1998): Networking Network Studies: An Analysis of Conceptual Configurations in the Study of Inter-organizational Relationships, in: *Organization Studies*, Vol. 19, pp. 549-583.

Oliver, C. (1991): Strategic responses to institutional processes, in: *Academy of Management Review*, Vol. 16, pp. 145-179.

Oliver, C. (1996): The institutional embeddedness of economic activity, in: *Advances in Strategic Management*, Vol. 13, pp. 163-186.

Oliver, C. (1997): The influence of institutional and task environment relationships on organizational performance: The Canadian construction industry, in: *Journal of Management Studies*, Vol. 34, pp. 99-124.

Oliver, R. L.; Anderson, E. (1994): An Empirical Test of the Consequences of Behavior- and Outcome-Based Sales Control Systems, in: *Journal of Marketing*, Vol. 58, pp. 53-67.

Ortmann, G.; Sydow, J.; Türk, K. (Hrsg.) (1997): Theorien der Organisation. Die Rückkehr der Gesellschaft, Opladen.

Ossadnik, W. (1996): Controlling, München und Wien.

Otley, D. T. (1978): Budget Use and Managerial Performance, in: *Journal of Accounting Research*, Vol. 16, pp. 122-149.

Otley, D. T. (1980): The contingency theory of management accounting: Achievement and prognosis, in: *Accounting, Organizations and Society*, Vol. 5, pp. 413-428.

Otley, D.; Broadbent, J.; Berry, A. (1995): Research in Management Control: An Overview of its Development, in: *British Journal of Management*, Vol. 6, Special Issue, pp. S31-S44.

Ouchi, W. G. (1977): The relationship between organizational structure and organizational control, in: *Administrative Science Quarterly*, Vol. 22, pp. 95-113.

Ouchi, W. G. (1979): A conceptual framework for the design of organizational control mechanisms, in: *Management Science*, Vol. 25, pp. 833-848.

Ouchi, W. G. (1980): Markets, Bureaucracies, and Clans, in: *Administrative Science Quarterly*, Vol. 25, pp. 129-141.

Ouchi, W. G.; Maguire, M. A. (1975): Organizational Control: Two Functions, in: *Administrative Science Quarterly*, Vol. 20, pp. 559-569.

Palmer, D. A.; Jennings, P. D.; Zhou, X. (1993): Late Adoption of the Multidivisional Form by Large U.S. Corporations: Institutional, Political, and Economic Accounts, in: *Administrative Science Quarterly*, Vol. 38, pp. 100-131.

Parsons, T. (1960a): A Sociological Approach to the Theory of Organizations, in: *Parsons, T. (Ed.): Structure and Process in Modern Societies*, New York, pp. 16-58.

Parsons, T. (1960b): Some Ingredients of a General Theory of Formal Organization, in: *Parsons, T. (Ed.): Structure and Process in Modern Societies*, New York, pp. 59-96.

Peemöller, V. H. (1990): Controlling. Grundlagen und Einsatzgebiete, Herne und Berlin.

Perrow, C. (1970): Organizational Analysis: A Sociological View, Belmont, CA.

Perrow, C. (1977): The Bureaucratic Paradox: The Efficient Organization Centralizes in Order to Decentralize, in: *Organizational Dynamics*, Spring, pp. 3-14.

Perrow, C. (1985): Review Essay: Overboard with Myth and Symbols, in: *American Journal of Sociology*, Vol. 91, pp. 151-155.

Perrow, C. (1986a): Complex Organizations: A Critical Essay, 3rd ed., New York et al.

Perrow, C. (1986b): Economic theories of organization, in: *Theory and Society*, Vol. 15, pp. 11-45.

Peter, J. P.; Churchill, G. A. (1986): Relationships Among Research Design Choices and Psychometric Properties of Rating Scales: A Meta-Analysis, in: *Journal of Marketing Research*, Vol. 23, pp. 1-10.

Pfarr, K. (1983): Geschichte der Bauwirtschaft, Essen.

Picot, A. (1991): Ökonomische Theorien der Organisation - Ein Überblick über neuere Ansätze und ihr Anwendungspotential, in: *Ordelheide, D.; Rudolph, B.; Büsselmann, E. (Hrsg.): Betriebswirtschaftslehre und ökonomische Theorie*, Stuttgart, S. 143-170.

Picot, A.; Reichwald, R.; Wigand, R. T. (1996): Die grenzenlose Unternehmung. Information, Organisation und Management, Wiesbaden.

Pietroforte, R. (1997): Communication and governance in the building process, in: *Construction Management and Economics*, Vol. 15, pp. 71-82.

Popper, K. R. (1973): Logik der Forschung, 5. Auflage, Tübingen.

Poppy, W. (1995): Entwicklungstendenzen in der Bautechnik, in: *ifo-Schnelldienst*, Nr. 27.

Porter, L. W.; Lawler III, E. E.; Hackman, J. R. (1975): Behavior in Organizations, New York.

Pouder, R. W. (1996): Privatizing services in local government: An empirical assessment of efficiency and institutional explanations, in: *Public Administration Quarterly*, Vol. 20, pp. 103-126.

Powell, W. W. (1985): The Institutionalization of Rational Organizations, in: *Contemporary Sociology*, Vol. 14, pp. 564-566.

Powell, W. W. (1991): Expanding the Scope of Institutional Analysis, in: *Powell, W. W.; DiMaggio, P. J. (Eds.): The New Institutionalism in Organizational Analysis*, Chicago, London, pp. 183-203.

Powell, W. W. (1996): On the nature of institutional embeddedness: Labels and explanation, in: *Advances in Strategic Management*, Vol. 13, pp. 293-300.

Powell, W. W.; DiMaggio, P. J. (Eds.) (1991): The New Institutionalism in Organizational Analysis, Chicago, London.

Prange, H.; Leimböck, E.; Klaus, U. R. (1995): Baukalkulation unter Berücksichtigung der KLR Bau und der VOB, 9., überarbeitete und erweiterte Auflage, Wiesbaden und Berlin.

Pratt, J. W.; Zeckhauser, R. J. (1985): Principals and Agents: An Overview, in: *Pratt, J. W.; Zeckhauser, R. J. (Eds.): Principals and Agents: The Structure of Business*, Boston, MA, pp. 1-35.

Ramirez, F. O.; Boli, J. (1987): Global Patterns of Educational Institutionalization, in: *Thomas, G. M.; Meyer, J. W.; Ramirez, F. O.; Boli, J. (Eds.): Institutional Structure: Constituting State, Society, and the Individual*, Newbury Park, CA, pp. 150-172.

Rast, R. (1991): Allgemeines zum Vergabegeschehen der öffentlichen Hand, in: *Seminar Pauschalvertrag und schlüsselfertiges Bauen: Rechtliche Probleme*, Wiesbaden und Berlin, S. 101-110.

Reed, M.; Hughes, M. (Eds.): Rethinking Organization. New Directions in Organization Theory and Analysis, London.

Reeves, T. K.; Woodward, J. (1970): The Study of Managerial Control, in: *Woodward, J. (Ed.): Industrial Organization: Behaviour and Control*, London et al., pp. 37-56.

Refisch, B. (1975): Probleme der Führung und Organisation von Bauunternehmungen, in: *Kortzfleisch, G. v.; Bergner, H. (Hrsg.): Betriebswirtschaftliche Unternehmensführung*, Berlin, S. 239-276.

Refisch, B. (1988): Aktuelle Herausforderungen an die Bauunternehmensführung, in: *Berliner Bauwirtschaft*, H. 4, S. 61-63.

Refisch, B. (1993): Die Bauunternehmen als Anbieter von Dienstleistungen, in: *Betriebswirtschaftliches Institut der Bauindustrie (Hrsg.): Kombination von Bauleistungen und Dienstleistungen*, Düsseldorf, S. 24-57.

Reichmann, T. (1985): Controlling mit Kennzahlen, München.

Richter, H. J. (1987): Theoretische Grundlagen des Controlling. Strukturkriterien für die Entwicklung von Controlling-Konzeptionen, Frankfurt am Main u.a.

Richter, R.; Furubotn, E. (1996): Neue Institutionenökonomik. Eine Einführung und kritische Würdigung, Tübingen.

Roberts, P. W.; Greenwood, R. (1997): Integrating transaction cost and institutional theories: Toward a constrained-efficiency framework for understanding organizational design adoption, in: *Academy of Management Review*, Vol. 22, pp. 346-373.

Robson, G. S.; Wholey, D. R.; Barefield, R. M. (1996): Institutional determinants of individual mobility: Bringing the professions back in, in: *Academy of Management Journal*, Vol. 39, pp. 397-420.

Rösel, W. (1992): Stichwort: AVA. Ausschreibung – Vergabe – Abrechung, 3., neu bearbeitete und erweiterte Auflage, Wiesbaden und Berlin.

Rösel, W. (1994): Baumanagement. Grundlagen, Technik, Praxis, 3., überarbeitete und erweiterte Auflage, Berlin und Heidelberg.

Ross, S. A. (1973): The economic theory of agency: The principal's problem, in: *American Economic Review*, Vol. 63, pp. 134-139.

Roth, K.; O'Donnell, S. (1996): Foreign subsidiary compensation strategy: An agency theory perspective, in: *Academy of Management Journal*, Vol. 39, pp. 678-703.

Rowan, B. (1982): Organizational Structure and the Institutional Environment: The Case of Public Schools, in: *Administrative Science Quarterly*, Vol. 27, pp. 259-279.

Ruef, M.; Scott, W. R. (1998): A Multidimensional Model of Organizational Legitimacy: Hospital Survival in Changing Institutional Environments, in: *Administrative Science Quarterly*, Vol. 43, pp. 877-904.

Rüping, J. (1984): Technische und wirtschaftliche Baubetreuung als Architekten- und Ingenieurleistungen für Hochbauten der kommunalen Verwaltung, in: *VDI-Gesellschaft Bautechnik (Hrsg.): Projektsteuerung und Bauleitung*, Düsseldorf, S. 39-54.

Rußig, V.; Deutsch, S.; Spillner, A. (1996): Branchenbild Bauwirtschaft. Entwicklung und Lage des Baugewerbes sowie Einflußgrößen und Perspektiven der Bautätigkeit in Deutschland, Berlin und München.

Sappington, D. E. M. (1991): Incentives in Principal-Agent Relationships, in: *Journal of Economic Perspectives*, Vol. 5, pp. 45-66.

Sathe, V. (1982): Controller Involvement in Management, Englewood Cliffs, NJ.

Schäfer, F. (1993): Elemente einer strategischen Unternehmensführung in der Bauwirtschaft, München.

Schanze, E. (1987): Contract, Agency, and the Delegation of Decision Making, in: *Bamberg, G.; Spremann, K. (Eds.): Agency, Information, and Incentives*, Berlin und Heidelberg, S. 461-471.

Schauer, R. (1990): Controlling - eine Herausforderung für Kammern und Verbände?, in: *Weber, J.; Tylkowski, O. (Hrsg.): Konzepte und Instrumente von Controlling-Systemen in öffentlichen Institutionen*, Stuttgart, S. 45-69.

Scheifele, D. R. (1991): Bauprojektablauf. Grundlagen und Modelle für eine effiziente Ablaufplanung im Bauwesen, Köln.

Schiff, M.; Lewin, A. Y. (1970): The Impact of People on Budgets, in: *Accounting Review*, Vol. 45, pp. 259-268.

Schmid, H. (1982): Erfolgreiche Baubetriebsführung mit Kennzahlen aus dem kaufmännischen Bereich, Köln-Braunsfeld.

Schmidt, H. T. (1980): Grundlagen der Baubetriebslehre, 2., überarbeitete Auflage, Wiesbaden und Berlin.

Schneeweiß, H. (1990): Ökonometrie, 4., überarbeitete Auflage, Heidelberg.

Schneider, D. (1987): Agency Costs and Transaction Costs: Flops in the Principal-Agent-Theory of Financial Markets, in: *Bamberg, G.; Spremann, K. (Eds.): Agency, Information, and Incentives*, Berlin und Heidelberg, S. 481-494.

Schnell, R.; Hill, P. B.; Esser, E. (1993): Methoden der empirischen Sozialforschung, 4., überarbeitete Auflage, München und Wien.

Schönsiegel, A. (1984): Wirtschaftliche Bauwerksrealisierung durch permanente Kostensteuerung und -überwachung im Industriebau, in: *VDI-Gesellschaft Bautechnik (Hrsg.): Projektsteuerung und Bauleitung*, Düsseldorf, S. 173-188.

Scholz, C. (1992): Effektivität und Effizienz, organisatorische, in: *Frese, E. (Hrsg.): Handwörterbuch der Organisation*, 3., völlig neu gestaltete Auflage, Stuttgart, Sp. 533-552.

Schoppe, S. G. et al. (1995): Moderne Theorie der Unternehmung, München.

Schub, A. (1984): Kontrolle und Steuerung von Baustellen aus der Sicht des Unternehmers, in: *VDI-Gesellschaft Bautechnik (Hrsg.): Projektsteuerung und Bauleitung*, Düsseldorf, S. 201-213.

Schütt, B. (1996): Bauwirtschaft im Umbruch. Vom Bereitstellungsgewerbe zum Dienstleister, in: *Steinmann, R.; Haard, G. (Hrsg.): Die Bauwirtschaft auf dem Weg zum Dienstleister. Neue Anforderungen an das Baumanagement*, Baden-Baden, S. 11-26.

Schuler, R. S.; Jackson S. E. (1989): Determinants of Human Resource Management Priorities and Implications for Industrial Relations, in: *Journal of Management*, Vol. 15, pp. 89-99.

Schumann, J. (1987): Grundzüge mikroökonomischer Theorie, 5., revidierte und erweiterte Auflage, Berlin u.a.

Scott, W. R. (1981): Organizations: Rational, Natural, and Open Systems, Englewood Cliffs, NJ.

Scott, W. R. (1987): The Adolescence of Institutional Theory, in: *Administrative Science Quarterly*, Vol. 32, pp. 493-511.

Scott, W. R. (1991): Unpacking Institutional Arguments, in: *Powell, W. W.; DiMaggio, P. J. (Eds.): The New Institutionalism in Organizational Analysis*, Chicago, London, pp. 164-182.

Scott, W. R. (1992): Organizations: Rational, Natural, and Open Systems, 3rd ed., Englewood Cliffs, NJ.

Scott, W. R. (1994a): Institutions and Organizations: Toward a Theoretical Synthesis, in: *Scott, W. R.; Meyer, J. W. (Eds.): Institutional Environments and Organizations: Structural Complexity and Individualism*, Thousand Oaks, CA, pp. 55-80.

Scott, W. R. (1994b): Institutional Analysis: Variance and Process Theory Approaches, in: *Scott, W. R.; Meyer, J. W. (Eds.): Institutional Environments and Organizations: Structural Complexity and Individualism*, Thousand Oaks, CA, pp. 81-99.

Scott, W. R. (1995): Institutions and Organizations, Thousand Oaks, CA.

Scott, W. R.; Christensen, S. (Eds.) (1995): The Institutional Construction of Organizations: International and Longitudinal Studies, Thousand Oaks, CA.

Scott, W. R.; Meyer, J. W. (1983): The Organization of Societal Sectors, in: *Meyer, J. W.; Scott, W. R. (Eds.): Organizational Environments: Ritual and Rationality*, Beverly Hills, CA, pp. 129-153.

Scott, W. R.; Meyer, J. W. (1991): The Organization of Societal Sectors: Propositions and Early Evidence, in: *Powell, W. W.; DiMaggio, P. J. (Eds.): The New Institutionalism in Organizational Analysis*, Chicago, London, pp. 108-140. (Überarbeitete Version eines 1983 erstmalig erschienenen, gleich betitelten Artikels, in: *Meyer, J. W.; Scott, W. R. (Eds.): Organizational Environments: Ritual and Rationality*, Beverly Hills, CA, pp. 129-153.)

Scott, W. R.; Meyer, J. W. (1994a): The Rise of Training Programs in Firms and Agencies: An Institutional Perspective, in: *Scott, W. R.; Meyer, J. W. (Eds.): Institutional Environments and Organizations: Structural Complexity and Individualism*, Thousand Oaks, CA, pp. 228-254.

Scott, W. R.; Meyer, J. W. (Eds.) (1994b): Institutional Environments and Organizations: Structural Complexity and Individualism, Thousand Oaks, CA.

Seal, W. B. (1993): Accounting, Management Control and Business Organisation: An Institutionalist Perspective, Aldershot.

Seeling, R. (1995): Unternehmensplanung im Baubetrieb, Stuttgart.

Sehlhoff, G. (1997): Wie Bauleistung zeitnah und optimal beherrschbar wird, in: *Die Bauwirtschaft*, 51. Jg., H. 4, S. 17-20.

Selznick, P. (1949): TVA and the Grass Roots: A Study in the Sociology of Formal Organization, Berkeley, Los Angeles, CA.

Selznick, P. (1957): Leadership in Administration, New York.

Selznick, P. (1996): Institutionalism "Old" and "New", in: *Administrative Science Quarterly*, Vol. 41, pp. 270-277.

Serfling, K. (1992): Controlling, 2., überarbeitete und erweiterte Auflage, Stuttgart u.a.

Shane, S. A. (1996): Hybrid organizational arrangements and their implications for firm growth and survival: A study of new franchisors, in: *Academy of Management Journal*, Vol. 39, pp. 216-234.

Sharma, A. (1997): Professional as agent: Knowledge asymmetry in agency exchange, in: *Academy of Management Journal*, Vol. 22, pp. 758-798.

Shavell, S. (1979): Risk sharing and incentives in the principal and agent relationship, in: *Bell Journal of Economics*, Vol. 10, pp. 55-73.

Siegwart, H.; Menzl, I. (1978): Kontrolle als Führungsaufgabe, Bern und Stuttgart.

Simon, H. A. (1951): A formal theory of the employment relationship, in: *Econometrica*, Vol. 19, pp. 293-305.

Simon, H. A. (1965): Administrative Behavior, 2nd ed., New York.

Simons, K. (1983): Auswirkungen der Bauplanung auf Baukosten und Baupreise, in: *BWI-Bau (Hrsg.): Auftragseitige Einflüsse auf die Bauproduktion*, Düsseldorf, S. 11-37.

Singh, J. V.; Tucker, D. J.; House, R. J. (1986): Organizational Legitimacy and the Liability of Newness, in: *Administrative Science Quarterly*, Vol. 31, pp. 171-193.

Sirkin, R. M. (1995): Statistics for the Social Sciences, Thousand Oaks, CA.

Sjurts, I. (1995): Kontrolle, Controlling und Unternehmensführung, Wiesbaden.

Smircich, L. (1983): Organizations as shared meanings, in: *Pondy, L. R.; Frost, P. J.; Morgan, G.; Dandridge, T. C. (Eds.): Organizational symbolism*, Greenwich, CT, pp. 55-65.

Snell, S. A. (1992): Control theory in strategic human resource management: The mediating effect of administrative information, in: *Academy of Management Journal*, Vol. 35, pp. 292-327.

Sommer, H. (1994): Projektmanagement im Hochbau, Berlin und Heidelberg.

Spence, M. (1973): Job market signaling, in: *Quarterly Journal of Economics*, Vol. 87, pp. 355-374.

Spence, M.; Zeckhauser, R. (1971): Insurance, Information, and Individual Action, in: *American Economic Review*, Vol. 61, pp. 380-387.

Spremann, K. (1988): Reputation, Garantie, Information, in: *Zeitschrift für Betriebswirtschaft*, 58. Jg., S. 613-629.

Spremann, K. (1990): Asymmetrische Information, in: *Zeitschrift für Betriebswirtschaft*, 60. Jg., S. 561-586.

Staehle, W. H. (1994): Management. Eine verhaltenswissenschaftliche Perspektive, 7. Auflage, München.

Stiglitz, J. E. (1974): Incentives and Risk Sharing in Sharecropping, in: *Review of Economic Studies*, Vol. 41, pp. 219-255.

Strang, D.; Meyer, J. W. (1994): Institutional Conditions for Diffusion, in: *Scott, W. R.; Meyer, J. W. (Eds.): Institutional Environments and Organizations: Structural Complexity and Individualism*, Thousand Oaks, CA, pp. 100-112.

Streeck, W.; Hilbert, J. (1991): Organised Interests and Vocational Training in the West German Construction Industry, in: *Rainbird, H.; Syben, G. (Eds.): Restructuring a Traditional Industry: Construction Employment and Skills in Europe*, New York, Oxford, pp. 241-260.

Stump, R. L.; Heide, J. B. (1996): Controlling Supplier Opportunism in Industrial Relationships, in: *Journal of Marketing Research*, Vol. 33, pp. 431-441.

Suchman, M. C. (1995): Localism and Globalism in Institutional Analysis: The Emergence of Contractual Norms in Venture Finance, in: *Scott, W. R.; Christensen, S. (Eds.): The Institutional Construction of Organizations: International and Longitudinal Studies*, Thousand Oaks, CA, pp. 39-63.

Swidler, A. (1979): Organization without Authority: Dilemmas of Social Control of Free Schools, Cambridge, MA.

Syben, G. (1991): Strategies of Growth of Productivity in the Absence of Technological Change, in: *Rainbird, H.; Syben, G. (Eds.): Restructuring a Traditional Industry: Construction Employment and Skills in Europe*, New York, Oxford, pp. 91-109.

Syben, G. (1996): Integration and disintegration of roles and actors: The German contracting system under change, in: *Le Groupe Bagnolet*, Working Paper No. 10, London.

Talaj, R. (1993): Operatives Controlling für bauausführende Unternehmen, Wiesbaden und Berlin.

Tannenbaum, A. S. (1962): Control in Organizations: Individual Adjustment and Organizational Performance, in: *Administrative Science Quarterly*, Vol. 7, pp. 236-257.

Tannenbaum, A. S. (1968): Control in Organizations, New York.

Terberger, E. (1994): Neo-institutionalistische Ansätze: Enstehung und Wandel, Anspruch und Wirklichkeit, Wiesbaden.

Thieme, H.-R. (1982): Verhaltensbeeinflussung durch Kontrolle. Wirkungen von Kontrollmaßnahmen und Folgerungen für die Kontrollpraxis, Berlin.

Thode, R. (1991): Änderungen beim Pauschalvertrag und ihre Auswirkungen auf den Pauschalpreis – Probleme in der gerichtlichen Praxis –, in: *Seminar Pauschalvertrag und schlüsselfertiges Bauen: Rechtliche Probleme*, Wiesbaden und Berlin, S. 33-52.

Thomas, G. M.; Meyer, J. W. (1984): The expansion of the state, in: *Annual Review of Sociology*, Vol. 10, pp. 461-482.

Thomas, G. M.; Meyer, J. W.; Ramirez, F. O.; Boli, J. (Eds.) (1987): Institutional Structure: Constituting State, Society, and the Individual, Newbury Park, CA.

Thompson, J. D. (1967): Organizations in action, New York.

Töpfer, A. (1976): Planungs- und Kontrollsysteme industrieller Unternehmungen. Eine theoretische, technologische und empirische Analyse, Berlin.

Tolbert, P. S. (1985): Institutional Environments and Resource Dependence: Sources of Administrative Structure in Institutions of Higher Education, in: *Administrative Science Quarterly*, Vol. 30, pp. 1-13.

Tolbert, P. S. (1988): Institutional Sources of Organizational Culture in Major Law Firms, in: *Zucker, L. G. (Ed.): Institutional Patterns and Organizations: Culture and Environment*, Cambridge, MA, pp. 101-113.

Tolbert, P. S.; Zucker, L. G. (1983): Institutional Sources of Change in the Formal Structure of Organizations: The Diffusion of Civil Service Reform, 1880-1935, in: *Administrative Science Quarterly*, Vol. 28, pp. 22-39.

Tolbert, P. S.; Zucker, L. G. (1996): The Institutionalization of Institutional Theory, in: *Clegg, S. R.; Hardy, C.; Nord, W. R. (Eds.): Handbook of Organization Studies*, London et al., pp. 175-190.

Tosi, H. L.; Katz, J. P.; Gomez-Mejia, L. R. (1997): Disaggregating the agency contract: The effects of monitoring, incentive alignment, and term in office on agent decision making, in: *Academy of Management Journal*, Vol. 40, pp. 584-602.

Trapp, F. C. (1990): Veränderte Qualifikationsanforderungen an die Bauingenieure aus der Sicht der Bauindustrie, in: *BWI-Bau (Hrsg.): Aktuelle Fragen der Bauingenieurausbildung*, Düsseldorf, S. 11-18.

Türk, K. (1981): Personalführung und soziale Kontrolle, Stuttgart.

Unger, B.; van Waarden, F. (1993): A comparison of the construction industry in Europe, *Working Paper No. 18, Department of Economics, Vienna University of Economics and Business Administration*, Wien.

Useem, M. (1979): The social organization of the American business elite and participation of corporation directors in the governance of American institutions, in: *American Sociological Review*, Vol. 44, pp. 553-572.

Vahs, D. (1990): Controlling-Konzeptionen in deutschen Industrieunternehmungen – eine betriebswirtschaftlich-historische Untersuchung, Frankfurt am Main.

Van de Ven, A. H.; Delbecq, A. L.; Koenig, R., Jr. (1976): Determinants of coordination modes within organizations, in: *American Sociological Review*, Vol. 41, pp. 322-338.

VDI-Gesellschaft Bautechnik (Hrsg.) (1984): Projektsteuerung und Bauleitung, Düsseldorf.

Walgenbach, P. (1995): Institutionalistische Ansätze in der Organisationstheorie, in: *Kieser, A. (Hrsg.): Organisationstheorien*, 2., überarbeitete Auflage, Stuttgart u.a., S. 269-301.

Walker, G.; Weber, D. (1984): A Transaction Cost Approach to Make-or-Buy Decisions, in: *Administrative Science Quarterly*, Vol. 29, pp. 373-391.

Weber, J. (1988): Einführung in das Controlling, Stuttgart.

Weber, M. (1924): Gesammelte Aufsätze zur Soziologie und Sozialpolitik, Tübingen.

Weber, M. (1972): Wirtschaft und Gesellschaft, 5. Auflage (1. Auflage 1922), Tübingen.

Weißenberger, B. E. (1997): Die Informationsbeziehung zwischen Management und Rechnungswesen. Analyse institutionaler Koordination, Wiesbaden.

Welge, M. K. (1985): Unternehmungsführung, Band 1: Planung, Stuttgart.

Welge, M. K. (1987): Unternehmensführung, Band 2: Organisation, Stuttgart.

Welge, M. K. (1988): Unternehmungsführung, Band 3: Controlling, Stuttgart.

Westphal, J. D.; Gulati, R.; Shortell, S. M. (1997): Customization or Conformity? An Institutional and Network Perspective on the Content and Consequences of TQM Adoption, in: *Administrative Science Quarterly*, Vol. 42, pp. 366-394.

White, H. C. (1985): Agency as Control, in: *Pratt, J. W.; Zeckhauser, R. J. (Eds.): Principals and Agents: The Structure of Business*, Boston, MA, pp. 187-212.

Whitley, R. (1992a): The Social Construction of Organizations and Markets: The Comparative Analysis of Business Recipes, in: *Reed, M.; Hughes, M. (Eds.): Rethinking Organizations: New Directions in Organization Theory and Analysis*, London, pp. 120-143.

Whitley, R. (1992b): Societies, Firms and Markets: The Social Structuring of Business Systems, in: *Whitley, R. (Ed.): European Business Systems: Firms and Markets in Their National Contexts*, London, pp. 5-45.

Wiener, N. (1961): Kybernetik. Regelung und Nachrichtenübertragung im Lebewesen und in der Maschine, Düsseldorf und Wien.

Wild, J. (1974): Grundlagen der Unternehmungsplanung, Reinbek bei Hamburg.

Williamson, O. E. (1976): Franchise bidding for natural monopolies – in general and with respect to CATV, in: *Bell Journal of Economics*, Vol. 7, pp. 73-104.

Williamson, O. E. (1985): The economic institutions of capitalism, New York.

Williamson, O. E. (1988): Corporate finance and corporate governance, in: *The Journal of Finance*, Vol. 43, pp. 567-591.

Williamson, O. E. (1991): Comparative Economic Organization: The Analysis of Discrete Structural Alternatives, in: *Administrative Science Quarterly*, Vol. 36, pp. 269-296.

Williamson, O. E. (1993): Transaction Cost Economics and Organization Theory, in: *Industrial and Corporate Change*, Vol. 2, pp. 107-156.

Williamson, O. E. (1995): Transaction Cost Economics and Organization Theory, in: *Williamson, O. E. (Ed.): Organization Theory: From Chester Barnard to the Present and Beyond*, New York, pp. 207-256.

Willson, J. D.; Campbell, J. B. (1981): Controllership: The work of the managerial accountant, 3rd ed., New York.

Winch, G.; Campagnac, E. (1995): The organization of building projects: An Anglo/French comparison, in: *Construction Management and Economics*, Vol. 13, pp. 3-14.

Wingsch, D. (1984): Zusammenhänge zwischen Abnahme, Gewährleistung und Zahlung – dargestellt am Bau eines Einkaufszentrums, in: *VDI-Gesellschaft Bautechnik (Hrsg.): Projektsteuerung und Bauleitung*, Düsseldorf, S. 189-200.

Wolfson, M. A. (1985): Empirical Evidence of Incentive Problems and Their Mitigation in Oil and Gas Tax Shelter Programs, in: *Pratt, J. W.; Zeckhauser, R. J. (Eds.): Principals and Agents: The Structure of Business*, Boston, MA, pp. 101-125.

Woodward, J. (Ed.) (1970): Industrial Organization: Behaviour and Control, London et al.

Yates, J. F.; Stone, E. R. (1992): The risk construct, in: *Yates, J. F. (Ed.): Risk-taking behavior*, Chichester, pp. 1-25.

Zajac, E. J.; Westphal, J. D. (1994): The costs and benefits of managerial incentives and monitoring in large U.S. corporations: When is more not better?, in: *Strategic Management Journal*, Vol. 15, pp. 121-142.

Zeller, R. A.; Carmines, E. G. (1980): Measurement in the social sciences: The link between theory and data, Cambridge.

Ziener, M. (1985): Controlling im multinationalen Unternehmen, Landsberg.

Zucker, L. G. (1977): The role of institutionalization in cultural persistence, in: *American Sociological Review*, Vol. 42, pp. 726-743.

Zucker, L. G. (1983): Organizations as institutions, in: *Research in the Sociology of Organizations*, Vol. 2, pp. 1-47.

Zucker, L. G. (1987): Institutional theories of organization, in: *Annual Review of Sociology*, Vol. 13, pp. 443-464.

Zucker, L. G. (1988a): Where Do Institutional Patterns Come From? Organizations as Actors in Social Systems, in: *Zucker, L. G. (Ed.): Institutional Patterns and Organizations: Culture and Environment*, Cambridge, MA, pp. 23-49.

Zucker, L. G. (Ed.) (1988b): Institutional Patterns and Organizations: Culture and Environment, Cambridge, MA.

Zünd, A. (1977): Vom Buchhalter zum Controller, in: *Der Schweizer Treuhänder*, 51. Jg., S. 4-7.

Zünd, A. (1990): Der Controller im Controlling-Konzept, in: *Weber, J.; Tylkowski, O. (Hrsg.): Konzepte und Instrumente von Controlling-Systemen in öffentlichen Institutionen*, Stuttgart, S. 31-44.

GPSR Compliance

The European Union's (EU) General Product Safety Regulation (GPSR) is a set of rules that requires consumer products to be safe and our obligations to ensure this.

If you have any concerns about our products, you can contact us on ProductSafety@springernature.com

In case Publisher is established outside the EU, the EU authorized representative is:

Springer Nature Customer Service Center GmbH
Europaplatz 3
69115 Heidelberg, Germany

Batch number: 10815964

Printed by Printforce, the Netherlands